国家社科基金青年项目成果
中共北京市委党校 北京行政学院学术文库系列丛书
北京高校中国特色社会主义理论研究协同创新中心系列成果

新生代农民工人力资本问题研究

尹德挺 史 毅 高亚惠 等著

中国社会科学出版社

图书在版编目(CIP)数据

新生代农民工人力资本问题研究／尹德挺等著．—北京：中国社会科学出版社，2020.7
ISBN 978-7-5203-6520-8

Ⅰ.①新… Ⅱ.①尹… Ⅲ.①民工—人力资本—研究—中国 Ⅳ.①F323.6

中国版本图书馆 CIP 数据核字(2020)第 087239 号

出 版 人	赵剑英
责任编辑	田 文
责任校对	张爱华
责任印制	王 超

出 版	中国社会科学出版社
社 址	北京鼓楼西大街甲 158 号
邮 编	100720
网 址	http://www.csspw.cn
发 行 部	010-84083685
门 市 部	010-84029450
经 销	新华书店及其他书店
印刷装订	北京君升印刷有限公司
版 次	2020 年 7 月第 1 版
印 次	2020 年 7 月第 1 次印刷
开 本	710×1000 1/16
印 张	23
字 数	389 千字
定 价	139.00 元

凡购买中国社会科学出版社图书，如有质量问题请与本社营销中心联系调换
电话：010-84083683
版权所有　侵权必究

前　言

　　国际经验表明，发展至工业化中后期，农村富余劳动力的非农转移从无限供给转向短缺，形成"刘易斯拐点"，这是经济发展的必然规律。近十年来，"关于中国的刘易斯拐点是否已经到来"引起了学界激烈争论。一部分学者认为，中国尚未进入刘易斯拐点，"用工荒"不是总量短缺，而是包括地区、产业、技术等在内的结构性短缺；另一部分学者则认为，中国剩余劳动力时代已终结，劳动力市场供求关系已发生根本性改变，刘易斯拐点在2009年左右出现。然而，国家统计局数据显示，2014年中国劳动力总量出现改革开放以来的首降，工资成本快速上升。由此可见，中国劳动力的规模优势和低成本优势正逐步丧失，而新的比较优势尚未建立起来，经济发展方式转变刻不容缓，这是关系我国发展全局的战略抉择。未来，中国将更多地依靠劳动者素质提高、科技进步和管理创新驱动来获得经济发展新动力，并逐步加快从人口大国向人力资本强国的转变。

　　目前，新生代农民工（"80后"农民工）人力资本不足是中国人力资本不足的集中表现。与老一代农民工相比，新生代农民工人力资本具有成长性（人力资本禀赋较高）、多层次性（物质和精神享受要求高）和可持续性（职业期望高且注重长期发展）等特点，但脆弱性问题（技能单一）也很突出：在这一人群中，受过专门职业教育且具有一定职业技能的中专、职高和技校水平的劳动力只占两成，与国家经济转型所需的人力资本要求相去甚远。因此，作为未来中国经济增长新源泉、中国劳动力市场供给主体的新生代农民工，其人力资本开发机制研究迫在眉睫。

　　在学术价值上，基于行动者系统动力理论的视角，本研究以新生代农民工为突破口，试图系统构建具有新生代农民工特色、多元行动主体共同协作的人力资本理论研究范式，有利于丰富相关理论体系。在现实意义上，本研究聚焦于新生代农民工的人力资本问题，宏观上有助于塑造国家经济发展新的比较优势，培育高素质的新兴产业工人队伍；微观上有助于实现新生代农民工的高质量就业，促进其城市融合。

本研究的数据主要来源于三个方面：一是国家统计局农民工监测调查数据，为本研究提供了新生代农民工的宏观总量和个别的结构性数据；二是原国家卫计委流动人口抽样调查数据，为本研究进行人群对比、结构校验及人力资本影响因素建模提供了微观数据；三是本书课题组自行组织的新生代农民工人力资本专项调查数据，在全国28个省（市）128个市（被访者工作的城市）采集了925个新生代农民工样本，为本研究相对全面地提练人力资本的四个维度提供了微观数据支撑。本研究在运用文献研究、结构性访谈及问卷调查等多种研究方法的基础之上，综合使用这三类数据来源进行研判，以期更为客观、准确、系统地刻画出我国新生代农民工人力资本的真实状况。

通过本书的研究，我们发现如下四点结论：

第一，新生代农民工的群体特征。我国新生代农民工是一个这样的群体：他们以初中学历为主体，平均年龄为28岁左右，半数以上为未婚者，约三分之一的就业者集中在制造业行业之中，月均收入在4000元左右，每月结余2000元左右，约七分之一的劳动者从未从事过农业生产，约三分之二的劳动者为独生子女，职业期望高，融入城市愿望强烈。

第二，新生代农民工人力资本的群体特征。（1）受教育程度："稳步提升"+"催化剂功能明显"。我国新生代农民工的受教育程度虽仍以初中学历为主体，但大专以上学历者的占比不断提高。受教育程度的提高对提升自身的职业技能具有显著的催化与推动作用。学历较高的新生代农民工，其工作更为稳定，工作岗位更偏管理岗，收入也相对较高。（2）职业技能："高培训意愿"+"低持证率"。新生代农民工培训意愿强烈，但持证率低，特别是学历较高且持有职业技能证书的"高竞争力人才"的占比不超过总数的10%。高频受训者（接受过四次以上技能培训者）的占比不超过总数的6%。不过，子女随迁、正规就业、流出地家庭住房状况好、企业明确的持证要求等因素显著提高了新生代农民工参加培训的可能性，而且新生代农民工看重技能培训的中长期收益。（3）健康状况："参保改善"+"心理健康待关注"。近几年新生代农民工"五险"参保率显著提升，社会保障逐步加强。不过，身体健康、心理健康及社会健康状况依次递减，生活满意度不高，社会融合弱，而稳定的婚姻状况、较小的生活压力及稳定就业则是其三类健康提升的共同助推要素。(4)迁移流动:"高流动性"+"低度发展陷阱"。新生代农民工流动性相对较高,有些人群甚至跌入低度发展陷阱难以脱身。流动过程中,新生代农民工就业渠道和信息的获得主要依靠其自身的社会资本,而其他投资主体在其中发挥的作用依然有限。不过,新生代农民工流动过程中的职业诉求显著提升,"求发展"和"谋体验"的诉求特征已整体显现。(5)制造业:"双低特征显著"+"转型态度积极"。制造业中的新生代农民工"低技能"与"低学历"现象高度重合,持有职业技能证书的比例仅占四分之一,低于新生代农民工总样本的平均水平。不过,制造业中的新生代农民工愿意转型从事紧缺型行业的比例较高,高于新生代农民工总样本的平均水平,且留居大中城市的意愿更为强烈,这对于国家产业升级和城市化推进是一个利好消息。

第三,新生代农民工人力资本投资面临的问题与障碍。通过研究,我们发现新生代农民工人力资本投资存在三大问题,即潜力足但缺口大、意愿强但缺助力、形式多但缺匹配,而六大机制障碍束缚着新生代农民工人力资本的提升,主要表现为:政府投资机制的"城市偏向";社会保障机制的身份化、货币化和福利化(弱势群体对政府的依赖增强,进一步弱势化);市场机制的逆淘汰(投机取巧、急功近利、假冒伪劣风气盛行);教育机制对底层人群向上流动的扶持作用有限(重视应试教育和精英教育);企业投入机制的投机性和应急性(企业投机性经营与核心人力资本的流失和短缺)及自我投资机制的"短视化"问题。

第四,新生代农民工人力资本的提升路经。针对系统分析框架中的断裂,依据不同行为主体的权责界定,本研究设计出新生代农民工人力资本开发运行机制,并提出新生代农民工人力资本开发需要树立两类"系统思维",即亟须建立将教育、培训、健康等多项人力资本内容一揽子考虑的系统思维;亟须建立"政府保障、企业参与、社会协同、家庭支持、个人有为"多元开发的系统思维,政府、企业、社会、家庭和个人应在其中分别发挥基础性、决定性、行为引导性、支撑性以及主观能动性的作用,避免过于强调政府责任。

本研究以课题组的形式共同协作完成,各篇章的作者如下:

前　言　执笔人：尹德挺
第一篇　第一章　执笔人：尹德挺、高亚惠
　　　　第二章　执笔人：尹德挺、高亚惠、张登国
第二篇　第三章　执笔人：尹德挺、孙萍、张精桥、石万里、袁尚、
　　　　　　　　张锋、程雨
　　　　第四章　执笔人：尹德挺、高亚惠、孙萍
第三篇　第五章　执笔人：尹德挺、高亚惠、孙萍
　　　　第六章　执笔人：尹德挺、高亚惠、孙萍
第四篇　第七章　执笔人：周鹏
　　　　第八章　执笔人：史毅
　　　　第九章　执笔人：孙萍、尹德挺
　　　　第十章　执笔人：周鹏
第五篇　第十一章　执笔人：尹德挺、高亚惠

目　录

第一篇　研究基础

引　言 ·· (3)
　一　研究背景和时代需求 ··· (3)
　二　研究目的 ··· (6)
第一章　文献回顾 ··· (8)
　一　人力资本理论的发展 ··· (8)
　二　新生代农民工人力资本多元主体投资综述 ···················· (11)
　三　已有文献评述 ·· (18)
第二章　研究设计 ·· (20)
　一　概念界定 ·· (20)
　二　研究内容 ·· (21)
　三　数据来源 ·· (22)
　四　研究方法 ·· (30)

第二篇　总体状况

第三章　新中国70年中国人口形势变迁 ································· (33)
　一　新中国70年中国人口规模变迁 ··································· (33)
　二　新中国70年中国人口结构变迁 ··································· (42)
　三　新中国70年中国人口素质变迁 ··································· (50)
　四　新中国70年中国人口分布和流动变迁 ························· (59)

第四章　新生代农民工人力资本特征扫描……………………（78）
　　一　农民工总量变动………………………………………（78）
　　二　新生代农民工人力资本的基本判断…………………（82）

第三篇　问题与障碍

第五章　新生代农民工人力资本投资的主要问题…………（123）
　　一　"潜力足"但"缺口大"…………………………………（123）
　　二　"意愿强"但"缺助力"…………………………………（127）
　　三　"形式多"但"缺匹配"…………………………………（131）
第六章　新生代农民工人力资本提升的主要障碍…………（137）
　　一　政府投资机制的"城市偏向"…………………………（137）
　　二　社会保障机制的"身份化"、"货币化"与"福利化"……（140）
　　三　市场机制的"逆淘汰"…………………………………（143）
　　四　教育培训机制的"应试化"与"精英化"………………（147）
　　五　企业投入机制的投机性和应急性……………………（149）
　　六　自我投资机制的"短视化"……………………………（152）

第四篇　关键要素与关键行业

第七章　学历教育会影响技能获得吗？……………………（157）
　　一　文献回顾与理论建构…………………………………（158）
　　二　核心概念、数据与实证技术…………………………（160）
　　三　统计结果………………………………………………（161）
　　四　讨论……………………………………………………（170）
第八章　新生代农民工公共职业技能培训参与的影响因素………（172）
　　一　新生代农民工职业技能提升困境……………………（172）
　　二　农民工培训参与的微观影响因素……………………（174）
　　三　农民工培训参与的中观影响因素……………………（185）
　　四　如何打破公共培训的双重困境………………………（223）

第九章 新生代农民工健康状况的影响因素 (228)
一 文献回顾和评述 (229)
二 理论框架 (242)
三 数据测量与研究方法 (244)
四 统计结果 (250)
五 讨论 (259)

第十章 制造业领域新生代农民工的人力资本 (261)
一 文献回顾 (262)
二 核心概念与研究数据 (263)
三 制造业新生代农民工人力资本的特点 (264)
四 讨论 (280)

第五篇 发展与未来

第十一章 新生代农民工人力资本提升的理论与实践 (285)
一 理论思考 (285)
二 提升路径与政策思路 (290)

附件一 2016年本课题组人力资本调查问卷 (302)
附件二 2013年流动人口动态监测调查问卷(A) (312)
附件三 2013年流动人口动态监测调查问卷(C) (323)
附件四 2014年流动人口动态监测调查问卷(A) (330)

参考文献 (344)

第一篇　研究基础

引　言

一　研究背景和时代需求

从 20 世纪 80 年代中期开始，我国农村劳动力开始大规模地进城务工，流动规模和流动范围均在不断扩大。截至 2017 年，全国外出农民工总量已达到 28652 万人。[①] 从改革开放至今，我国农民工内部已顺利完成与时代同步的代际更替和深刻转型。国务院 2010 年 1 月 31 日发布的中央一号文件《关于加大统筹城乡发展力度　进一步夯实农业农村发展基础的若干意见》首次使用了"新生代农民工"的提法。[②] 国家统计局 2011 年 11 月 3 日发表的《新生代农民工的数量、结构和特点》一文将"新生代农民工"定义为：外出从业 6 个月及以上，并且在 1980 年及之后出生的农村劳动力。与之对照，将 1980 年以前出生的外出农民工称为"上一代农民工"[③] 或"老一代农民工"。

在我国改革开放四十多年以来的发展过程中，农民工群体对于我国经济发展起到了重要的推动作用。随着我国工业化、城市化进程的逐步推进以及制造业强国意识的不断强化，作为中国生产制造业一线工人的重要替代群体，新生代农民工不同于上一代农民工的内涵和工种，已成为新时代的产业工人代表，而时代的发展则迫切需要这一群体呈现出更强的职业素养和更昂扬的精神风貌。国家统计局 2017 年数据显示，新生代农民工占

[①] 中国国家统计局：《2017 年农民工监测调查报告》（http：//www.stats.gov.cn/tjsj/zxfb/201804/t20180427_ 1596389.html）。

[②] 参见中共中央、国务院文件《关于加大统筹城乡发展力度　进一步夯实农业农村发展基础的若干意见》（http：//baike.baidu.com/link? url = Cx8ZazI7epd9LDzvp2 - mPbJW3Q _ H9eZkbyTxoF9Mh9G9UJkyJJPpTe64jxKpPXbH4Se9fb3aI4Gkwu_ Buo1lTK）。

[③] 中国国家统计局：《新生代农民工的数量、结构和特点》（http：//www.stats.gov.cn/ztjc/ztfx/fxbg/201103/t20110310_ 16148.html）。

全国农民工总量的50.5%①,而原国家卫计委动态监测数据形成的《中国流动人口发展报告2018》也指出,在2017年全国流动人口中,新生代流动人口占比为65.1%,其中,"80后"所占比重为35.5%,"90后"占比为24.3%,"00后"和"10后"的占比分别为19.3%和20.9%,"80后"和"90后"二者合计占新生代流动人口总量的六成。②可见,在国家经济发展方式转型和产业升级的战略背景下,新生代农民工不仅逐渐成为外出农民工的构成主体并活跃在国内生产制造业的前沿,而且已然成为我国劳动力的供给主体和重要力量。

在任何一个国家,产业工人都是经济发展的基本要素和重要力量。因此,新生代农民工在我国整个经济社会发展全局中发挥着越来越大的影响。与老一代农民工相比,新生代农民工在人力资本领域具有自身的优势和特点。国家统计局《2017年农民工监测调查报告》数据显示,我国新生代农民工的整体受教育程度比老一代农民工高,58.6%的新生代农民工具有初中学历,高中及以上文化程度的新生代农民工达到27.4%,大专及以上文化程度的农民工所占比重比上一年提高了0.9个百分点。③然而,我国经济发展正处于城市化、工业化、信息化共同推进和产业结构快速转型的攻坚时期,基于经济产业结构转型的需要及参与国际激烈竞争的需求,高素质、高技能、高质量的农民工恰恰是新时代亟须的新型产业工人。然而,目前作为我国劳动力主力军的新生代农民工,大多就业于技术性不高的传统产业,自身素质和职业技能仍远不能有效满足国家经济发展方式转型对高新技术人才的井喷式需求,其人力资本严重不足的状况则是我国劳动力人力资本不足的集中体现。改善和提升新生代农民工人力资本素质不仅仅是一个关系到农民工基本公共服务市民化及其个人收入提高的微观问题,更是一个深刻影响国家战略性构建现代化经济体系的宏观难题。

2014年的中央经济工作会议进一步明确,中国特色社会主义进入了

---

① 中国国家统计局:《2017年农民工监测调查报告》(http://www.stats.gov.cn/tjsj/zxfb/201804/t20180427_1596389.html)。

② 国家卫生和计划生育委员会流动人口司:《中国流动人口发展报告2018》,中国人口出版社2018年版。

③ 国家统计局:《2017年农民工监测调查报告》(http://www.stats.gov.cn/tjsj/zxfb/201804/t20180427_1596389.html)。

新时代，我国经济发展也进入了新阶段，基本特征就是我国经济已由高速增长阶段转向高质量发展阶段。习近平总书记在党的十九大报告中指出，我国经济"正处在转变发展方式、优化经济结构、转换增长动力的攻关期"①。在新的发展阶段，"转换增长动力，要将增长主要由依靠资源和低成本劳动力等要素投入带动转向创新驱动，持续提高全要素生产率。要注意发挥创新引领发展的第一动力作用，提高人力资本素质，最大程度调动企业家、科学家、技术人员等人才的积极性和创造性，培育新增长点，加快形成新动能"②。2019年全国两会的政府工作报告进一步强调："加快发展现代职业教育，既有利于缓解当前就业压力，也是解决高技能人才短缺的战略之举……改革完善高职院校考试招生办法，鼓励更多应届高中毕业生和退役军人、下岗职工、农民工等报考，今年大规模扩招100万人。"此外，还特别指出："要以现代职业教育的大改革大发展，加快培养国家发展急需的各类技术技能人才，让更多青年凭借一技之长实现人生价值，让三百六十行人才荟萃、繁星璀璨。"因此，面对如今我国经济发展的新任务、新形势、新挑战，人力资本的重要性已经不言而喻。人力资本的提升将成为加快转变经济发展方式最重要的拉动力之一。作为当前和未来我国劳动力市场供给主体的新生代农民工，包括其受教育程度、职业技能、健康状况、眼光与视野在内的人力资本状况，不仅关系到新生代农民工自身的生存发展和职业优化，同时也与我国经济可持续发展和社会和谐稳定的国家大事息息相关。实现他们的人力资本与经济转型的同步推进，涉及我国现代化的路径选择和整体布局，在一定意义上深刻影响着中国未来发展之大局。可见，促进我国从人力资源大国向人力资本强国的转变，必须深入、系统、全面地研究我国新生代农民工人力资本现状、问题及其提升路径，其中的意义十分重大。

从学术和理论层面来看，本书是基于已有新生代农民工人力资本研究的一次再尝试和再探索。以往研究多从受教育程度、职业技能培训两方面探讨新生代农民工的人力资本，部分涉及人力资本领域的迁移流动和健康状况等方面，很少有研究基于不同的数据来源，校验核对并展现出新生代

---

① 智君：《我国经济正处在转变发展方式优化经济结构转换增长动力的攻关期》，《中国纪检监察报》2017年12月23日。
② 智君：《我国经济正处在转变发展方式优化经济结构转换增长动力的攻关期》，《中国纪检监察报》2017年12月23日。

农民工人力资本四个维度的全貌。系统全面地探寻新生代农民工人力资本状况及其存在的问题，系统构建具有新生代农民工特色、多元行动主体共同博弈的人力资本理论研究范式，做到"底数清、数据明、路径优"，这有助于最终从理论层面思考和构建具有中国特色的新生代农民工人力资本形成和优化全过程，为进一步解决新生代农民工人力资本提升的实践难题提供理论框架和理论思维。本书将综合统计年鉴数据、全国权威调查数据及本书课题组自身采集的调查数据，从教育程度、职业技能、健康状况、迁移流动四个方面，整体判断新生代农民工人力资本所处的状况及其影响因素。

从实践层面来看，本研究将以新生代农民工为研究对象，结合调查研究数据，整体性探寻新生代农民工人力资本状况、问题及提升路径。在宏观上，助力经济发展转型，塑造国家经济发展新的优势，培育高素质的新兴产业工人队伍；在微观上，服务于家庭和个体决策，优化新生代农民工的人力资本，助力其高质量就业和城市融合。

二 研究目的

国务院文件《关于加大统筹城乡发展力度 进一步夯实农业农村发展基础的若干意见》里特别提出，积极推进城镇化应采取有针对性的措施，解决新生代农民工的新情况新问题，逐步实现他们的市民化。那么，新生代农民工的个人特征是什么？新生代农民工人力资本有哪些新情况和新问题？站在民族复兴与国家参与国际竞争的高度，提升我国新生代农民工人力资本价值的路径有哪些？这些都是亟待解决的理论和现实难题。化解这些问题和矛盾既是新生代农民工职业向上流动和稳定就业的新表达，也是政府部门破解经济发展方式转型难题、提升国民劳动力整体素质的出发点和落脚点。本书重点聚焦分析我国新生代农民工人力资本的特点、问题和障碍，并在理论视角下探索其提升路径。

其一，现状是什么？

人力资本日益成为国家以及企业价值创造的主导要素，鉴于国际竞争和产业升级对我国劳动力提出的更高层次要求，增加人力资本投资，提高劳动者职业技能水平并增加劳动者知识储备，对于优化经济结构、提高经济效益有着重要作用。本书将综合统计年鉴数据、全国权威调查数据与本书课题组自身采集的调查数据,从教育程度、职业技能、健康状况、迁移流动四个维度,判断我国新生代农民工人力资本所处的整体状况。与此同时,本书也将围绕政府、企业、社会组织、家庭和个人等多个行为主体,探讨这些行为主体开展的新生代农民工人力资本投资活动及其投资效果。

其二,问题是什么?

当前,我国新生代农民工人力资本及其投资存在哪些问题?人力资本受哪些关键要素的影响?人力资本投资是一项系统工程,既需要资金、人力、物力的大量支持投入,还需要多元行为主体的共同投资。在人力资本的若干要素之中,影响其要素变化的重要因素是什么?特别是人力资本的关键要素——教育程度、职业技能受到什么因素的影响?关键行业——制造业领域中的新生代农民工人力资本状况如何?在各行为主体之中,哪些是已有的有效投资主体?投资过程中还存在什么问题?未来的努力方向是什么?

其三,在理论梳理之后怎么办?

未来,在理论探索的框架之中,如何结合现实困境,积极探索我国新生代农民工人力资本的提升路径?如何站在国家发展大局的宏观视角,相对精准地找到未来我国新生代农民工人力资本提升的着力点并相对有效地规避投资风险,这些都是亟待解决的理论和现实难题。

第一章　文献回顾

一　人力资本理论的发展

（一）人力资本思想的萌芽

古典政治经济学家十分关注财富和价值的起源及其增长的影响因素。早在 17 世纪时，英国古典政治经济学家威廉·配第在其 1662 年出版的《赋税论》中就提出了"劳动是财富之父、土地是财富之母"的观点，强调了"人"这一要素在财富生产中的重要作用，明确了"人力"的价值。1672 年威廉·配第进一步在《政治算术》中，运用数字、重量、尺度等统计方法对英国、法国、荷兰三国国力和经济现象进行了对比研究，估算了战争、疾病等因素造成人口死亡和流失的经济损失，计算了英国人口的货币价值，并提出"劳动决定价值"的劳动价值论，可谓是人力资本思想的萌芽。法国重农学派代表人物魁奈接着在其《人口论》《谷物论》等文中探讨了财富、价值、货币、贸易、人口等问题之间的理论关联，认为"人"是构成国家强大的根本因素，"人"本身就是其个人财富的第一创造因素[1]，强调了财富生产中人的价值和作用。

英国经济学家亚当·斯密把人力资本这一思想进一步推向了新的理论高度。亚当·斯密在 1776 年《国富论》中最早明确提出资本可分为"固定资本"和"流动资本"。他认为"在社会的固定资本中，可提供收入或利润的项目，除了物质资本外，还包括社会上一切人民学得的有用的才能"[2]，这些"有用的才能"可以通过学习来习得，而且他还建议由国家

---

[1]　［法］魁奈：《经济著作选集》，商务印书馆 1979 年版。
[2]　［英］亚当·斯密：《国民财富的性质和原因的研究》，商务印书馆 1972 年版。

"推动、鼓励，甚至强制全体国民接受最基本的教育"①。亚当·斯密提到的"有用的才能"这一观点便开始触及"人力资本"这一概念的部分内涵。德国思想家弗里德里希·李斯特在其1841年著的《政治经济学的国民体系》中也明确提到，不能把体力劳动作为唯一的生产力，而精神方面的因素和国家的作用对生产力的影响需要格外注意，并特别区分了"物质资本"和"精神资本"，其中提及的"精神资本"已经在识别人力资本的价值。英国经济学家阿尔弗雷德·马歇尔在其1890年出版的《经济学原理》中明确提出了人力资本投资的价值，认为"知识是我们最有力的生产力，是形成资本的主要因素"②，"知识和组织是一个独立的生产要素，教育投资对经济增长具有重要作用"，"一切资本中最有价值的莫过于投在人身上的资本"③。这些提法都在逐步清晰人们对人力资本及其经济贡献的认识，为之后现代人力资本理论的发展开辟了理论源头。

（二）现代人力资本理论的演进

随着经济社会的快速变化和发展，古典政治经济学和新古典政治经济学理论逐渐难以解释新阶段出现的新问题、新现象，甚至出现一些矛盾。于是，理论界的经济学家们开始谋求新的理论构建，以期阐释和预测现实走势。20世纪50—60年代是人力资本理论真正进入主流经济学的关键时期。在这一阶段里，四位研究者对于现代人力资本理论的贡献最为突出。

第一位重要学者是美国经济学家雅各布·明塞尔。他于1958年发表的论文《人力资本与个人收入分配》建立了人力资本投资的收益模型，并提出人力资本投资是劳动力市场中劳动者收入差距产生的决定性因素。明塞尔认为，正规的学校教育、积累的工作经验以及接受的技能培训等人力资本与个人的收入分配之间存在显著关联，是提高个人收入的重要源泉。

第二位重要学者是美国著名经济学家西奥多·舒尔茨。他是公认的对人力资本理论贡献最大的一位学者。在他的理论研究之中，有两个现实现象引起了舒尔茨对人力资本问题的关注：第一个问题是他在研究农业经济

---

① ［英］亚当·斯密：《国民财富的性质和原因的研究》，商务印书馆1972年版。
② ［英］阿尔弗雷德·马歇尔：《经济学原理》（上卷），商务印书馆1983年版。
③ ［英］马歇尔：《经济学原理》，人民日报出版社1980年版。

时，他试图回答当时美国农业产量大幅度提高的背后，除了常规的土地、劳动力和资本要素之外，还有什么因素极大地促进了美国农业产量的提高？最终，舒尔茨得出结论，认为人的技术和技能的提高是其中一个决定性的助推因素。第二个问题是他在研究个人收入增长时，他试图回答为何当时工人的工资出现了大幅度的增长？传统的理论构建只能解释其中一部分的增长，但仍然存在一个模糊因素在影响着工资收入的大幅度提高。通过研究，舒尔茨发现，这也是人力资本在其中发挥着重要作用。于是，在1960年美国经济学年会的一次演说中，舒尔茨提出了人力资本学说，阐释了人力资本对经济增长以及个人收入增长的影响。舒尔茨在《论人力资本投资》一书中进一步界定了人力资本的基本内涵，包括医疗保健、在职培训、教育（也包括由社会组织组织的非正规教育培训）、个人迁移等[①]重要内容。总体来说，舒尔茨主要是从宏观层面研究了人力资本，特别是教育对经济增长的影响。

第三位重要学者是美国著名经济学家加里·贝克尔。贝克尔1960年出版的《生育率的经济分析》、1964年出版的《人力资本》是其人力资本研究的集中反映。贝克尔运用成本—效益等经济学分析方法，重点从微观的角度分析了生育成本和生育效应、教育成本与教育收益，研究了人力资本投资与个人收入之间的关系，与舒尔茨人力资本的宏观分析视角互为补充。

第四位重要学者是爱德华·丹尼森。丹尼森的理论贡献在于他进一步运用计量模型对国民收入增长原因的"残差"进行了解释。在加入规模经济效应、资源配置等变量后，丹尼森发现1929—1957年美国经济增长的教育贡献应是23%，而不是舒尔茨计算的33%。[②]

现代人力资本理论的诞生，逐步引导人们强化对人的关注，对知识效应的重视，对人力资本价值的再认识。也就是说，要把教育程度、健康状况等领域的消费看成是一种投资，而不仅仅是纯粹的消费，进而把消费纳入到生产领域，这是一个重要的理论突破和思维转向。

（三）当代人力资本理论的发展

当代人力资本理论的发展主要将精力集中在人力资本对经济增长的

---

① [美] 西奥多·W. 舒尔茨：《论人力资本投资》，北京经济学院出版社1990年版。
② 周新芳：《人力资理论文献综述》，《现代经济信息》2008年第1期。

影响内生化上，形成了新增长理论。代表人物有两位：一位是美国经济学家保尔·罗默。1986年罗默在《收益递增经济增长模型》一文中将技术进步转化为经济增长模型中的一个内生变量，并明确将劳动、资本、人力资本和创新纳入经济增长四要素模型，从而突显了人力资本和技术创新的价值和时代特征。另一位是美国经济学家罗伯特·卢卡斯。1988年卢卡斯在《论经济发展的机制》中提出了两个内生增长模型：一是人力资本外部性模型，指出人力资本投资具有外部性，收益并非完全由个人收获，有外部溢出效应，从而解释了同样技术水平的工人为何在人力资本水平不同的国家收入水平不同的原因；一个是"干中学"外部性模型，指出当商品替代性强的时候，生产知识密集型高的商品的国家，其经济增长率更高，从而强调了人力资本的溢出效应及其对经济增长内生化的影响。

通过简要地概括人力资本理论研究发展的这段历史，我们发现，从最初的亚当·斯密人力资本思想的萌芽，到现代人力资本理论中舒尔茨对人力资本内涵的四要素界定，再到当代人力资本理论中卢卡斯对人力资本溢出效应的经济增长影响的识别，充分体现出在经济增长和个人收入增长互动过程中人力资本及其投资的价值和作用。之后还有学者，例如，尼尔1995年，进一步把人力资本区分为"完全通用"、"产业专用"和"企业专用"三个层次，为此后的劳动力迁移和就业变迁提供了重要的理论支撑[①]，也为本书要研究的新生代农民工职业技能提升提供了重要的理论视角。

二 新生代农民工人力资本多元主体投资综述

（一）政府

政府人力资本投资是提升新生代农民工人力资本的重要途径。长期以来，关于政府人力资本投资领域的研究文献非常丰富，国内相关研究主要集中在两个领域：一是政府人力资本与国内经济发展、区域经济差异的关系。相关研究表明，人力资本投资对我国经济增长有着积极的拉

---

① 张凤林：《人力资本理论及其应用研究》，商务印书馆2011年版。

动作①；人力资本结构不平衡是产生区域经济差异的重要原因之一②。研究政府公共人力资本的文献还特别指出，政府公共人力资本投资对长期经济增长具有影响，但正影响较小且在短期内不利于经济增长③，其中，政府人力资本投资总量不足、投资结构失衡等问题突出④，未来需要提高公共人力资本的投资效率。二是人力资本对收入差异的影响。此领域有价值的研究大多运用计量模型对政府人力资本的价值效应进行了测算。

国内关于政府人力资本投资对农民工影响的研究主要涉及现状问题、主体责任和对策建议等若干方面。大量农民工研究指出，我国农民工人力资本存量不足，而政府投资功能缺失是其中的重要原因，未来则需要强化人力资本形成过程中政府的基础性作用⑤，通过转变政府人力资本投资观念⑥、完善人力资本培训制度、营造人力资本提升环境等方面保障农民工人力资本的有序提高。

国内关于政府人力资本投资对新生代农民工的影响研究涉及人力资本投资效率、制度障碍和政策路径等方面。相关研究显示，尽管我国政府部门陆续启动了针对新生代农民工职业技能提升的培训计划和工程，但新生代农民工教育培训效果有待提升，教育培训仍处于起步阶段，还远不能满足广大农民工和用人单位的需要。⑦ 经济发展需要技术人才，但目前中国职业技术教育的发展还不能满足产业需求，职业教育培训的专业及课程设置需要根据市场需求及时进行调整。⑧ 未来，提升新生代农民工人力资本

---

① 王金营：《中国和印度人力资本投资在经济增长中作用的比较研究》，《教育与经济》2001 年第 2 期。

② 李福柱、周立群：《基于区域经济差异的人力资本结构研究——以东、中、西部地区为例》，《科学管理研究》2008 年第 6 期。

③ 郭庆旺、贾俊雪：《政府公共资本投资的长期经济增长效应》，《经济研究》2006 年第 7 期。

④ 韩树杰：《我国政府人力资本投资的现实困境与战略抉择》，《中国人力资源开发》2013 年第 1 期。

⑤ 李东法：《人力资本投资的政府职责定位分析》，《人力资源开发》2014 年第 7 期。

⑥ 龙翠红、冯彩：《农民工人力资本投资与经济增长方式转变——基于民工荒问题的思考》，《湖南科技大学学报》（社会科学版）2006 年第 6 期。

⑦ 胡同泽、文莉：《农民工人力资源现状评析及开发研究》，《经济体制改革》2006 年第 6 期。

⑧ 蔡昉：《劳动力市场变化趋势与农民工培训的迫切性》，《中国职业教育》2005 年第 32 期。

状况需要破除制度障碍①，其中，户籍等制度障碍、公共服务不到位、政策和法律不健全②等问题都是政府责任缺失的具体体现。在主导型投资中，政府可以通过直接提供教育培训或发放培训补贴等方式，降低新生代农民工的参与成本。③ 这些研究对于未来推进政府公共人力资本投资优化具有重要价值。

（二）企业

企业在职培训是提升新生代农民工人力资本的另一个重要方式。从已有的企业人力资本文献来看，研究领域主要集中在人力资本投资形式、人力资本激励设计、人力资本开发与使用、人力资本保留④和提升以及人力资本收益分配等若干方面。

国内关于企业对农民工人力资本投资的影响研究主要涉及企业责任和企业投资动力分析、企业培训投资风险分析以及企业培训对农民工工资水平的影响等三个方面。这些文献大多谈到，从企业的角度来看，企业具有对农民工培训的责任，而且若企业能够更多地享受到人力资本的投资收益，那么企业就更愿意对人力资本进行付费（反映在工资水平上）⑤，但通常情况下，企业又面临着因农民工流动性较大导致的培训投资风险，这就在很大程度上限制了企业人力资本投资热情，在宏观层面最终反映在国家产业升级严重受限上。从农民工个体来看，农民工高参训意愿与低培训率⑥的现实矛盾客观存在，这一问题亟待解决。从全世界的范畴来看，日本企业"上下一致、一专多能"的在职培训、德国企业与学校合作的"双元制"培训思路、美国半工半读的"合作教

---

① 彭焕才：《从民工荒看新生代农民工人力资本投资》，《湖南师范大学社会科学学报》2012年第5期。
② 陆远权、邹成诚：《新生代农民工人力资本投资的政府责任分析》，《职教论坛》2011年第15期。
③ 刘洪银：《以融合居住促进新生代农民工人力资本提升》，《首都经济贸易大学学报》2013年第5期。
④ 白娜、高艳：《企业人力资本管理模式研究综述与展望》，《时代金融》2017年第23期。
⑤ ［美］加里·斯坦利·贝克尔：《人力资本》，北京大学出版社1986年版。
⑥ 和震、李晨：《破解新生代农民工高培训意愿与低培训率的困局——从人力资本特征与企业培训角度分析》，《教育研究》2013年第2期。

育"培训模式[1]等企业在职培训方式都值得我国企业借鉴和学习。

  国内关于企业对新生代农民工人力资本投资的影响研究主要涉及企业人力资本投资动力、激发企业培训动力的制度设计两个领域。有文献显示，由于我国新生代农民工大多随就业机会、就业岗位变动而发生市场化流动，所以新生代农民工跳槽多、跨行业就业的特征明显，企业对其培训投资后人力资本的流失也比较大。在这样的情况下，很多企业则选择了谨慎投资，进行"快餐式"培训，从而容易出现培训内容与企业需求错位、培训力度不足等问题。有些企业甚至还会投机取巧，干脆采用"拿来主义"的办法直接招聘熟练工，一旦订单完成就对农民工弃之不用[2]，这样就容易陷入就业者想培训——企业又担心无法长期享受培训收益而谨慎培训——就业者缺培训——企业效益难以提升的不良循环之中。面对这一客观现实，一些文献指出，目前我国出现的"民工荒"其实是"质量荒"和"结构荒"，而企业根据市场需求展开职业培训则是解决当前新生代农民工结构性就业难的关键之一。[3] 在新生代农民工进入城市后，他们接受正规教育的机会越来越少，因此，参加在岗培训成为新生代农民工提升人力资本水平和工作技能最可能实现的方式。[4] 这些问题的解决需要企业进一步转变观念，和政府、社会组织一起加强对农民工的职业培训和职业规划。[5] 解决企业培训动力不足的现实难题，需要更为有效的政策扶持和配套设计，既需要政府营造好强化培训的外部环境，给出明确的政策引导，又需要企业保持人力资本投资热情，自主把握好培训内容、培训方式和培训方向，在新生代农民工职业资格认定、职业技能培训、职业全周期规划

---

  [1] 李宝元：《人力资本论——基于中国实践问题的理论阐释》，北京师范大学出版社 2009 年版；高宗华：《高职院校"校企互助"模式探索与实践》，《职教论坛》2014 年第 26 期。
  [2] 全国总工会新生代农民工问题研究课题组：《关于新生代农民工问题的研究报告》，《江苏纺织》2010 年第 8 期；彭焕才：《从民工荒看新生代农民工人力资本投资》，《湖南师范大学社会科学学报》2012 年第 5 期。
  [3] 彭焕才：《从民工荒看新生代农民工人力资本投资》，《湖南师范大学社会科学学报》2012 年第 5 期；吕莉敏、马建富：《基于人力资本理论的新生代农民工培训》，《中国职业技术教育》2012 年第 24 期。
  [4] 蔡昉：《人口转变、人口红利与经济增长可持续性——兼论充分就业如何促进经济增长》，《人口研究》2004 年第 2 期。
  [5] 张正：《新生代农民工人力资本投资中的企业责任分析》，《企业技术开发》2014 年第 23 期。

等方面积极主动作为，以提升新生代农民工个人职业能力和知识储备。[1]由企业组织和设计的岗前培训、在职培训、再就业培训等，应成为新生代农民工人力资本积累的经常性活动。[2]

（三）社会组织

社会组织是提升新生代农民工人力资本的重要社会参与力量。新生代农民工人力资本积累不再仅仅依靠政府力量办学和组织培训，还需要社会各界的广泛参与，有赖于广泛动员和依托社会资本和市场力量。[3] 社会力量参与新生代农民工人力资本投资，将是未来其人力资本积累实现可持续性的重要保障。[4] 目前，国内关于社会组织的研究愈发丰富。从最初的社会组织定义，到社会组织与政府之间的合作关系，再到破解社会组织发展难题，理顺管理体制，更好地发挥好"枢纽型"社会组织的作用等方面，相关研究领域越来越广泛，研究深度不断加强，研究导向进一步与现实问题相结合。

国内关于社会组织对农民工人力资本投资的影响研究主要涉及农民工社会组织融入状况、社会组织对农民工市民化和城市融入的影响、维护组织公平对农民工生理健康和心理健康的影响以及社会组织对于农民工福利供给的影响等若干方面，其中，还有若干文献探讨了国外社会组织在劳动力就业、职业技能培训以及健康干预等方面发挥的作用。

国内关于社会组织对新生代农民工人力资本投资的影响研究主要涉及几个方面：一是为新生代农民工提供服务的社会组织分类研究。有研究将这些社会组织分为自组织（如农民工非营利组织、"同乡会"等）[5]和为农民工服务的社会组织（如工会、社区组织等）两种类型。总体来看，

---

[1] 齐秀强、张雅涛、林子琳：《建构新生代农民工职业规划培训体系的宏观策略研究》，《山东青年政治学院学报》2014年第2期。

[2] 李宝元：《人力资本论——基于中国实践问题的理论阐释》，北京师范大学出版社2009年版。

[3] 李宝元：《人力资本论——基于中国实践问题的理论阐释》，北京师范大学出版社2009年版。

[4] 陶伟、燕东升：《基于分析的新生代农民工人力资本投资策略》，《农村经济》2012年第4期。

[5] 张莉：《新生代农民工城市化路径探析——基于社会组织发展视角》，《陕西农业科学》2015年第1期。

我国为新生代农民工服务的社会组织数量少,而且分布也不很均衡,社会组织自我发展也遭遇到人才难题①,这在很大程度上影响了为新生代农民工服务的内容和质量,从而导致需求满足程度不高。二是社会组织帮扶方式研究。基于文献,可以发现,我国社会组织在新生代农民工技能培训过程中的帮扶方式主要有三类:"项目带动型"、"与学校联合型"及"与企业联合带动型"。三是社会组织参与新生代农民工服务的价值研究。有的学者专门就新生代农民工的社会支持对其组织承诺的影响进行了研究,结果发现,由社会组织等共同推动构建的良好社会支持(同事支持、上级支持等)对于新生代农民工的离职率有明显的抑制作用②,组织支持感对新生代农民工的离职意愿具有显著的负向影响③,而在社会组织发育不健全、工会独立性不强的企业或单位,新生代农民工常常处于"原子化"状态④,容易出现心理焦虑和孤独感,影响其市民化进程和城市融入程度。四是提升新生代农民工社会组织服务效率的研究。有的学者建议社会组织既应加强与政府部门的沟通和协作,又应该进一步深化与企业的对接,还应该强化与其他社会组织之间的交流和合作。⑤ 有的学者则建议构建多形态业缘纽带和多功能协作组织⑥,通过构建专业性的新生代农民工协会⑦、优化工会功能等建立新生代农民工新型网络关系,通过多种渠道,推动各类社会组织在新生代农民工职业培训、就业、维权、心理咨询⑧等方面的深度参与。还有的学者建议借鉴德国的"双元制"职业教育

---

① 孙录宝:《为新生代农民工服务的社会组织问题初探》,《社团管理研究》2011年第11期。

② 刘雪梅等:《社会支持对新生代农民工组织承诺的影响机制》,《农业经济问题》2018年第12期。

③ 淦未宇、徐细雄:《组织支持、社会资本与新生代农民工离职意愿》,《管理科学》2018年第1期。

④ 钟秋莲:《社会资本理论下新生代农民工市民化路径选择——基于社会组织发展视角》,《安徽农业科学》2011年第33期。

⑤ 孙录宝:《为新生代农民工服务的社会组织问题初探》,《社团管理研究》2011年第11期。

⑥ 张莉:《新生代农民工城市化路径探析——基于社会组织发展视角》,《陕西农业科学》2015年第1期。

⑦ 孙录宝:《为新生代农民工服务的社会组织问题初探》,《社团管理研究》2011年第11期。

⑧ 张莉:《新生代农民工城市化路径探析——基于社会组织发展视角》,《陕西农业科学》2015年第1期。

形式，以行业协会为桥梁、通过广泛的社会关系筹集教育经费，从而构建新生代农民工人力资本提升的良性互动机制[①]，但从目前现实情况来看，社会组织参与教育事业、职业培训、心理咨询的深度和广度依然有限，多形式、多渠道、多元主体进行新生代农民工人力资本投资的发展格局[②]还有待进一步优化。

（四）家庭和个人

家庭和个人是影响新生代农民工人力资本提升的关键要素。国外相关研究较为深入且理论性较强。例如，罗森认为，父母的财力和家庭背景会影响其对子女的教育决策，从而影响子女人力资本的提升。[③] 贝克尔曾指出，"人力资本投资的直接受益者是接受教育和培训的人"[④]。在国内，家庭人力资本投资相关研究主要集中在对高校大学生就业创业、贫困农户收入及其代际传递、女性就业、劳动力流动以及家庭经济社会地位等方面的影响上。

国内家庭和个人对新生代农民工人力资本投资的影响研究相对有限，依然聚焦在描述性分析和一般性的政策建议层面。有研究表明，人力资本与个人之间存在确定的不可分割性，因此，新生代农民工人力资本投资的主要受益者是个人，家庭和个人应该在一定条件下优化对新生代农民工人力资本投资的微观决策。有学者研究表明，拥有积极健康的心理资本对于提高新生代农民工人力资本自我投资的效能正向影响很大[⑤]，但由于客观现实条件的限制，实际操作却困难重重。[⑥] 在当前市场流动机制不健全、

[①] 张扬群：《非政府组织对职业教育发展的促进作用探析》，《中国职业教育》2010年第21期。

[②] 李宝元：《人力资本论——基于中国实践问题的理论阐释》，北京师范大学出版社2009年版；牟增芬、孙正林：《基于人力资本理论的新生代农民工培训问题研究》，《中国林业经济》2011年第1期。

[③] 张凤林：《人力资本理论及其应用研究》，商务印书馆2011年版。

[④] ［美］加里·斯坦利·贝克尔：《人力资本》，北京大学出版社1986年版。

[⑤] 潘晶芳：《新生代农民工人力资本的提升与再造——基于城乡一体化的现实语境》，《福建行政学院学报》2013年第3期。

[⑥] 全国总工会新生代农民工问题研究课题组：《关于新生代农民工问题的研究报告》，《江苏纺织》2010年第8期；牟增芬、孙正林：《基于人力资本理论的新生代农民工培训问题研究》，《中国林业经济》2011年第1期；中华人民共和国国家统计局：《2013年全国农民工监测调查报告》（http://www.stats.gov.cn/tjsj/zxfb/201405/t20140512_551585.html）。

现代劳动市场制度不完善、加班工作成常态化、培训内容与企业需求不相适应、社会保障机制对新生代农民工的覆盖面不够以及户籍制度改革成效甚微等客观现实下，新生代农民工自身很难高效地参与到人力资本社会化积累的实际行动中来，参加教育和培训的积极性并不高。① 再加上劳动力供需结构性变化对新生代农民工易于就业的影响，所以新生代农民工更加容易陷入"人力资本滑坡"② 的状态，这些发展阶段在一些发达国家都曾经历过，对于我国丰富类似的研究和实践具有一定的参考价值。

三 已有文献评述

基于以上文献资料，我们课题组发现，国内人力资本研究大约兴起于20世纪80年代末，而新生代农民工人力资本研究则刚起步。从已有的新生代农民工人力资本研究的文献中，我们发现两个问题：

第一，统计数据匮乏且缺乏整合，导致人力资本与经济转型的匹配问题研究不足。文献显示，不同的经济发展阶段要求不同的人力资本，如在工业经济时代，人力资本表现为劳力型、技术型和经营型人力资本。王金营③还量化了经济转型对人力资本的需求等。然而，国内关于新生代农民工这一群体的人力资本供需缺口及其与经济转型的匹配度鲜有系统性研究，从事制造业等重要行业中的新生代农民工具有怎样的个人特性和家庭属性？类似这样的问题研究得都很少，这可能是由于此领域的数据支撑不足所致。当前，国内相关数据主要是对农民工而展开，针对新生代农民工人力资本的调查数据少之又少。国家统计局的农民工调查对于学者而言无法取得微观数据，限制了我们进行统计建模，影响因素的深入分析同样受限。我们只能通过官方公布的宏观数据进行新生代农民工人力资本部分指标的简要宏观描述；原国家卫计委流动人口数据比较连续且公开了微观数据，但此调查并未完全按照人力资本的四个维度展开测量，因此，本书只

---

① 蔡昉：《人口转变、人口红利与经济增长可持续性——兼论充分就业如何促进经济增长》，《人口研究》2004年第2期。
② 蔡昉：《未来的人力资本积累》，财经新闻（http://www.cenet.org.cn/index.php?siteid=1&a=show&catid=123&typeid=&id=66602），2015年3月12日。
③ 王金营：《制度变迁对人力资本和物质资本在经济增长中作用的影响》，《中国人口科学》2004年第4期。

能依托此数据对其中涉及的教育程度和职业技能进行建模分析。综上所述，本书不得不自行组织一次新生代农民工人力资本四个维度的专项调查，至少掌握其面上的描述性特征。

第二，行为主体研究缺乏统合，新生代农民工人力资本研究的系统性思维不足。文献显示，此类人力资本生成途径包括教育、职业培训（含"干中学"）、迁移、医疗保健、精神文化生活等（彭焕才，2012；王迅，2008）；投资主体包括政府、企业和个人，但企业普遍缺乏足够的技能型员工，新生代农民工人力资本投资严重不足（彭焕才，2012），而问题症结在于政府责任缺失（陆远权等，2011），并建议从劳动力市场、产品市场、产业转型对新生代农民工人力资本形成倒逼机制。已有研究大多把新生代农民工当作城市"外物"来研究，对其教育、培训、健康、户籍等问题不能同时考察并系统解决，同时，过分放大政府责任的缺失，忽视了其他行为主体的协同作用。目前，关于新生代农民工人力资本提升的文献主要集中在政府、企业两大行为主体，而关于社会组织、家庭和个人的研究并不多。在所有文献中，能够把五大行为主体的功能分析整合起来整体性研究的文献非常缺乏，严重限制了相关领域的理论分析，不利于清晰地明确和提炼出新生代农民工人力资本提升的路径。目前，通过这些年其他学者的研究，我们已经走过了五类行为主体分项摸底研究的初期阶段，现在理应迈入行为主体统合研究的理论思考阶段。这恰恰是本书的初衷和切入点。

通过文献梳理，我们探寻到了课题组研究的逻辑起点和问题导向，即本书试图在综合多项权威调查数据及本课题组调查数据的支撑下，利用各个调查的优势，试图探寻以下四个问题的答案：

（1）新生代农民工人力资本的特征及其独特性表现在哪些方面？
（2）当前新生代农民工人力资本投资面临的主要问题是什么？
（3）优化新生代农民工人力资本状况面临哪些主要障碍？
（4）如何运用理论思维助力新生代农民工人力资本提升的实践？

第二章 研究设计

一 概念界定

（一）"新生代农民工"的概念界定

在我国，社会学家张雨林教授在 1983 年最早提出"农民工"一词。王春光研究员撰文第一次从四个方面（年代与年龄特性、教育特性、务农经历、外出动机的变化）区别第一代农村流动人口和新生代农村流动人口[①]（王春光，2001）。在此基础上，研究者们对于新生代农民工给出的定义为：出生于 20 世纪 80 年代之后，具有农村户籍，年龄在 16 岁以上的农村外出务工人员（徐莺，2010）。不过，从 25 岁到 35 岁，不同的学者对于其年龄上限的定义差异较大，这是受到了新生代农民工这一群体的复杂性和年龄动态性的影响（王亚飞，2016）。从现有文献可以看出，新生代农民工相比老一代农民工而言，"新"在年轻，"新"在没有务农经历，"新"在对城市生活更强的憧憬和向往，"新"在更少的家庭负担，"新"在更有文化，更有知识的视野，更了解城市。

综合起来看，本书对新生代农民工的定义是：1980 年以后出生、具有农村户籍并从事非农业生产活动的劳动年龄段人口。这一群体人力资本多维度的状况是本书主要关注的研究领域。2010 年全国总工会课题组数据报告显示，26 岁是老一代农民工初次外出务工的平均年龄，而 23 岁左右则是新生代农民工的平均外出年龄，其中，"80 后"平均为 18 岁、"90

[①] 王春光：《新生代农村流动人口的社会认同与城乡融合的关系》，《社会学研究》2001 年第 3 期。

后"为16岁。① 由此可见，与老一代农民工相比，新生代农民工外出年龄更早，对于自己的人生规划更为朦胧并对未来充满憧憬，而其自身人力资本的储备状况则是影响新生代农民工职业发展和城市融入的关键因素之一。

（二）"人力资本"的概念界定

从文献回顾可知，理论界在人力资本思想萌芽时期就提出了资本由"物质资本"和"精神资本"（人力资本）构成的观点，舒尔茨则进一步将人力资本概括为经过投资形成在人身上体现出来的知识、技能、经历、经验和熟练程度等内容。② 国内大多研究基本遵循了舒尔茨对人力资本四个维度的界定——教育程度、职业技能、健康状况、迁移流动，大体围绕这四个领域分别展开研究。本书将继续在此概念的基础之上开展相关研究。

二 研究内容

在理论分析和调查数据的基础之上，本研究试图在以下几个方面开展研究：

第一，刻画新生代农民工人力资本特征的特殊性。结合国家统计局、原国家卫计委以及本课题调查数据，相对系统地探讨新生代农民工与其他群体相比，其人力资本的特殊特点，为这一群体人力资本的群体特征进行扫描和"画像"，以便于更好地识别该群体，并引起有关各方的特别关注。

第二，探索新生代农民工人力资本研究的理论性。（1）新生代农民工人力资本开发的主体及其关系研究。基于政府、社会、企业、家庭、个人等多元行动主体，借鉴国际经验，从利益博弈的角度，建立新生代农民工人力资本投资的系统分析框架。（2）新生代农民工人力资本开发的机制问题研究。综合理论思考和数据研究，从行为主体构成、管理体制、运行机制、经济基础以及社会文化等多个领域，相对宏观地探讨新生代农民

---

① 全国总工会新生代农民工问题研究课题组：《关于新生代农民工问题的研究报告》，《江苏纺织》2010年第8期。

② ［美］西奥多·W. 舒尔茨：《论人力资本投资》，北京经济学院出版社1990年版。

工人力资本投资面临的主要问题及其障碍。

第三，推动新生代农民工人力资本研究的实践性。针对分析框架中的断裂，界定不同行为主体的权利和责任，从不同行动主体的目标、手段、利益博弈的维度，设计新生代农民工人力资本开发运行机制（包括程序、制度和动力来源等），研究新生代农民工人力资本提升的动力机制，形成可操作化的政策措施。

为了更为有效地实施以上三点研究内容，本书将遵循以下的具体研究思路：

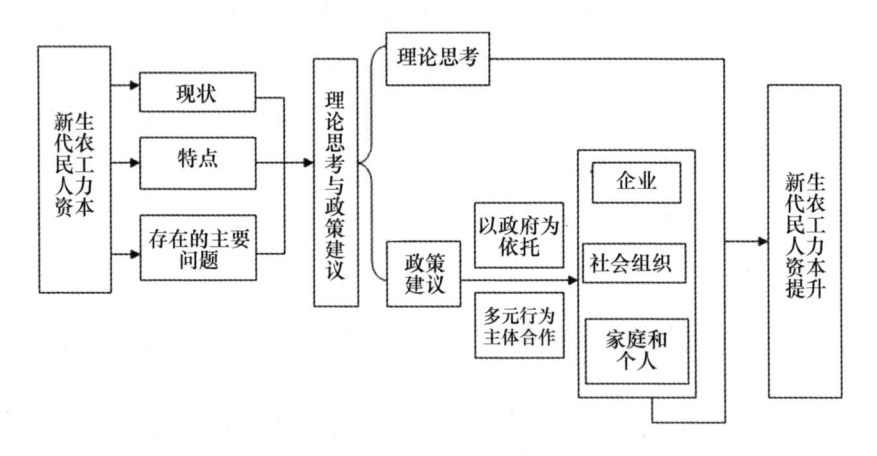

图 1-1 本书研究思路

三 数据来源

（一）本书的数据来源

综合起来看，国内可供研究新生代农民工这一群体的调查数据主要可分为三类，各类调查各有侧重点，其数据的基本情况详见表 1-1。

表 1-1　　　主要的全国性新生代农民工调查一览表

序号	1	2	3	4	5	6
数据名称	全国农民工监测调查	全国流动人口动态监测调查				新生代农民工人力资本状况调查

续表

序号	1	2	3	4	5	6
调查时间	2016年	2013年	2014年	2015年	2016年	2016年1月
调查方	国家统计局	原国家卫生和计划生育委员会				"经济发展方式转变背景下新生代农民工人力资本提升路径研究"(本书课题组)
调查目的	为准确反映全国农民工规模、流向、分布等情况	了解流动人口生存状况与卫生计生服务管理情况				为了解进城工作的新生代农民工人力资本状况及未来需求
样本量	23.7万份	19.6万份	20.1万份	20.6万份	16.9万份	925份
主要指标	1. 农民工	1. 性别	1. 性别	1. 性别	1. 性别	1. 性别
	2. 本地农民工	2. 年龄	2. 年龄	2. 年龄	2. 年龄	2. 年龄
	3. 外出农民工	3. 受教育程度	3. 受教育程度	3. 受教育程度	3. 受教育程度	3. 受教育程度
	4. 性别	4. 流动	4. 流动	4. 流动	4. 流动与就业	4. 就业技能培训
	5. 年龄	5. 就业与收入支出	5. 生理健康	5. 就业	5. 居留和落户意愿	5. 迁移状况
	6. 受教育程度	6. 公共服务与社会保障	6. 心理健康	6. 基本公共卫生和计划生育服务	6. 婚育和卫生计生服务	6. 健康状况
	7. 就业	……	7. 社会健康	7. 老年人医疗卫生服务	7. 健康素养	7. 家庭成员情况
	8. 消费和居住	……	……	……	……	……
	9. 权益保障……					

续表

序号	1	2	3	4	5	6
数据优点	提供了全国农民工总量、整体结构等数据	数据指标全面，具有一定代表性				按国家统计局农民工监测调查数据设计抽样框，保证了数据抽样的有效性
	为本书问卷调查提供了抽样框架	可进行新生代农民工和老一代农民工的对比研究				针对新生代农民工人力资本四个维度进行结构性设计
数据缺点	缺少有关新生代农民工微观结构性指标数据	数据指标侧重于流动人口卫生和计生等内容，关于新生代农民工群体人力资本四维度的内容涉及不足				缺少新生代和老一代农民工状况的对比数据

注：2016年以前的国家统计局"全国农民工监测调查"涉及新生代农民工零星指标。此调查自2009年开始按年度开展相关工作。

本书数据也主要来源于这三类。综合使用这三类数据来源的原因是期望更为客观系统地刻画出我国新生代农民工人力资本的真实状况。由表1-1可知，这三类调查数据各有利弊：

第一，国家统计局的数据对外提供了新生代农民工的宏观总量和个别的结构性数据，可以为其他农民工抽样调查提供较为可靠的抽样依据，但这类数据难以拿到微观个体数据，无法根据新生代农民工的研究目的自行进行细致分析。因此，本书选择利用了国家统计局的宏观数据，以展示新生代农民工的规模及个别结构指标随时间的变化，并利用国家统计局数据提供的新生代农民工关键性的结构指标（如行业结构、受教育程度等）指导本书课题组的新生代农民工抽样调查。

第二，原国家卫计委流动人口调查样本量大，覆盖了新生代农民工和老一代农民工样本，可以很好地进行特征对比与建模。因此，本研究在分析新生代农民工职业技能和健康状况的影响因素章节，主要利用的是这类数据，以寻求人群特征及影响因素的对比分析。本书依据原国家卫计委2013年流动人口动态监测数据中的A卷、C卷数据及2014年流动人口动态监测数据的A卷、C卷数据，抽取了其中新生代农民工的数据构成研究单元，更加全方位、立体式地反映新生代农民工人力资本状况及其影响因素。

第三，以上两类数据并未完全按照人力资本四个维度来设计，故本研究自行组织一项新生代农民工人力资本的专项调查，此项研究的针对性更强。不过，我们这项调查由于能力、精力等方面的限制而并未涵盖老一代农民工样本。本书新生代农民工专项调查的具体情况如下：在2016年1月7日至1月20日期间随机共发放1050份问卷，最终回收925份有效调查问卷（在最后的样本分层结构上参考了2013年国家统计局农民工调查显示的受教育程度、行业分布等结构性数据）。这次调查总样本覆盖来自全国26个省、直辖市的新生代农民工，其中，京内共发放和回收186份有效问卷，主要由课题组完成调查；京外共发放和回收739份有效问卷，主要由招募的六名京外调查员协助完成（每位京外调查员将各自负责的调查问卷通过网络邮件word的形式发送给课题组，最后由课题组对问卷进行整理）。本次问卷调查内容则涵盖新生代农民工人力资本的四大方面，即教育程度、职业技能、健康状况和迁移流动，以求深入了解我国新生代农民工人力资本状况。因此，本课题调查具有一定的创新性。

（二）本课题组的调查问卷及样本说明

由于在国家统计局近些年全国农民工抽样调查监测报告中，仅有2013年年度报告中的个别指标呈现了新生代农民工的结构状况（其2016年数据仅显示其规模占比），故2016年本课题调查在随机抽样的基础上参考了国家统计局2013年的结构性数据，但由于在调查年份上有三年的差距，所以本书的样本结构只能大体上与国家统计局调查结果结构相似，而某些亚人群的比例与之有略微偏差，也许这正是时间发展的一种表现。据国家统计局2013年全国农民工抽样调查监测报告数据显示：在新生代农民工中，初中以下、初中、高中及中专、大专及以上文化程度的比例分别为6.1%、60.6%、20.5%和12.8%，本课题调查样本结构基本与此接近；在行业构成上，国家统计局数据显示，从事制造业，建筑业，批发零售业，居民服务业、修理和其他服务行业的比例分别为39.0%、14.5%、10.1%和10.0%，本课题调查样本结构也基本与此接近。

表1-2　　2013和2016年国家统计局农民工抽样调查监测报告中的行业指标　　（单位:%）

	制造业	建筑业	批发零售业	交通运输仓储和邮政业	住宿和餐饮业	居民服务、修理和其他服务业	其他行业
2013年新生代农民工	39.0	14.5	10.1	—	—	10.0	—
2013年农民工	31.4	22.2	11.3	6.3	5.9	10.6	12.3
2016年农民工	30.5	19.7	12.3	6.4	5.9	11.1	14.1
2016年与2013年相比	下降	下降	上升	上升	不变	上升	上升

资料来源：国家统计局2013年农民工抽样调查监测报告、国家统计局2016年农民工抽样调查监测报告。

注："—"代表报告中未提及此数据。

根据舒尔茨给出的定义，本书对人力资本的测量包括四个方面：（1）教育程度。本研究调查问卷主要测量了受教育程度、对农村教育的满意程度、没有继续上学的原因等内容。（2）职业技能。本研究调查问卷重点测量了职业技术证书的具备情况、参加职业培训的次数、参加培训的意愿以及培训主办方、出资方等若干信息。（3）健康状况。本研究调查问卷主要测量了体检频率、参加社会保障的情况以及心理健康情况等。（4）迁移流动。本研究调查问卷重点测量了工作过的城市数量、迁移流动的原因等信息。由于新生代农民工个人和家庭都会对人力资本投资决策产生重要影响，所以本课题调查问卷还测量了家庭规模、兄弟姐妹数、家庭耕地情况以及个人基本人口学属性特征等指标。具体情况请参见表1-3及附件中的问卷完整版。

表1-3　　本书课题组调查问卷的主要测量指标（2016）

维度	调查模块	构成要素
个人基本属性	一、基本情况	性别、年龄、婚姻、文化程度
		每月收入和结余
		出生地、当前工作城市
		是否从事过农业生产
教育程度人力资本	二、受教育情况	对自己目前学历的满意度
		没有继续上学的原因
		农村教育还存在哪些问题

第二章 研究设计　27

续表

维度	调查模块	构成要素
职业技能人力资本	三、就业技能培训状况	行业类型、劳动合同签订情况
		个人是否有职业技术资格证
		资格证书获得的过程
		职业技能培训及其态度
		从事紧缺型行业的态度及职业期望
迁移流动人力资本	四、迁移流动状况	第一次外出务工的时间
		迁移的城市个数
		最近一次就业方式和渠道
		到当前所在城市就业的原因
		影响个人迁移的主要因素
		城市生活中遇到的障碍及收获
健康状况人力资本	五、健康状况	参加社会保险的情况
		每年是否参加体检
		生病了会怎么办
		遇到心理问题时怎么处理
家庭属性	六、家庭成员情况	家庭成员数
		各家庭成员的基本情况

本研究在全国28个省（市）128个市（被访者工作的城市）随机抽样采集了925个新生代农民工样本，其中，739份京外问卷、186份京内问卷。以下系列图示显示了此次抽样的主要样本分布情况。

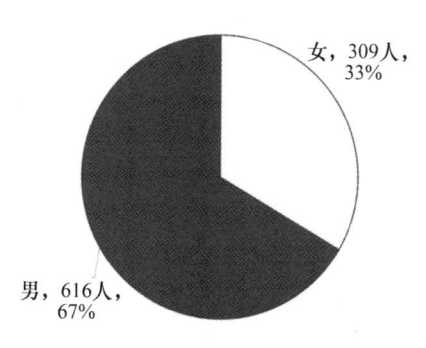

图1-2　性别构成：频数与所占比例（单位：人,%）

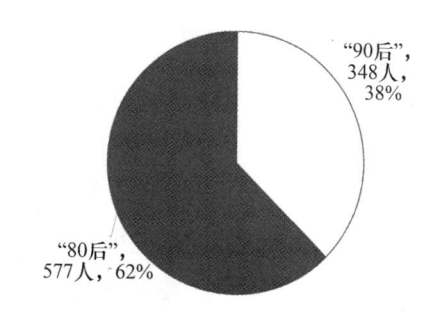

图1-3　年龄构成：频数与所占比例（单位：人,%）

数据来源：2016年1月本课题抽样调查数据。

注："90后"是指1990—1999年出生的新生代农民工，"80后"是指1980—1989年出生的新生代农民工。

图1-4 文化程度构成：频数与所占比例（单位：人，%）

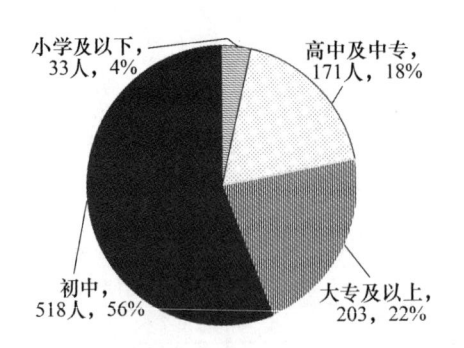

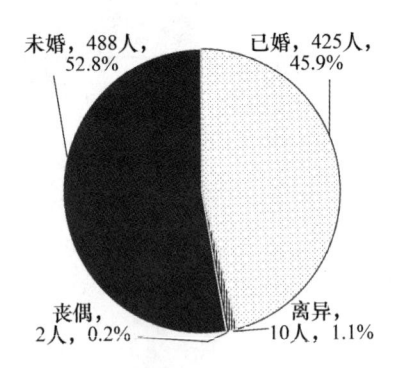

图1-5 婚姻状况构成：频数与所占比例（单位：人，%）

数据来源：2016年1月本课题抽样调查数据。

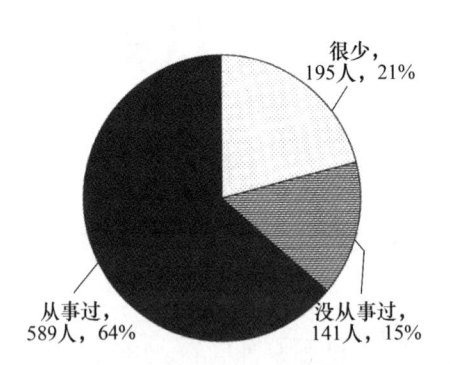

图1-6 是否从事过农业生产的频数及占比（单位：人，%）

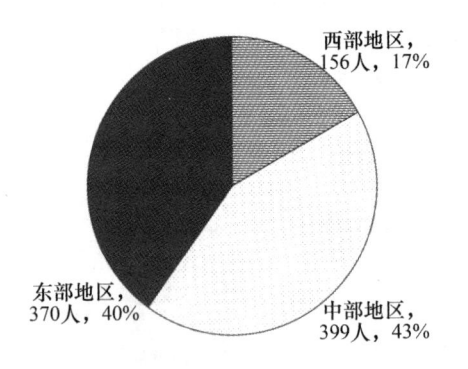

图1-7 出生地所在地区的频数及占比（单位：人，%）

数据来源：2016年1月本课题抽样调查数据。

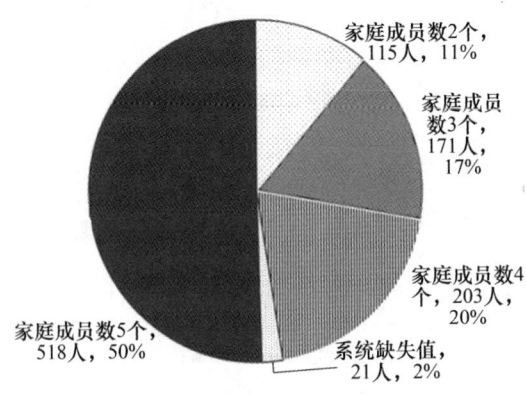

图1-8 家庭成员数构成（包括被访者本人）频数与所占比例（单位：人，%）

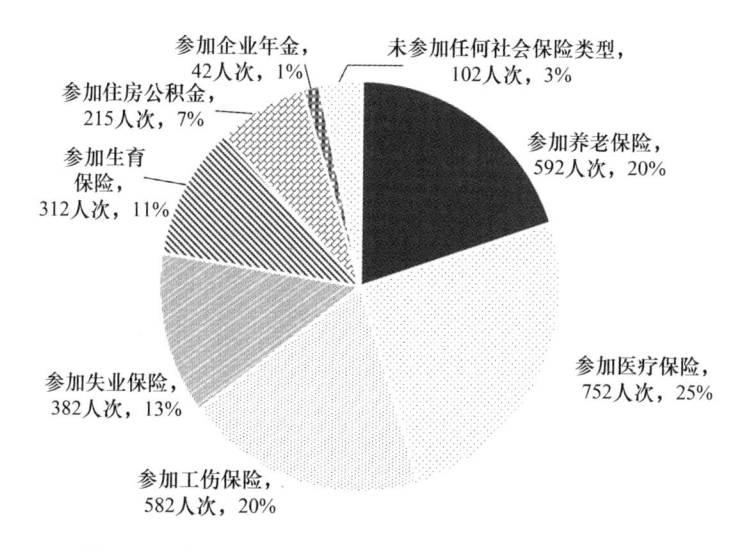

图1-9 参加社会保险的频数与所占比例（单位：人次，%）

数据来源：2016年1月本课题抽样调查数据。

注：图1-9是多选题，故人数为累计个案数。

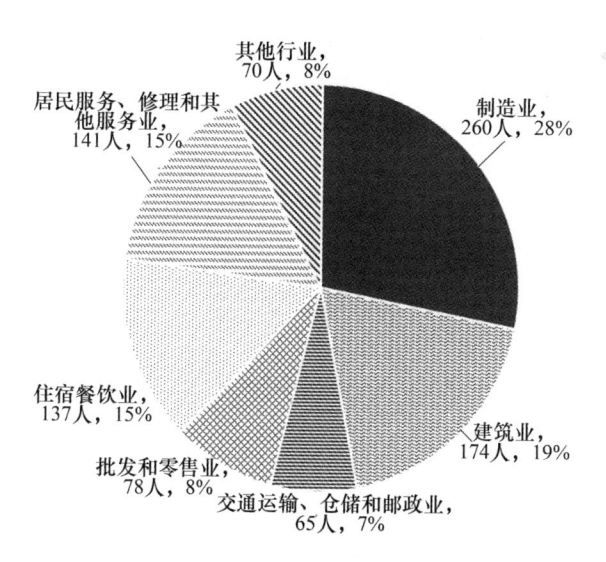

饼图数据：
- 未参加任何社会保险类型，102人次，3%
- 参加养老保险，592人次，20%
- 参加医疗保险，752人次，25%
- 参加工伤保险，582人次，20%
- 参加失业保险，382人次，13%
- 参加生育保险，312人次，11%
- 参加住房公积金，215人次，7%
- 参加企业年金，42人次，1%

图1-10 行业分布：频数及所占比例（单位：人，%）

数据来源：2016年1月本课题抽样调查数据。

饼图数据：
- 制造业，260人，28%
- 建筑业，174人，19%
- 交通运输、仓储和邮政业，65人，7%
- 批发和零售业，78人，8%
- 住宿餐饮业，137人，15%
- 居民服务、修理和其他服务业，141人，15%
- 其他行业，70人，8%

四 研究方法

为了把本研究主题探究得更为深入,本书采用了多种研究方法,从定量和定性两个方面进行了探讨。

一是文献研究法。重点围绕农民工人力资本进行了文献搜寻工作,发现了一些有价值的理论性论文和调查研究数据,为本研究提供了重要的学理支撑和数据支持。

二是结构性访谈。为了设计好调查问卷、更为充分地了解相关情况,本课题组在调查问卷形成之前走访了不同的行为主体,包括新生代农民工个体、相关企业以及相关政府部门。

三是问卷调查。参考其他更大规模农民工调查的样本结构,本课题组对新生代农民工进行了随机抽样,得到了 925 份有效调查问卷。到目前为止,国内围绕新生代农民工人力资本进行的调查并不多见,本研究在此领域进行了初步尝试并得到一些有益结论。

本书所用调查数据的详细形成过程如图 1-11 所示。

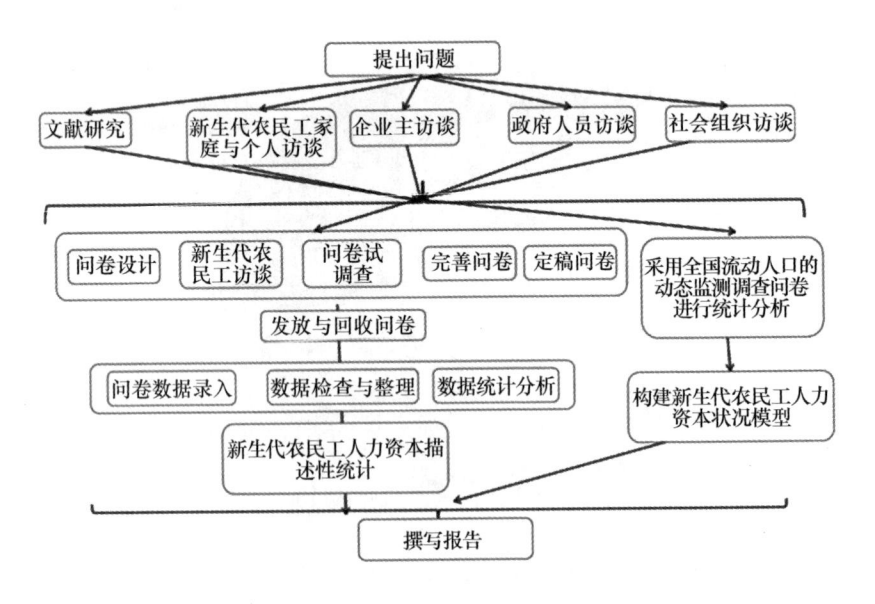

图 1-11 本书形成的流程

第二篇 总体状况

第三章　新中国 70 年中国人口形势变迁

研究新生代农民工人力资本问题，首先需要牢牢把握我国人口形势的发展变迁，把握人口形势变化对劳动力人力资本产生的阶段性要求，在新中国成立 70 年以来的历史脉络中感受"人口数量"到"人口质量"的深刻转型，体会当前新生代农民工人力资本提升的紧迫性。

一　新中国 70 年中国人口规模变迁

（一）人口规模变迁的时间维度

1. 自然增长率[①]一级阶梯分界线——20‰以上：1949—1973 年

出生率整体高位运行。除了 20 世纪 60 年代初期的三年自然灾害时期之外，新中国成立至计划生育政策全面实施之前，我国人口自然增长率基本维持在 20‰以上，人口规模整体处于增长状态。新中国成立之初，我国人口出生率[②]先是在 37‰高位上维持了五年，之后波动降至 1958 年的 29.22‰。因三年自然灾害的影响，1961 年我国出生率断崖式降至改革开放前的最低值 18.02‰。此后因补偿性生育，出生率骤增至 1962 年的 37.01‰，并于 1963 年攀升至新中国 70 年来的最高值 43.37‰，之后出生率逐步回落，波动降至 1973 年的 27.93‰。出生率的高位运行为当前中国"60 后"成为人口结构中的主体人群埋下了伏笔。

死亡率断崖式下降。新中国成立之初，与出生率高位运行相反的是死

[①] 注：人口自然增长率简称"自然增长率"。是一定时期内（通常为一年）人口自然增加数（出生人数减去死亡人数）与同期平均总人口数之比，用千分数表示。人口自然增长率是反映人口自然增长的趋势和速度的指标。

[②] 第一部分我国出生率、死亡率、自然增长率、人口规模的数据来源：1988 年和 2018 年《中国统计年鉴》。

亡率的迅速下降，即死亡率从1950年的18‰下降至1957年的10.80‰，这与政府部门对传染性疾病的有效控制密不可分。因三年自然灾害的影响，死亡率经历了近70年里唯一的一次阶段性剧增，即从1959年的14.59‰猛增至新中国成立以来的最高值1960年的25.43‰。在出生率和死亡率的综合作用下，自然增长率在这三年期间里出现断崖式暴跌，于1960年跌至新中国成立以来唯一的负值－4.57‰，我国人口规模也出现小幅下降，从1960年的6.62亿人降至1961年的6.59亿人。三年自然灾害之后的死亡率则继续沿着下降趋势发展，并于1973年降至7.04‰。

总和生育率高。我国20世纪40年代总和生育率平均为5.44，50年代平均为5.87，60年代平均为5.68[1]，远高于世代更替水平2.1，从而导致我国总人口规模在此阶段迅速增长，由此奠定了我国人口基数大的基调。在此期间，我国总人口由1949年的5.42亿人增至1973年的8.92亿人，年均增速2.1%，其中，1973年人口规模是同期美国人口的4.2倍、印度人口的1.5倍。

2. 自然增长率二级阶梯分界线——10‰—20‰：1974—1997年

出生率在波动中几乎折半。在此时期，除了在1982年（15.68‰）和1987年（16.61‰）的两个小高峰之外，我国自然增长率整体处于下降态势，并在1998年跌破10‰，迈入数值为个位数的行列。1971年7月，国务院批转《关于做好计划生育工作的报告》，把控制人口增长的指标首次纳入国民经济发展计划。到1982年9月，党的十二大把计划生育确定为基本国策，同年12月写入宪法。20世纪70年代开始实施的计划生育基本国策推动着我国出生率从1970年的33.43‰降至1979年的17.82‰，几乎折半。20世纪80年代，出生率出现了反复波动，分别在1982年和1987年攀升至22.28‰和23.33‰，出现两个出生小高峰。学术界对此阶段出生率的回升原因展开了分析，主要涉及两个方面：一是政策调整，如新婚姻法的实施、农村联产承包责任制普遍推广等（袁方、崔凤垣，1992[2]；王文录，1991[3]）；二是育龄妇女年龄结构和育龄妇女占总

---

[1] 数据来源：人口与经济编辑部，《全国千分之一人口生育率抽样调查分析：全国千分之一生育率抽样调查概况和有关数据初析》，《人口与经济专刊》，1983年，第7页。
[2] 袁方、崔凤垣：《中国大陆八十年代人口自然变动反思》，《社会学研究》1992年第1期。
[3] 王文录：《如何认识和评价近年来我国人口出生率的回升现象》，《人口学刊》1991年第3期。

人口比重变动等（郭庆松，1992[①]；朱国宏，1991[②]）。波动之后，出生率继续保持下降趋势至1997年的16.57‰。总体来看，除小的增长波动以外，由于受到政策等因素的影响，此阶段的出生率整体处于下降趋势。

死亡率在波动中微降。在此阶段，死亡率从1974年的7.34‰下降到1979年的6.21‰，之后有所回升，并于1983年升至6.9‰，之后死亡率在6.48‰至6.90‰之间波动并且波幅逐渐变小，整体呈现下降趋势。

总和生育率降幅明显但仍高于世代更替水平。在此期间，我国总和生育率从1974年的4.2降至1997年的2.8[③]，但仍然明显高于世代更替水平2.1，从而进一步推动了中国人口的增长。在此阶段，我国人口规模从1974年的9.09亿人增长到1997年的12.36亿人，增加了3.27亿人，年均增速1.4%[④]，而同时期的美国从1974年的2.14亿人增加到1997年的2.73亿人，人口增量为0.59亿人，年均增速1.1%[⑤]；印度则从1974年的6.07亿人增加到1997年的9.98亿人，人口增量3.91亿人，年均增速2.28%。[⑥]

3. 自然增长率三级阶梯分界线——10‰以下：1998—2018年

出生率波动中再降。1998年，我国人口自然增长率首次降至10‰以下，基本实现了人口再生产类型从高出生、低死亡、高增长到低出生、低死亡、低增长的历史性转变，我国人口规模从实质性增长转变为惯性增长[⑦]的阶段。进入千禧年前后，随着计划生育工作的不断完善以及其他社会经济环境的变化，出生率由1998年的15.64‰逐年下降至2004年的12.29‰，6年下降了3.35个千分点，之后一直稳定在低水平（11.9‰—12.5‰之间），直至"二孩政策"实施。2011年11月，全国各地全面实

[①] 郭庆松：《八十年代中国出生率波动的人口学原因剖析》，《人口学刊》1992年第5期。
[②] 朱国宏：《作为一种文化的生育》，《西北人口》1991年第1期。
[③] 数据来源：OECD 经济合作与发展组织，网址：https://data.oecd.org/pop/fertility-rates.htm。
[④] 计算说明：1974年使用的是1974年年初数，即1973年年底数，为8.92亿人；1997年使用的是1997年年底数，为12.36亿人。
[⑤] 计算说明：1974年使用的是1974年年初数，即1973年年底数，为2.12亿人；1997年使用的是1997年年底数，为2.73亿人。
[⑥] 计算说明：1974年使用的是1974年年初数，即1973年年底数，为5.93亿人；1997年使用的是1997年年底数，为9.98亿人。
[⑦] 人口惯性是指生育率降至更替水平甚至更低（或上升至更替水平或者更高）以后，人口继续增长（或降低）的趋势。

施"双独"二孩政策；2013年12月，实施"单独"二孩政策；2015年10月，第十八届中央委员会第五次全体会议公报指出：坚持计划生育基本国策，积极开展应对人口老龄化行动，实施全面二孩政策。① 在这样的政策背景下，出生率有所回暖，在2014年（12.37‰）和2016年（12.95‰）出现小的高峰，但根据《2018年国民经济和社会发展统计公报》显示，2018年我国人口出生率降至新中国成立以来的最低值（10.94‰）。

死亡率止跌转升。1998年之后的五年时间里，死亡率由6.5‰降至2003年的6.4‰，降幅约0.1个千分点，而在2003年之后，死亡率则因年龄结构的变化而出现了一定幅度的反弹，逐步增至2010年的7.11‰，这与我国于2000年②迈入人口老龄化的国家行列息息相关。

总和生育率开始低于世代更替水平。在此阶段的20年间，我国总和生育率大体维持在1.5—1.6③之间。虽然我国在此期间调整了生育政策，但有业内人士提出"生育政策遇冷"。2017年全国生育状况抽样调查数据④给我们提供了一些"二孩政策"遇冷的部分缘由。数据显示，我国育龄妇女平均理想子女数为1.96个，平均打算生育子女数为1.75个。育龄妇女不打算再生育的前3位原因依次是"经济负担重"、"年龄太大"及"没人带孩子"，分别占77.4%、45.6%和33.2%。多方预测数据也显示，我国总和生育率将可能在很长一段时间内维持在1.6—1.8之间（翟振武，2017；陈卫、段媛媛，2019；贺丹等，2018）。⑤ 在此阶段，我国人口增量为1.47亿人，年均增速0.6%。⑥ 同时期美国的人口规模从1998年的

---

① 资料来源：https://baike.baidu.com/item/二孩政策。
② 2000年，我国65岁及以上老年人总数8827万人，占比6.96%，至此，正式迈入老龄化社会。数据来源：由《2000年中国人口普查资料》计算得出。
③ 数据来源：OECD经济合作与发展组织，网址：https://data.oecd.org/pop/fertility-rates.htm。
④ 贺丹等：《2006—2016年中国生育状况报告——基于2017年全国生育状况抽样调查数据分析》，《人口研究》2018年第6期。
⑤ 翟振武：《全面二孩政策热点面对面》，中国人口出版社2017年版，第23页；陈卫、段媛媛：《中国近10年来的生育水平与趋势》，《人口研究》2019年第1期；贺丹等：《2006—2016年中国生育状况报告——基于2017年全国生育状况抽样调查数据分析》，《人口研究》2018年第6期。
⑥ 计算说明：1998年使用的是1998年年初数，即1997年年底数，为12.36亿人；2018年使用的是2018年年底数，为13.95亿人。

2.76 亿人增加到 2018 年的 3.28 亿人，人口增量 0.52 亿人，年均增速为 0.93‰[①]；印度的人口规模从 1998 年的 10.16 亿人增加到 2018 年的 13.58 亿人，人口增量 3.42 亿人，年均增速为 1.55%。[②]

4. 未来自然增长率存在偶尔出现负值的可能

自然增长率可能将于 2030 年前后出现负值。根据联合国人口司世界人口展望中方案的预测，我国人口自然增长率将继续降低，从 2019 年的 4.53‰持续下降至 2031 年的负值（-0.06‰），此后有可能继续下降；出生率将从 2018 年的 10.94‰小幅降低至 2045—2050 年间的 9.1‰，此后直到 2100 年维持在 8.5‰—9‰之间；死亡率预计从 2018 年的 7.13‰不断增至 2077 年的峰值 14.80‰，之后缓慢下降。由此，我国人口规模可能在 2034 年达到峰值 14.36 亿人之后开始下降，2100 年可能回落至 10.21 亿人。印度将会在 2024 年以 14.39 亿人开始超过中国。我国新生代农民工的数量优势正加速丧失。

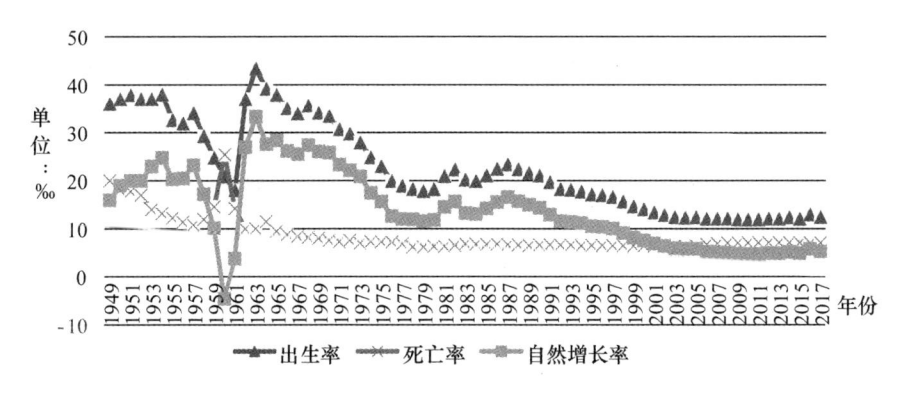

图 2-1 新中国成立以来我国出生率、死亡率、自然增长率变化

老龄化将进一步提速。2000 年是中国人口老龄化的分水岭。1953 年我国 65 岁以上老年人口规模 2569 万人[③]，占总人口的比例为 4.41%，而随着我国经济的发展、社会的进步以及计划生育政策的开展，1982 年该

[①] 计算说明：1998 年使用的是 1998 年年初数，即 1997 年年底数，为 2.73 亿人；2018 年使用的是 2018 年年底数，为 3.28 亿人。

[②] 计算说明：1998 年使用的是 1998 年年初数，即 1997 年年底数，为 9.98 亿人；2018 年使用的是 2018 年年底数，为 13.58 亿人。

[③] 本段数据来源：1953 年、1964 年、1982 年、1990 年和 2010 年中国人口普查资料。

人群规模上升至 4950 万人，占比为 4.91%。2000 年该人群增至 8811 万人，占比为 6.96%，2010 年达到约 1.19 亿人，占比为 8.87%。时至今日，根据联合国人口司世界人口展望中方案的预测，我国 65 岁以上老年人口规模可能将于 2054 年首次突破 4 亿人并继续增长至 2058 年的峰值 4.14 亿人，之后以相对较慢的速度缓慢下降。总体来看，老年人口（65 岁及以上）占总人口的比重将会持续增加，到 2100 年，将会增加到 32.30%。

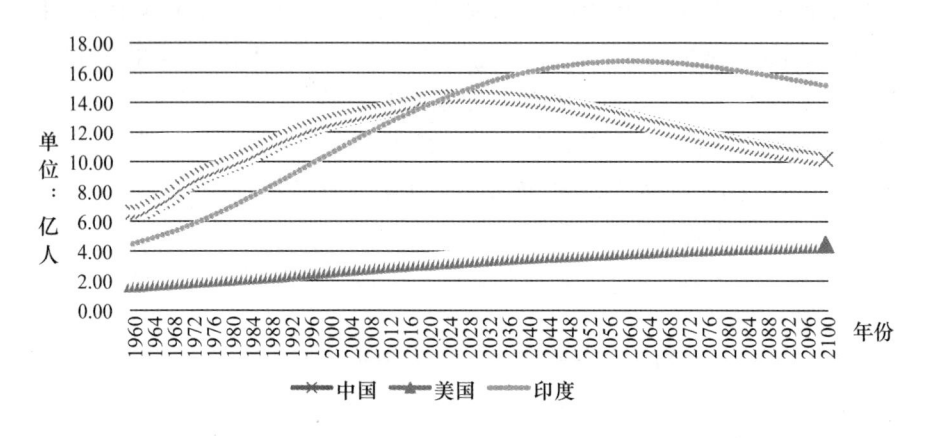

图 2-2　1960—2100 年间中国、美国、印度三国人口规模变化对比①

（二）人口规模变迁的空间维度

1. 东北三省人口显著减少，重要的城市群人口显著增加

广东省人口规模增量遥遥领先。新中国成立初期的 1954 年底，人口规模排在前三位的省份是山东（5052 万人）、河南（4560 万人）、江苏（3891 万人）。排在后三位的省份为宁夏（158.41 万人）、青海（173.24 万人）、海南（273.11 万人）。与 1954 年相比，我国 2017 年人口规模增量前三的省份为广东（增加 8081.42 万人）、河南（增加 4999 万人）、山东（增加 4954 万人）。② 由此反映出我国人口空间分布的不均衡性。

---

① 数据来源：1960—2018 年数据来自中国知网中国经济社会大数据研究平台，网址：http：//data.cnki.net/InternationalData/Analysis。2019—2100 年数据来自联合国人口司世界人口展望中方案的预测。

② 四川、重庆、西藏 1954 年数据缺失。

人口增速空间分布通常被视作社会协调发展的重要环节。根据2000—2010年以及2011—2017年全国各地市常住人口年均增速变化情况可以发现，我国人口增速已逐渐放缓，正处于人口低增长的态势。[①] 这里利用ArcGIS软件进行探索性空间分析，同时根据各地市人口年均增长率变化，将其分为以下三个区域：

一类地区：人口年均增速低迷区[②]（人口年均增速为负的地区）。代表地区为东北三省地区、新疆北部及海南省的部分地区。在2011—2017年区间内，共有88个地市处于人口缩减状态，人口缩减的地市占全国地市的比重由2000—2010年的29.64%下降至24.37%。在所有地区中，东北三省有86.11%的地市处于人口缩减区，是人口缩减现象最为严重的地区。其中，有21个地市（东北三省合计共有36个地市）的人口年均增速由正转负，包含吉林省会长春。在全国所有人口年均增速低迷区中，2011—2017年人口年均增长率最低的城市是海南省琼中黎族苗族自治县（-4.21%），同上一阶段相比，琼中黎族苗族自治县也是人口年均增长率下降最多的城市，下降了4.35个百分点。

二类地区：人口年均增速回暖区[③]（人口年均增速由负转正，但未超过全国平均水平的区域）。代表地区为我国中、东部地区大部省份。同2000—2010年人口年均增速相比，2011—2017年间，我国共有56个地市人口增速由负转正，其中，中部地区的四川、湖北、湖南、贵州四省占到其中的41.07%；而东部沿海地区的江苏、福建两省也占到其中的21.43%。随着我国中、东部地区经济的迅速发展，大量流动人口涌入或回流，从而促进了本地区常住人口的增加。在全国所有人口年均增速回暖区中，2011—2017年人口年均增长率最高的城市是福建省龙岩市（0.52%），相较前一阶段增加了0.98个百分点；四川省的广安市是人口年均增长率增加最多的城市，增加了3.29个百分点。

---

① 根据计算，第一阶段全国人口年均增速为0.703%，第二阶段降至0.522%。
② 人口年均增速低迷区是指2011—2017年常住人口年均增长率转变为或保持在"低于0"的地区。
③ 人口年均增速回暖区是指2011—2017年常住人口年均增长率由2000—2010年的"低于0"转变为"低于全国人口平均增速区间但大于0"的地区。

三类地区：人口年均增速高能区①（人口增速高于全国平均水平的区域）。代表地区为我国几个重要城市群（如京津冀、珠三角、长三角、成渝城市群等）。同2000—2010年相比，2011—2017年间，我国共有132个地市高于全国人口平均增速，数量减少了25个。然而，随着经济发展和户籍制度改革，在很长一段时间内人口将继续向大城市流动。以北京、上海、广州等九大国家中心城市为例，这些城市在两个阶段内均高于全国人口平均增速，增量同样十分可观。2000—2010年，九大中心城市常住人口增长量共计2766.01万人，占同期全国常住人口增长量的38.62%；在控制人口过快增长的背景下，2011—2017年九大中心城市常住人口增长量依然占到同期全国常住人口增长量的三成。数据表明，国家中心城市或省会城市的发展往往会带动周边地区经济及人口聚集，如位于京津冀、珠三角、长三角等城市群的地市人口增长率基本均处于较高水平。在全国所有人口年均增速高能区中，2011—2017年人口年均增长率最高的城市是安徽省淮南市（6.944%），而同上一阶段相比，淮南市也是人口年均增长率增加最多的城市，增加了5.59个百分点。

此外，新疆南部、西藏等地，由于其人口基数较小，如拉萨市在2017年仅有68.83万人，所以这里不做分析。

2. 出生规模广东增量最大，新疆增速最快，辽宁规模减少量和人口增速降低值均最大②

2017年，从我国分省市的出生人口规模来看，排在前三位且出生规模突破百万的省份依次为山东（174.99万人）、广东（151.63万人）、河南（123.61万人），排在后三位且出生规模不足10万人的分别为西部地区的西藏（5.34万人）、青海（8.59万人）、宁夏（9.12万人）。相比于新中国成立初期的1954年，2017年出生人口规模减少的省份有19个③，其中，减少量较大的省份为辽宁（减少65万人）、河南（减少63万人）、江苏（减少63万人）；人口增速降低较大的省份则为东北三省地区，依次为辽宁（下降70%）、吉林（下降67%）、黑龙江（下降55%），这将

---

① 人口年均增速高能区是指2011—2017年常住人口年均增长率"高于全国人口平均增速"或由其他类型转变为"高于全国人口平均增速"的地区。

② 本部分数据来源：2017年数据由《中国统计年鉴（2018）》计算得出。1954年数据根据《新中国五十年统计资料汇编》计算得出。

③ 四川、重庆、海南、西藏1954年数据缺失。

在一定程度上对于东北地区的城市运行与城市活力造成一定影响。另外，与1954年相比，2017年我国出生人口规模增加的省份有8个，其中，增量较大的省份为广东（增加42万人）、新疆（增加23万人）、江西（增加8万人），人口增速较大的省份是新疆（上升151%）、北京（上升57%）、宁夏（上升39%）。

3. 东北三省出生率低迷，全国死亡率和自然增长率省际差异大①

东北三省出生率低迷，内蒙古减少量最多。2017年，从我国分省市的出生率来看，出生率高于15‰的有4个省份，依次是山东（17.54‰）、西藏（16‰）、新疆（15.88‰）、广西（15.14‰），有19个省份出生率处于11‰—15‰之间，有8个省份的出生率小于10‰，排在后三位且出生率不足8‰的为东北三省，即黑龙江（6.22‰）、辽宁（6.49‰）、吉林（6.76‰）。出生率最高的山东省是出生率最低的黑龙江省的2.8倍。相比于新中国成立初期的1954年②，我国各省出生率均有大幅度的减少，减少量均在15个千分点以上。减少量最多的为内蒙古。减少量在30个千分点以上的省份有东北三省、北京、上海。减少量在20个千分点行列的省份有17。减少量低于20个千分点的省份有4个，分别为新疆（下降15.43个千分点）、江西（下降18.7个千分点）、湖北（下降19.09个千分点）、河北（下降19.4个千分点）。

死亡率减少量省际差异大。2017年，从我国分省市的死亡率来看，死亡率高于7‰以上的有6个省份，其中，排在前三位的有山东（7.40‰）、重庆（7.27‰）、湖南（7.08‰）。死亡率处于6‰—7‰之间的有14个省份。死亡率低于6‰的省份有11个，其中，死亡率排在后三位的省份分别为新疆（4.48‰）、广东（4.52‰）、宁夏（4.75‰）。相比于新中国成立初期的1954年，我国各省市死亡率均有所降低③，但各省减少量差距大。减少量在10个千分点以上的省份有5个，排在前三位的有内蒙古、新疆、安徽。有4个省份减少量低于4个千分点，分别为辽宁、上海、北京、吉林。减少量最大的内蒙古是减少量最低的辽宁的9倍。

---

① 本部分数据来源：2017年数据来自《中国统计年鉴（2018）》。1954年数据来自《新中国五十年统计资料汇编》。

② 四川、重庆、海南、西藏1954年数据缺失。

③ 四川、重庆、海南、西藏1954年数据缺失。

自然增长率省际差异明显，东北三省地区人口自然增长堪忧。从2017年中国大陆地区分省份的自然增长率来看，自然增长率高于10‰以上的有3个，分别为新疆（11.4‰）、西藏（11.05‰）、山东（10.14‰）。自然增长率排在后三位的省份为东北三省，其中，辽宁（-0.44‰）、黑龙江（-0.41‰）处于负增长状态。相比于新中国成立初期的1954年，我国分省市的自然增长率均有所降低①，减少量排在前五位的省份分别为上海、东北三省和内蒙古，其中，上海以下降42.8个千分点位居首位。

二 新中国70年中国人口结构变迁

（一）结构变迁的四大特征

1. 人口红利窗口期持续近40年

"60后②"、"70后"、"80后"占比合计近半。1953年新中国第一次人口普查时，"40后"占比最高，为21.28%；1964年第二次人口普查时，"50后"占比最高，达25.99%，1982年和1990年第三次和第四次人口普查时，"70后"占比均为最高，分别为22.71%和19.83%；2000年第五次人口普查时，"60后"占比最高，占比达17.96%，2010年第六次人口普查时，"70后"占比又达最高，为16.78%。随着"40后"、"50后"的逐渐老去，在第三次人口普查及之后的几次普查中，"60后"、"70后"和"80后"三者之和的人口占比较高，1982年三者合计占50.13%③，1990年达到最高值，为57.89%，2000年降为53.56%，2010年占比仍有49.52%，2015年1%人口抽样调查中，三者之和占比为47.94%，依然接近全国人口半数。作为当前占比最大的三个群体，"60后"、"70后"、"80后"在2010年的人口规模分别达到了2.17亿、2.24亿和2.19亿，分别占全国总人口的16.29%、16.78%和16.46%，而在

---

① 四川、重庆、海南、西藏1954年数据缺失。
② "60后"指1960年1月1日至1969年12月31日出生的人群。为方便计算，换算为普查年份相对应年龄组人口之和。例如，1982年"60后"计算方式为该年普查数据年龄为13～22岁（1960年出生的人口在1982年为22岁，1969年出生的人口在1982年为13岁）的人数之和。其他做相同处理。
③ 包含1980—1982年出生的人口。

2015年1%人口抽样调查中,"60后"、"70后"和"80后"人口占比分别为15.63%、16.23%和16.08%。值得注意的是,相比之下,年轻一代(年龄为1—20岁)的人口占比有所下降。2010年人口普查时,作为年轻一代的"90后"和"00后"人口占比较低,二者之和为25.17%,约占总人口的四分之一,而在1982年、1990年、2000年三次人口普查中,年轻一代人口(当时年龄为0—20岁)占比分别为45.56%、38.56%和31.56%,年轻一代的人口规模在1982年、1990年、2000年和2010年分别为4.57亿、4.36亿、3.92亿、3.35亿,呈现下降趋势,这一变化将会对未来我国经济社会发展产生深刻影响。

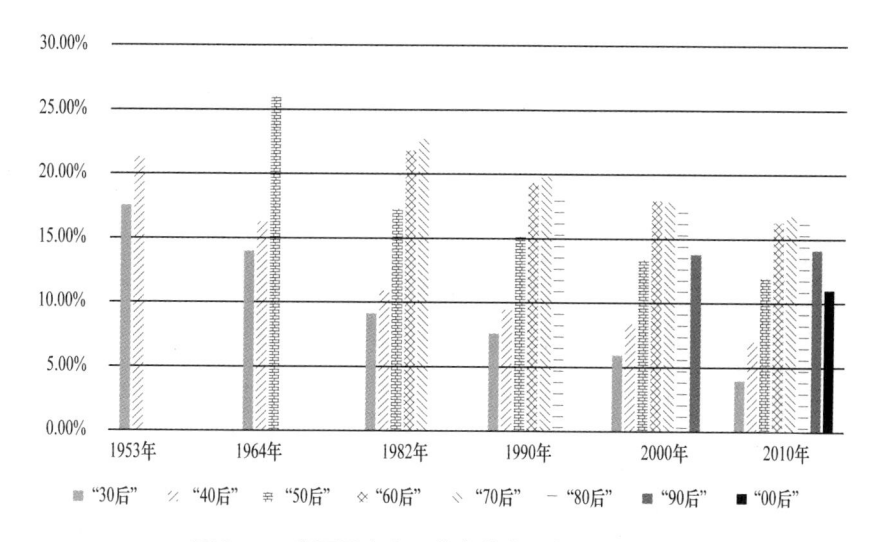

图2-3 我国历次人口普查的人口年龄代际变化

数据来源:中国第一、二次全国人口普查主要数据,1982年、1990年、2000年、2010年人口普查资料,中国统计出版社。

劳动年龄人口占比提升至四分之三。从普查数据来看,15—64岁劳动年龄人口占比从1953年第一次人口普查的59.31%上升到2010年第六次人口普查的74.53%,提升了约15个百分点。至2018年底,劳动年龄人口占比略有下降,为71.20%。[①] 根据世界人口展望(2019年)数据,同时期世界总人口中15—64岁劳动年龄人口占比只是由1950年的

---

① 数据来源为《2018年国民经济和社会发展统计公报》。

60.64%上升到 2010 年的 65.46%。无论英国、美国,还是日本等国,15—64 岁劳动年龄人口占比最高均未超过 70%。同时,我国 6 岁及以上人口平均受教育年限从 1982 年的 5.2 年,提高到 2017 年的 9.3 年。[①] 由此可见,劳动年龄人口的大幅度增长并保持较高水平为我国经济发展提供了巨大支撑面。

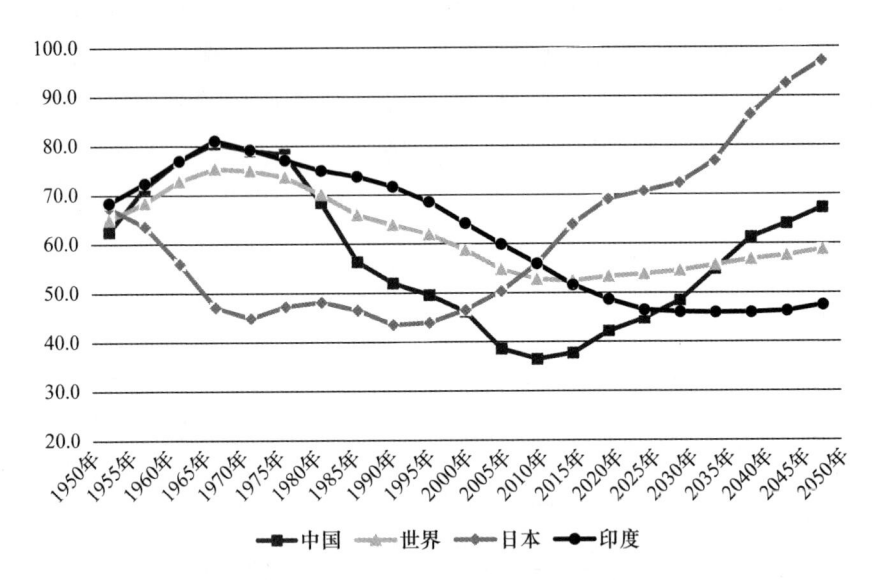

图 2-4 1950—2050 年中国与日本、印度及世界总人口抚养比变化(单位:%)

数据来源:联合国经济与社会事务部:《世界人口展望(2019 年)》(https://population.un.org/wpp/Download/Standard/Population/)。

总抚养比低于 50% 的时间持续近 40 年。新中国成立之初,我国总抚养比为 62.5%,短暂上升后持续下降。自 1995 年下降至 49.6% 之后,我国总抚养比一直维持在 50% 以下。据联合国经济与社会事务部《世界人口展望(2019 年)》的预测,到 2030 年我国总抚养比为 48.4%,2035 年达到 54.9%。在 1995—2035 年近 40 年的期间里,我国总抚养比基本低于 50%。同时期,世界总人口抚养比一直高于 50%,中国将在 2035 年之后总抚养比高于世界,而日本早在 2005 年总抚养比

---

① 引自国家统计局《统筹人口发展战略 实现人口均衡发展——改革开放 40 年经济社会发展成就系列报告之二十一》。

就已超过50%。由此可见，长期较低的总抚养比为我国经济发展创造了良好条件。

2. 性别结构均衡稳步推进

总人口性别比波动性降至104.64。1953年第一次人口普查时，我国总人口性别比为107.56，1964年第二次人口普查时下降到105.46，1982年、1990年和2000年人口普查时，总性别比略有上升，分别为106.30、106.60和106.74，而2010年第六次人口普查时，我国总性别比再次下降为105.20，2018年进一步降至104.64。在不同的时期，性别比下降的驱动因素有所差异，20世纪80年代以前总人口性别比的下降更多受到死亡率下降的性别差异影响，而21世纪以来总性别比的下降则更多受到出生性别比下降的影响。

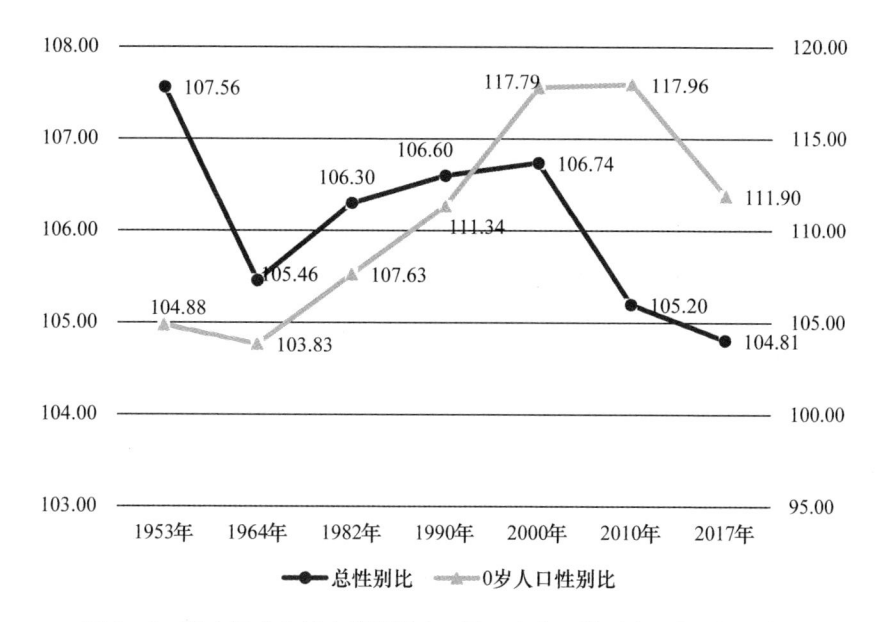

图2-5 新中国成立以来我国总人口及0岁人口性别比（男：女）变化

数据来源：中国第一、二次全国人口普查主要数据，1982年、1990年、2000年、2010年人口普查资料，《中国统计年鉴（2018）》（中国统计出版社），2017年国家统计局《中国儿童发展纲要（2011—2020年）》统计监测报告。

出生性别比转升为降至111.90。总体来看，我国出生人口性别比呈现"倒U形"的阶段性特征。1953年第一次人口普查时，0岁人口性别比为104.88，1964年第二次人口普查时下降为103.83，1982年、1990年、2000年和2010年历次人口普查时，0岁人口性别比开始上升，分别为107.63、111.34、117.79和117.96，2010年之后，0岁人口性别比迎来拐点，2017年下降到111.90。性别结构的逐步改善对未来社会的健康发展意义重大。

3. 人口城镇化率提高约50个百分点

城镇人口超越乡村人口并继续增长。1949年，我国乡村人口4.84亿，城镇人口近5765万，此时城乡人口之比大致约为1∶9。随后二者均保持增长，直至1996年，我国乡村人口开始下降，城乡人口之比大致约为3∶7。此后，城镇人口继续增长，2011年城镇人口数量超过乡村，城乡人口之比大致约为5∶5。到2018年，我国城镇人口达到8.31亿，乡村人口为5.64亿，城乡人口之比大致约为6∶4。

城镇化提升堪称"中国速度"。新中国70年来，我国城镇人口比例从1949年的10.64%上升到2018年的59.58%，上升了近50个百分点。在城镇化的起步阶段，即城市化率由10%提升至30%，我国花了47年的时间，而英格兰和威尔士花了79年，美国花了66年，德国花了48年（方创琳，2009）。在我国随后的城镇化中期阶段，即城镇化由30%提升至约60%，我国仅花了约22年①，而西方发达国家城市化水平从30%提高到60%，英国用了100年，德国用了80年，法国、日本、美国等国用了60年（方创琳，2009）。

4. 就业结构持续优化

第一产业就业人口占比减少三分之二，第三产业就业增加4倍。新中国成立之初，1952年，我国从事第一产业的就业人口占83.5%，二、三产业就业人口占比均低于10%。到2000年，第一产业就业人口占比降至总就业人口的一半，二、三产业分别为22.5%和27.5%。在2010年，第一产业就业人口比重下降到36.7%，二、三产业就业人口比重分别上升到28.7%和34.6%。到2017年，第一产业就业人员占比降至27.0%，第三产业就业人口占比上升到44.9%，第二产业就业人口比重略有下降。伴随着经济的转型升级和劳动力市场的逐步完善，我国劳动力就业结构持

---

① 自1996年城市化率为30.48%时算起，到2018年底（城市化率为59.58%），约为22年。

续优化。

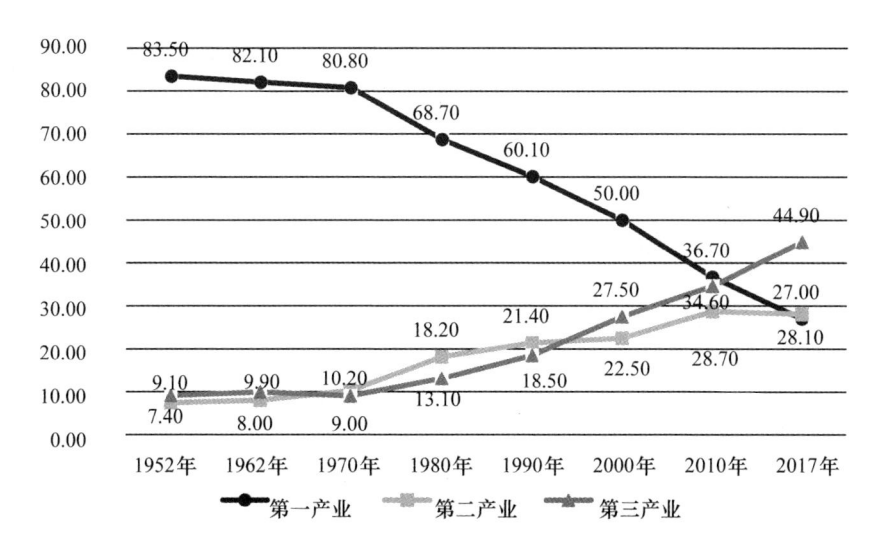

图 2-6 新中国成立以来我国三次产业就业人员比重变化（单位：%）

数据来源：《中国统计年鉴（2018）》，中国统计出版社。

总的来看，新中国 70 年我国人口结构实现了质的飞跃，人口结构现代化指数[①]从 1952 年的 0.22 上升到 2017 年的 0.42，人口结构现代化水平不断提高。

（二）经济发展的人口结构推手

比较新中国 70 年，特别是改革开放以来的人口结构转变和我国经济增长的关系，二者的变动趋势高度相关。基于此角度，本部分重点分析人口结构诸要素的变动对经济社会发展的推动作用。

1. "婴儿潮"贡献经济增长动能

年龄结构的变动对经济发展的影响主要体现在劳动年龄人口的变动中，出生 20 年后劳动力的结构变动对 GDP 的变化有着重要影响。从图 2-7 可以看出，新中国成立以来的三次"婴儿潮"（新中国成立初期"婴儿潮"的高峰、20 世纪 60 年代初"婴儿潮"的最高峰和 80 年代"婴儿潮"的小

---

① 使用了茆长宝、陈勇 2015 年提出的指标构建：人口结构指标 = 0.37 * 城市人口比重 + 0.21 * 抚养比 + 0.21 * 第三产业人口比重 + 0.21 * 65 岁以上人口比重。

高峰）为我国 20 世纪 60 年代中后期、八九十年代和 21 世纪初的三次经济高速增长提供了重要的劳动力支撑，这三个时期 GDP 的年增速都超过了 10%，"婴儿潮"形成了有利的人口年龄结构，使其转化为推动经济高速增长的人口红利，"婴儿潮"对经济发展影响的滞后期大约为 20 年。

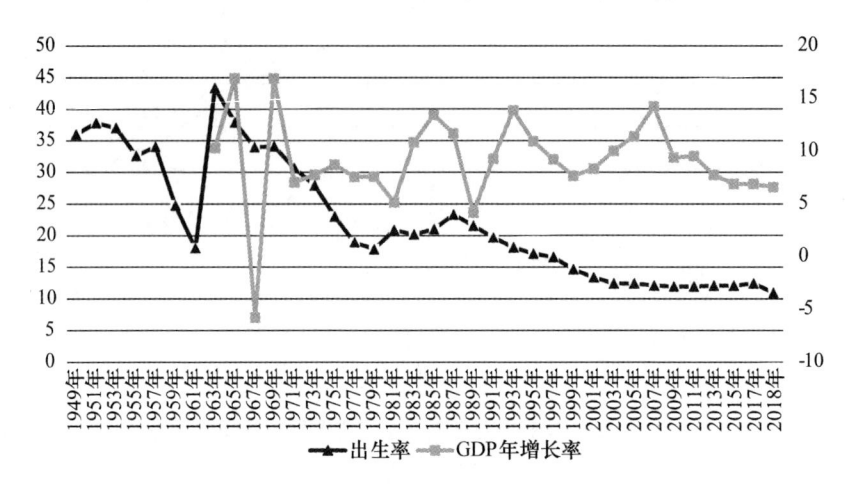

图 2-7　新中国成立以来我国出生率[1]与 GDP 年增长率变动（单位：出生率‰；GDP 年增长率%）

数据来源：出生率数据来自国家统计局 1983 年和 2018 年《中国统计年鉴》；GDP 年增长率数据来自世界银行世界发展指标。

注：出生率使用左边的纵轴，GDP 年增长率使用右边的纵轴。

2. 性别红利激发劳动力市场潜能

新中国成立以来，我国女性受教育水平不断改善，女性劳动参与率维持高位，职业市场的就业隔离大幅下降，这些性别红利因素有效推动着我国长期的经济增长。至 2017 年底，在我国硕士人群中，女性占比达到 49.88%，而在普通本科的占比为 53.74%，在普通高中的占比为 50.85%。[2] 据世界银行数据，2018 年我国劳动力总量中，女性占比达到 43.53%，女性劳动参与率[3]为 68.58%。虽相较 1990 年的女性劳动力占比 45.15% 和女性

---

[1]　将 20 年前出生率近似为 20 年后的劳动力增速，可从 20 年前的出生率和 20 年后 GDP 增速的关系上得到人口结构变迁对经济增长的影响。

[2]　数据来源为《中国教育统计年鉴（2017）》，中国统计出版社。

[3]　占 15—64 岁女性人口的百分比。

劳动参与率79.39%有所下降，但对于2018年世界平均水平的女性劳动力占比38.98%和女性劳动参与率53.10%而言，我国依然保持较高水平。在我国，技术人员、办事人员、商业服务人员和单位负责人等职业从业人员的女性比例均显著提高，其中，技术人员女性比例超过男性。性别红利有望成为我国下一阶段产业结构升级和经济增长的重要助推力。

3. 城镇化增强经济发展势能

从城镇人口增长率与GDP的增长率变动来看，城镇化发展与经济增长具有显著的正相关关系。具体来看，加快人口城市化进程可以显著提高城镇居民的消费水平、自主创新水平及技术的溢出对经济增长的拉动作用（孔晓妮、邓峰，2015）。有研究显示，在我国，城镇人口增量变化1%，则GDP增量变化1.564%—1.854%（段瑞君，安虎森，2009）。

图2-8 我国城市化发展与经济增长的变化关系（单位:%）

数据来源：世界银行世界发展指标（https://data.worldbank.org/）。

4. 就业优化遵循市场调节功能

随着我国产业结构的不断调整，我国的就业结构也逐步优化。新中国成立以来，我国已由农业劳动力占80%以上、第一产业产值占比过半的农业国家，逐步发展成为第三产业就业人口超过40%、GDP比重超过50%的现代化大国，这与农业劳动力大量转移至工业与服务业密切相关。就业结构的改善逐渐适应了我国产业结构的调整，推动了经济发展。由图2-9显示的结果来看，新中国成立以来，我国三大产业的发展效率不断提高。

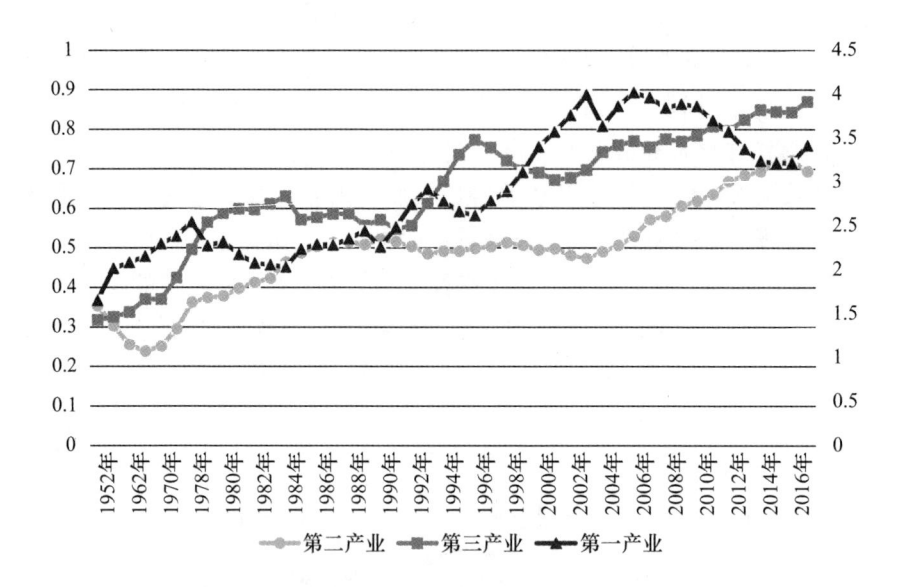

图2-9 新中国成立以来我国产业发展效率①变动

数据来源：中国经济社会大数据研究平台（http://data.cnki.net/）。

注：第一产业使用左边纵轴。

三 新中国70年中国人口素质变迁

（一）国民健康水平不断提高

1. 人口预期寿命逐步延长，健康获得感持续增强[②]

新中国成立以来，我国人口预期寿命增加约42岁，平均每年增长0.61岁左右。据《中国卫生统计年鉴（2018）》显示，新中国成立以前，我国人口平均预期寿命仅为35.0岁。据世界银行数据显示，我国人口预期寿命1960年上升至43.73岁，1975年上升至63.92岁，不到30年的时间，提高近30岁；而同为发展中国家的印度，1960年其人口预期寿命为

---

① 指该产业创造GDP比重与该产业就业比重之比。
② 此部分国内数据（除非特别注明）均来源于《中国卫生统计年鉴（2018）》和《中国妇幼健康事业发展报告（2019）》。

41.42岁，1975年仅为51.01岁，其间提高9.59岁，远低于同期我国人口预期寿命的提升速度20.19岁。改革开放以后，我国人口预期寿命继续稳步提升。1981年我国人口预期寿命为67.77岁，2018年提升至77.0岁，增幅达9.23岁。据世界银行数据显示，2017年，我国人口预期寿命为76.47岁，比世界平均水平72.38岁超出4.09岁，比中高等收入国家75.52岁高出0.95岁，与美国的差距已由1960年的26.04岁缩减至2017年的2.07岁；分性别来看，2017年，我国男女性人口预期寿命分别为74.32岁和78.83岁，均高于中高等收入国家平均水平[1]，被世界卫生组织评价为"以最小投入获得了最大健康收益"的"中国模式"。另外，据世界卫生组织公布的数据显示，2016年，我国人口出生时平均健康预期寿命为68.7岁，比世界平均水平高出15.7岁；60岁时的平均健康预期寿命为15.8年，比世界平均水平高出4.5年[2]，这表明我国国民不仅在整

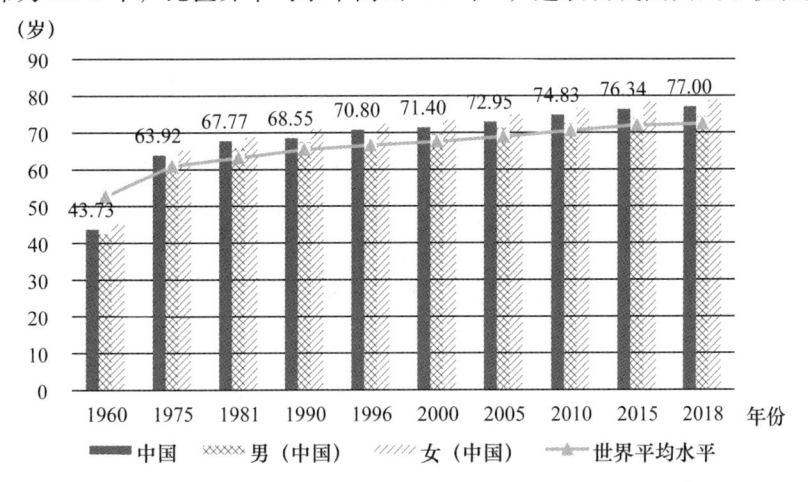

图2-10 新中国成立70年来人口平均预期寿命变动情况（单位：岁）

数据来源：1960年和1975年数据来自世界银行，1981年、1990年、1996年、2000年、2005年、2010年和2015年数据来自《中国统计年鉴（2018）》，2018年数据来自《中国妇幼健康事业发展报告（2019）》。分性别数据和世界平均水平数据均来自世界银行，由于2018年数据缺失，用2017年数据代替。

注：图中标注数据为当年中国总人口平均预期寿命。

---

[1] 数据来源于世界银行，本节下文中的国际数据（包括世界、中高等收入国家、美国和印度），若无特别注明，均来自世界银行数据库（https://www.shihang.org/），数据提取时间为2019年9月21日。

[2] 引自中国社会科学院《人口与劳动绿皮书》，社会科学文献出版社2019年版。

体人口预期寿命上超过世界平均水平,而且处于健康状态的预期寿命年限也明显高于世界平均水平。

人口预期寿命的不断延长主要得益于我国卫生事业的不断发展。1950年,我国医疗卫生机构仅有0.89万个,2017年则达到98.66万个,增长超过110倍;我国每千人口卫生技术人员由1949年的0.93人增长至2017年的6.47人,增长近7倍;卫生总费用占GDP的比重则由1980年的3.15%上升至2017年的6.36%,卫生事业的发展成就了"健康中国"的发展之路。随着"健康中国战略"的实施,以人民为中心的"全方位、全周期"的中国特色基本医疗卫生制度将继续推动我国人口预期寿命进一步提升。

2. 妇幼健康水平显著改善,生活幸福感不断提升[①]

图2-11显示,中国和中高等收入国家"妇幼四率"[②] 不断下降,我国迈入"妇幼健康高绩效国家"行列。新中国成立前,我国婴儿死亡率高达200‰左右,孕产妇死亡率高达150/10万。新中国成立后,我国积极开展爱国卫生运动,妇幼健康水平大幅提高。改革开放以后,国家进一步加大对妇幼保健事业的支持力度,着力改善基层妇幼健康服务基础设施条件,妇幼健康水平得到持续提高。截至2018年,我国婴儿死亡率降至6.1‰,相比1990年(32.9‰)下降了81.46%,年均下降5.84个百分点,降速高于同期印度及世界的年均下降水平。[③] 同时,我国新生儿死亡率、孕产妇死亡率和5岁以下儿童死亡率也分别由1991年的33.1‰、88.8/10万和61.0‰下降至2018年的3.9‰、18.3/10万和8.4‰。目前,我国已经顺利完成联合国千年发展目标"2015年孕产妇死亡率在1990年的基础上下降四分之三",并提前实现《"健康中国2030"规划纲要》提出的"到2020年婴儿死亡率降至7.5‰"和"到2020年5岁以下儿童死亡率降至9.5‰"的目标,"妇幼四率"均优于中高等收入国家水平,被世界卫生组织评为"妇幼健康高绩效国家"。

[①] 此小节部分国内数据(除非特别注明)均来源于《中国妇幼健康事业发展报告(2019)》《新中国60年》《中国卫生统计年鉴(2003)》和《中国统计年鉴(2018)》。
[②] 妇幼四率指婴儿死亡率、孕产妇死亡率、新生儿死亡率和5岁以下儿童死亡率。
[③] 1990—2018年印度婴儿死亡率年均下降3.81个百分点,世界平均水平年均下降2.84个百分点。

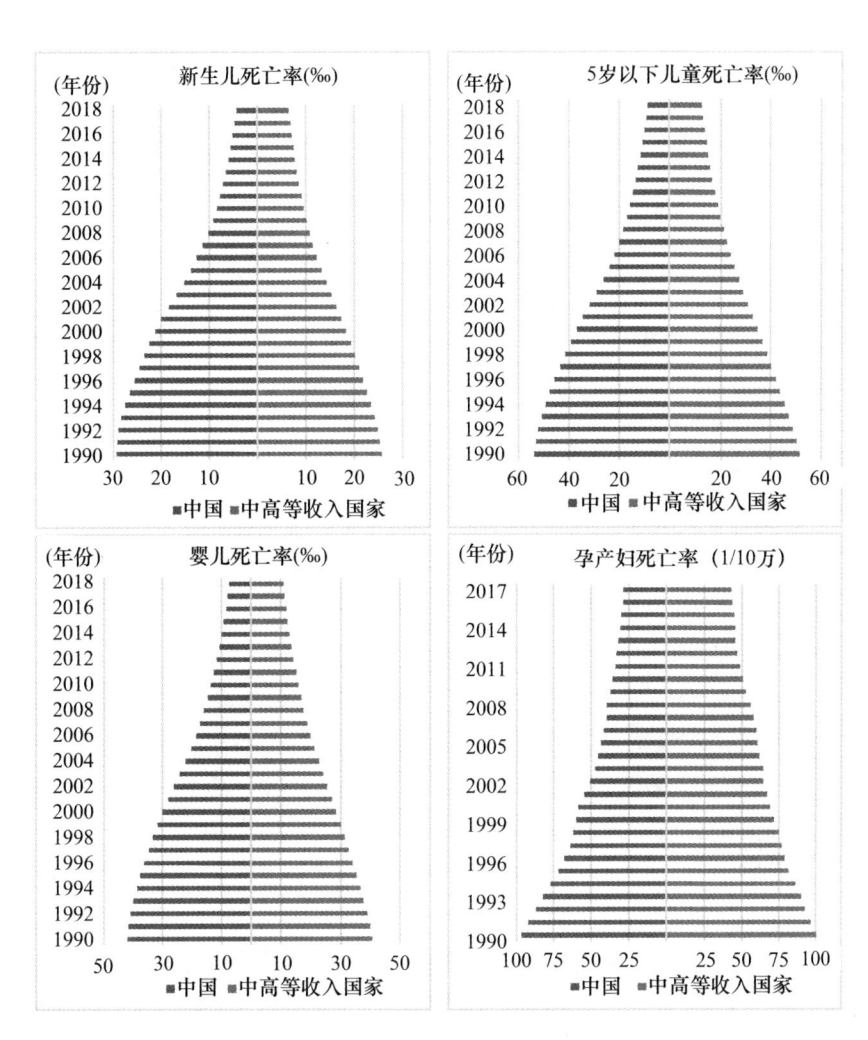

图 2-11 "妇幼四率"变化金字塔

数据来源：世界银行（https://www.shihang.org/）。

妇幼健康水平的不断提高主要得益于我国妇幼卫生健康服务体系的完善。例如，1950 年我国妇幼保健院仅有 426 所，而 2017 年达到 3077 所，增长 7.22 倍。据世界银行数据显示，2015 年我国接受产前护理的孕妇达到 96.5%，相比 1992 年的 69.7% 提高了 26.8 个百分点，我国妇幼卫生健康事业的发展为妇幼健康水平的提高奠定了坚实基础。党的十八大以来，我国更加重视妇幼健康工作，要求积极为广大妇女儿童提供全周期、全过程、全方位的妇幼健康服务,"部门合作、社会参与、人民共建共享"的中国特色妇幼健康服务体系将为妇幼健康水平的持续提高提供可靠保障。

(二) 科学文化素质显著提升

1. 各级教育事业蓬勃发展,高等教育实现重大历史跨越[①]

高等教育入学率不断上升,教育事业发展呈现"中国速度"。教育部《2018 年全国教育事业发展统计公报》数据显示,1949 年我国小学净入学率仅有 20.0%,初中毛入学率仅有 3.1%,高中毛入学率为 1.1%,高等教育毛入学率为 0.26%,人才匮乏严重阻碍了当时的国家建设和经济发展。"百年大计,教育为本",在党和国家的积极推动下,2008 年秋我国实现九年义务教育全面覆盖。2010 年以来,小学净入学率和初中毛入学率均保持在 99.9% 以上,并且随着九年义务教育的普及,2018 年,我国高中毛入学率已达到 88.8%,超越中高等收入国家水平[②],正逐步接近"2020 年普及高中阶段教育"的目标。

1950 年第一次高等教育会议召开,标志着我国高等教育制度的建立,但因初级教育尚未普及,1990 年之前,我国高等教育毛入学处于低位缓慢式增长状态。1990 年以后,随着"科教兴国"和"人才强国"战略的提出,我国先后启动"211 工程"和"985 工程",大力实施高等教育扩招,扩大高层次人才队伍培养,高等教育毛入学率呈拉升式增长。2018 年,我国高等教育毛入学率达到 48.1%,相比 1990 年的 3.4% 提高 44.7 个百分点,年均增长率达 9.92%,远高于同期世界中高等收入国家增长速度。[③] 在不到 30 年的时间里,我国实现了高等教育从精英化向大众化、由小规模向高等教育大国的两次历史性转变,其中,2018 年我国研究生在校生人数已达到 273.13 万人,相比 1990 年的 9.3 万人增加了 263.83 万人,年均增长率达 12.83%,提前实现"2020 年研究生在校人数 200 万人"的目标。另外,我国的学前教育毛入园率也由 1950 年的 0.4% 提升到 2018 年的 81.7%,形成了各级教育齐头并进的局面,我国已成为真正

---

① 此小节部分国内数据(除非特别注明)均来源于《2018 年全国教育事业发展统计公报》《中国统计年鉴(2018)》。
② 2017 年中高等收入国家小学净入学率为 95.22%,中学净入学率为 81.65%。
③ 1990 年至 2017 年,中高等收入国家高等院校毛入学率年均增长率为 6.53%。

的教育大国。

各级教育事业的蓬勃发展与我国不断加大的教育事业资金投入密不可分。1995年我国国家财政性教育经费为1411.52亿元，占GDP的2.30%；到2017年，该经费达到34207.75亿元，增长了24.23倍，达到GDP的4.17%。新时期，我国教育事业继续坚持"稳中求进"和"高质量发展"的原则，在"教育优先发展"的理念下，启动实施"写好教育奋进之笔行动"，加快推动教育改革发展，在加快推进教育现代化、建设教育强国、办好人民满意教育的征程中昂首阔步。

2. 人口受教育水平稳步提升，提供社会发展新动力[①]

新中国成立以来，我国6岁及以上人口平均受教育年限由1982年的5.20年增长至9.26年，劳动年龄人口平均受教育年限已超过10年，新增劳动人口平均受教育年限已超过13年。1982年，我国6岁及以上人口平均受教育年限仅有5.20年，而随着九年义务教育的普及和高层次教育入学率的提升，2018年，我国6岁及以上人口平均受教育年限达到9.26年，相当于高中一年级的水平，涨幅达78.08%。2017年我国6岁及以上人口中，高中及以上受教育程度人口占31.42%，相比1964年的2.14%增长29.28个百分点，年均增长率达5.20%。与此同时，我国15岁及以上人口中，文盲人口比例已由1982年的34.49%降至2016年的5.28%，年均下降5.37个百分点；而世界银行数据显示，2016年中高等收入国家该指标为5.05%，同期年均下降4.78个百分点，我国不论在整体水平上还是下降速度上，均优于中高等收入国家。此外，我国劳动年龄人口平均受教育年限从1982年的刚刚超过8年提升至2018年的10.63年，达到高中教育水平；新增劳动人口平均受教育年限在2016年已达13.3年，达到大学一年级水平[②]，这为我国建设知识型、技能型、创新型社会提供了强有力的人才支撑。

人口受教育水平的提高主要得益于我国教育事业的飞速发展。例如，在校生人数方面，1949年我国高中阶段在校生人数仅32万人，高等教育阶段在校生人数仅11.7万人；而2018年我国高中阶段和高等教育阶段在

---

① 此小节部分国内数据（除非特别注明）均来源于《新中国成立70周年经济社会发展成就系列报告之二十》《中国人口统计年鉴（2001）》《中国统计年鉴（2018）》和《中国人口和就业统计年鉴（2018）》。

② 数据来自人民网（http://tj.people.com.cn/n2/2017/0929/c375366-30792162.html）。

表 2 – 1　　我国 6 岁及以上人口中各种文化程度人口比例和 15 岁及以上人口中文盲比例　　（单位:%）

年份	6 岁及以上人口中各种文化程度人口比例				15 岁及以上人口中文盲比例
	小学	初中	高中和中专	大专及以上	
1964	34.96	5.77	1.63	0.51	—
1982	39.94	20.03	7.48	0.68	34.49
1990	53.31	33.32	11.36	2.01	21.96
2000	38.31	36.45	11.96	3.88	8.72
2005	33.28	38.35	12.44	5.56	11.04
2010	28.75	41.70	15.02	9.53	4.88
2015	26.22	38.32	16.44	13.33	5.42
2017	25.23	38.06	17.55	13.87	4.85

数据来源:①6 岁及以上人口中各种文化程度人口比例 1964 年原始数据来源于《第二次全国人口普查主要数据》,其中,文化程度不详人口占 6 岁及以上总人口的 0.85%,而 13 岁及以上文盲半文盲人口占总人口的比例为 33.58%;1982 年数据来源于《中国 1982 年人口普查资料》;1990 年数据来源于《中国人口统计年鉴(1991)》;其他年份数据来源于《中国人口和就业统计年鉴》。

②15 岁及以上人口中文盲半文盲比例:1964 年数据缺失;1982 年数据由笔者根据《中国就业人口统计年鉴(1991)》和《中国 1982 年人口普查资料》数据计算得出;1990 年数据由笔者根据《中国人口和就业统计年鉴(1991)》计算得出;2000 年数据由笔者根据《2000 年第五次全国人口普查主要数据》计算得出;其他年份数来源于《中国人口和就业统计年鉴》。

校生人数分别达到 3935 万人和 3833 万人,两者总和比英国、法国、意大利等国家当年总人口还要多。在毕业生人数方面,1978 年我国高中及以上毕业生仅 739.5 万人,其中,普通本专科毕业生仅有 17.3 万人;而 2018 年我国高中及以上毕业生达到 2080.27 万人,其中,普通本专科毕业生达到 753.31 万人,高中及以上毕业生人数比葡萄牙当年总人口的两倍还要多,这充分彰显了新中国成立 70 年以来我国教育事业取得的巨大成就,同时极大地推动了我国人口受教育水平的不断提升,为"中国奇迹"的创造提供了强有力的人才支撑。我国人口受教育水平的不断提高不仅为社会发展提供了大规模的优质劳动力资源,也为我国经济高质量发展奠定了坚实的人才基础。

3. 科技人才队伍逐渐壮大，创新驱动力持续增强①

新中国成立以来，我国科学技术人员由当初的不足 5 万人增至 2017 年的 8705 万人。新中国成立之初，国内仅有 30 多个专业研究机构，全国科学技术人员不超过 5 万人，专门从事科学研究工作的人员不足 500 人，科技实力远不及欧美发达国家。1956 年党中央发起"向科学进军"的口号，成为新中国科技发展的第一个里程碑。20 世纪 60 年代中期，全国科研机构增至 1700 个，从事科学研究的人员达到 12 万人，同时一大批满怀报效祖国热情的海外留学人员学成归来，这为我国后续科技发展奠定了基础。1978 年十一届三中全会的召开是我国科技发展的第二个里程碑。截至 2018 年，我国研究与实验发展（R&D）人员总量达到 419 万人，是 1991 年（67.05 万人）的 6.25 倍。根据国家统计局数据计算，2016 年我国从事 R&D 活动人员总量是德国的 5.91 倍，日本的 4.45 倍，韩国的 8.67 倍②，并且我国研发人员总量已在 2013 年超过美国，连续六年稳居世界第一位。③

我国科技事业的蓬勃发展主要得益于研发经费规模和投入强度实现历史性突破。据统计，2018 年我国研发经费达 19677.9 亿元，是 1995 年的 564 倍，1995—2018 年我国研发经费年均增长率达 31.71%，远超同时期 GDP 年均增速（12.39%）。研发经费占 GDP 比重更是屡创新高，2014 年首次突破 2%，2018 年提升至 2.19%，超过欧盟 15 国平均水平。④ 按汇率折算，我国已成为仅次于美国的世界第二大研发经费投入国家，这为科技事业发展提供了强大的资金保证。⑤

---

① 此节部分国内数据（除非特别注明）均来源于《新中国 60 年》《中国科技统计年鉴（2000）》《中国科技统计年鉴（2018）》《中国统计年鉴（2018）》和《2018 年全国科技经费投入统计公报》。

② 根据国家统计局《中国科技统计年鉴（2018）》和《中国统计年鉴（2018）》数据计算得出。

③ 引自国家统计局《新中国成立 70 周年经济社会发展成就系列报告之七》。

④ 欧盟 15 国包括英国、法国、德国、意大利、瑞典、奥地利、比利时、捷克、芬兰、爱尔兰、荷兰、挪威、葡萄牙、西班牙、波兰。根据国家统计局数据计算，2016 年欧盟 15 国的研发经费占 GDP 比重平均为 2.01%。

⑤ 引自国家统计局《新中国成立 70 周年经济社会发展成就系列报告之七》。

(三) 人口质量助力经济社会持续健康发展

1. 高健康水平保障国民幸福获得感

健康是人力资本的基石,人力资本是经济社会发展的保障,国民健康素质的不断提升为经济社会持续健康发展提供了坚实的人力资本基础。有学者分析,人口平均预期寿命每提高10%,在其他变量不变的情况下,每年的经济增长率至少可以提高0.3到0.4个百分点;据联合国卫生组织通过对1965—1994年31个发展中国家经济增长率与婴儿死亡率的关系分析,在任意一个指定收入区间内,婴儿死亡率低的国家在这个时期内的经济增长率均较高[1],这充分说明国民良好的健康素质可以促进经济持续增长与社会稳定发展。新中国成立以来,我国国民健康素质的不断提升不仅直接提高了国民幸福感和获得感,而且也为经济社会发展注入了"健康动力"。

2. 高素质劳动力激发社会创新活力

现代经济的发展越来越倚重人力资本的积累,而教育在人力资本的形成、积累过程中起着决定性作用,构成了"教育—人力资本—经济发展"这一链条关系。[2] 我国高层次教育入学率的不断上升推动着人口受教育水平的不断提高,而人口受教育水平的提高为我国经济发展奠定了坚实的高素质人力资本基础,成为经济增长的重要源泉。一些实证研究结果显示,在不同时间跨度内,人力资本积累对经济增长的贡献份额在17%至24%;而且从长期来看,人力资本积累对经济增长的边际影响比物质资本积累影响更大。[3] 随着高层次教育的不断普及和劳动年龄人口文化素质的不断提升,高质量的人力资本为我国新时期推动产业结构转型和知识型、创新型社会建设提供了强有力的人才支撑,为社会经济发展注入了"人才动力"。

---

[1] 引自刘丽杭、李建华《论健康对社会经济发展的促进作用》,《医学与哲学》2003年第3期。

[2] 引自张建中、刘刚《浅议教育在社会经济发展中的作用——从积累"人力资本"的角度看教育》,《广州市经济管理干部学院学报》2004年第1期。

[3] 引自中国社会科学院《人口与劳动绿皮书》,社会科学文献出版社2019年版。

(三) 大规模科技人才提升国家竞争实力

科技是第一生产力，是国家实力的关键，是大国竞争的制高点，是大国崛起的支点。科技人才推动科技进步，科技进步促进经济社会发展与优化。笔者通过对我国1991—2018年数据分析，发现我国R&D（研发）人员全时当量与国内生产总值（GDP）具有明显的线性关系（$R^2=0.9896$），这表明随着R&D人员全时当量的增长，国内生产总值（GDP）随之增长，科技发展对经济发展具有明显的促进作用，而我国世界第二大研发经费投入国与世界第二大经济体的地位也从侧面验证了这一点。随着我国科技人才队伍的不断壮大，科技成果不断丰富，2018年我国科技进步贡献率达58.5%[1]，相比2006年提升14.2个百分点。科技人才队伍的不断扩大，直接带来科技竞争实力和现实生产力的不断提高，为社会经济发展注入了"科技动力"。

四 新中国70年中国人口分布和流动变迁

(一) 人口时空分布的总体格局

自新中国成立以来，"胡焕庸线"两侧人口占比维持"东多西少"格局未变，但两侧人口比值的降幅由大转小。胡焕庸曾言："今试自黑龙江之瑷珲，向西南作一直线，至云南之腾冲为止，分全国为东南与西北两部，则此东南部之面积，计四百万方公里，约占全国总面积之百分之三十六，西北部之面积，计七百万方公里，约占全国总面积之百分之六十四；惟人口之分布，则东南部计四万四千万，约占总人口之百分之九十六，西北部之人口，仅一千八百万，约占全国总人口之百分之四，其多寡之悬殊，有如此者。"[2] 从2010年地级行政区划地图的地理切割结果来看，本研究得到"胡焕庸线"东南半侧与西北半侧的面积占比分别为38.12%和61.88%。在此基础上，我们发现"胡焕庸线"两侧人口分布表现出两个特点：

第一，"胡焕庸线"两侧人口占比相对稳定。从两侧地理区域的人口

---

[1] 数据来源：http://finance.sina.com.cn/roll/2019-03-11/doc-ihrfqzkc2881779.shtml。
[2] 胡焕庸：《中国人口之分布——附统计表与密度图》，《地理学报》1935年第2期。

分布来看，在 1953—2017 年期间，我国东南半壁人口占比从 91.53% 降至 88.88%，仅下降 2.65 个百分点，而西北半壁人口占比则从 8.47% 升至 11.12%（见图 2-12）。"胡焕庸线"本质上反映了中国人口分布与自然地理、气候环境之间高度的空间耦合性，即我国西北侧山地多且寒旱而人口稀疏，东南侧山地少且温暖湿润而人口密集。因此，置于中国几千年的历史长河之中，近 70 年来我国人地关系、气候资源的相对稳定性与人口分布"西疏东密"之定势密切关联。

第二，"胡焕庸线"两侧人口占比的比值呈现阶段性下降趋势，而改革开放是其重要的分水岭（见图 2-12）。1953—1982 年期间，"胡焕庸线"东南半壁与西北半壁两侧人口占比的比值从 10.81 快速下降至 8.56，而 1982—2017 年该值则由 8.56 缓降至 7.99，总体稳定在 8 左右。西北侧人口自然增长率较高、政策性人口向西迁移是"胡焕庸线"两侧人口占比的比值下降的主要原因。从自然增长来看，若参照尹文耀等（2016）提出的省域型"准胡焕庸线"，可将新疆、西藏、青海、甘肃、宁夏、内蒙古六省区视作"胡焕庸线"以西区域，其余省份为东侧区域。1953—1964 年、1964—1982 年及 2010 年，线西侧年均人口自然增长率的平均值分别为 26.96‰、22.46‰ 和 8.02‰，同期线东侧则分别为 20.29‰、18.75‰ 和 4.88‰，西侧高于东侧。同时，新中国成立至改革开放前的屯垦戍边、"上山下乡"等政策也导致了西部人口的增加。改革开放之后"胡焕庸线"两侧人口比值下降幅度趋缓的原因之一是改革开放后中国总和生育率下降幅度减小。我国总和生育率从 1949 年的 6.139 降至 1953 年的 6.049、1969 年的 5.723、1978 年的 2.716，降幅为 3.423，而改革开放后，该值仅由 1982 年的 2.86 下降为 1990 年的 2.31（姚新武，1995）、2000 年的 1.9 和 2010 年的 1.18，降幅为 1.68。若从机械增长看，1990 年东南半壁集中了全国 90.83% 的省际流入人口和 93.17% 的省际流出人口，2010 年这两个数字分别变为 94.74% 和 95.51%，机械增长对东南半壁人口份额增长的提升有限（戚伟等，2015）。胡焕庸（1990）曾指出，自然环境、经济发展水平、社会历史条件的不同是造成我国人口分布失衡的三大原因。因此，随着我国"一带一路"建设、区域协同发展战略及信息技术手段等方面的推进与创新，"胡焕庸线"两侧人口占比的比值可能仍有小幅下探空间。

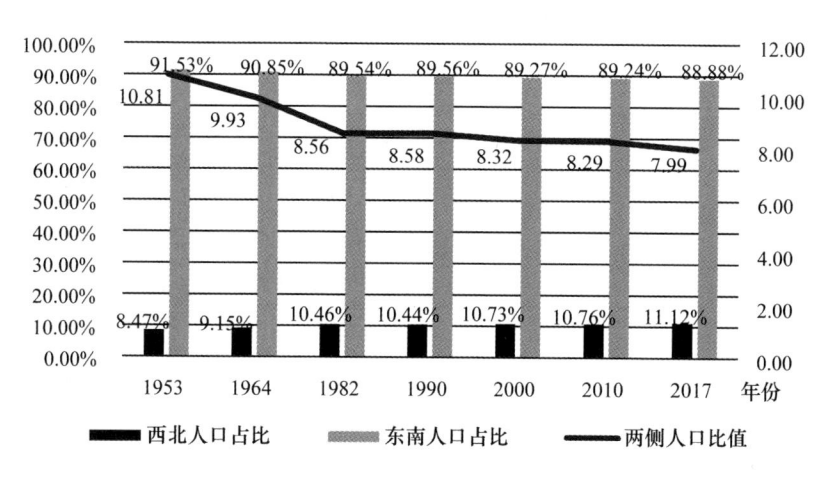

图 2-12 "胡焕庸线"两侧人口全国占比及人口比值

(二) 人口时空分布的关系结构

第一，人口分布总体上存在空间正相关关系，2000 年以后空间差异扩大的趋势得到一定程度的遏制。全局 Moran's I（莫兰）指数显示，1953 年、1964 年、1982 年、1990 年、2000 年、2010 年、2017 年该指数值分别为 0.3363、0.3413、0.3219、0.3222、0.2954、0.2701、0.2530。全局 Moran's I（莫兰）指数取值皆为正，表明我国地市级的人口总数在总体上存在着空间正相关关系，人口数量多的地级市更多地聚集在一起，人口数量少的地级市也更多地聚集在一起。从发展阶段来看，1953—2000 年人口的全局 Moran's I（莫兰）指数长期维持在 0.3 左右；2000 年后人口全局 Moran's I（莫兰）指数的稳定走势迎来拐点，即自 2000 年的 0.2954 逐渐降至 2017 年的 0.2530。这种空间关系变化结果与 2000 年《中共中央关于制定国民经济和社会发展第十个五年计划的建议》提及的"实施西部大开发战略"、2006 年《西部大开发"十一五"规划》、2012 年国务院批复同意《西部大开发"十二五"规划》等国家重大举措密切相关，近 20 年来我国中西部地区得以加快发展。

第二，"胡焕庸线"两侧人口的区域集聚模式基本未变，但人口分布格局逐步呈现"小聚集、大分散"特征。一是 70 年间，"胡焕庸线"两侧人口的区域集聚模式主体形态未变。在由局部 Moran's I（莫兰）指数划分的四种空间模式中，"高—高"类型代表人口总数大的地区被相似地区包围,"低—低"类型代表人口总量小的地区被相似地区包围,"低—高"和"高—低"类型则代表某一地区被与其人口总数相差巨大的其他地区所包围。从局部 Moran's I(莫兰)指数来看(见表 2-2),1953—2017 年"胡焕庸线"沿线及以东空间自相关显著的区域,主要以"高—高"与"低—高"人口聚集为主。例如,1953 年,"高—高"人口聚集模式占局部 Moran's I(莫兰)指数显著性区域总数的 43.75%,其中,100% 的"高—高"模式分布在"胡焕庸线"沿线及线东。2017 年,"高—高"人口聚集模式占局部 Moran's I(莫兰)指数显著性区域总数的比例降至 28.57%,其中,100% 的"高—高"模式依然分布在"胡焕庸线"沿线及线东。然而,"胡焕庸线"西侧、局部 Moran's I(莫兰)指数具有显著性的区域,则以"低—低"和"高—低"为主要类型。例如,1953 年,"低—低"人口聚集模式占局部 Moran's I(莫兰)指数显著性区域总数的 46.88%,其中,71.67% 的"低—低"模式分布在"胡焕庸线"以西。2017 年,"低—低"人口聚集模式占局部 Moran's I(莫兰)指数显著性区域总数的比例升至 52.38%,其中,69.09% 的"低—低"模式分布在"胡焕庸线"以西。

二是"胡焕庸线"两侧的人口区域集聚模式具有空间异质性。长期以来,"胡焕庸线"沿线及以东的东北地区在总体上空间自相关不显著;"胡焕庸线"以西的西部地区基本维持"低—低"集聚模式,且主要集中在新疆、西藏和内蒙古等西部地区;"胡焕庸线"沿线及以东地区则主要以"高—高"集聚和"低—高"集聚的形式存在,且"高—高"集聚类型主要集中在京津地区、长三角地区和珠三角等地区,而"低—高"集聚类型主要聚集于湖北、湖南、贵州、河北等地。此种现象表明,新中国成立以来中国人口的集聚分布始终存在着累积优势效应,而且这种优势效应具有时空稳定性。

三是 70 年间,"高—高"和"低—低"两种人口集聚类型的地级市皆有所减少,2000 年以后人口集聚模式呈现出一定程度的多元化特点。"高—高"人口集聚类型的城市由 1953 年的 56 个大幅下降至 2017 年的 29 个,长时期主要分布在"胡焕庸线"沿线或线东,而"低—低"人口集聚类型的城市则由 1953 年的 60 个微降至 2017 年的 55 个,长时间主要分布在"胡焕庸线"西侧,而"低—高"集聚类型总体上呈现上升态势,从 1953 年的 11 座城市增至 2017 年的 18 座城市;"高—低"集聚类型的城市由1953年的1座增至2017年的2座。

不同集聚类型城市数量升降并存的变化趋势表明，我国的人口分布格局正逐渐形成"小聚集、大分散"的发展态势，而这种态势的形成与我国近些年积极推动新型城镇化高质量发展的思路有关，即促进大中小城市协调发展，合理调节各类城市人口规模，提高中小城市对人口的吸引能力，优化我国城镇化布局和形态。

表2-2 1953—2017年局部莫兰指数各类型地级单元城市数及占比

年份		1953	1964	1982	1990	2000	2010	2017
"高—高"类型	占比（%）	43.75	42.97	41.41	42.74	40.34	33.04	28.57
	个数（个）	56	55	53	53	48	37	30
"低—低"类型	占比（%）	46.88	48.44	46.88	46.77	48.74	50.89	52.38
	个数（个）	60	62	60	58	58	57	55
"低—高"类型	占比（%）	8.59	8.59	10.16	9.68	10.92	15.18	17.14
	个数（个）	11	11	13	12	13	17	18
"高—低"类型	占比（%）	0.78	0	1.56	0.81	0	0.89	1.90
	个数（个）	1	0	2	1	0	1	2
合计	占比（%）	100.0	100.0	100.0	100.0	100.0	100.0	100.0
	个数（个）	128	128	128	124	119	112	105

表注：表中的合计数为相应年份局部莫兰指数在统计上显著（$P<0.05$）的地级单元城市数。

（三）人口时空分布的扩张方向

基于人口属性的全国人口重心始终位于"胡焕庸线"以东，自改革开放以后大体保持朝西南方向小幅移动的态势。

第一，人口重心相对稳定，东西方向上人口分布的不均衡性明显（见图2-13）。自新中国成立以来，我国人口重心始终位于"胡焕庸线"东侧，且人口密度在东西方向上差异显著。例如，2018年"胡焕庸线"西侧的西藏人口密度约为2.8人/平方公里，而东侧的江苏人口密度高达751人/平方公里，这种东西方向上的不均衡性主要是由于自然条件和社会历史等原因所致。

第二，人口重心稳中有略变，改革开放以后移动方向由北转南（见图2-13）。从不同时期全国人口重心的走向看，1953年、1964年、1982

年、1990 年、2000 年、2010 年、2017 年我国人口重心分别在河南省信阳市、河南省驻马店市、河南省驻马店市、河南省南阳市、河南省南阳市、河南省信阳市和湖北省随州市，与"胡焕庸线"的垂直距离分别为696.49 公里、692.12 公里、669.22 公里、666.13 公里、673.34 公里、685.24 公里和 677.21 公里。具体来看，1953—1964 年与 1964—1982 年我国人口重心基本在河南省境内并向北移动，其中，前者朝东北方向年均移动 2.79 公里，后者朝西北方向年均移动 1.31 公里；1982—1990 年、1990—2000 年及 2000—2010 年全国人口重心仍在河南省境内但转为向南移动，1982—1990 年朝西南方向年均移动 1.04 公里，1990—2000 年朝西南方向年均移动 1.27 公里，2000—2010 年朝东南方向年均移动 1.09 公里；2010—2017 年我国人口分布格局迎来了新的变化，全国人口重心落入了湖北省境内并加速朝西南方向移动，其年均移动速度高达 2.35 公里。

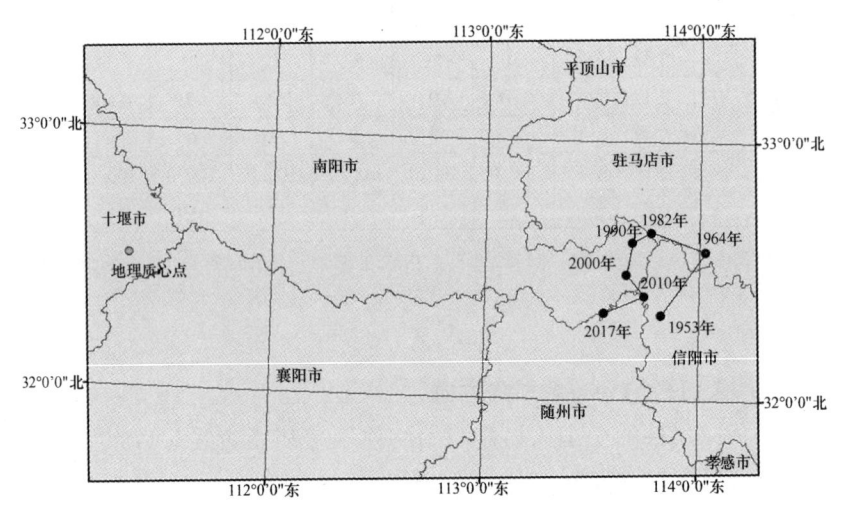

图 2-13　全国地理质心点与 1953—2017 年全国人口重心变化

总之，从人口属性看，1953—1982 年中国人口保持向北移动的总态势，与新中国成立初期我国在内地布局大量工业建设项目等因素有关。例如，中国"一五"期间提出 156 项重点建设项目向东北、华北和西北的"三北地区"倾斜（樊杰等，2010）。然而，自改革开放以后，我国人口重心向南移动的总态势成为主流，这与这一时期逐步在东南沿海设立经济特区和对外开放口岸等若干优惠政策有关，同时也与西南部等少数民族聚集区生育政策相对宽松、南部地区传统文化对生育行为影响较大等因素相关。

基于地理属性的全国地理质心点较人口重心点更接近"胡焕庸线"，各方位人口扩张强度的高值呈现先东北、后东南的方位变动趋势。

第一，2010年全国地理质心点位于湖北省十堰市附近（见图2-13）。我国人口分布格局变动不仅反映在人口重心的迁移上，而且还与区域发展的社会历史阶段紧密相连。从全国地理质心点的位置（111.324°E，32.513°N）来看，该质心点位于"胡焕庸线"东侧的湖北省十堰市境内，与各时期人口重心点的纬度位置相近，但地理质心点与"胡焕庸线"的垂直距离更短，约为505.41公里。也就是说，相较于南北方向，东西方向失衡是我国人口分布差异的核心问题。有研究表明，中国经济重心在东西方向上始终偏向东部，而在南北方向上则基本处于国土的中间位置（樊杰等，2010）。我国人口扩张强度跟着经济重心向东南方向移动，是我国改革开放以来区域发展和人口分布格局差异的重要表现。

第二，70年来，我国人口全局扩张强度先升后降，各方位人口密度增量趋缓。基于全国地理质心点的全局人口扩张情况看，1953—2017年间，我国人口全局扩张强度自1982年以后迎来逐步下降的局面，即先从1953—1964年的0.1862上升为1964—1982年的0.1982，之后逐步下降，1982—1990年、1990—2000年、2000—2010年、2010—2017年该值分别下降为0.1924、0.1782、0.1388和0.1268，各方位人口密度增量趋缓是自然增长率下降与流动强度下降等多因素叠加的综合映射；基于全国地理质心点各方位的人口扩张情况，1953—1964年与1964—1982年两个时期NEE（向北偏东）方位的人口扩张强度指数皆为同时期最高水平0.03，这与该阶段我国经济建设重点之一为东北及华北地区等因素有关；1982—1990年NEE（东北偏东）方位的人口扩张强度指数仍为各方位的最高值，这与改革开放政策及生育政策的推行密切相关；1990—2000年，SSE（东南偏南）方位的人口扩张强度指数0.07开始取代NEE（东北偏东）方位的0.02，成为各方位的最高值并持续至2010年，这与该时期我国改革开放的深化及国家产业结构的调整有关；2010—2017年，SEE（东南偏东）方位取代S（正南）方位成为人口扩张强度的最高位0.03，这一时期国家区域均衡发展战略的深化促成了这一特点的形成。不难看出，自新中国成立以来，尽管我国大多数国土面积位于"胡焕庸线"以西，但人口的扩张高地却始终位于"胡焕庸线"东侧的区域。

(四) 人口时空扩张的协调状况

围绕人口分布格局与社会经济各要素之间的关系，本节分别对"胡焕庸线"两侧区域、四大经济区域、各省份及城市进行经济—人口分布协调偏离度分析，以求相对合理地看待我国人口时空扩张的地域协调性问题。

第一，新中国成立70年来，全国经济—人口协调度总体向好、持续改善。中国经济—人口分布协调偏离度（HD）由1953年的0.6648下降至2017年的0.4285（见图2-14）。70年间，我国HD值有三次下降过程，这与社会历史的演进密切关联。第一次HD下降出现在1960—1964年，1964年的HD值降至0.57。这一时期，中国实施了国民经济关系调整及包括"三线"建设在内的中西部工业化项目等，使20世纪60年代初期的全国经济—人口分布协调程度在客观上有所提升。第二次HD下降出现在1978—1990年，1990年的HD值降至0.46，这与改革开放以后社会主义市场经济体制改革所带来的经济活力持续释放以及人口流动相关限制减弱有关。第三次HD下降出现在2000年至今，2017年的HD值降至0.43，这与我国城镇化水平的快速增长密切相关。2000—2017年我国城镇化率增幅高达22.3个百分点，相当于1982—2000年增幅的1.5倍，1964—1982年增幅的8.1倍，1953—1964年增幅的4.4倍。

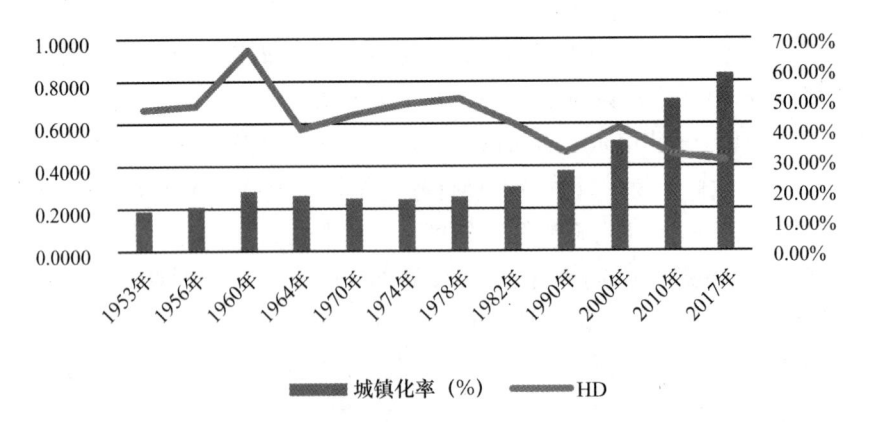

图2-14 中国经济—人口分布协调偏离度（HD）与城镇化率变动趋势

注：HD使用左边的纵轴，城镇化率使用右边的纵轴。

第二，新中国成立70年来"胡焕庸线"东侧省份的经济—人口分布协调偏离度弱于西侧区域，但在2000年以后得以改善。从"准胡焕庸线"[①] 两侧区域来看，东侧HD值由1953年的0.42先升至2000年的0.94，再降至2017年的0.66，而线西侧HD值由1953年的0.09降至2017年的0.06，东侧HD值始终高于西侧；从国家统计局划分的四大经济区域[②] HD来看，我国东部地区属于波动协调发展型，而中部、西部、东北地区则属于稳定协调发展型。东部地区的HD值由1953年的0.35升至2000年的0.82，再降至2017年的0.57（见图2-15），东部地区的HD值高于其他三类地区；从分省情况来看，"准胡焕庸线"东侧的省份HD在增强。HD增强的有14个省市，包括上海、辽宁、黑龙江、四川、湖北、天津、山东、湖南、陕西、重庆、吉林、广西、北京、安徽（见图2-15）。

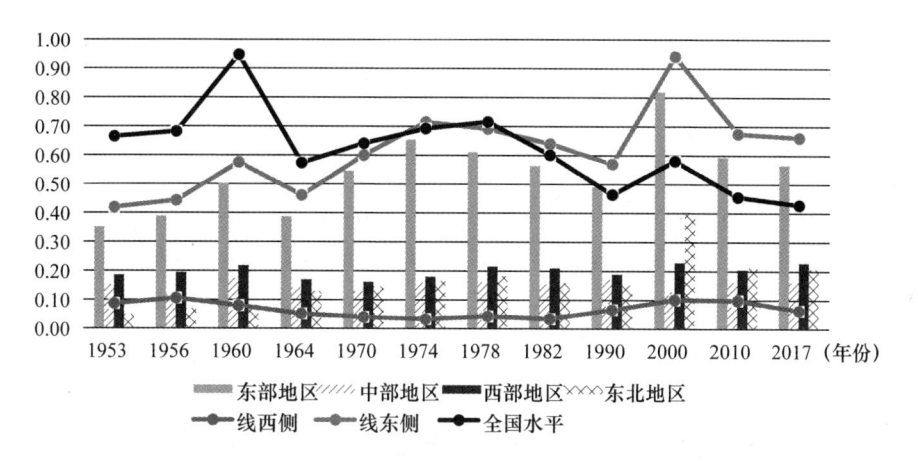

图2-15 分区域的经济—人口分布协调偏离度（HD）指数变化趋势

注：由于1953年海南省的GDP缺失，因此省份比较未涉及海南省。

---

① 本划分标准参考了尹文耀等（2016）提出的省域型"准胡焕庸线"。考虑到与人口相关的经济社会统计数据难以跨行政区切割，为突出本研究的实践价值，本部分涉及省份及区域比较时，将宁夏、青海、甘肃、西藏、新疆、内蒙古6个省份划入"胡焕庸线"以西地区，其余归入以东地区。
② 东北地区包括：辽宁、吉林、黑龙江。东部地区包括：北京、天津、河北、上海、江苏、浙江、福建、山东、广东、海南。中部地区包括：山西、安徽、江西、河南、湖北、湖南。西部地区包括：内蒙古、广西、重庆、四川、贵州、云南、西藏、陕西、甘肃、青海、宁夏、新疆。

第三，1982—2017年①中国经济—人口协调型地级城市数量在减少，但"胡焕庸线"东侧协调型城市占比较高。1982年，"胡焕庸线"沿线区域经济—人口协调型城市占比最高，达到33.33%，但2017年迅速下降为8.33%，而"胡焕庸线"以东城市该指标分别为31.32%和23.77%，线东侧的协调型城市占比在2017年高于其他区域。此外，"胡焕庸线"沿线及两侧GPR值达到2以上的城市数量均在减少。1982年，全国共有30座城市GPR的值达到2以上，其中，"胡焕庸线"西侧的城市有拉萨、克拉玛依、金昌、兰州、大兴安岭等5座城市，"胡焕庸线"沿线的城市有太原、德宏等2座城市，"胡焕庸线"东侧的城市有北海、东莞、深圳、广州、文昌、琼海、儋州、昌江、东方、武汉、宣城、上海、淮南、东营、北京、天津、大连、鞍山、本溪、抚顺、白山、白城、大庆等23座城市；而2017年达到该标准的城市降为26座，其中，"胡焕庸线"西侧减少为3座，仅有阿拉善盟、鄂尔多斯、包头等城市，"胡焕庸线"东侧减少为13座，仅有北京、东营、南京、镇江、常州、无锡、苏州、上海、杭州、长沙、广州、深圳、珠海等城市，与"胡焕庸线"相交的区域则未有城市达到该标准。

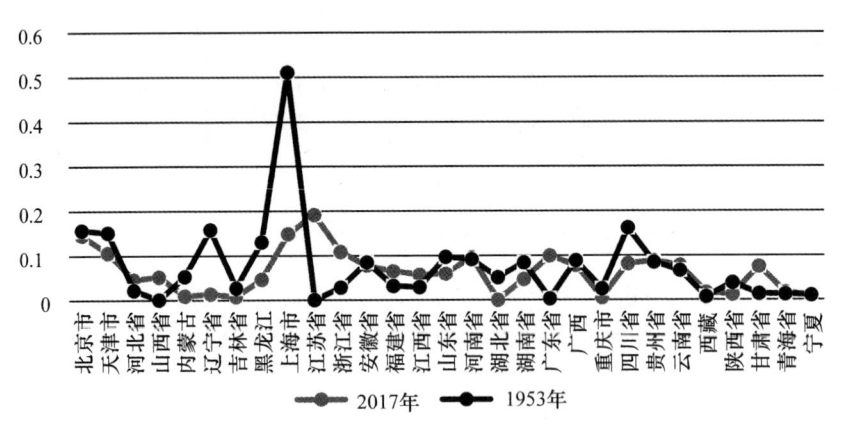

图2-16 分省的经济—人口分布协调偏离度（HD）变化趋势

---

① 由于1982年以前的GDP指标存在统计口径的统一性等问题，因此本部分暂未涉及1982年之前的GDP数据。1982—2017年参与比较的城市数分别为353、354、354、357、357个。

(五) 人口流动以"南下"为主, 东北地区人口吸引力呈下行趋势

从区域范围看, 人口流动"东进"特征正在减弱。改革开放以来, 我国大部分经济区域①的流动人口占比变动相对较大, 其中, 东部区域的流动人口全国占比由 1982 年的 34.05% 上升至 2015 年的 51.24%, 上升了 17.19 个百分点, 而其他三个区域人口占比同期均有所下降, 其中, 降幅最大的为东北地区, 下降了 10.43 个百分点; 中部地区位居次席, 下降了 6.49 个百分点; 西部地区基本保持稳定。总的来看, 人口流动方向依然以"东进"为主, 但态势有所减缓, 若不考虑 2015 年 1% 抽样调查中可能存在的误差, 那么 2010—2015 年东部区域流动人口的全国占比下降了 4.93 个百分点, 是 1982 以来的首降, 而在西部大开发、中部崛起等战略影响下, 中西部地区已开始展现对流动人口的吸引力。相比较而言, 东北地区仍需进一步发展, 加强其人口吸引力。

表 2-3　四大经济区域（流入地）流动人口占全国流动人口的比例　　单位:%

	1982 年	1990 年	2000 年	2010 年	2015 年	变动量
东部	34.05	45.4	53.9	56.17	51.24	17.19
中部	25.51	20.97	15.92	16.09	19.02	-6.49
西部	23.68	21.82	22.65	21.54	23.34	-0.34
东北	16.8	11.79	7.55	6.09	6.37	-10.43

表注: ①数据来源: 1982—2010 年数据来自于历次人口普查数据; 2015 年数据来自 1% 人口抽样调查测算; ②本表数据为各省比值加总, 因保留两位小数故合计不完全等于 100%。③港澳台数据缺失。

从省域层面看, 人口流动"南下"特征逐渐明朗。在改革开放之初, 我国人口流动的传统活跃地区基本集中于北方省份。1982 年, 东北三省仍然是流动人口较为聚集的省份, 当年所吸纳流动人口占全国的 16.80%, 其中, 仅黑龙江一省便吸纳 8.60% 的流动人口, 位居全

---

① 根据《中共中央、国务院关于促进中部地区崛起的若干意见》《国务院发布关于西部大开发若干政策措施的实施意见》以及党的十六大报告的精神, 将我国的经济区域划分为东部、中部、西部和东北四大地区。东部地区包括北京、天津、河北、上海、江苏、浙江、山东、福建、广东、海南 10 个省份; 中部地区包括山西、安徽、江西、河南、湖北、湖南 6 个省份; 东北地区包括黑龙江、吉林、辽宁 3 个省, 其余省市为西部地区。

国之最,甚至超过了同期京津冀三省(8.43%)。然而,2015年三省所吸纳流动人口占比已下降至6.37%,降幅显著,在全国范围内的排位也纷纷下降,其中,黑龙江省已排名至第25位。与此同时,改革开放以来,以珠三角和长三角等为代表的沿海地区省份快速发展,吸收了大量流动人口,上海市、江苏省、浙江省、广东省四省市吸纳全国流动人口占比之和从1982年的16.50%提升至31.86%,其中,自1990年以来广东省已取代黑龙江省成为吸纳流动人口最多的省份,在2010年甚至占到全国的17.13%;而紧随其后的则是江苏、浙江两省,上海市也从1982年的第19名攀升至第6名。由此可见,南方沿海省市正逐渐成为东部地区的流动人口集聚高地,持续释放出其对于流动人口的强大吸引力。

表2-4　　历年各省(流入地)流动人口占全国流动人口的比例　　单位:%

省份	1982	1990	2000	2010	2015	排位变动	省份	1982	1990	2000	2010	2015	排位变动
北京	2.07	2.28	2.54	3.17	3.97	13	湖北	4.53	3.89	3.50	2.75	4.18	1
天津	1.62	3.13	0.74	1.00	1.93	3	湖南	3.13	2.51	2.76	2.79	3.47	7
河北	4.74	2.88	3.36	3.16	3.30	-5	广东	5.23	13.23	20.87	17.13	14.08	3
山西	4.18	2.67	2.33	2.44	2.51	-6	广西	2.34	2.20	2.43	2.37	2.35	1
内蒙古	3.79	3.37	2.80	2.73	2.53	-2	海南	—	1.58	0.70	0.70	0.67	—
辽宁	4.37	3.76	3.05	2.85	2.91	-5	重庆	—	—	1.47	1.39	2.35	—
吉林	3.83	2.21	1.88	1.42	1.79	-12	四川	3.56	4.75	4.20	4.50	5.25	10
黑龙江	8.60	5.82	2.62	1.82	1.67	-24	贵州	1.69	1.01	1.77	2.02	1.96	3
上海	3.07	5.06	4.14	4.91	4.58	13	云南	1.72	2.47	2.96	2.28	2.44	6
江苏	5.06	4.97	6.36	7.24	6.63	3	西藏	—	0.06	0.20	0.13	0.14	—
浙江	3.14	4.01	6.37	9.52	6.57	14	陕西	3.15	2.83	1.78	2.03	2.47	-1
安徽	4.85	5.12	2.15	2.38	3.13	-7	甘肃	2.00	1.44	1.17	1.02	1.27	-4
福建	3.73	4.79	3.93	4.71	4.14	6	青海	0.92	0.83	0.41	0.46	0.39	-3
江西	2.51	2.62	1.99	1.91	2.17	-1	宁夏	0.48	0.10	0.53	0.58	0.59	-1
山东	5.39	3.47	4.89	4.63	5.37	-1	新疆	4.03	2.76	2.93	2.03	1.60	-15
河南	6.31	4.16	3.19	3.82	3.56	-8							

表注:①数据来源:1982—2010年数据引自段成荣等《改革开放以来我国流动人口变动的九大趋势》;2015年数据来自1%人口抽样调查测算。②本表数据为各省比值加总,因保留两位小数故合计不完全等于100%。③港澳台数据缺失。④排位变动为1982年减2015年的排位,该值为正则表示上升,该值为负表示下降。

（六）城市群逐步崛起，人口向城市群内的核心城市集中

城市群[①]人口占比已超全国的六成。以城市群为主体的城市化区域空间战略是中国经济长期发展的结果。改革开放以来，中国城市化空间战略历经了以小城镇为主、以大城市为主、以城市群为主的发展过程（孙阳等，2016）。2010年，中国城市群总人口占全国的比例为62.83%，所在地区面积约占全国总面积的25.82%，GDP占全国比例为80.57%（方创琳，2016），其中，东部地区京津冀、长江三角洲和珠江三角洲城市群，是我国经济最具活力、开放程度最高、创新能力最强、吸纳外来人口最多的地区。[②] 据统计，这三个城市群吸纳全国流动人口比重从1990年的16.62%增长到2010年的41.27%，其中，珠三角城市群是所有城市群中吸纳流动人口最多的城市群，2010年占全国流动人口的16.71%，与1990年的6.00%相比增幅较大。此外，2010年三个城市群GDP总和的全国占比高达33.85%。

表2-5　　我国城市群与非城市群地区流动人口全国占比变化[③]　　　　单位:%

城市群	1990年	2000年	2010年
珠三角	6.00	24.56	16.71
长三角	6.16	12.86	16.68
京津冀	4.46	5.47	7.88
山东半岛	2.60	2.44	3.18
海峡西岸	1.12	3.80	3.81
辽中南	3.04	2.51	2.49
长江中游	4.01	3.09	3.46

---

① 城市群是指在特定地域范围内，以1个以上特大城市为核心，由至少3个以上大城市为构成单元，依托发达的交通通信等基础设施网络所形成的空间组织紧凑、经济联系紧密并最终实现高度同城化和高度一体化的城市群体。

② 《国家新型城镇化规划（2014—2020）》中指出："京津冀、长江三角洲、珠江三角洲三大城市群，以2.8%的国土面积集聚了18%的人口，创造了36%的国内生产总值，成为带动我国经济快速增长和参与国际经济合作与竞争的主要平台。京津冀、长江三角洲和珠江三角洲城市群，是我国经济最具活力、开放程度最高、创新能力最强、吸纳外来人口最多的地区，要以建设世界级城市群为目标，继续在制度创新、科技进步、产业升级、绿色发展等方面走在全国前列。"

③ 本表参考《2010中国城市群发展报告》以县级行政区划单元为基准，将国土空间划分为城市群地区和非城市群地区。共划分5个国家级大城市群、9个区域性中等城市群和6个地区性小城市群组成"5+9+6"的中国城市群空间结构新格局。

续表

城市群	1990 年	2000 年	2010 年
成渝	3.92	3.23	4.85
天山北坡	0.77	1.03	0.98
关中	1.51	0.78	1.19
中原	2.07	1.48	1.80
晋中	0.86	0.55	0.69
哈大长	2.39	1.75	1.76
江淮	1.68	0.93	1.45
北部湾	0.72	0.70	0.97
宁夏沿黄	0.41	0.35	0.42
滇中	0.91	1.54	1.00
兰西	0.97	0.60	0.72
呼包鄂榆	0.63	0.92	1.22
黔中	1.00	1.02	0.96
城市群	45.43	69.75	72.33
非城市群	17.26	15.06	16.65

表注：①数据来源：方创琳等《中国城市发展空间格局优化理论与方法》。②表中占全国份额是指相对全国全部县市外流动人口的份额；城市群地区合计和非城市群地区合计只统计其内部的城市。

城市群人口"向心化"分布的等级特征明显。京津冀、长三角、珠三角三大城市群均拥有 2—3 个特大城市、超大城市①作为核心城市，而

---

① 2014 年，中国国务院发布《关于调整城市规模划分标准的通知》，其中规定：城区常住人口 1000 万以上的城市为超大城市；城区常住人口 500 万以上 1000 万以下的城市为特大城市。以此标准，京津冀城市群包括北京 1 个超大城市和天津 1 个特大城市；长三角城市群则分别有上海这座超大城市，南京、杭州 2 个特大城市；珠三角城市群超大城市为广州和深圳，并包含特大城市东莞。注：由于建市时间不同及数据可得性有差异，1978 年深圳、1978—1986 年天津数据缺失。1978—2016 年北京数据来自《北京统计年鉴（2017）》，其中，2017 年北京数据来自《北京市 2017 年国民经济和社会发展统计公报》；2017 年上海数据来自《上海市 2017 年国民经济和社会发展统计公报》；1987—2005 年天津数据来自《天津统计年鉴（2002）》，其中 2016 年天津数据来自《天津统计年鉴（2017）》；1978—2016 年河北省数据来自《河北经济年鉴（2017）》；1979—2016 年深圳数据来自《深圳统计年鉴（2017）》，1979—2016 年广州数据来自《广州统计年鉴（广州 50 年）》《广州统计年鉴（2017）》；1979 年东莞市数据来自《东莞统计年鉴（1978—1990）》；2016 年东莞市数据来自《东莞统计年鉴（2016）》；1979 年广东省数据来自《跨世纪的中国人口（广东卷）》，2016 年广东省数据来自《广东统计年鉴（2018）》。

随着时间的推移，城市群人口正逐渐向核心城市集中。如 1979—2016 年，广州、深圳和东莞在广东省的占比分别提升了 3.17、10.22、5.33 个百分点。北京常住人口在京津冀地区的比重由 1987 年的 13.80% 提升到 2016 年的 19.56%，天津则从 10.96% 提升到 14.06%。不过，值得一提的是，受政策影响，近年北京、上海两市常住人口增长明显放缓，甚至出现负增长。2017 年末，北京市常住人口 2170.7 万人，比上年末下降 0.1%，为 2000 年以来首次负增长；上海常住人口为 2418.33 万人，比上年末减少 1.37 万人。其他几座超大城市虽暂未出现常住人口的负增长，但增速也已明显放缓。从全世界角度看，2016 年，全球范围内共有 31 座城市常住人口超过千万，其中，中国上海、北京分居第 3 位和第 6 位，也是世界上 8 座 2000 万人以上城市之一。然而，从人口密度上看，在世界人口数量排名前十的超大城市中，上海、北京的人口密度分别位居第 9 位和第 10 位（见图 2-17）。

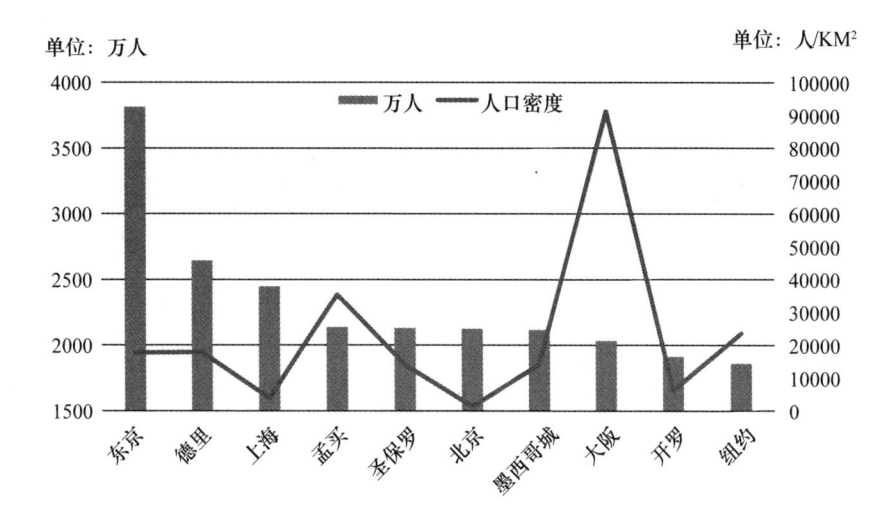

图 2-17 2016 年全球人口总量排名前十的城市人口规模和人口密度

数据来源：《联合国世界城市手册》（*The World's Cities in 2016*），并仍以中国标准将世界 1000 万以上人口的城市视为超大城市（http://www.un.org）。

（七）大城市内部的人口空间分布主要集中在中心城区

大城市内部人口空间分布呈现"内密外疏"的人口分布格局。例如，从常住人口总量占比来看，北京市中心城区①常住人口占全市常住人口的比重自1982年以来一直居高不下，始终维持在45%以上的水平。2016年，这一数字攀升至57.41%；同年，上海市中心城区②集聚了全市51.23%的常住人口，天津市中心城区③人口占比达到38.65%，广州市中心城区④人口占比达到37.76%，深圳市中心城区⑤人口占比达到32.43%，这些城市的中心城区现阶段都容纳了较多的常住人口。从常住人口密度来看，以北京为例，2016年首都功能核心区为23130人/km^2，而城市功能拓展区为8102人/km^2，远高于城市发展新区（1160人/km^2）和生态涵养发展区（223人/km^2）。这种人口分布的结构性失衡是多种原因综合导致的，其主因在于中心城区往往承担了城市较多的经济、政治等职能，因此，同城市外部区县相比存在天然优势，在平均收入、基础设施、公共服务资源等方面均处于更高水平。当前，我国大城市乃至特大城市的发展需要妥善处理好存量与增量的关系，进而降低因城区人口过度聚集所带来的负面影响。联合国《2018年世界城镇化展望报告》指出，城市增长与可持续发展的三个方面密切相关：经济、社会和环境，并且这种可持续发展越来越依赖于对城市增长的有效管理。对于存量，政府不仅要科学规划自身城区功能，盘活城市低效闲置用地，而且在完善公共基础设施的同时，要进一步加快推动部分城市功能的向外疏解；对于增量，还需合理优化用地比例，推进"人地挂钩"等配套政策的落实。

本节系统地将新中国成立以来历次人口普查数据进行了空间尺度转换，构建了人口空间数据库，并基于"胡焕庸线"对新中国成立以来我国人口分布格局进行空间定量分析。主要研究结论表现为"不变"与"变"两个方面：

第一，新中国70年人口分布的"不变"。

从多项指标综合判断，70年间中国人口分布格局保持相对稳定。1953—2017年，中国"胡焕庸线"东南半壁人口占比仅下降2.65个百分点；人口重心变动的直线距离仅移动25.08公里；人口空间聚集模式基本

---

① 北京市中心城区包括东城区、西城区、石景山区、朝阳区、海淀区、丰台区。
② 上海市中心城区包括黄浦区、长宁区、杨浦区、虹口区、普陀区、静安区、浦东新区。
③ 天津市中心城区包括和平区、南开区、河西区、河东区、河北区、红桥区。
④ 广州市中心城区包括越秀区、海珠区、荔湾区、天河区。
⑤ 深圳市中心城区包括福田区、罗湖区、宝安区。

保持稳定。首先,"胡焕庸线"东西侧人口占比变化幅度较小,与70年间人地关系、气候条件等因素相对稳定有关。例如,与气候变化相关研究表明,近100年和近50年,中国年降水量变化趋势不显著;与人地关系相关研究表明,就全国尺度而言,高强度人类活动的空间范围并不大,全国83.34%的国土上人类活动强度较低,约99%的高强度人类活动集中在东部地区,现代中国人类活动强度的空间格局仍基本贴合"胡焕庸线"。其次,相比于经济重心,我国人口重心变动较小。有研究表明,1952—2005年间,我国经济重心移动的地域范围达4800km^2,而人口重心变动范围仅430km^2,移动幅度相对较小。人口重心的变动滞后于经济重心且变动幅度较小,原因主要是:在经济领域,二、三产业劳动生产率的提升导致少量人口迁移即可完成较高的经济效益;在社会领域,风俗习惯和民族文化也制约着人口的迁移和流动;在管理领域,政府的行为效应对经济的影响更为直接和明显,而人口则主要随着产业和功能的变动而呈现渐弱性迁移。

不管时间如何变化,都不能单纯地研究人口分布问题,不能割裂人口分布与其他系统的联系,而是要将人口分布置于经济、社会、资源、环境可持续发展的大系统之中进行审视。这是因为"胡焕庸线"不仅是一条人口地理界线,而且也是一条综合的生态环境界线。

第二,新中国成立70年人口分布的"变"。

70年来中国人口分布格局的主要矛盾表现在东西方向上的差异。东西方向差异明显大于南北方向的差异。2017年,地理质心与人口重心南北方向的纬度相差约0.176度,而两者东西方向的经度相差约2.238度。因此,优化我国人口空间分布的政策着力点要更多地放在东中西部城市的协同发展上来。

70年来中国人口分布格局变化的三个重要节点主要是新中国成立初期、改革开放初期及21世纪初期。20世纪50年代初期实施的"一五规划"及重工业优先发展战略对于人口向北、向西移动产生了基础性影响,奠定了70年间人口分布格局的基点;1978年的改革开放导致了"胡焕庸线"两侧人口占比之比的骤降以及人口重心"由北转南"的变化。2000年以后西部大开发、新型城镇化及区域协同发展战略促进了人口区域聚集度的缓解以及"小聚集、大分散"分布模式的出现,有利于推动我国人口空间分布的均衡发展。

区域经济—人口分布协调偏离度"面上改善、点上欠佳"的特征明显。本研究发现，全国层面的经济—人口分布协调偏离度总体向好、持续改善，但城市的协调度在减弱。未来，推动区域协调状况的改善应更多地注重以城市为评价单元，做到"点面结合"、"以点促面"。

自新中国成立以来，"胡焕庸线"始终保持着高度的稳定性，这种稳定性不仅体现在东南半壁与西北半壁人口分布未出现大的变动上，也体现在两侧区域人口集聚的稳定关系模式上。然而，人口的非均衡分布并非意味着人口的非均衡发展，结论中提到全国人口与经济集聚协调性增强，且"胡焕庸线"两侧城市协调度存在异质性，表明该线所隐含的社会经济意义愈发重要。随着人口流动大势的减弱、人口结构的转变以及城市群等国家发展战略的推进，我国的人口分布格局将随之发生进一步演进。实现两侧区域人口数量与资源要素的相对性均衡或将成为未来我国人口发展的努力方向，由此所带来的一系列变化值得关注。

其一，在人口与经济的关系上，关注城市群的集聚。"胡焕庸线"两侧人口分布变化正在并将继续深受城市群集聚的影响。一方面，中国城市群的主体形态作用日益凸显。1982—2017 年 15 个城市群（长三角、珠三角、京津冀、中原、海峡西岸、关中平原、北部湾、哈长、长江中游、辽中南、呼包鄂榆、山东半岛、成渝、天山北坡、滇中）GDP 占比由 85.67% 上升至 87.73%，人口占比由 73.56% 上升至 75.18%，二者共同上升，反映出人口经济活动持续向城市群集中的趋势。另一方面，"胡焕庸线"东侧重要城市群和核心城市的吸附力进一步增强。从城市群来看，长三角、珠三角、京津冀三地经济—人口协调度指标 GPR（该区域人口的全国占比与该区域 GDP 的全国占比之比）由 1982 年的 1.58 上升到 2017 年的 1.66，意味着这些城市群人均收入在提高，人口吸引力在增强，其中，三地 GDP 占比由 30.46% 上升到 39.03%，人口占比由 19.32% 上升到 23.55%；从城市来看，1982 年，"胡焕庸线"西侧有若干以能源、重工业为主体的城市 GPR 大于 2（GDP 份额和人均 GDP 高），但 2017 年 GPR 大于 2 的城市进一步向"胡焕庸线"东侧以服务业为主体的北京、上海、广州、深圳等核心城市收缩。未来中国人口分布变化在很大程度上取决于"一带一路"建设西向拉力与东部城市群发展东向拉力的力量对比。

其二，在人口与土地的关系上，关注人地关系的变化。"胡焕庸线"

两侧的人地关系深刻影响人口分布，未来中国人口布局的优化依赖于城市减量发展，而非城市增量扩张。2006—2017 年，中国城市建成区面积增加了 150.57%，而城区人口仅增加了 23.09%，前者扩张速度明显快于后者。2006 年全国所有地级城市中，符合"紧凑型城市"①标准的城市占比为 41.80%。2017 年下降至 5.79%。从区域分布来看，"紧凑型城市"由"胡焕庸线"东侧的"大面积连片分布"转为"零星散点分布"。2006 年符合"紧凑型城市"标准的城市主要位于"胡焕庸线"沿线及以东，其中，沿线的"紧凑型城市"主要集中于四川、陕西、山西、河北等地，东侧的"紧凑型城市"主要集中于广东、两湖、江浙、河南、山东、安徽及辽宁省靠近渤海等地，而 2017 年，符合"紧凑型城市"标准的城市则主要集中于北京、上海、深圳等少数城市。改变土地资源在城市间一定程度的错配状况是未来优化人地关系的突破口。

其三，在人口与城市的关系上，关注城镇化的发展模式。单纯从人口空间分布上打破"胡焕庸线"这一规律其实意义不大，更重要的是要关注"胡焕庸线"两侧城镇化发展模式的选择问题。"胡焕庸线"东侧的城市可以进一步探索"紧凑型城市"连片发展模式，而其西侧的城市则因自然环境等硬约束，应以点状集聚的发展模式为宜，走出一条集约、集聚、集中的发展之路。

---

① 《国家新型城镇化规划（2014—2020 年）》提出，新型城镇化的指标包括"人均城市建设用地（平方米）小于或等于 100"。基于此标准计算，本文选取城区总人口数除以该城市建成区面积的值大于或等于 1 作为紧凑型城市的参考标准（单位：万人/平方公里）。城区总人口数等于城区人口数与城区暂住人口数之和。数据来源：《中国城市建设统计年鉴》。若涉及地市级自治州，则以其首府城市作为计算对象。

第四章 新生代农民工人力资本特征扫描

一 农民工总量变动

基于上一章的分析，我们可以得知，我国劳动力总量先升后降，2015年是拐点。从全局来看，自1978年至2018年中国劳动年龄人口总量（15—64岁）经历了一个"倒U形"的发展过程，其中，2015年是我国劳动力总量的拐点年份。我国劳动力总量由1978年的5.54亿升至2015年的峰值9.96亿，之后开始下降，2018年降至9.89亿。我国劳动力总量与印度的差距由2007年相差2.23亿已缩小到2018年的0.89亿。据联合国《世界人口展望（2017）》，到2026年前后，印度劳动力规模可能赶超我国，印度届时将取代中国成为世界劳动力第一大国。

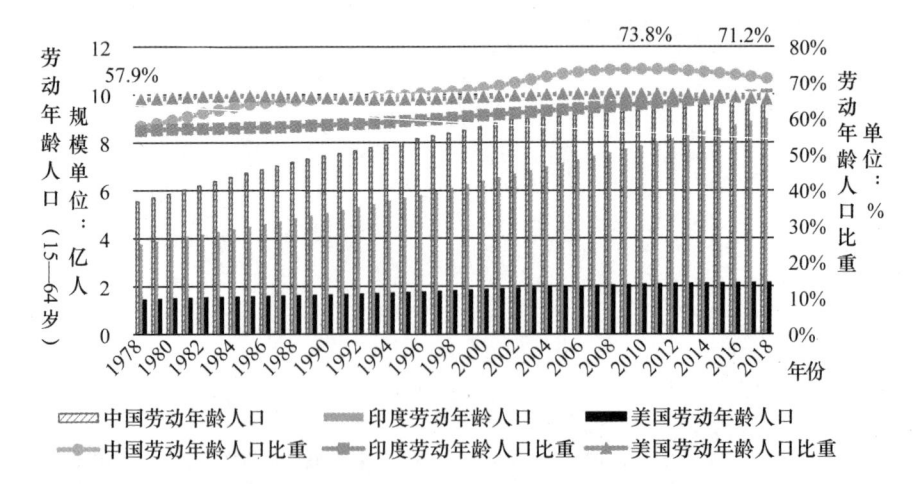

图2-18 1978—2018年中国、印度、美国劳动年龄人口规模及占比

数据来源：中国知网中国经济与社会发展统计数据库中国统计大数据分析平台（http://data.cnki.net/InternationalData/Report/807b6df3753fa86d）。

我国劳动力占比先升后降，2010年是拐点。从劳动力占总人口的比例来看，中国劳动年龄人口（15—64岁）占总人口的比重由2000年底的68.46%逐年增加至2010年底的73.75%，之后开始逐步降低至2016年底的72.18%，其中，2010年是我国劳动力占比的拐点年份。同时期的印度，其劳动年龄人口占总人口的比重逐渐增加，由2000年底的60.87%增加至2016年底的66.00%。虽然我国劳动年龄人口（15—64岁）的占比仍然高于美国和印度，但从发展趋势来看，印度劳动年龄人口的占比未来很有可能超过中国。从全世界竞争来看，自刘易斯拐点在中国2010年前后出现以后，中国劳动力规模优势和低成本优势正逐步丧失。

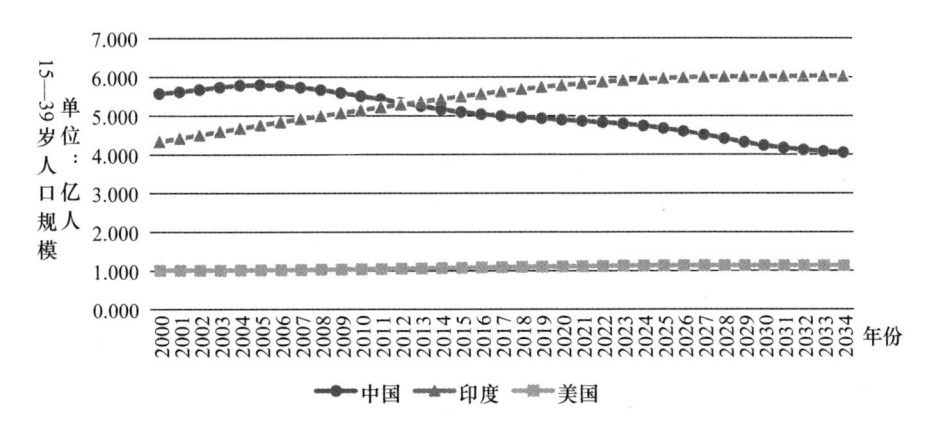

图2-19　2000—2034年中、印、美三国15—39岁新生代劳动力规模比较变化

数据来源：联合国"2017World Population Prospects"（https：//population.un.org/wpp/DataQuery/）。

新生代劳动力规模先升后降，2005年是拐点。从新生代劳动力（15—39岁）规模来看，根据联合国2017"World Population Prospects"数据分析预测，中国新生代劳动力规模自2000年底5.58亿人先缓慢增加至2005年底的5.80亿人后，逐年降低至2034年的4.05亿人。2000年至2034年，中国新生代劳动力规模减少1.53亿人，而同时期印度的新生代劳动力规模则增加1.69亿人，美国增加0.12亿人。值得注意的是，中国在2013年之后，新生代劳动力规模开始低于同时期的印度指标。与此同时，中国新生代劳动力性别比从2000年的105攀升至2034年的115。对比同时期的印度，其从 2000 年的 108 攀升至 2034 年的 111，同时期的美国从 2000 年的 104 下降至 2034 年的 103。由此可见，中国劳动力总量依然巨大，但劳动力占比在下降，新生代劳动力规模也在下降，新生代劳动力性别比在提高，男性所占比例越来越多。

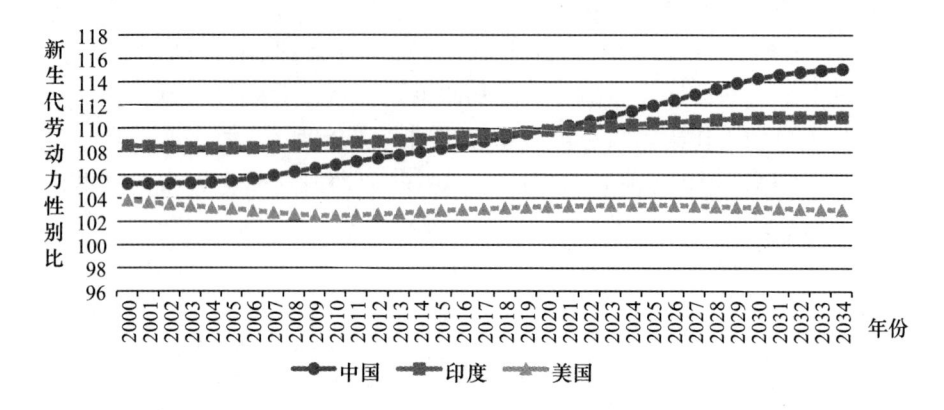

图 2-20　2000—2034 年中、印、美三国 15—39 岁新生代劳动力性别比对比

数据来源：联合国 "2017World Population Prospects"（https://population.un.org/wpp/DataQuery/）。

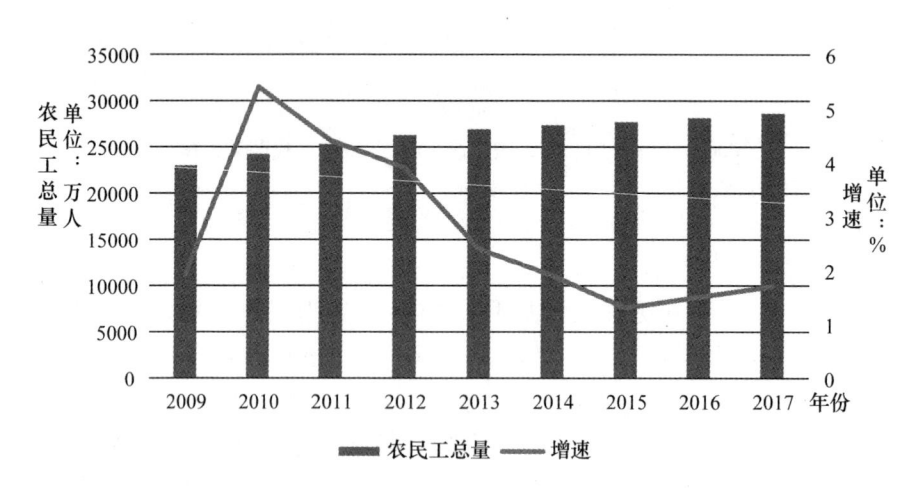

图 2-21　2009—2017 年我国农民工总量及增速变化

数据来源：国家统计局 2009—2017 年《农民工监测调查报告》。

我国农民工总量保持稳定增长，大约 2.3 亿—2.8 亿。国家统计局抽样调查数据显示，从 2009 年至 2016 年，我国农民工总量由 22978 万人增加到 28652 万人，8 年间共增 5674 万人，年均增长 709.25 万人；从年增速来看，2009 年至 2015 年间我国农民工总量增速整体呈下降趋势，2016 年有所回升，2017 年继续上扬，2017 年增速比 2016 年再提高 0.2 个百分点。①

新生代农民工总量攀升且在农民工中的占比过半，但 21—30 岁组占比逐年下降。从 1980 年及以后出生的新生代农民工总量来看，2013 年至 2017 年间，我国新生代农民工总量由 1.25 亿人稳步增加到 1.45 亿人，四年间共增加 1936 万人，年均增加约 484 万人；年均增速最快的是 2015 年，为 4.6%，之后开始下降，2017 年与 2016 年相比，其年均增速降至 3.6%。从新生代农民工数量占我国农民工总量的比例来看，2013 年至 2017 年间，我国新生代农民工占比由 46.6% 上升到 50.5%，并在 2017 年此占比首次过半。然而，值得注意的是，新生代农民工中 21—30 岁组的主体人群占农民工总量的比例逐年下降，由 2013 年的 30.8% 下降至 2017 年的 27.3%，下降了 3.5 个百分点，而 21—30 岁组新生代农民工数量占新生代农民工总量的比例则进一步由 2013 年的 66.1% 下降至 2017 年的 54.1%，下降了 12 个百分点。

表 2—6　　我国新生代农民工总量及占农民工总量的比例变化

	2013 年	2014 年	2015 年	2016 年	2017 年
总量（亿人）	1.25	1.29	1.35	1.4	1.45
占比（%）	46.6	47	48.5	49.7	50.5
21—30 岁组总量（万人）	8283	8273	8102	8057	7822
21—30 岁组占新生代农民工总量的比例（%）	66.1	64.3	60.2	57.6	54.1

数据来源：根据 2013—2017 年国家统计局公布的《农民工监测调查报告》整理而成。

---

① 中华人民共和国国家统计局：《2017 年农民工监测调查报告》。

二 新生代农民工人力资本的基本判断

（一）教育程度

1. 初中以上学历为主体，大专以上占比明显高于老一代农民工

据国家统计局2013年数据显示①，在新生代农民工中，小学及以下文化程度仅占6.1%，远低于老一代农民工18.6个百分点；初中文化程度占60.6%②，与老一代农民工61.2%的占比相差不大；高中及中专占比为20.5%，高于老一代农民工8.2个百分点；大专及以上文化程度者占12.8%③，远高于老一代农民工11个百分点。由此可见，受教育程度逐步提高是我国新生代农民工的主要特点。

2016年的原国家卫计委流动人口监测调查数据显示，我国新生代农民工大专及以上学历劳动力占比逐年增加，但初中以下学历仍占半壁江山，其中，小学及以下、初中、高中及中专、大专及以上的比例分别为5.5%、51.6%、27.5%和15.4%④，特别是大学本科以上学历的新生代农民工占新生代农民工总数的比重逐年增加，由2013年的2.08%逐年增加至2016年的4.59%⑤，高出2016年老一代农民工同等指标，且在这几年中，新生代农民工该指标均高于所有农民工和老一代农民工的占比。与此同时，脑力劳动新生代农民工占新生代农民工总数的比重也由2013年的19.2%逐年增加至2016年的22.0%，高出2016年老一代农民工相应指标。不过在这几年中，新生代农民工脑力劳动占比均低于所有农民工和老一代农民工的占比。

从2016年本课题组调查数据来看，我国新生代农民工具有初中学历

---

① 最新的《2017年农民工监测调查报告》未公布新生代农民工的学历情况。这一调查最早可追溯的此指标年份为2013年。因此，本书仅能展示此调查2013年新生代农民工不同受教育程度的比例状况。

② 国家统计局：《2013年全国农民工监测调查报告》（http://www.stats.gov.cn/tjsj/zxfb/201405/t20140512_551585.html）。

③ 国家统计局：《2013年全国农民工监测调查报告》（http://www.stats.gov.cn/tjsj/zxfb/201405/t20140512_551585.html）。

④ 国家统计局：《2016年农民工监测调查报告》（http://www.stats.gov.cn/tjsj/zxfb/201704/t20170428_1489334.html）。

⑤ 国家统计局：《2016年农民工监测调查报告》（http://www.stats.gov.cn/tjsj/zxfb/201704/t20170428_1489334.html）。

的占比为56%。在被调查的925名新生代农民工中,小学及以下学历、初中学历、高中及中专学历、大专及以上学历者分别占总调查人数的3.6%、56.0%、18.5%和21.9%,与2016年原国家卫计委流动人口监测调查数据的学历分布比较相似。由此可见,若按受教育程度由低到高排序,我国老一代农民工受教育程度呈现"两端小、中间大"的椭圆形结构,即小学及以下和大专及以上文化程度占比少、初中和高中及中专文化程度占比高的特点,而我国新生代农民工受教育程度的椭圆形结构逐步"钝化",即呈现"水平的水滴形"的发展趋势。

表2-7 不同调查中的新生代和老一代农民工受教育程度构成 （单位:%）

	2013年国家统计局调查		2016年原国家卫计委调查	2016年本课题调查
	老一代农民工	新生代农民工	新生代农民工	新生代农民工
小学及以下	24.7	6.1	5.5	3.6
初中	61.2	60.6	51.6	56.0
高中及中专	12.3	20.5	27.5	18.5
大专及以上	1.8	12.8	15.4	21.9
合计	100.0	100.0	100.0	100.0

数据来源:国家统计局:《2013年全国农民工监测报告》。

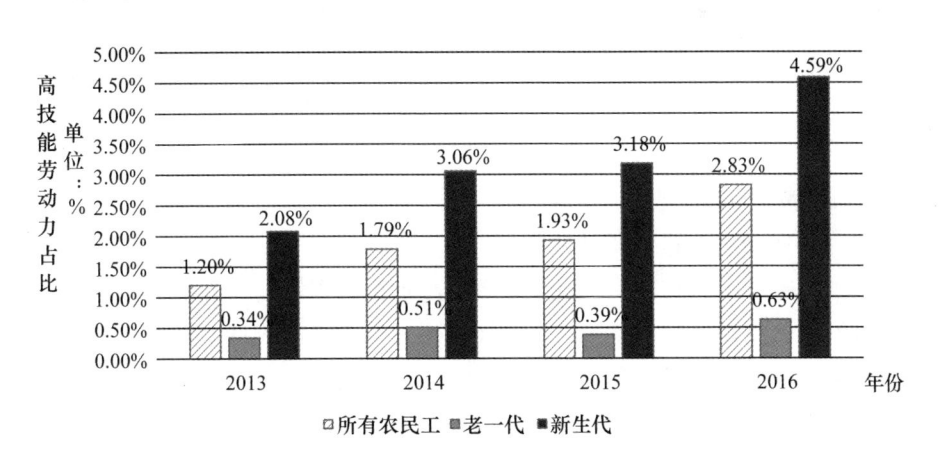

图2-22 2013—2016年大学本科以上学历的农民工比例

数据来源:2013—2016年全国流动人口动态监测数据。

注:所有农民工包括户口性质为农业和农业转居民的所有调查的流动人口;新生代农民工指1980年以后出生的农民工;老一代农民工指1980年以前出生的农民工。

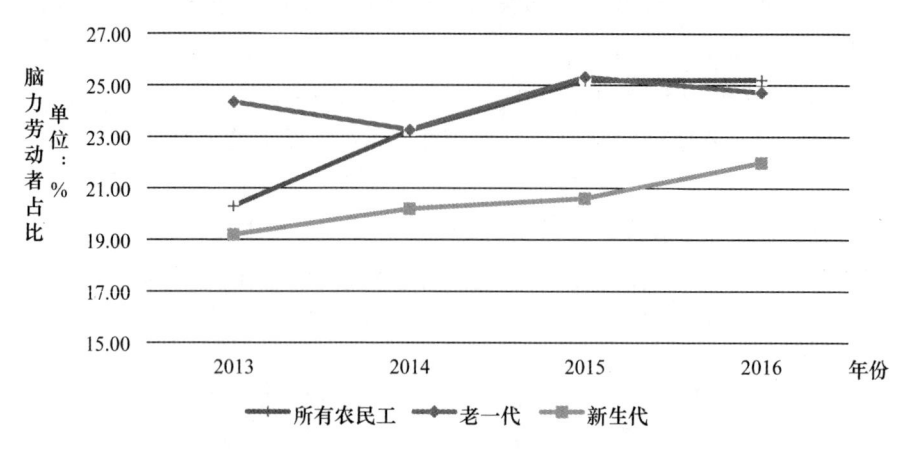

图 2-23　2013—2016 年所有农民工、老一代农民工、
新生代农民工脑力劳动者的占比

数据来源：原国家卫计委 2013—2016 年全国流动人口动态监测数据。

注：1. 脑力劳动者包括国家机关、党群组织、企事业单位负责人；专业技术人员；公务员、办事人员和有关人员；经商。体力劳动者包括商贩；餐饮；家政；保洁；保安；装修；快递其他商业、服务业人员；农林牧渔、水利业生产人员；生产；运输；建筑；其他生产、运输设备操作人员及有关人员；无固定职业。分类是根据定义自我判断分的，问卷设计只有职业条目。定义来源：https://baike.baidu.com/item/体力劳动者，https://baike.baidu.com/item/脑力劳动者/9692347。

2. 所有农民工包括户口性质为农业和农业转居民的所有调查的流动人口；新生代农民工指 1980 年及以后出生的农民工；老一代农民工指 1980 年以前出生的农民工。

2. 教育程度的列联表检验

（1）受教育程度与年龄的相关性

年轻者学历更高。本课题调查数据显示，采用等级相关检验，教育程度与年龄之间存在相关关系，显著性水平 P 值等于 0.000。课题组调查数据显示，在 24 岁及以下组中，大专及以上学历的比例为 39.4%，而 33—36 岁组，该指标仅为 3.0%，不同年龄组的学历比例在统计上存在显著差异。从助力国家发展的角度来看，这种差异恰恰反映出一种良好的发展态势，即说明更为年轻的新生代农民工正在接受越来越好的教育，受教育程度在逐步提高，这对于国家层面的产业升级、企业层面的市场竞争以及个人层面的职业发展来说，都提供了更为优质的教育根基。

表 2-8　　　　　新生代农民工文化程度与年龄的列联表分析

		24 岁及以下	25—28 岁	29—32 岁	33—36 岁
初中及以下	数量（人）	53	227	162	109
	比例（%）	29.4	55.8	79.8	80.7
高中及中专	数量（人）	56	70	23	22
	比例（%）	31.1	17.2	11.3	16.3
大专及以上	数量（人）	71	110	18	4
	比例（%）	39.4	27.0	8.9	3.0
合计	数量（人）	180	407	203	135
	比例（%）	100.0	100.0	100.0	100.0

数据来源：2016 年 1 月本课题抽样调查数据。

注：样本量 N=925。

（2）受教育程度与性别的相关性

男性平均受教育程度高于女性。本课题调查数据显示，采用卡方检验，性别与教育程度之间存在相关关系，卡方值 = 19.731，P 值等于 0.001。数据显示，男性比女性的学历层次更高；在初中及以下学历者中，女性占比较高，这种相关性在统计上是显著的。我国大量的已有学术研究

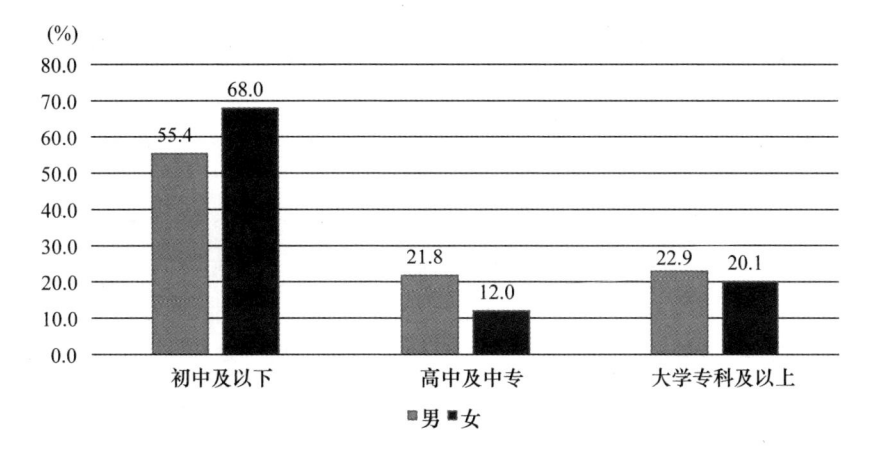

图 2-24　新生代农民工受教育程度的分性别状况

数据来源：2016 年 1 月本课题抽样调查数据。

注：1. 占比的数据为该性别下该学历的新生代农民工所占的比例，如第一列占比为在男性新生代农民工群体中，初中及以上新生代农民工占的比例。

2. 显著性水平 P 值（Sig. 值）为 0.001。

已经表明，在中国传统文化以及当前环境的综合影响下，男性在获得更多的教育机会、掌握更为优质的教育资源等方面依然具有一定的优势，这种优势在我国农村地区、在多子女的家庭中表现得更为明显。总体来看，新生代农民工在受教育程度上的性别差异，其实是整个社会不同群体之间差异的一个缩影，并不是新生代农民工所具有的独特特性。

（3）受教育程度与兄弟姐妹情况的相关性

独生子女平均受教育程度更高。在2016年本课题调查数据中，约三分之一（34.2%）的新生代农民工为独生子女，近三分之二（65.8%）的被访者出生在有兄弟姐妹的家庭里。基于新生代农民工文化程度与有无兄弟姐妹情况的交互分析后发现，卡方检验的P值（Sig.值）小于0.05，两者的相关性在统计上是显著的。总体来看，在高中及以上学历的被访者中，独生子女相应学历所占的比例要高于有兄弟姐妹者。例如，在独生子女中，大专学历者占所有独生子女的比例为8.9%，而在有兄弟姐妹的被访者中，这一比例为7.1%；与此类似，在独生子女中，高中及中专学历者占所有独生子女的比例为22.8%，而在有兄弟姐妹的被访者中，这一比例为16.3%。因此，我们可以初步判断，家庭规模、家庭结构及家庭收入状况等家庭资源禀赋条件可能交织在一起，综合影响着新生代农民工的受教育状况。通常地，在家庭经济状况有限的情况下，家庭对于子女的教育投入会随着子女数的增加而降低，特别是在我国的农村地区。比如，

表2-9　　　　　新生代农民工的文化程度与有无兄弟姐妹
情况的列联表分析　　　　　　　　（单位：人，%）

			未上学	小学	初中	高中及中专	大学专科	大学本科及以上	合计
有无兄弟姐妹情况	有兄弟姐妹	频数	6	14	371	99	43	76	609
		百分比	1.0	2.3	60.9	16.3	7.1	12.5	100.0
	无兄弟姐妹	频数	3	10	147	72	28	56	316
		百分比	0.9	3.2	46.5	22.8	8.9	17.7	100.0
合计		频数	9	24	518	171	71	132	925
		百分比	1.0	2.6	56.0	18.5	7.7	14.2	100.0

数据来源：2016年1月本课题抽样调查数据。

注：显著性水平P值（Sig.值）为0.003。

有研究表明,在我国农村地区,出生越晚的子女,其受教育程度平均值就越高,而且男孩明显高于女孩。[1]

(4) 受教育程度与婚姻状况的相关性

大专及以上学历者未婚比例高。基于本课题调查数据,采用卡方检验,教育程度与婚姻状况之间存在相关关系,卡方=100.327,P 值小于 0.001。本次调查数据显示,在未婚、已婚、离异及丧偶几种婚姻状态中,初中及以下学历占比逐渐增加,而在未婚、已婚、离异及丧偶几种婚姻状态中,未婚状况的大专及以上学历者比例更高。分析原因可能是:相比已婚和离异丧偶的新生代农民工而言,未婚的新生代农民工更有时间去完成学业。在本课题调查数据中,整体来讲,未婚者的平均年龄要低于已婚者,两者存在显著的统计差异(Sig. = 0.000),其中,未婚者的平均年龄为 25.7 岁,而已婚者的平均年龄为 30.1 岁,年龄上的优势也是促进受教育程度提高的积极因素。

表 2-10　　　　新生代农民工婚姻状况与教育状况交互表

	未婚		已婚		离异及丧偶		合计	
	数量(个)	占比(%)	数量(个)	占比(%)	数量(个)	占比(%)	数量(个)	占比(%)
初中及以下	239	43.4	301	54.6	11	2	551	100.0
高中及中专	97	56.7	74	43.3	0	0	171	100.0
大专及以上	152	74.9	50	24.6	1	0.5	203	100.0

数据来源:2016 年 1 月本课题抽样调查数据。

(5) 受教育程度与迁移城市数的相关性

学历越高者的工作越趋于稳定。基于本课题调查数据,采用卡方检验,迁移流动情况与教育程度之间存在显著的相关关系。卡方值等于 64.518,P 值小于 0.001。数据显示,学历偏低的新生代农民工,更倾向于不断地迁移流动,其迁移流动的城市数量更多。分析原因可能有两点交互影响:其一,可能是因为学历偏低的新生代农民工一般并没有签订长期

---

[1] 罗凯、周黎安:《子女出生顺序和性别差异对教育人力资本的影响——一个基于家庭经济学视角的分析》,《经济科学》2010 年第 3 期。

的合同，迁移流动情况增加；其二，可能是因为迁移流动的增加，使得新生代农民工没有太多的时间与精力提高教育水平。

表2-11　　新生代农民工迁移流动情况与教育状况交互表

	待过1个城市		待过2个城市		待过3个以上城市		合计	
	数量(个)	占比(%)	数量(个)	占比(%)	数量(个)	占比(%)	数量(个)	占比(%)
初中及以下	268	49.0	197	36.0	82	15.0	547	100.0
高中及中专	99	57.9	50	29.2	22	12.9	171	100.0
大专及以上	154	76.2	36	17.8	12	5.9	202	100.0
合计	521	56.3	283	30.6	116	12.6	925	100.0

数据来源：2016年1月本课题抽样调查数据。

（6）受教育程度与收入状况的相关性

月均收入突破4000元。基于2013—2016年原国家卫计委全国流动人口动态监测数据，新生代农民工平均月收入逐年增加，从2013年的3180.76元逐年增加至2016年的4322.13元。2016年本课题调查的数据显示，新生代农民工月平均收入为4151.0元，收入的中位数为4000元。然而，从原国家卫计委全国流动人口动态监测近四年的数据来看，新生代农民工"五一"节前一周没有做过一小时以上有收入的工作的比例呈现波动性增加态势，从2013年的12.4%增至2014年的18.4%后，降低到2015年的12.7%，最后又上升至2016年的15.1%。奥肯定律显示，GDP变动和失业率变动之间具有明显的相关关系，即失业率每下降1个百分点，GDP大约增加2%。① 因此，新生代农民工略微增加的短期内未工作状态可能会对国民经济发展产生一定的不利影响。

学历高者的收入较高。基于2016年本课题调查数据发现，采用卡方检验，新生代农民工个人每月收入与教育程度之间存在显著的相关关系，卡方值等于30.067，P值等于0.001。数据显示，在低收入者和较高收入者中，初中及以下学历者占比较高。分析原因可能是因为学历高低深刻影响着新生代农民工的工作分工所致。

---

① 高鸿业：《西方经济学（宏观部分·第七版）》，中国人民大学出版社2018年版，第470页。

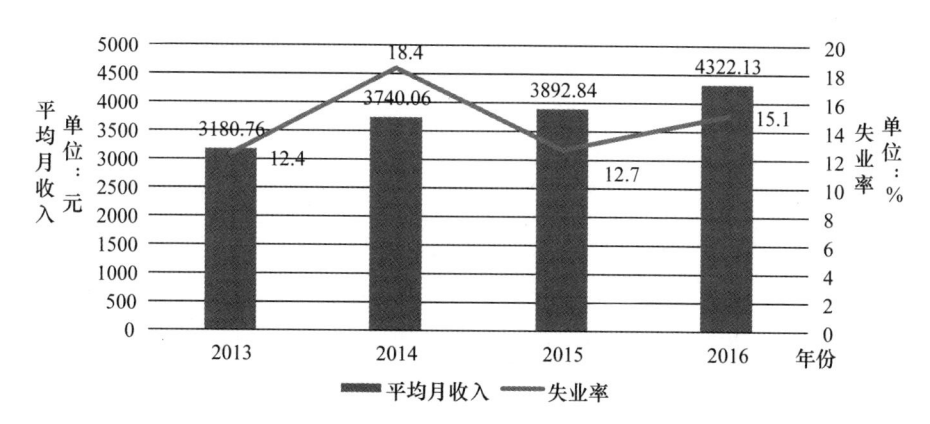

图 2-25　2013—2016 年新生代农民工平均月收入与失业率比较变化图

数据来源：2013—2016 年全国流动人口动态监测数据。

注：平均月收入为个人上个月或上次就业纯收入。失业状况为调查之前一周是否做过一小时以上有收入的工作。失业率为存在失业状况的新生代农民工占新生代农民工总数的百分比。

表 2-12　　　　　　新生代农民工每月收入与教育状况交互表

	3000 元以下		3000—5000 元		5000 元及以上		合计	
	数量(个)	占比(%)	数量(个)	占比(%)	数量(个)	占比(%)	数量(个)	占比(%)
初中及以下	139	25.3	324	58.9	87	15.8	550	100.0
高中及中专	69	40.6	80	47.1	21	12.4	170	100.0
大专及以上	69	34.0	100	49.3	34	16.7	203	100.0

数据来源：2016 年 1 月本课题抽样调查数据。

高学历者的收入具有明显的后发优势。基于 2016 年本课题调查数据发现，采用方差分析，新生代农民工个人不同年龄组的收入均值之间、不同年龄组分性别的收入均值之间、不同年龄组分不同教育程度的收入均值之间均存在显著差异，并表现出具有一定规律性的变化特点。不同年龄组新生代农民工收入分布呈现"倒 U 形"分布，最高值出现在 31—32 岁之间，之前随着年龄的增加收入增加，之后随着年龄的增加收入有所回落，其中，男性的收入在 31—32 岁前后达到最高值，而女性在 27—28 岁前后达到峰值，比男性要早。从受教育程度来看，初中学历者不同年龄组收入增长空间相当有限，高中及中专学历者不同年龄组收入状况呈现在波动中微升的态势，而大专及以上学历者不同年龄组收入状况则表现出不断上升的"开区间"发展趋势。可见，学历提高对于新生代农民工收入的提升具有明显的后发优势。

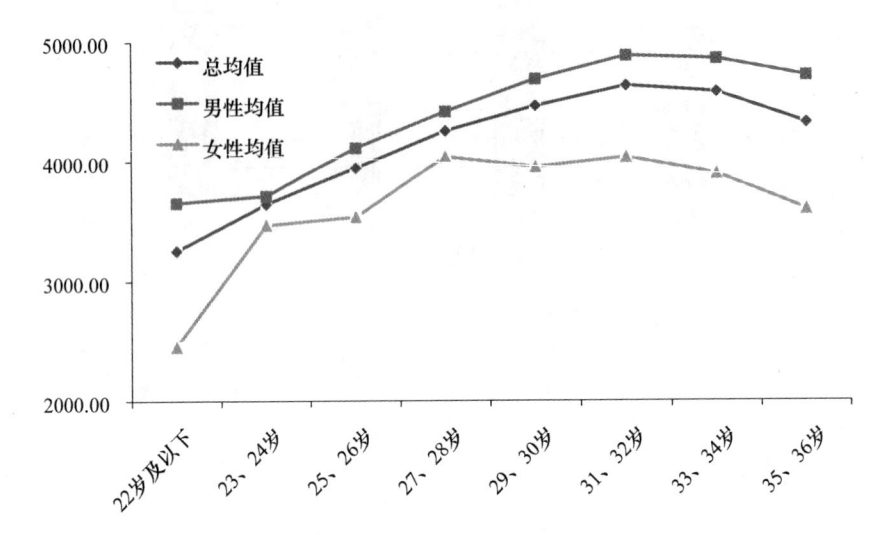

图 2-26 不同年龄组新生代农民工分性别的收入差异（单位：元）

数据来源：2016 年 1 月本课题抽样调查数据。

表 2-13 不同年龄组新生代农民工分性别的收入差异及样本量 （单位：元、人）

年龄组	总均值	样本量	男性均值	样本量	女性均值	样本量
22 岁及以下	3254.39	57	3655.26	38	2452.63	19
23 和 24 岁	3643.60	123	3713.10	88	3468.86	35
25 和 26 岁	3945.43	168	4114.13	119	3535.71	49
27 和 28 岁	4255.36	238	4416.76	136	4040.15	102
29 和 30 岁	4463.24	108	4687.07	75	3954.55	33
31 和 32 岁	4632.21	95	4881.49	67	4035.71	28
33 和 34 岁	4581.25	80	4856.14	57	3900.00	23
35 和 36 岁	4324.07	54	4717.14	35	3600.00	19
总计	4150.99	923	4351.88	615	3749.85	308

数据来源：2016 年 1 月本课题抽样调查数据。

注：合计组不同年龄组的收入差异 P 值等于 0.000，男性组不同年龄组的收入差异 P 值等于 0.000，女性组不同年龄组的收入差异 P 值等于 0.000。

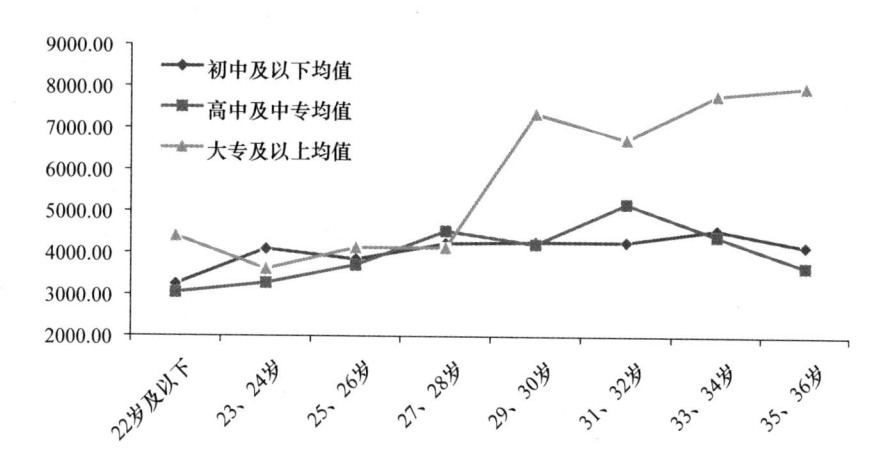

第四章　新生代农民工人力资本特征扫描　91

图 2-27　不同年龄组新生代农民工分学历的收入差异（单位：元）

数据来源：2016年1月本课题抽样调查数据。

表 2-14　　　　不同年龄组新生代农民工分学历的收入差异　　（单位：元、人）

年龄组	初中及以下收入均值	样本量	高中及中专收入均值	样本量	大专及以上收入均值	样本量
22岁及以下	3248.00	25	3048.15	27	4400.00	5
23、24岁	4094.39	28	3279.31	29	3612.42	66
25、26岁	3851.02	49	3712.20	41	4127.33	78
27、28岁	4232.94	177	4532.59	29	4128.13	32
29、30岁	4270.12	86	4220.00	15	7357.14	7
31、32岁	4269.21	76	5187.50	8	6736.36	11
33、34岁	4567.69	65	4414.29	14	7800.00	1
35、36岁	4175.00	44	3685.71	7	8000.00	3
总计	4192.84	550	3843.79	170	4294.84	203

数据来源：2016年1月本课题抽样调查数据。

注：初中及以下组不同年龄组的收入差异P值等于0.006，高中及中专组不同年龄组的收入差异P值等于0.002，大专及以上组不同年龄组的收入差异P值等于0.000。

（二）职业技能

1. 约三成接受过技能培训，近八成愿意接受技能培训

三成农民工接受过技能培训，新生代农民工接受非农技能培训的比例高于老一代农民工。2014年国家统计局农民工调查数据显示，在所有农

民工中，接受过技能培训、非农职业技能培训、农业技能培训的比例分别为 34.8%、32% 和 9.5%[①]。在所有年龄组的农民工中，21—30 岁年龄组农民工接受非农职业技能培训的比例最高，远高于 50 岁及以上年龄组农民工，而 30 岁以下年龄组农民工接受农业技能培训的比例是最低的，远低于 50 岁及以上年龄组的农民工。可见，新生代农民工职业技能培训"非农化倾向"明显，这与他们的就业领域及其就业期望密切相关。

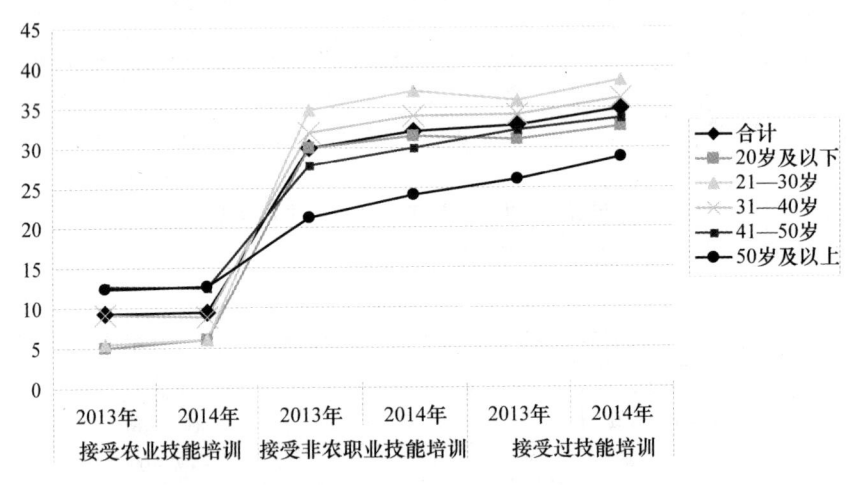

图 2-28　接受过技能培训的农民工比例（单位:%）

数据来源：国家统计局，《2014 年农民工监测调查报告》。

新生代农民工参加过职业技能培训、获得过职业技术资格证书、愿意到紧缺型行业就业的比例均约三成。2016 年本课题调查数据显示，在 925 位新生代农民工之中，28.9% 的被访者参加过职业技能培训；26.3% 的被访者拥有职业技术资格证。在具有职业技术证书的被访者中，具有高级职业技能证书的比例仅为 10.3%；当被问及"是否愿意从事当前技术人才紧缺型行业"的态度时，32.8% 的被访者表示"愿意"。当被问到"如果到技术人才紧缺行业就业时需要哪方面的帮助"时，"企业免费提供培训"、"职业未来有上升空间"和"专业对口"是三大帮助需求，而"专业不对口"、"学历跟不上"和"没时间参加培训"则是新生代农民工自认为不愿意从事技术人才紧缺行业的三大阻力。

---

① 中华人民共和国国家统计局：《2014 年农民工监测调查报告》。

新生代农民工职业技能培训具有一定的选择性，高频受训者不足总数的 6%。在 267 名接受过职业技能培训的新生代农民工之中，62.1% 的新生代农民工参加过两次及以上次数的技能培训，约五分之一（20.2%）的受训者接受过四次及以上的培训。也就是说，新生代农民工出现了两极分化的现象，一方面绝大多数人没有参加过培训，既可能是客观原因所致，但也不排除主观排斥的可能；另一方面，一小部分高频受训者（四次及以上者）可能从培训中受过益或者所在单位重视培训等因素，不断地参与培训，其人力资本自然也得以进一步积累。通过本课题调查数据的估算，高频受训者占新生代农民工受访者的比例为 5.8% 左右。此外，从本课题调查数据来看，培训的主办方主要是"本工作单位"，占比为 66.5%；培训费用的主要付费方也是本工作单位，占比为 64.0%；培训的内容主要集中在包括装饰装潢、建筑施工、电子商务等在内的技能培训（占比为 45.3%）、职业安全知识培训（占比为 25.1%）和包括沟通能力、品德纪律等在内的素质培训（占比为 18.3%）三大类；一个月以内的短期培训是新生代农民工受训的主要时长；仅有约半数受训者（46.4%）在培训以后获得了培训的资格证书。

表 2-15　　　　　新生代农民工参加职业技能培训情况

	频数（人）	百分比（%）
参加过职业技能培训	267	28.9
未参加过职业技能培训	658	71.1
总计	925	100.0

数据来源：2016 年 1 月本课题抽样调查数据。

表 2-16　　　　　新生代农民工参加职业技能培训的次数

	频数（人）	有效百分比（%）
一次	99	37.1
两次	81	30.3
三次	31	11.6
四次及以上	54	20.2
系统缺失	2	0.8
总计	267	100.0

数据来源：2016 年 1 月本课题调查数据。

表2-17　　　　　　新生代农民工参加培训的培训时长比较

频数和百分比 培训的时长	频数（人）	有效百分比（%）
一个月以内	185	69.3
1—3个月	48	18.0
4—6个月	18	6.7
6个月以上	11	4.1
系统缺失	5	1.9
总计	267	100.0

数据来源：2016年1月本课题抽样调查数据。

表2-18　　　　　　　　具有职业技能证书的情况

	频数（人）	百分比（%）
具有职业技能证书	243	26.3
其中：初级	134	55.1
中级	84	34.6
高级	25	10.3
小计	243	100.0
不具有职业技能证书	682	73.7
总计	925	100.0

数据来源：2016年1月本课题调查数据。

表2-19　　　　　　职业技能培训后颁发合格证书情况

	频数（人）	百分比（%）
培训后颁发合格证书	124	46.4
培训后未颁发合格证书	139	52.1
系统缺失	4	1.5
总计	267	100.0

数据来源：2016年1月本课题调查数据。

2. 职业技能的列联表检验

（1）职业技能培训与婚姻状况的相关性

已婚者参加过职业培训的比例更高。基于2016年本课题调查数据，采用卡方检验，婚姻状况与是否参加过职业培训之间存在相关关系，P值等于0.011。结果显示,已婚者参加过职业培训的比例为32.7%,而非已婚者的比例则为25.6%,前者高于后者。分析原因可能是因为已婚者拥有更稳固的就业环境,更愿意参与职业技术培训所致。

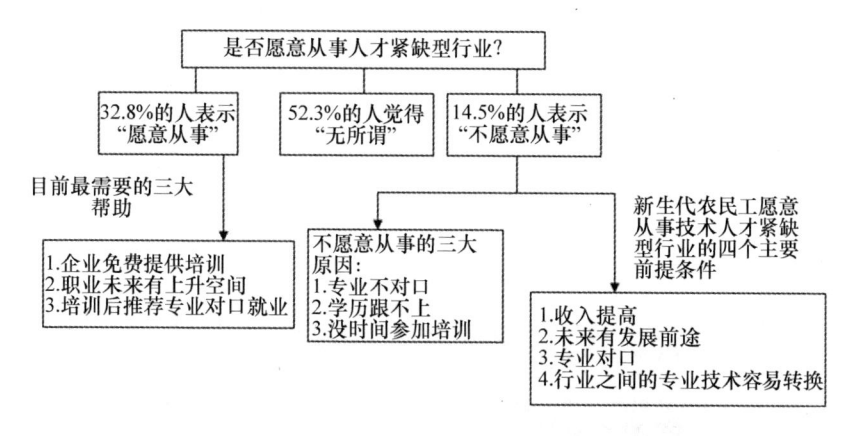

图2-29　新生代农民工对从事人才紧缺型行业的态度

数据来源:2016年1月本课题调查数据。

表2-20　婚姻状况与是否参加过职业培训的交互表

	非已婚		已婚	
	数量(个)	占比(%)	数量(个)	占比(%)
有职业技术资格证	128	25.6	139	32.7
无职业技术资格证	372	74.4	286	67.3
合计	500	100.0	425	100.0

数据来源:2016年1月本课题抽样调查数据。

(2)职业技能培训与受教育程度的相关性

学历高者参与职业技能培训的积极性越高。基于2016年本课题调查数据,采用卡方检验,"职业技能培训参加与否"、"有无职业技能培训证书"、"参加职业培训有无必要"三个问题都与文化程度之间均存在显著的相关关系。结果显示,文化程度高的新生代农民工,接受职业技能培训的比例越高,拥有职业技能培训证书的比例也越高,而且越觉得参加职业技能培训是必要的。分析原因可能是因为文化程度高的新生代农民工更具有学习意识和前瞻性,更懂得技能人力资本投资的价值。

表2-21　　　　　是否参加过职业技能培训与学历的交互表

	初中及以下		高中及中专		大专及以上	
	数量（个）	占比（%）	数量（个）	占比（%）	数量（个）	占比（%）
参加职业技能培训	138	25.0	58	33.9	71	35.0
未参加职业技能培训	413	75.0	113	66.1	132	65.0
合计	551	100.0	171	100.0	203	100.0

数据来源：2016年1月本课题抽样调查数据。

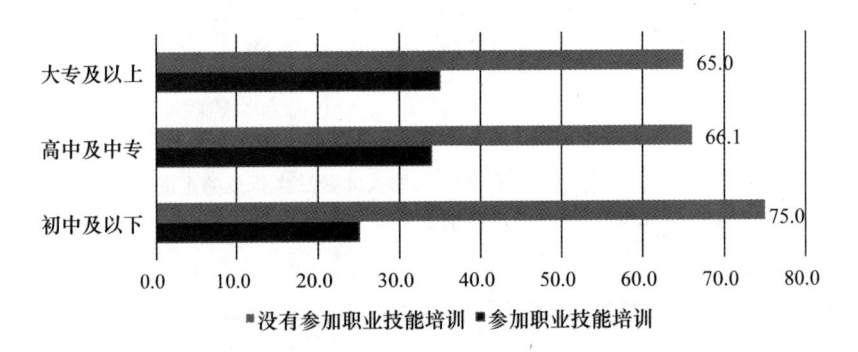

图2-30　接受过技能培训与学历的关系图（单位:%）

数据来源：2016年1月本课题抽样调查数据。

注：显著性水平P值（Sig.值）为0.008。

表2-22　　　　　有无职业技术资格证与学历的交互表

	初中及以下		高中及中专		大专及以上	
	数量（个）	占比（%）	数量（个）	占比（%）	数量（个）	占比（%）
有职业技术资格证	92	16.7	66	38.6	45	27.6
无职业技术资格证	459	83.3	105	61.4	118	72.4
合计	551	100.0	171	100.0	163	100.0

数据来源：2016年1月本课题抽样调查数据。

注：占比的数据为该学历的新生代农民工所占的比例，如第一个占比为在初中及以下学历的新生代农民工群体中，有职业技术资格证的新生代农民工所占的比例。

第四章 新生代农民工人力资本特征扫描

图中数据：
- 大专及以上：72.4
- 高中及中专：61.4
- 初中及以下：83.3

横轴：0.0 10.0 20.0 30.0 40.0 50.0 60.0 70.0 80.0 90.0

图例：■无职业技术资格证　■有职业技术资格证

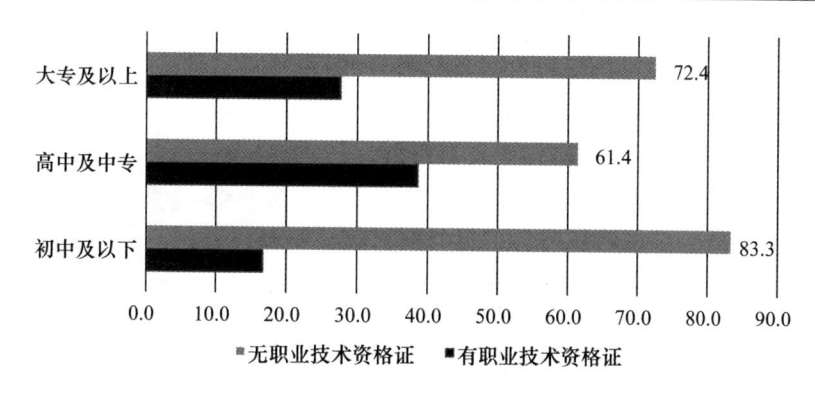

图 2-31　有无职业技术资格证与学历之间的关系图（单位：%）

数据来源：2016 年 1 月本课题抽样调查数据。

表 2-23　　　　　参加职业培训必要性与学历的交互表

	初中及以下		高中及中专		大专及以上	
	数量（个）	占比（%）	数量（个）	占比（%）	数量（个）	占比（%）
职业技术培训有必要	389	70.9	151	88.3	187	92.6
职业技术培训无必要	160	29.1	20	11.7	15	7.4
合计	549	100.0	171	100.0	202	100.0

数据来源：2016 年 1 月本课题抽样调查数据。

注：显著性水平 P 值（Sig. 值）为 0.000。

（3）职业技能培训与性别的相关性

男性培训参与度更高。基于 2016 年本课题调查数据，采用卡方检验，职业技术培训参与情况和性别之间存在相关关系，卡方值等于 4.119，P 值等于 0.025。数据结果显示，男性比女性参加职业技能培训的比例、拥有职业技能培训证书的比例相对较多，这也许是男女性别的社会分工不同所导致的一种差异。

表 2-24　　　　　性别与职业技能培训参与情况的交互表

	男		女	
	数量（个）	占比（%）	数量（个）	占比（%）
参加职业技能培训	191	31.0	76	24.6
未参加职业技能培训	425	69.0	233	75.4

数据来源：2016 年 1 月本课题抽样调查数据。

注：占比的数据为该性别下新生代农民工所占的比例，如第一个占比为在男性新生代农民工群体中，参加职业技能培训的新生代农民工所占的比例。

98　第二篇　总体状况

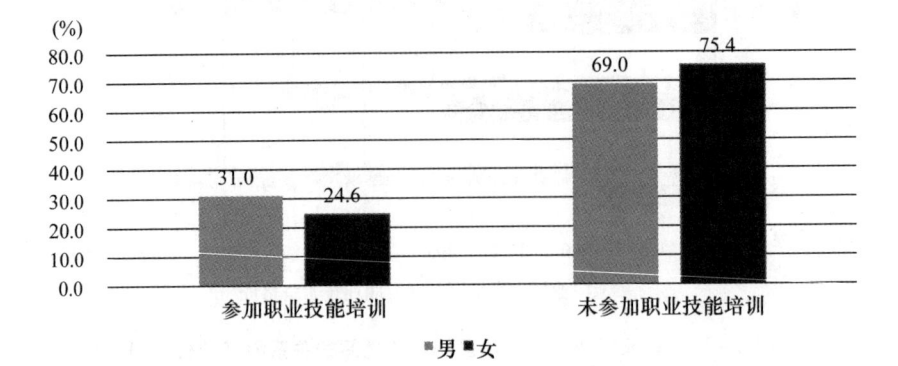

图 2-32　性别与是否参加职业技能培训的交互图（单位:%）

数据来源：2016 年 1 月本课题抽样调查数据。

表 2-25　　　　　　　性别与是否拥有职业技术资格证的交互表

	男 数量（个）	男 占比（%）	女 数量（个）	女 占比（%）
有职业技术资格证	174	28.2	69	22.3
无职业技术资格证	442	71.8	240	77.7

数据来源：2016 年 1 月本课题抽样调查数据。

注：占比的数据为该性别下的新生代农民工所占的比例，如第一个占比为在男性新生代农民工群体中，有职业技术资格证的新生代农民工所占的比例。

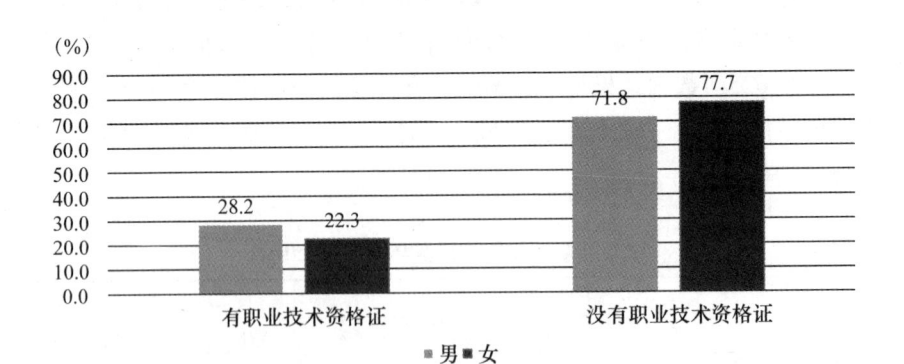

图 2-33　性别与有无职业技术资格证关系图（单位:%）

数据来源：2016 年 1 月本课题抽样调查数据。

(4) 职业技能培训与迁移城市数的交互

参加过职业培训者的流动性更强。基于 2016 年本课题调查数据，采用卡方检验，有无职业技术资格证与迁移史之间存在相关关系，卡方值等于 27.004，P 值小于 0.001。调查数据结果显示，随着迁移城市数量的增加，参加职业技能培训的人数增加。分析原因可能是因为迁移城市越多，换的工作可能也就越多，因此，参加职业技能培训的次数也许就越多。

表 2-26　　　　　　　培训情况随迁移史变化的交叉表

	待过 1 个城市		待过 2 个城市		待过 3 个以上城市		合计	
	数量（个）	占比（%）	数量（个）	占比（%）	数量（个）	占比（%）	数量（个）	占比（%）
参加职业技能培训	132	49.8	87	32.8	46	17.4	265	100.0
未参加职业技能培训	389	59.4	196	29.9	70	10.7	655	100.0

数据来源：2016 年 1 月本课题抽样调查数据。

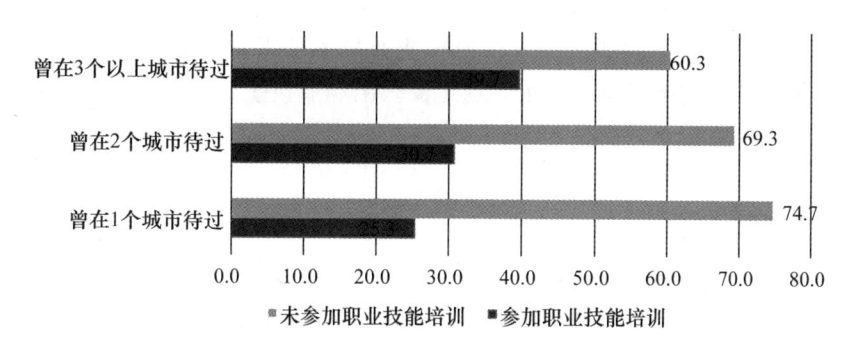

图 2-34　相似迁移经历下的参训情况（单位:%）

数据来源：2016 年 1 月本课题抽样调查数据。

(5) 职业技能培训与务农经历的相关性

缺少务农经历者认为参加职业技能培训的必要性越强。基于 2016 年本课题调查数据，采用卡方检验，参加职业技能培训的必要性与务农经历之间存在相关关系，P 值等于 0.001。数据结果显示，从事过农业生产的新生代农民工认为参加职业技能培训很必要的比例为 75.3%，而未从事过农业生产者认为培训必要的比例为 80.7%，很少从事农业生产者该比例为 88.2%。这也在一定程度上反映出，没有过务农经历的人，更加需要通过职业培训寻求就业技能，以获得就业渠道和收入等。

表 2-27　参加职业培训的必要性与务农经历的交叉表

	从事过农业生产		未从事过农业生产		很少从事农业生产	
	数量（个）	占比（%）	数量（个）	占比（%）	数量（个）	占比（%）
职业技术培训有必要	442	75.3	113	80.7	172	88.2
职业技术培训无必要	145	24.7	27	19.3	23	11.8
合计	587	100.0	140	100.0	195	100.0

数据来源：2016 年 1 月本课题抽样调查数据。

注：显著性水平 P 值（Sig. 值）为 0.001。

（6）职业技能培训与收入的相关性

具有职业技术资格证书者的收入起步高、空间大。基于 2016 年本课题调查数据，采用方差分析，不同年龄组职业技术资格证书具备与否与收入之间存在相关关系。数据结果显示，有无职业技术证书者的收入状况均随着年龄的增加而波动性上升，但有职业技术证书者在低龄组收入起步高，年龄效应的增长空间更大。这也反映出职业技能培训显著增加了新生代农民工的收入提升后劲。

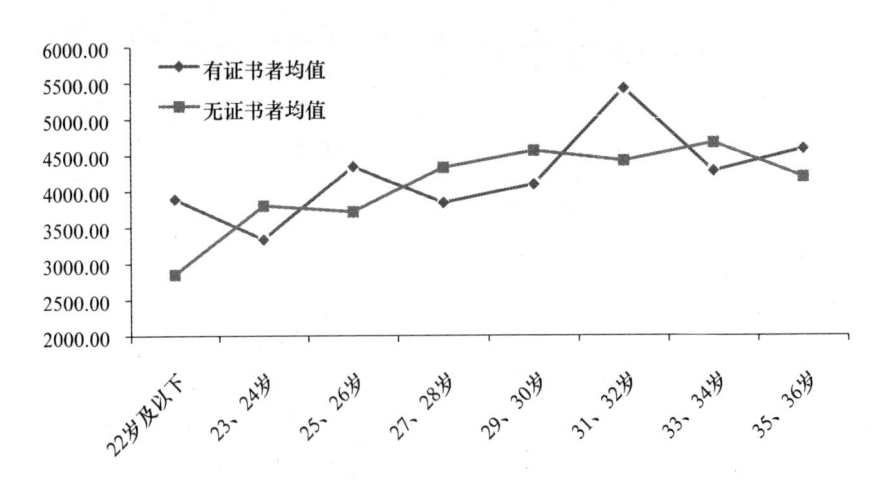

图 2-35　不同年龄组新生代农民工有无职业技能证书的收入差异（单位：元）

数据来源：2016 年 1 月本课题抽样调查数据。

表 2-28　　　　　不同年龄组新生代农民工有无职业

技能证书的收入差异　　　　　　（单位：元、人）

年龄组	有证书者均值	样本量	无证书者均值	样本量
22 岁及以下	3890.91	22	2854.29	35
23、24 岁	3335.24	42	3803.49	81
25、26 岁	4344.26	61	3718.06	107
27、28 岁	3840.41	37	4331.74	201
29、30 岁	4097.83	23	4562.12	85
31、32 岁	5420.00	20	4422.13	75
33、34 岁	4277.78	18	4669.35	62
35、36 岁	4583.33	18	4194.44	36

数据来源：2016 年 1 月本课题抽样调查数据。

注：1. 有无职业技能证书者的平均收入在统计上差异不显著（显著性水平 P 值（Sig. 值）为 0.807），因此，有证书者收入均值 4128 元和无证书者收入均值 4159 元在统计上无差异。

2. 有职业技能证书者不同年龄组的收入差异显著性水平 P 值（Sig. 值）为 0.003，无职业技能证书者不同年龄组的收入差异显著性水平 P 值（Sig. 值）为 0.000。

（三）健康状况

1. 每年定期体检者仅约四成，"知觉压力"等心理健康问题突出

我国居民健康总体状况达到中高收入国家平均水平。当生命变得不再廉价、当每个工人对保护自己的需求不断增加的时候，我们对医疗服务以及生命保险的需求也会逐步增加。[1] 随着期望寿命的延长，健康理念的逐步树立，人们对健康人力资本的关注度会与日俱增。《中国统计年鉴（2018）》显示，我国居民平均预期寿命 2015 年为 76.34 岁，比 2010 年我国第六次人口普查时的 74.83 岁提高了 1.51 岁，其中，男性 73.64 岁，女性 79.43 岁。2017 年世界人口预测数据可知，2015—2020 年期间，中国新生代劳动力的平均预期寿命高出世界的平均水平。例如，我国 20 岁年轻劳动力的平均预期寿命为 57.67 年，30 岁年轻劳动力的平均预期寿命为 47.96 年，40 岁年轻劳动力的平均预期寿命为 38.35 年，分别比同期同龄世界平均水平高出约 1.6 年、1.09 年和 0.57 年。[2] 这在一定程度

---

[1] ［美］西奥多·W. 舒尔茨：《论人力资本投资》，北京经济学院出版社 1990 年版，第 35 页。

[2] 数据来源：根据联合国 "2017 World Population Prospects" 数据计算得出（https://population.un.org/wpp/DataQuery/）。

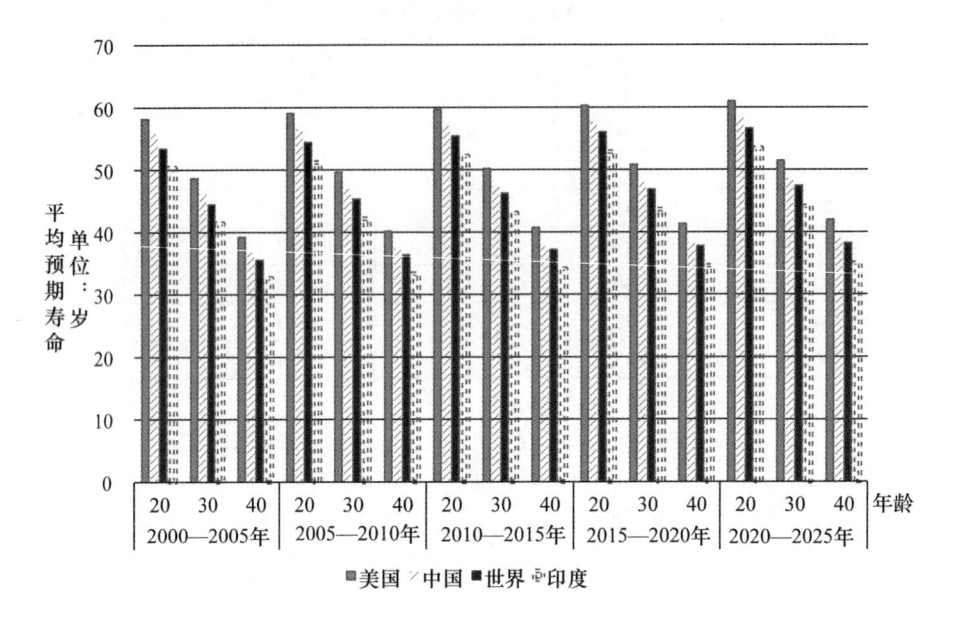

上体现了我国"健康中国战略"稳步推进的成果。

图 2-36 2000—2025 年 20 岁、30 岁、40 岁组中国、印度、美国及
世界平均水平的预期寿命对比图①

数据来源：联合国"2017 World Population Prospects"（https：//population.un.org/wpp/DataQuery/）。

通过调查，新生代农民工的健康人力资本状况主要表现出以下几个特点：

第一，四成被访者每年定期参加体检，且参检比例随学历的提高而提升。2016 年本课题调查数据显示，约 42.1% 的新生代农民工每年定期参加体检，其体检费用主要由所在工作单位承担，此项占比为 59.4%。也就是说，六成参加体检的新生代农民工，其体检费用由工作单位承担，这是一种良好的发展倾向。当"每年体检与否"与"受教育程度"进行交互时，我们发现，随着新生代农民工学历的增加，每年参加体检的比例越高，即在初中及以下学历者中，每年定期体检的比例仅为 37.6%，而到了大专及以上组，这一比例迅速提升到 50.3%，参检比例已经过半。这

---

① 由于统计口径的原因，这里只能呈现 15—40 岁指标变化情况。

一结果的产生,既与随学历而提高的个人健康观念有关,也与随学历而决定的工作单位或行业有关。

表2-29　　　　　　　新生代农民工每年参加体检情况

		频数（人）	百分比（%）
您每年会定期体检吗?	会	389	42.1
	不会	536	57.9
	总计	925	100.0
参加体检的费用主要由谁出?	个人	126	32.4
	工作单位	231	59.4
	个人和单位各出一半	28	7.2
	政府	2	0.5
	其他	2	0.5
	总计	389	100.0

数据来源:2016年1月本课题抽样调查数据。

表2-30　　　　　　新生代农民工体检情况与学历的关系

	"您每年会定期体检吗?"				合计	
	会		不会			
	数量（人）	占比（%）	数量（人）	占比（%）	数量（人）	占比（%）
初中及以下	207	37.6	344	62.4	551	100.0
高中及中专	80	46.8	91	53.2	171	100.0
大专及以上	102	50.2	101	49.8	203	100.0

注:显著性水平P值（Sig.值）=0.003。

第二,新生代农民工参保状况明显改善,且年龄越大则养老保险参保率越高。2014年国家统计局农民工监测调查报告显示,外出农民工在参保上的整体水平不高,最高的是工伤保险,仅为29.7%,而本课题调查的新生代农民工,其参保的比例明显提高,其中,最高的是医疗保险,参保率为81.6%;其次是养老保险,参保率为64.2%;再次为工伤保险,参保率为63.1%。整体来看,参加生育保险和住房公积金的比例还有待提高。在分年龄组的统计研究之中,养老保险、住房公积金、企业年金三项在30岁以上和30岁及以下组的参保情况存在统计上的显著差异:30岁及以下组获得住房公积金和企业年金的比例要高,而在养老保险参保中，30 岁以上组的参保率为 70.5%，高于 30 岁及以下组的 61.5%。若分成四个年龄组进行具体分析时发现，随着年龄的增加，新生代农民工养老保险参保率在提高，20 岁及以下组参保率为 21.9%，而 33—36 岁组参保率则升至 70.9%。

表 2-31　　　　　　新生代农民工参加各类社会保险的比例

	2016 年本课题调查		2016 年国家统计局农民工监测调查
	数量（人）	百分比（%）	百分比（%）
养老保险	592	64.2	52.3
医疗保险	752	81.6	85.7
工伤保险	582	63.1	34.3
失业保险	382	41.4	29.8
生育保险	312	33.8	26.4
住房公积金	215	23.3	13.10
企业年金	42	4.6	—

数据来源：2016 年 1 月本课题抽样调查数据新生代农民工的样本量为 925 人；2016 年国家统计局农民工监测调查数据来源于 http://www.stats.gov.cn/tjsj/zxfb/201704/t20170428_1489334.html。

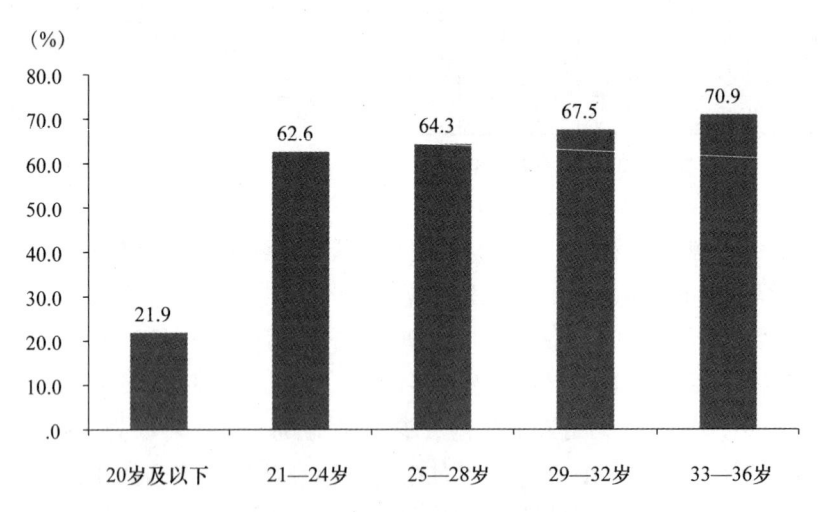

图 2-37　新生代农民工不同年龄组的养老保险参保率（单位:%）

数据来源：2016 年 1 月本课题抽样调查数据。

注：N=922。显著性水平 P 值（Sig. 值）为 0.001。

第三，平日生病主要依靠药店和自己扛。从 2016 年本课题调查数据来看，新生代农民工生病了以后，主要依靠"自己去药店买点药"和"扛一扛就好了"，两者合计达到有效应答数的 76.4%，及时去医院就医排在第三位，而去找亲人、朋友、家庭、工作单位等的比例很低。从年龄组的对比来看，30 岁以上组和 30 岁及以下组在选择有病"自己去药店买点药"和"扛一扛就好了"的比例上存在显著的统计差异，30 岁以上组选择"自己去药店买点药"和"扛一扛就好了"的比例明显高于 30 岁及以下组：在"自己去药店买点药"意向中，30 岁以上组和 30 岁及以下组选择的比例分别为 62.1% 和 77.6%，在"扛一扛就好了"意向中，30 岁以上组和 30 岁及以下组选择的比例分别为 84.0% 和 52.6%，都存在统计上的显著差异。从这一数据可以看出，更为年轻的新生代农民工，更加关注自己的身体健康。

表 2-32　　　　　新生代农民工应对平日里生病状况的措施

应对措施	百分比（%）
自己去药店买点药	45.0
扛一扛就好了	31.4
及时去医院就医	16.8
找亲人、朋友帮助	3.0
找家人帮忙	2.9
找工作单位帮忙	0.6
找政府部门帮忙	0.1
其他措施	0.2
总计	100.0

数据来源：2016 年 1 月本课题抽样调查数据。

注：此题为多选题。

第四，向家人和朋友倾诉是新生代农民工应对心理问题的主渠道，但部分消极应对措施的存在值得注意。2016 年本课题调查数据显示，当被问及"遇到心理问题时，您通常会怎么做？"时，选择"找家人、朋友倾诉"的频次占有效应答总数的 39.0%，但有 34.9% 的人选择"放在心里忍住"，选择咨询机构和自己治愈的比例不高。可见，新生代农民工心理健康隐忍问题应该引起相关部门注意。如何调节个人情绪，化解心理障碍，这是社会各界都应该关注的新的时代命题。

表 2-33　　　　　　　新生代农民工应对心理问题时的措施

应对措施 \ 百分比	百分比（%）
找家人、朋友倾诉	39.0
放在心里忍住	34.9
运用学到的心理健康知识自己治愈	22.6
找企业里的心理咨询机构帮忙	1.2
自己花钱去咨询心理医生	0.7
找政府部门开设的心理咨询机构	0.4
找公益组织开设的心理咨询机构	0.4
其他措施	0.7
总计	100.0

数据来源：2016 年 1 月本课题抽样调查数据。
注：此题为多选题。

新生代农民工生活满意度偏低。由于我们自己所做的调查缺少老一代农民工的对比数据，所以依据国家卫计委 2014 年[1]流动人口动态监测调查数据对几类农民工的心理健康状况进行进一步的对比分析。结果发现，相比其他劳动力而言，新生代农民工生活满意度均值为 21.28，均值最低。知觉压力均值为 14.60，得分最低，慢性压力最大，心理健康状况最差。同时，新生代农民工"选择和掌握自己生活"的自我评价度得分最低，这在一定程度上说明相比其他劳动力而言，新生代农民工心理状态相对欠佳、对于生活的掌控能力感觉到力不从心。不过，新生代农民工自评健康状况的均值为 23.58，在各类劳动力中排名最高，自评健康状况相对较好。

心理疾患是采用凯斯勒心理疾患 k6 量表测量得到，包含 6 个项目，选项 1 "全部时间"赋值 4 分，选项 2 "大部分时间"赋值 3 分，选项 3 "一部分时间"赋值 2 分，选项 4 "偶尔"赋值 1 分，选项 5 "无"赋值 0 分。得分越高，患心理疾患危险性越高。心理疾患均值计算方式为每类劳动力总得分除以每类劳动力的人数。

---

[1] 注：因 2015 年和 2016 年没有心理健康的相关指标，所以采用 2014 年的数据分析。

表 2-34　　　　　　　　四类劳动力的心理健康状况表

	样本数	生活满意度 均值	标准差	心理疾患 均值	标准差
新生代农民工	8170	21.28	6.19	3.5	3.05
老一代农民工	5757	22.46	6.23	3.25	2.98
老一代非农户籍劳动力	925	23.05	6.42	3.37	3.31
新生代非农户籍劳动力	1147	21.78	6.23	3.75	3.37
新生代农民工的排名情况	—	最低	—	第三位	—

数据来源：原国家卫计委2014年全国流动人口动态监测数据。

注：1. 表中四类劳动力与相应心理健康指标的卡方检验的显著性检验结果 P 值均小于 0.01。

2. 生活满意度量表计分方式：包含5个项目，采用 likert7 点记分法，得分越高，生活满意度越高。5—9 分为非常不满意，10—14 分为不满意，15—19 分为少许不满意，20 分为中立，21—25 分为少许满意，26—30 分为满意，31—35 分为非常满意。生活满意度均值计算方式为每类劳动力总得分除以每类劳动力的人数。

表 2-35　　　　　　　　四类劳动力的知觉压力与自评健康状况表

	知觉压力 均值	标准差	自评健康 均值	标准差	生活的掌握程度 均值	标准差
新生代农民工	14.60	2.59	23.58	3.75	6.68	1.75
老一代农民工	14.84	2.67	22.84	3.96	6.80	1.79
老一代非农户籍劳动力	14.92	2.72	22.74	4.03	7.01	1.84
新生代非农户籍劳动力	14.62	2.68	22.90	3.84	6.73	1.73
新生代农民工的排名情况	最低	—	最高	—	最低	—

数据来源：原国家卫计委2014年全国流动人口动态监测数据。

注：1. 表中四类劳动力与相应心理健康指标的卡方检验的显著性检验结果 P 值均小于 0.01。

2. 知觉压力量表，对于预测早期健康问题更为有效，还可评估个人不良习惯造成的慢性压力。问卷中共有四个条目：（1）感觉无法控制自己生活中重要的事情；（2）对于有能力处理自己私人的问题感到很有信心；（3）感到事情顺心如意；（4）常感到困难的事情堆积如山，而自己无法克服自己。对于条目（1）和（4）进行反向赋值。再对得分进行合并。均值为每类劳动力总得分除以每类劳动力的人数。得分越高，慢性压力越小；得分越低，慢性压力越大。

3. 自评健康量表，问卷共六个条目：（1）总体来讲，您的健康状况是；（2）跟一年以前比您觉得自己的健康状况是；（3）我好像比别人容易生病；（4）我跟周围人一样健康；（5）我认为我的健康状况在变坏；（6）我的健康状况非常好。对于条目（1）、（2）、（4）、（6）进行反向赋值，再对得分进行合并。均值为每类劳动力总得分除以每类劳动力的人数。得分越高，自评健康状况越好；得分越低，自评健康状况越差。

4. 生活掌握程度为自评，从01—10共十个等级，01代表根本无法掌握，10代表完全可以掌握。均值为每类劳动力总得分除以每类劳动力的人数。

2. 健康状况的列联表检验

(1) 健康与受教育程度的相关性

学历高者的自评健康状况越好。基于2016年本课题调查数据，采用卡方检验，新生代农民工身体健康状况与受教育程度之间存在显著的相关关系，卡方值等于70.195，P值小于0.001。研究数据显示，高中及中专、大专及以上的新生代农民工，其自评为非常健康的状况明显好于初中及以下者，这也许是因为较高学历者更有意识、更有条件进行健康投资。

表2-36　　　　　　　　身体健康状况与受教育程度交互表

	初中及以下		高中及中专		大专及以上	
	数量（个）	占比（%）	数量（个）	占比（%）	数量（个）	占比（%）
非常健康	111	20.2	65	38.0	65	32.0
比较健康	337	61.3	74	43.3	104	51.2
不健康	102	18.5	32	18.7	34	16.7

数据来源：2016年1月本课题抽样调查数据。

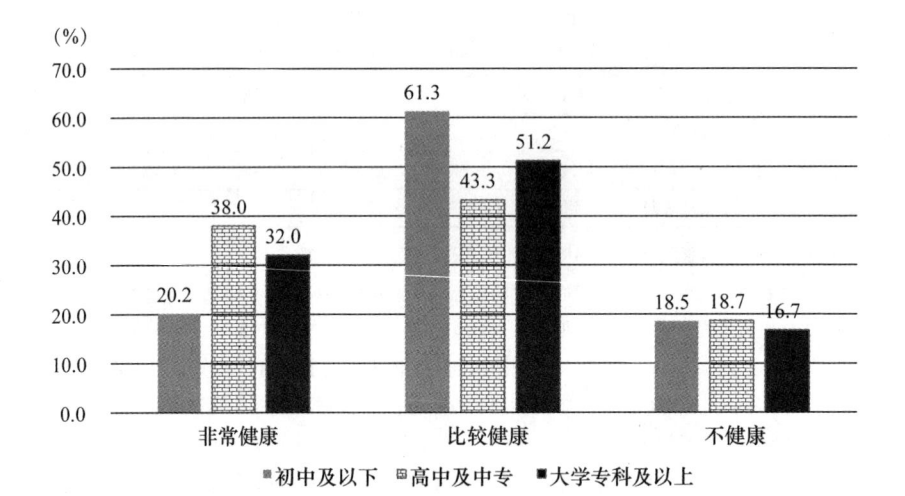

图2-38　身体健康状况随受教育程度变化的交互图（单位:%）

数据来源：2016年1月本课题抽样调查数据。

(2) 健康与婚姻状况的相关性

未婚者的自评健康状况更好。基于2016年本课题调查数据，采用卡方检验，身体健康状况与婚姻状况之间存在相关关系，P值小于0.05。调查数据显示，相比于已婚、离异、丧偶的受访者，未婚的新生代农民工其健康状况更好。分析原因，可能存在两个方面的原因：一是相比已婚、离异丧偶的新生代农民工而言，未婚者的年龄更低，身体健康素质本身就相对较好；二是相比已婚、离异、丧偶受访者而言，未婚者的生活压力更小，还未完全担负起家庭重担，身体健康状况自然更好。

表2-37　　　　　　　婚姻状况与身体健康状况的交叉表

	未婚		已婚		离异及丧偶	
	数量（个）	占比（%）	数量（个）	占比（%）	数量（个）	占比（%）
非常健康	138	28.3	101	23.8	2	16.7
比较健康	292	60.0	218	51.3	5	41.7
不健康	57	11.7	106	24.9	5	41.7

数据来源：2016年1月本课题抽样调查数据。

注：占比的数据为该婚姻状况下的新生代农民工所占的比例，如第一个占比为在未婚的新生代农民工群体中，非常健康的新生代农民工所占的比例。

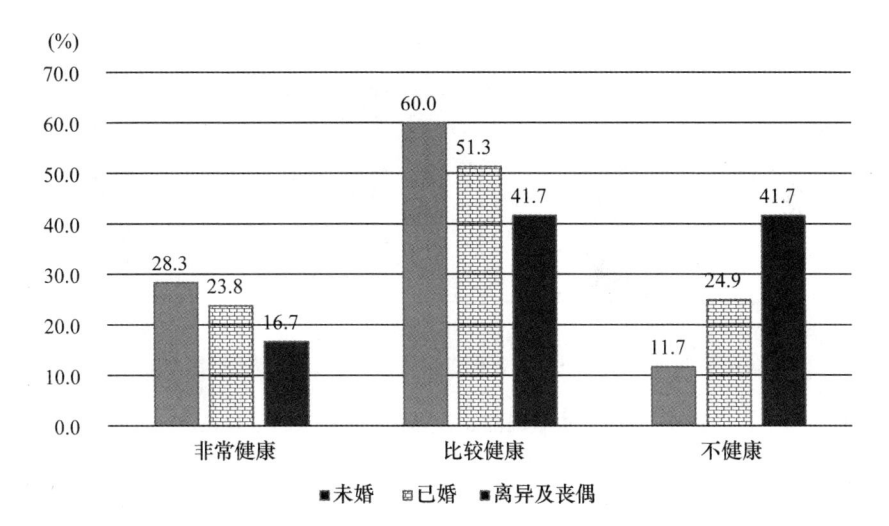

图2-39　身体健康状况随婚姻状况变化的交互图（单位:%）

数据来源：2016年1月本课题抽样调查数据。

（3）健康与迁移城市数的相关性

流动次数多者自评健康更好。基于2016年本课题调查数据，采用卡方检验，身体健康状况与迁移城市数量之间存在相关关系，P值等于

0.025。调查数据显示,健康的新生代农民工更倾向于迁移。分析原因可能是迁移流动数量越多,对适应能力的要求就越高,这需要新生代农民工更好的身体状况和心理素质状况。

表 2-38　　迁移城市数量与身体健康状况的交叉表

	曾在1个城市工作过 数量（个）	曾在1个城市工作过 占比（%）	曾在2个城市工作过 数量（个）	曾在2个城市工作过 占比（%）	曾在3个城市工作过 数量（个）	曾在3个城市工作过 占比（%）
非常健康	133	25.6	71	25.1	35	30.2
比较健康	297	57.1	165	58.3	50	43.1
不健康	90	17.3	47	16.6	31	26.7

数据来源：2016 年 1 月本课题抽样调查数据。

注：占比的数据为该迁移经历的新生代农民工所占的比例。例如,第一个占比为：曾在 1 个城市工作过的新生代农民工群体中,非常健康的新生代农民工所占的比例。

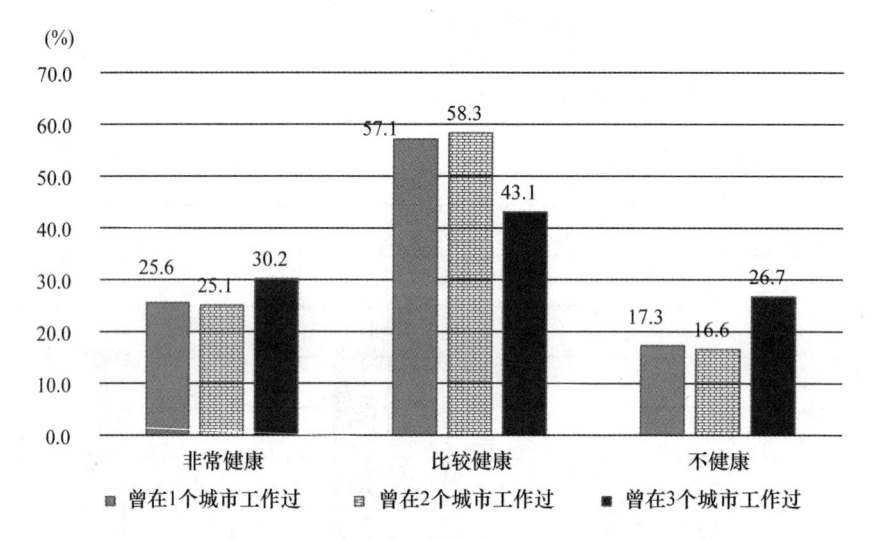

图 2-40　身体健康状况随迁移史变化的交互图（单位:%）

数据来源：2016 年 1 月本课题抽样调查数据。

（4）健康与收入状况的相关性

收入高者自评健康状况不佳的比例更低。基于本课题调查数据,采用卡方检验,身体健康状况与个人月收入之间存在显著的相关关系,P 值等于 0.001。调查数据显示,收入越高的新生代农民工,其身体健康状况越好。分析原因,可能是因为随着收入的增加,相关的医疗保健增加,健康状况相对良好。

表2-39　　　　　　　个人月收入与身体健康状况的交叉表

	收入3000元以下		收入3000—5000元		收入5000元以上	
	数量（个）	占比（%）	数量（个）	占比（%）	数量（个）	占比（%）
非常健康	85	30.7	127	25.2	28	19.7
比较健康	123	44.4	301	59.8	90	63.4
不健康	69	24.9	75	14.9	24	16.9

数据来源：2016年1月本课题抽样调查数据。

注：占比的数据为该收入水平下的新生代农民工所占的比例。例如，第一个占比为：收入3000元以下的新生代农民工群体中，非常健康的新生代农民工所占的比例。

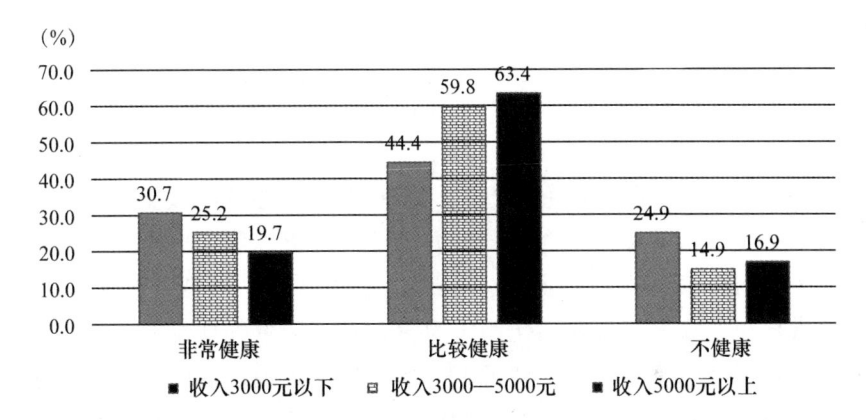

图2-41　身体健康状况随个人月收入变化的交互图（单位：%）

数据来源：2016年1月本课题抽样调查数据。

（四）迁移流动

1. 工作迁移流动略显频繁，职业发展诉求成为迁移动因新亮点

四成以上被访者去过两个及以上的城市就业。从流动的频率来看，新生代农民工在一个城市（即调查时所在的城市）、两个城市、三个及以上数量的城市工作过的比例分别为56.3%、30.6%和12.6%，后两者合计为43.2%。多方面因素影响着新生代农民工的流动，既有就业机会的影响，也有个人文化程度、健康状况及流动动机的影响。与老一代农民工相比，新生代农民工更加追求"发展型"和"生活体验型"的流动动机。要求融入城市、寻求更好的职业发展机会等逐渐成为新生代农民工流动的内在要求。

表2-40　　新生代农民工迁移流动的城市个数

待过的城市数 \ 频数和百分比	频数（人）	百分比（%）
1个	521	56.3
2个	283	30.6
3个	81	8.8
4个	20	2.2
5个	13	1.4
6个	1	0.1
10个	1	0.1
系统缺失	5	0.5
总计	925	100.0

数据来源：2016年1月本课题抽样调查数据。

新生代农民工就业自主性更强。2016年本课题调查数据显示，当被问及"最近一次就业由谁介绍"时，"没人介绍，自己找的"比例高达43.7%，而在"由他人介绍"的选项中，依托家人、亲戚、老乡等血缘、业缘等传统模式渠道就业的比例仅为30.1%，而依托朋友、同事等自身社会关系网络就业的比例达到了13.8%。也就是说，自己找工作和通过自己的社会关系网络找到工作的比例已经达到57.5%，接近六成的比例；当被问及"获取当前就业信息的渠道"时，依靠自己的人际关系的比例最高，达到了44.9%，通过招聘信息网获取信息的比例位列第二，达到27.7%，前两者合计为72.6%，而招工单位招聘、学校推荐、政府劳动部门和职业介绍机构推荐等所占的比例较低，基本每项都控制在9%以下。

表2-41　　新生代农民工最近一次就业由谁介绍的情况

最近一次就业 \ 频数和百分比	频数（人）	百分比（%）
由他人介绍	433	46.8
没人介绍，自己找的	404	43.7
用工单位上门招工	45	4.9
当地集体组织来的	9	1.0
当地政府	8	0.9

续表

频数和百分比 最近一次就业	频数（人）	百分比（%）
职业教育学校分配	20	2.2
其他	6	0.6
总计	925	100.0

数据来源：2016 年 1 月本课题抽样调查数据。

表 2 – 42　　　　　**新生代农民工获取当前就业信息的渠道**

频数和百分比 就业信息渠道	频数（人）	百分比（%）
自己的人际关系	415	44.9
招聘信息网	256	27.7
就业广告	86	9.3
招工单位招聘	76	8.2
学校推荐	54	5.8
政府劳动部门	17	1.8
职业介绍机构	13	1.4
其他	7	0.8
系统缺失	1	0.1
总计	925	100.0

数据来源：2016 年 1 月本课题抽样调查数据。

新生代农民工职业发展诉求强烈。全国总工会 2009 年调查数据显示，新生代农民工外出平均年龄 23 岁左右。[1] 本书 2016 年调查数据显示，新生代农民工平均年龄为 27.8 岁左右。年轻的新生代农民工虽然人生阅历不足，经验不够丰富，但其职业发展诉求却是强烈的。2016 年本课题调查数据显示，当被问及"吸引您到当前城市工作的原因"时，"发展机会多"占有效应答总数的比例最大，为 28.5%，"能学技术"和"可以开眼界"的比例分别也达到了 17.0% 和 14.1%。可见，城市对于新生代农民工的吸引力已经由挣钱多逐步蜕变成了发展机会多、开眼界、学技术等非货币化因素转变。当被问及"在整个迁移经历中什么对您的迁移决定

---

[1] 全国总工会新生代农民工问题研究课题组：《关于新生代农民工问题的研究报告》，《江苏纺织》2010 年第 8 期。

影响更大","收入"、"家庭"和"个人职业发展需求"成为迁移决策的重要影响因素，其中，17.8%的被访者选择了个人职业发展需求。当被问及"城市生活经历给您带来的收获有哪些?"时，"开阔了眼界"、"丰富了人生阅历"、"思想更加成熟"成为新生代农民工城市经历收获的前三大选项，三者合计占所有有效应答总数的60.9%。整个迁移流动的过程对于提升新生代农民工人力资本是有利的，能够帮助他们更好地做好自己的职业规划。

表2-43　"吸引您到当前城市工作的原因"应答分析

迁移影响因素 \ 频数和百分比	频数（人）	百分比（%）
发展机会多	556	28.5
挣钱多	446	22.9
能学技术	332	17.0
可以开眼界	274	14.1
亲朋好友多	166	8.5
孩子可以接受良好的教育	52	2.7
学习资源丰富	52	2.7
这有许多优秀人才	36	1.8
其他	34	1.7
有效应答数合计	1948	100.0

数据来源：2016年1月本课题抽样调查数据。

注：此题为多选题，限选三项。

表2-44　"在整个迁移经历中什么对您的迁移决定影响更大"选择分析

迁移影响因素 \ 频数和百分比	频数（人）	百分比（%）
收入	414	44.8
家庭	230	24.9
个人职业发展需要	165	17.8
用人单位	64	6.9
政府的政策	35	3.8
社会组织开展的一次培训	4	0.4
其他	8	0.9
系统缺失	5	0.5
总计	925	100.0

数据来源：2016年1月本课题抽样调查数据。

表2-45　"城市生活经历给您带来的收获有哪些?"应答分析

迁移影响因素 频数和百分比	频数（人）	百分比（%）
开阔了眼界	527	23.5
丰富了人生阅历	489	21.8
思想更加成熟	350	15.6
收入增加	341	15.2
结识了志同道合的朋友	199	8.9
职业定位更加清晰	168	7.5
职业技能提升	159	7.1
其他	9	0.4
有效应答数合计	2242	100.0

数据来源：2016年1月本课题抽样调查数据。

注：此题为多选题，限选三项。

2. 迁移流动的列联表检验

（1）迁移流动与婚姻状况的相关性

未婚者迁移流动更少。基于本课题调查数据，采用卡方检验，迁移流动情况与婚姻状况之间存在相关关系，卡方值等于31.319，P值小于0.001。调查数据显示，相比其他婚姻状况而言，未婚新生代农民工的迁移史更少，这也许与未婚者年龄较轻有一定的关联。

表2-46　　　　性别与迁移流动状况的交互表

	未婚		已婚		离异及丧偶	
	数量（个）	占比（%）	数量（个）	占比（%）	数量（个）	占比（%）
曾在1个城市待过	309	63.3	207	48.7	5	41.7
曾在2个城市待过	134	27.5	147	34.6	2	16.7
曾在3个以上城市待过	45	9.2	71	16.7	5	41.7

数据来源：2016年1月本课题抽样调查数据。

注：占比的数据为该性别下该学历的新生代农民工所占的比例。例如，第一个占比为：在未婚的新生代农民工群体中，曾在1个城市待过的新生代农民工所占的比例。

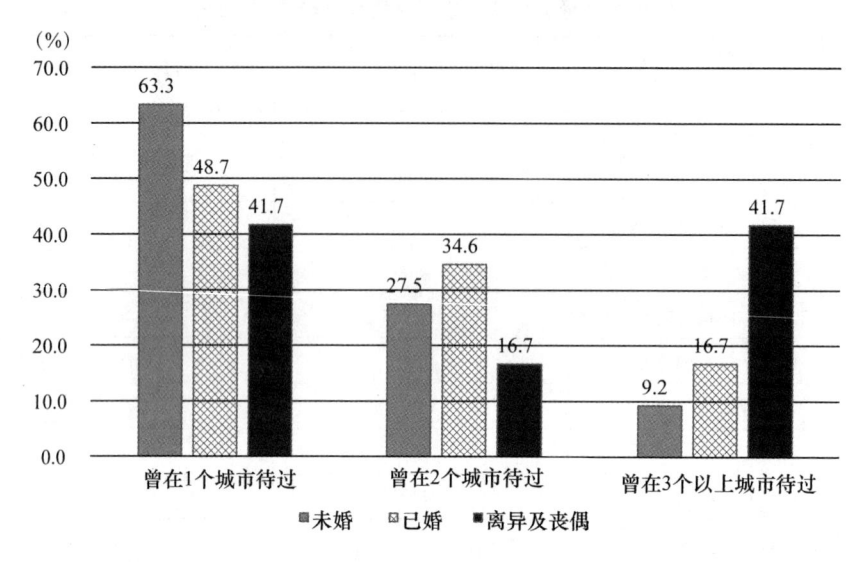

图2-42 婚姻状况与迁移史之间的交互图(单位:%)

数据来源:2016年1月本课题抽样调查数据。

(2)迁移流动与性别的相关性

男性迁移流动更频繁。基于本课题调查数据,采用卡方检验,迁移流动情况与性别之间存在相关关系,卡方值等于12.503,P值等于0.002。调查数据显示,男性比女性迁移流动的数量更多,这与男性的社会活动范围更为广泛有一定关系。

表2-47　　　　　　　　　　性别与迁移史的交互表

	男		女	
	数量(个)	占比(%)	数量(个)	占比(%)
曾在1个城市待过	330	53.6	191	61.8
曾在2个城市待过	189	30.7	94	30.4
曾在3个以上城市待过	97	15.7	24	7.8

数据来源:2016年1月本课题抽样调查数据。

注:占比的数据为该性别下该迁移史的新生代农民工所占的比例。例如,第一个占比为:在男性新生代农民工群体中,曾在1个城市待过的新生代农民工所占的比例。

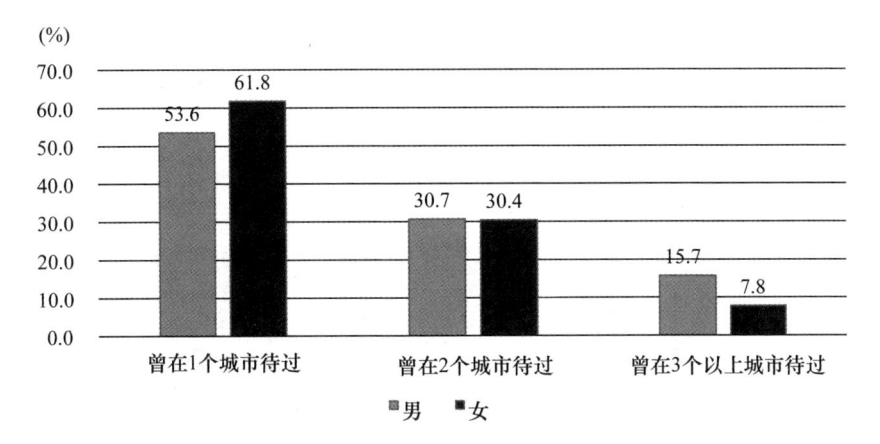

图 2-43　性别与迁移史之间的交互图（单位:%）

数据来源：2016 年 1 月本课题抽样调查数据。

（3）迁移流动与收入的相关性

收入高者迁移流动更频繁。基于本课题调查数据，采用卡方检验，迁移流动情况与每月收入之间存在相关关系，卡方值等于 12.106，P 值等于 0.017。调查数据显示，收入更多的新生代农民工，其迁移史更多。分析原因可能是因为迁移导致了收入增加。

表 2-48　　　　　每月收入情况与迁移流动状况的交叉表

	收入 3000 元以下		收入 3000—5000 元		收入 5000 元以上	
	数量（个）	占比（%）	数量（个）	占比（%）	数量（个）	占比（%）
曾在 1 个城市待过	177	63.9	275	54.6	68	47.9
曾在 2 个城市待过	66	23.8	163	32.3	53	37.3
曾在 3 个以上城市待过	34	12.3	66	13.1	21	14.8

数据来源：2016 年 1 月本课题抽样调查数据。

注：占比的数据为该收入下新生代农民工所占的比例。例如，第一个占比为：在收入为 3000 元以下的新生代农民工群体中，曾在 1 个城市待过的新生代农民工所占的比例。

（4）迁移流动与年龄的相关性

30 岁以上年龄组迁移流动更频繁。基于 2016 年本课题调查数据，采用方差分析，迁移流动与年龄之间存在相关关系，30 岁以上年龄组曾经

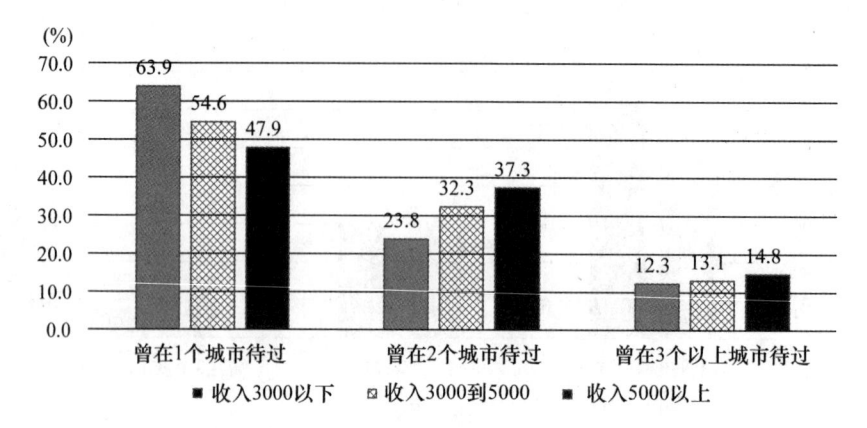

图 2-44 收入与迁移史之间的交互图（单位:%）

数据来源：2016 年 1 月本课题抽样调查数据。

去过的平均城市数为 1.85 个，而 30 岁及以下年龄组该指标为 1.52 个，Sig.=0.000，在统计上存在显著差异。按四岁一组进行分组计算去过 2 个及以上城市的比例时，该迁移流动比例依然出现随着年龄的增加而增加的状况，即 20 岁及以下组，去过 2 个及以上城市的比例为 21.9%，而 33—36 岁组该比例则攀升至 57.8%，比例已经过半。

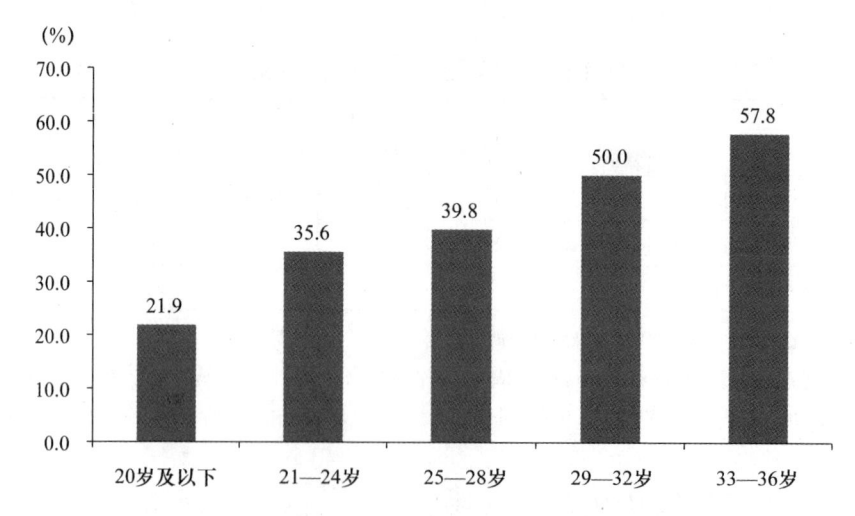

图 2-45 不同年龄组新生代农民工"去过 2 个及以上城市的比例"（单位:%）

数据来源：2016 年 1 月本课题抽样调查数据。

（五）小结

总体来看，我国新生代农民工人力资本在教育程度、职业技能、健康状况、迁移流动四个维度表现出以下特征：

第一，教育程度：呈现"一代更比一代强"的发展态势。虽然新生代农民工学历构成依然以初中为主体，但与老一代农民工相比，新生代农民工大专及以上学历的占比显著提升。本次调查数据显示，越年轻的新生代农民工，其学历状况越好，这恰恰体现了一种社会进步，让我们看到了未来发展的希望所在。此外，学历相对较高的新生代农民工，其工作更为稳定，收入也相对更高，这一循环也进一步体现了人力资本四要素相互影响的良性互动。

第二，职业技能：主客观因素综合影响下"高意愿+低参与"的纠结现实。新生代农民工职业技能培训参与比例不高，持有职业技能证书的比例不高，高频参培者少之又少，但整个群体参与意愿强烈，而且更加倾向于非农化的技能培训。新生代农民工参加职业培训的主办方和付费方都是本工作单位，所在的工作单位承担了主要的培训任务。整体来看，已婚者、学历较高者、男性、缺少务农经历者更倾向于参加职业技能培训，而职业培训后的技能提升又进一步增强了新生代农民工城际间的流动性。

第三，健康状况："生病扛、遇事忍、生活满意度低"等问题待重视。新生代农民工的社会保障程度显著提高，基本已形成"广覆盖"的格局，特别是养老保险参保率，随着年龄的增加而逐步走高，这也释放了一个积极信号。然而，在身体健康方面，生病基本靠自己，很多人靠扛，而且年龄越高，生病扛一扛的念头越明显；在心理健康上，遇到问题时很多人靠忍，生活满意度偏低，甚至低于老一代农民工，这些都是未来提升新生代农民工人力资本的重要突破点。

第四，迁移流动：在流动中"求发展、谋体验"的全新就业理念在建立。新生代农民工流动略显频繁，去过3个及以上城市的高频流动者超过十分之一。新生代农民工就业全过程已经在一定程度上摆脱了"血缘+业缘"的传统就业模式，逐步步入到主要依靠自己以及自己拥有的社会网络资本来就业的全新阶段，而其他行为主体在其中的帮扶作用还有待强化。在迁移流动中，新生代农民工更加追求职业发展，更加强调生活体验，开眼界、学技术、丰富阅历的流动动力更为强劲，而且30岁以上年龄组的迁移流动性要高于30岁及以下年龄组,这也是年龄积累效应的一种体现。

总体来看,农民工就业存在结构性供需失衡。农村劳动力的大规模流动为我国城镇化建设和经济社会发展作出了重要贡献。2016年,全国就业人口三次产业构成分别为27.7%、28.8%、43.5%[①],而农民工群体从业行业分布则为0.5%、51.5%、48.0%[②]。粗略一看似乎较为合理,但其中六成的农民工分布于制造业(30.5%)、建筑业(19.7%)和批发零售业(12.3%)等劳动密集型行业,从事生产性服务业的农民工只占总比重的17.4%。技能型劳动人才规模的缺失将带来经济发展动力不足,拖慢农业生产和工业制造现代化进程。在我国产业结构逐步由生产制造型向生产服务型转变的背景下,农民工就业结构升级将成为产业价值链高端发展的重要因素。伴随着劳动力供给规模下降及成本上升趋势,"用工荒"现象的症结所在,很大程度上体现在技能供需之间的错位和失衡,而新生代农民工要想跨越"低技能陷阱",单凭自身难以破局。

[①] 国家统计局编:《中国统计年鉴(2017)》。
[②] 国家统计局:《2017年农民工监测调查报告》(http://www.stats.gov.cn/tjsj/zxfb/201804/t20180427_1596389.html)。

第三篇　问题与障碍

第五章　新生代农民工人力资本投资的主要问题

上一章，本书对我国新生代农民工人力资本四个维度的整体状况进行了测量和估计，从中既发现了一些优势，同时也探寻到一些问题。人力资本的形成需要人力资本的专项投资，需要政府、企业、社会等多元主体形成有效的投资积累机制，以便于更快、更好地推动新生代农民工人力资本水平的提升。基于此目的，本书继续依托本课题调查数据及其他宏观数据，从人力资本投资的角度，梳理出新生代农民工在此领域面临的一些问题和障碍，以期为未来进一步改善我国新生代农民工人力资本投资环境献计献策。

一　"潜力足"但"缺口大"

投资潜力巨大。与老一代农民工相比，新生代农民工人力资本投资表现出两大特点，足以展示其巨大的投资潜力。一是可塑性和成长性强。虽然在生活阅历和工作经验上稍逊于老一代农民工，但新生代农民工在年龄、学历、视野、文化、认知、城市适应等方面的基础条件更好，新生代农民工能够以更高的站位和更强的适应性、利用更为敏捷的学习能力和认知能力、在更短的时间内完成对新鲜事物的理解、接受与创造。有学者认为，从人的整个生命周期来看，不同的行为主体对新生代农民工人力资本投资越早，未来收获人力资本效益的时间就越长。[1] 据2016年本课题调查数据显示，当新生代农民工被问及"期待自己未来能在哪里稳定就业"时，36.5%的人回答了"大城市"，42.1%的人回答了"中等城市"，仅

---

[1] 褚杭：《新生代农民工人力资本投资的SWOT分析》，《当代社科视野》2011年第3期。

有 2.3% 的人选择的是"农村"。不同于老一代农民工"归鸟式"的工作理念（即在城市打工、回农村养老），近八成的新生代农民工被访者期望在大中城市里实现稳定的就业，而在稳定就业的背后即是对稳定居住的渴望。新生代农民工更多秉持的是"定居式"的工作梦想，其就业观念与老一代农民工相比已发生了实质性变化。由此可以预见，城市文化势必会对新生代农民工甚至是他们下一代未来的人力资本产生深刻影响，其人力资本的可塑空间和成长空间自然就更大。

二是创新性和开放性好，持有职业技术资格证书者更优。与老一代农民工更多地接触传统行业、职业病危害作业的劳动相比，新生代农民工的就业环境更好、健康意识更强，职业期望也更高。2016 年本课题调查数据显示，当被问及"愿意从事紧缺行业"时，持有职业技术资格证书者回答"愿意"的比例高达 43.8%，而无职业技术资格证书者的此项比例仅为 29.0%。可见，获取职业技术资格证书的相关培训对于推动新生代农民工就业转型、适应国家产业升级需求来说是相当必要的。当新生代农民工被问到"您觉得自己这辈子职业达到什么样的状态会满意"时，"自己创业当老板"的比例最大，占比为 60.9%，"专业技术达到顶级"的比例为 14.6%，两者合计达到了 75.5%；当新生代农民工被问到"您对自己未来每年的收入期望是多少"时，54.05% 的人期望未来年收入达到 24 万以上，16.65% 的人期望未来年收入达到 19 万—23 万元，10.05% 的人期望未来年收入达到 13 万—18 万元。也就是说，期望年收入超过 13 万元的人数占比已经达到了 80.75%。由此可见，新生代农民工对自己的职业期望和收入期望都是很高的，这就在一定程度上助推了新生代农民工人力资本的创新性和开放性。此外，与老一代农民工相比，新生代农民工家庭负担更轻，外出打工的生活体验导向更明确，生活消费更为多元，这样的家庭状况和精神面貌也将对其创新性和开放性产生重要影响。2010 年全国总工会关于新生代农民工问题研究报告中提到，传统农民工外出期间 80% 为已婚，而本书 2016 年的调查数据则显示，新生代农民工外出打工期间已婚比例仅为 45.9%。此外，在消费上，老一代农民工集中于基本生活领域，而新生代农民工则拓展到网络消费、闲暇消费、精神消费等若干领域。消费的内容和形式都发生了实质性的变化，更为多元。

表 3 – 1　有无职业技术资格证书者转型从事紧缺行业的意愿对比

		愿意	无所谓	不愿意	合计
有职业技术资格证	数量（人）	106	91	45	242
	比例（%）	43.8	37.6	18.6	100.0
无职业技术资格证	数量（人）	197	393	89	679
	比例（%）	29.0	57.9	13.1	100.0
合计	数量（人）	303	484	134	921
	比例（%）	32.9	52.6	14.5	100.0

数据来源：2016 年 1 月本课题抽样调查数据。
注：P 值均为 0.000。

投资总量不足。我国农民工的就业领域主要分布在制造业之中。国家统计局公布的《2017 年农民工监测报告》中指出，农民工在制造业中就业的行业占比为 51.5%[1]，占到农民工就业的一半以上。随着国际上云计算、智能制造、"互联网+"等诸多产业生态的全新变化，制造业全面的转型升级已经是经济发展的必然转向。制造业的自动化、个人定制化、智能尖端、共享众创等新兴产业变革催生了对人力资本的刚性需求，新的商业模式也对于劳动者的素质提出了更高要求。这些恰恰是年轻的新生代农民工能够也应该发挥主体作用的重要就业领域。然而，面对这样的现实需求，我国人力资本市场无疑已经暴露出"高精尖"创新人才和中高端技能人才捉襟见肘的局面，人力资本供需缺口已浮出水面。据麦肯锡报告预测，到 2020 年，我国大学和职业教育人才供应缺口可能达到 2400 万。[2] 截至 2013 年，我国技能劳动者仅占就业人员的 19%，高技能人才占技能劳动者的比重仅为 25.1%，远低于发达国家至少 35% 的比例。[3] 更为严重的是，新生代农民工人力资本形成和积累初始时期的所在地——广大的农村地区，因各种原因而长期发展受限。有研究报告测算，2006—2016 年十年间，我国人力资本总量年均增长率为 6.22%，其中，城镇为 7.90%，而农村仅为 0.63%。[4] 2016 年本课题调查数据显示，"农村教育是否存在乱收费问题"

---

[1]　http://www.stats.gov.cn/tjsj/zxfb/201804/t20180427_1596389.html。
[2]　http://baijiahao.baidu.com/s?id=1604930023812050242&wfr=spider&for=pc。
[3]　《当前我国人力资本发展现状和主要问题》（http://www.sic.gov.cn/News/455/5823.htm）。
[4]　中央财经大学人力资本与劳动经济研究中心：《中国人力资本报告 2018》（https://edu.sina.cn/2018-12-11/detail-ihmutuec8137838.d.html）。

的应答情况随着新生代农民工年龄的下降而减少，乱收费情况有所好转，即24岁及以下组12.2%的人认为存在农村教育乱收费问题，但33—36岁组则有38.5%的人认为存在这种问题。这在一定层面反映了不同年龄队列对当时农村教育状况的一种记忆。不过，"农村教育师资水平落后"的应答情况却恰恰相反，越年轻的新生代农民工几乎越认为农村师资水平的落后，其中，在24岁及以下组59.4%的人认为农村教育师资落后，而在33—36岁组这一比例仅为46.7%，这说明随着信息手段的普及和时代的变化，年轻人对于农村教育师资提出了更高的要求。从国际对比数据来看，财政性教育经费占GDP的比重世界平均水平是7%左右，发达国家达到9%左右[①]，而到了2017年，我国相应的占比仅为3.65%。可见，教育领域投资比例之低。就目前的发展趋势来看，新生代农民工人力资本投资面临的最大问题则是缺乏与时俱进的追加性投资，从而造成新生代农民工的学历状况、职业技能与行业刚需产生一定程度的断裂。

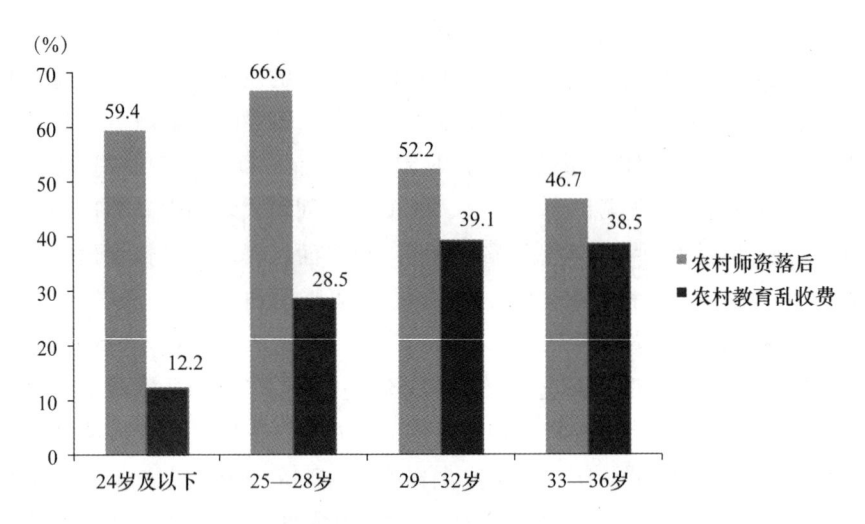

图3-1　不同年龄组的新生代农民工对农村教育乱收费、师资水平的评价（单位:%）

数据来源：2016年1月本课题抽样调查数据。

注：卡方检验显示，两项指标在不同年龄组之间存在显著的统计差异，Sig值均为0.000。N=924。

---

① 潘允康：《中国民生问题中的结构性矛盾研究》，北京大学出版社2015年版。

表 3-2　　2002—2017 年我国各级政府的教育支出占 GDP 的比重　　（单位:%）

	教育支出占 GDP 的比重				教育支出占 GDP 的比重		
	中央	地方	中央与地方合计		中央	地方	中央与地方合计
2002 年	0.17	2.00	2.17	2010 年	0.17	2.86	3.03
2003 年	0.17	1.96	2.13	2011 年	0.20	3.17	3.37
2004 年	0.14	1.94	2.08	2012 年	0.20	3.73	3.93
2005 年	0.13	1.99	2.12	2013 年	0.19	3.51	3.70
2006 年	0.13	2.04	2.17	2014 年	0.19	3.38	3.57
2007 年	0.15	2.49	2.64	2015 年	0.20	3.16	3.36
2008 年	0.15	2.67	2.82	2016 年	0.19	3.58	3.77
2009 年	0.16%	2.83	2.83	2017 年	0.19	3.46	3.65

注：2002—2006 年条目为教育事业费，2007—2017 年条目为教育支出。

数据来源：《中国统计年鉴》。

二　"意愿强"但"缺助力"

人力资本投资意愿强烈，居民服务业从业者的职业培训需求更明显。与老一代农民工相比，新生代农民工对人力资本价值的理解更为清晰，他们对未来的期望更高，人力资本投资的动力更强。2016 年本课题调查数据显示，51.3% 的被访者对自己的学历不满意；78.85% 的被访者认为有必要进行职业技能培训，而且随着学历的升高，这种培训的意愿就表现得更为强烈，即在初中学历者中，有 71.37% 的人认为培训有必要，而且到了大专及以上学历者，这一比例进一步提升至 92.57%。从行业分布来看，在居民服务、修理和其他服务业中的新生代农民工，其参训意识最强，这一行业 85.8% 的被访者认为职业培训很有必要。在被问及"迁移流动后的城市生活经历带来的收获时"，在有效的应答选项中，23.62% 的选择"开阔了眼界"，21.83% 的选择"丰富了人生阅历"。可见，迁移流动这一人力资本在新生代农民工内心中的价值是明显的；在被问及"您平时关注自己的健康状况吗？"时，62.6% 的被访者选择了"非常关注"和"比较关注"。因此，从人力资本的四个方面来看，新生代农民工人力资本投资的愿望是强烈的。

表3-3　　　新生代农民工受教育程度与参加职业技能
　　　　　　培训态度的列联表分析　　　（单位：人，%）

		小学及以下	初中	高中及中专	大学专科	大学本科及以上	合计
有无必要参加职业技能培训	有必要 频数	20	369	151	65	122	727
	百分比	2.7	50.8	20.8	8.9	16.8	100.0
	没必要 频数	12	148	20	6	9	195
	百分比	6.2	75.9	10.3	3.1	4.6	100.0
合计	频数	32	517	171	71	131	922
	百分比	3.5	56.1	18.5	7.7	14.2	100.0

数据来源：2016年1月本课题抽样调查数据。

注：N=922。显著性水平P值（Sig. 值）为0.000。

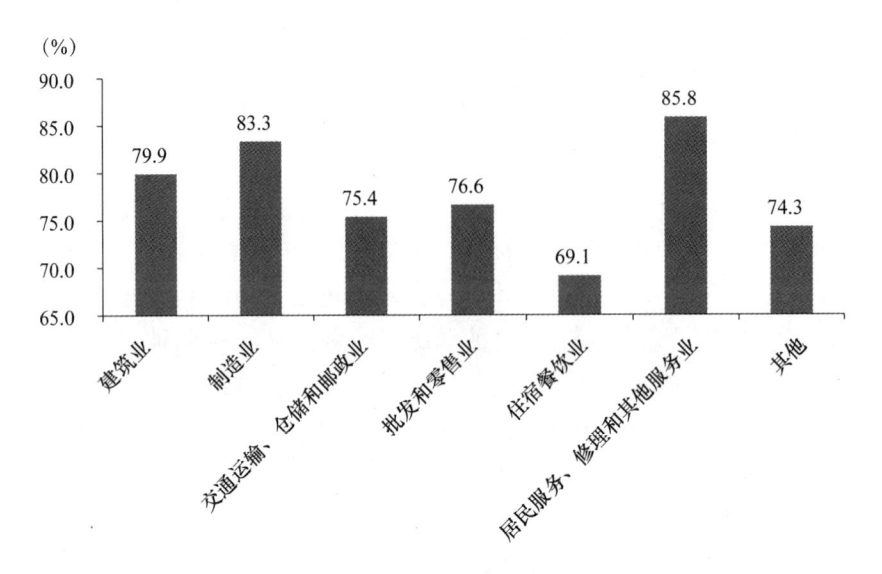

图3-2　不同行业新生代农民工认为职业培训有必要的比例差异（单位:%）

数据来源：2016年1月本课题抽样调查数据。

注：N=922，显著性水平P值（Sig. 值）为0.016。

投资乏力且无助。新生代农民工不同于老一代农民工，他们是未来我国劳动力市场的主体和希望，需要源源不断地进行人力资本投资，以做大存量、提高增量。然而，目前从宏观到微观的"三缺"状况严重束缚了新生代农民工人力资本投资的可持续性。

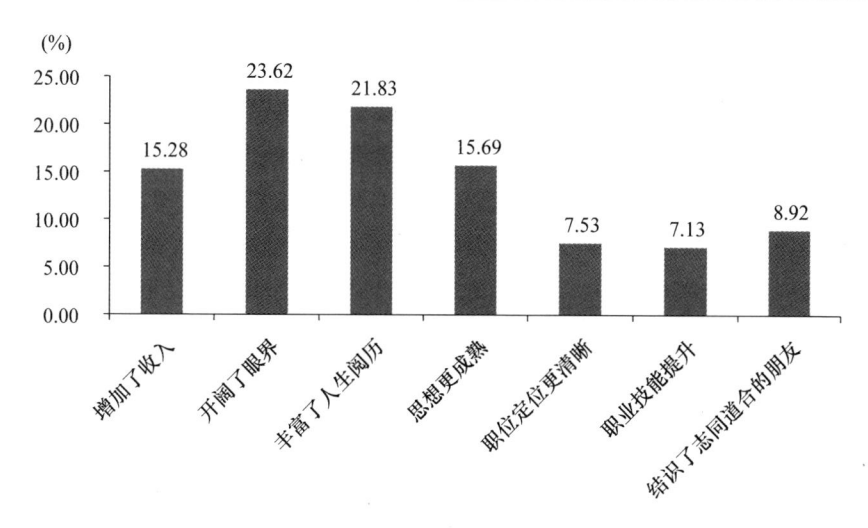

图 3-3 新生代农民工对"城市生活经历带来的收获"的选择（单位:%）

数据来源：2016 年 1 月本课题抽样调查数据。

注：此题为多选题，有效的应答总数为 2231 个。

一是缺指导。就新生代农民工整体的职业规划来讲，目前是有所缺失的。这种缺失表现在新生代农民工身上就是流动的无序性与就业的无序性。2016 年本课题调查数据显示，在两个及以上城市迁移流动过的新生代农民工占总人数的 43.2%，而且在每个城市逗留的时间并不长，这在一定程度上反映出新生代农民工流动的无序性，基本延续着"哪里有工作，就去哪里"的流动特征。这一点影响着新生代农民工人力资本投资的专用性，即换一个行业，人力资本就需要重新积累。此外，2016 年本课题调查数据还显示，新生代农民工当被问及"是否愿意到芯片研发、电子信息技术、汽车服务、物流管理等人才紧缺型行业就业"时，居然有 52.6% 的被访者持"无所谓"的态度，这在一定程度上也体现出新生代农民工对职业规划的迷茫、对产业升级引发就业生态变化的淡漠以及对缺乏相关就业技能和人力资本积累的无奈。当被问及"如果愿意从事紧缺行业，您需要哪方面的帮助"时，在有效的应答总数中，26.9% 的应答选择的是"企业免费提供培训"，18.1% 的应答选择的是"培训后推荐专业对口的就业"，13.7% 的应答选择的是"政府出面牵头"，这两项是应答总数最多的三项。由此可见，在新生代农民工人力资本投资过程中，新生代农民工对政府、企业等行为主体投资的期盼是强烈的。

表3-4　新生代农民工若从事紧缺型行业所需要帮助的意愿状况

	应答数量（次）	比例（%）
企业免费提供培训	184	26.9
培训后推荐专业对口的就业	124	18.1
政府出面牵头	94	13.7
职业未来有上升空间	91	13.3
职业培训学校和企业合作	55	8.0
家庭给予支持	49	7.2
社会团体免费提供培训	45	6.6
加班时间减少	41	6.0
其他	1	0.1
合计	684	100.0

数据来源：2016年1月本课题抽样调查数据。

注：此题为多选题。

二是缺政策。新生代农民工不同于老一代农民工，他们城市融入的渴望更强烈，他们更加熟悉城市空间，而不是农村；更加擅长非农就业，而不是农业；更加渴望非农身份认同，而不是农民。在城市空间和非农领域的就业，新生代农民工人力资本的快速积累需要微观层面解决其非农身份的问题，需要中观层面配套与城市空间相关的人力资本投资政策，需要宏观层面变革户籍制度及其配给方式。2016年本课题调查数据显示，925位新生代农民工被访者中，在老家无耕地的比例已经达到了16.2%，接近新生代农民工总数的六分之一；没有从事过农业生产的人数占比达到15.2%，超过新生代农民工总数的七分之一，而很少从事农业生产的比例达到21.1%，超过了新生代农民工总数的五分之一。因此，这就是新生代农民工资源禀赋与老一代农民工的独特区别，需要给予重视。

三是缺资金。面对劳动力市场高工资的吸引，新生代农民工提升人力资本的愿望是强烈的，但相对于这样的强烈愿望，他们的家庭收入或者个人工资状况又是极其有限的，极大地限制了他们人力资本投资和支付能力。整体来说，新生代农民工收入低、支出高、结余少，这就使得新生代农民工人力资本自我投资有心无力、无可奈何。2016年本课题数据显示，新生代农民工平均月收入为4151元，月结余为2010元。2013年国家统计局发布的全国农民工监测调查报告还显示，新生代农民工月租房支出占其月均生活消费支出的60.4%左右。由此可见，新生代农民工的支出构成还是以生存消费、生活消费为主。若让新生代农民工自行攒钱后进行人力资本自我投资，难度是很大的，这在很大程度上反映出新生代农民工人力资本投资的无助、无奈与无力，这就迫切需要其他人力资本投资主体的广泛参与和大力支持。2016年本课题调查数据显示，在获得职业技术等级证书的过程中，新生代农民工在无奈之下更多地也只能依靠自己，而企业、职业技术学校和政府部门进行培训的占比均比不上"自学"。由此可见多元人力资本投资主体缺位的严重性及补位的必要性。

表3-5 "您最后获得的职业技术等级是由谁来培训的？"应答情况

	频率	有效百分比
自学	68	28.1
企业	64	26.4
职业技术学校	62	25.6
政府	33	13.6
其他	8	3.3
社会团体（公益组织）	7	2.9
合计	242	100.0

数据来源：2016年1月本课题抽样调查数据。

三 "形式多"但"缺匹配"

投资形式多样化，"学历高"与"有资格证"两样兼备的人力资本优势群体约占总数的9%。随着社会的发展和各种技术手段的推广，与老一代农民工相比，新生代农民工人力资本投资形式和渠道逐渐丰富起来。从教育程度、职业技能、健康状况、迁移流动四个维度积累人力资本时，"社会开放普及型"、"社区综合服务型"和"企业在职培训型"（李宝元，2009）等多种培训渠道逐步打通并形成合力。以前老一代农民工更多依靠义务教育、职业教育、"干中学"等形式提高其人力资本，但对于新生代农民工而言，网络教学、培训基地规范式教学、自我雇佣和创业技能培训、企业人力资本投资评估和激励制度以及就业信息发布的平台化等都有利于新生代农民工人力资本的再积累。2016年本课题调查数据显示，在925位新生代农民工中，有85位被访者既有大专以上学历，又有职业技术资格证书,占总人数的 9.2%,接近十分之一的水平,而在这 85 人之中,有 64 人非常关注或比较关注自己的健康状况。也就是说,拥有大专以上学历又有职业技术资格证书且关注自己身体健康的比例约占总人数的 6.9%,这些人应该是新生代农民工人力资本优势群体,他们对各类人力资本投资都比较重视,形式多元。

投资的结构性矛盾突出。一是人力资本与产业结构的匹配性。时代的发展要求劳动力素质与不断升级中的产业要求结合起来。然而,在现实中,新生代农民工技能状况却与产业结构的调整产生了结构性的矛盾。2016 年本课题调查数据显示,当被问及"从事芯片研发、电子信息技术、汽车服务等人才需求量很大的行业的意愿"时,14.5% 的人表示不愿意,但当"专业对口"、"收入提高"、"未来有发展前途"等条件得到满足的时候,他们当中 50.8% 的人则愿意从事这些行业。当被问及"您觉得有没有必要参加职业培训时",两成多的被访者认为没有必要,在被问及为何认为培训没必要时,"没时间"、"费用高"、"用不着"三项占有效选项总数的比例分别为 25.4%、19.5%、15.3%,三者合计超过了六成。由此可见,培训的针对性和有效性在很大程度上影响着新生代农民工参与培训的积极性和热情,从而进一步影响了在市场机制调节下人力资本与产业的协调。

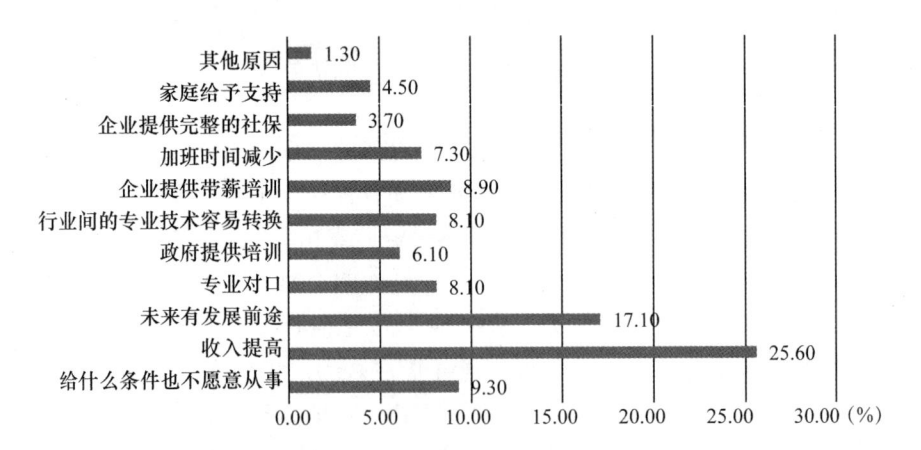

条件	比例(%)
其他原因	1.30
家庭给予支持	4.50
企业提供完整的社保	3.70
加班时间减少	7.30
企业提供带薪培训	8.90
行业间的专业技术容易转换	8.10
政府提供培训	6.10
专业对口	8.10
未来有发展前途	17.10
收入提高	25.60
给什么条件也不愿意从事	9.30

图 3-4 新生代农民工愿意从事人才紧缺型行业的条件(单位:%)

数据来源:2016 年 1 月本课题抽样调查数据。

表3-6 新生代农民工认为没必要参加职业培训的原因分析

	应答数量（次）	比例（%）
没时间	115	25.4
费用高	88	19.5
用不着	69	15.3
家庭负担重	69	15.3
不感兴趣	48	10.6
得不到培训信息	23	5.1
企业不愿做培训	16	3.5
距离远	14	3.1
更换工作频繁	9	2.0
其他	1	0.2
合计	452	100.0

数据来源：2016年1月本课题抽样调查数据。

注：此题为多选题。

二是人力资本与企业战略的匹配性。新生代农民工人力资本中的知识、技能和经验需要与企业战略匹配起来，从而发挥人力资本专用性和不可替代性的作用。然而，从现实情况来看，新生代农民工企业中的人力资本培训仍处于一个起步阶段。一方面，新生代农民工大多还是依靠岗前应急性培训来解决企业需求的技能，培训的时间通常较短。另一方面，在新生代农民工主要就业的私企中，大多数企业恰恰缺少企业战略人力资本的思维，战略规划薄弱。这些都会影响新生代农民工人力资本效用的发挥。2016年本课题调查数据显示，71%的被访者接受的培训时长都是在一个月以内，系统且具有企业战略匹配性的培训是不足的。

三是人力资本与物质资本的匹配性。从国际引进的角度看，并非所有技术引进和设备引入都是高效的、必须的，真正高效的引进应与本土国情结合起来，和企业的发展阶段以及可以形成的人力资本构成结合起来，这是人力资本与物质资本匹配性的一种体现。若人力资本与物质资本不匹配，既影响经济效益的高低，也影响要素效能的发挥。这两个资本任何一种出现盈亏或不协调，都会影响另一种资本效能的发挥。长期以来，在投资方面，物质资本占比较高，而人力资本长期处于弱势或者边缘地位，资本存量的结构性失衡现象客观存在。新生代农民工如果不能在企业的引导之下，更好地将自身的人力资本与企业物质资本有效结合起来，对于建立

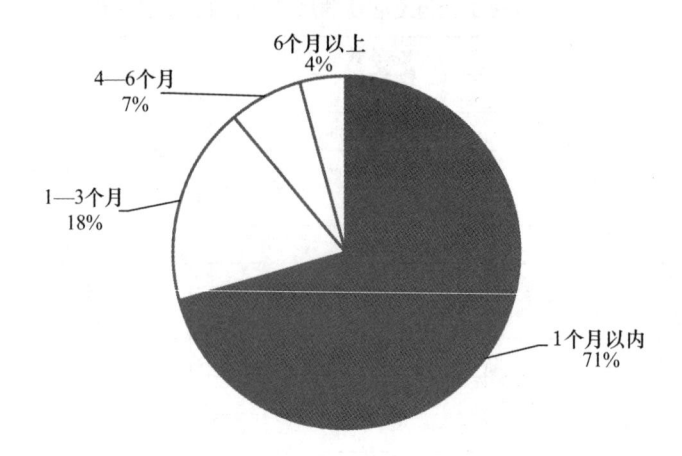

图 3-5 新生代农民工接受培训时的培训时长

数据来源：2016 年 1 月本课题抽样调查数据。

新生代农民工的职业自信其实是一种打击。

总而言之，尽管新生代农民工明白人力资本投资的价值，并渴望获得优质的人力资本，以便于向上流动，但被时代浪潮包裹前行的新生代农民工想要跨越"低技能陷阱"困难重重，在此过程中需要化解四类矛盾：

第一，"高流动性"与"低持续性"人力资本积累之间的矛盾。据调查[①]，65.9%的农民工更换过工作，25%的人在 7 个月内更换了工作，50% 的人在 1.75 年内变换了工作。2016 年本课题调查也显示，43.7%的新生代农民工在两个城市待过，流动轨迹略显频繁，流动性较强。在高流动性的背后，同时又暴露了其人力资本积累不足的问题。高迁移流动性会对农民工的心理同样产生重要影响，最直观地体现在工作责任感与耐受力上，其劳动力素质的提高没有改变短工化的趋势，新生代农民工的迁移流动性反而更强，一旦发现工作环境不好、工资偏低、主管态度差便会有换工作的想法。因此，虽然新生代农民工学历和技能状况好于老一代农民工，但他们依然主要还是在技术含量低、就业发展空间小、劳动报酬低以及工作稳定性差的工作环境中。这样的恶性循环让很多新生代农民工难以跨越"低水平发展陷阱"。

---

① 清华大学社会学系与工众网工众研究中心：《农民工短工化就业趋势研究》，《清华社会学评论》2013 年第 1 期。

第二,"高职业技能培训意愿"与"低培训参与度"之间的矛盾。整体来看,新生代农民工职业技能培训的意愿是强烈的,但受制于信息渠道狭窄,而不能及时准确接收培训信息;因工作时间长、压力大,而很难保证抽出固定时间参加职业技能培训;因"候鸟型"工作方式导致工作稳定性低,进而影响专业性、专门性的人力资本积累;因整体工资水平偏低,以生存性消费为主,进而影响人力资本投资增量。因此,整体而言,新生代农民工虽然人力资本提升意愿强烈,但实际行动者少,职业技能培训参与度低。

第三,"高城市融入意愿"与"低社会阶层"之间的矛盾。由于农业机械化水平和农村劳动生产率的大幅提高,农民工劳动力向城市转移的趋势不可逆转。第一批农民工的迁移流动根源在于20世纪80年代农村劳动力过剩,乡镇企业未能充分发育导致乡民不能"离土不离乡"。在此过程中,伴随着劳动力流动制度的改善,农民工开始外出打工。但是,新生代农民工近半数并未有过务农经历,同时大部分人群也没有回到土地的打算。因此,相较先辈而言,新生代农民工已失去了返乡就业机会,其城市融入意愿更强,并通过从农村到城市的向上流动,构成了一个介于农民和城里人之间的新中间阶层。然而,农民工在城镇地区仍然面临着以户籍为基础的城乡身份(城镇当地户口与外来农村户口)隔离和社会排斥,无论在经济地位、政治权利、心理认同等方面,同当地人仍有较大差距:在城镇工作的农民工受到以户口性质为基础的职业隔离[1],"同工不同酬"现象显著;围绕劳动收益不断产生诉求,但由于制度性缺失导致新生代农民工集体行动困难,政治诉求难以组织且效果不佳[2];在心理认同方面,新生代农民工呈现出人际信任缺失、组织信任匮乏与政治信任低下等问题,这种对社会角色扮演的割裂将对个人人力资本提升造成困难。

第四,"较高受教育年数"与"低就业技能"之间的矛盾。同其父辈相比,新生代农民工受教育程度已有较大提高,但受教育年数的延长并不代表新生代农民工更能胜任工作,甚至有研究显示,在平均薪资水平上,新生代农民工还要略低于父辈。麦肯锡全球研究院曾指出,劳动技能培训

---

[1] 吴晓刚、张卓妮:《户口、职业隔离与中国城镇的收入不平等》,《中国社会科学》2014年第6期。

[2] 郑永兰:《新生代农民工政治参与:现实困境与改进路径》,《武汉大学学报》(哲学社会科学版)2014年第6期。

对于某些职业来说，相较于正式教育更重要。据相关学者调查，新生代农民工认为找工作中的最大困难在于"缺乏技能和技术"（42.6%），远超排在第二、三位的"学历较低"（14.1%）以及"缺乏相关社会信息和资源"（9%）。[1] 在拥有职业资格证书的被调查者中，高级工及以上占比仅有4.4%。迫于此，深陷"低技能陷阱"的新生代农民工只能被迫找寻低薪资、低效能、低稳定性的工作，想要通过提升人力资本来突破玻璃天花板，困难重重。

---

[1] 和震、李晨：《破解新生代农民工高培训意愿与低培训率的困局——从人力资本特征与企业培训角度分析》，《教育研究》2013年第2期。

第六章　新生代农民工人力资本提升的主要障碍

从以上研究可知，我国新生代农民工人力资本投资主要面临着四类矛盾，而这些问题的出现则是多方面因素综合作用的结果。总体来看，本书认为，六个方面的机制问题在一定程度上影响着新生代农民工人力资本的存量与增量。它们表现为：政府投资机制的"城市偏向"；市场机制的逆淘汰（投机取巧、急功近利、假冒伪劣风气盛行）；社会保障机制身份化、货币化与福利化（弱势群体对政府的依赖增强，进一步弱势化等）；教育机制对底层人群向上流动的扶持作用有限（重视应试教育和精英教育等）；企业投入机制投机性和应急性特征明显（企业投机性经营、企业核心人力资本流失和短缺问题并存等）；自我投资机制的短视化（自我投资意愿动力不足等），等等。这些机制的优化和重塑都是未来提升我国新生代农民工人力资本的重要抓手。

一　政府投资机制的"城市偏向"

农村投资总量和投资结构问题。《中国人力资本报告2014》指出，从1985年到2010年，我国农村人均人力资本总量的年均增长率保持在3.31%，而城镇的年均增长率却高达9.21%。[1] 这与我国政府财政投资的"城市偏向"是有一定关系的。自新中国成立以后，鉴于当时"一穷二白"的客观形势，为了在最短时间内振兴国内经济，我国当时采取的就是"优先发展重工业"的国家战略。在这样的战略思想指导下，国家再

---

[1] 李海峥：《中国人力资本报告2014》（http://www.rmzxb.com.cn/c/2014-11-10/404774.shtml）。

通过一系列的制度安排,例如,户籍制度、统购统销、口粮政策等调控城市生产成本和消费价格,控制城市人口规模,减少"乡—城流动",从而保障我国农村地区源源不断地为城市发展提供资源补给和动力支撑。在几十年来的发展过程之中,政府投资的城市偏向惯性长期存在。虽然近十余年来社会各界一直在呼吁"城市反哺农村",但由于我国农村面积庞大、人口众多、基础薄弱、情况复杂,所以我国对于农村地区整体的财政投入总量是不足的,财政投资结构是有待优化的,这是影响我国新生代农民工人力资本形成与积累受限的重要原因之一。本课题调查数据显示,在被问及"我国农村教育存在的主要问题是什么"时,在所有选项中,近千名被调查者选择"学校硬件设备落后"的比例最高(占比为 26.90%);其次是"师资水平落后"(占比为 24.50%),这两项合计已经超过 50%,远高于其他的选项,如"父母不重视教育"和"管理机制不健全"等。除了基础教育之外,还有数据显示,63%的农村学生不能接受完整的高中教育,他们一般是读到初中毕业即辍学进入劳动力市场[1],而学费贵也成为放弃学业的重要原因。从调研情况来看,农村义务教育、农村职业培训、农村公共卫生系统软硬件建设、农村健康教育和健康干预、农村劳动力转移问题都是制约新生代农民工人力资本提升的农村外部环境。农村地区投入总量少、投资效率低等系列问题进一步影响新生代农民工收入

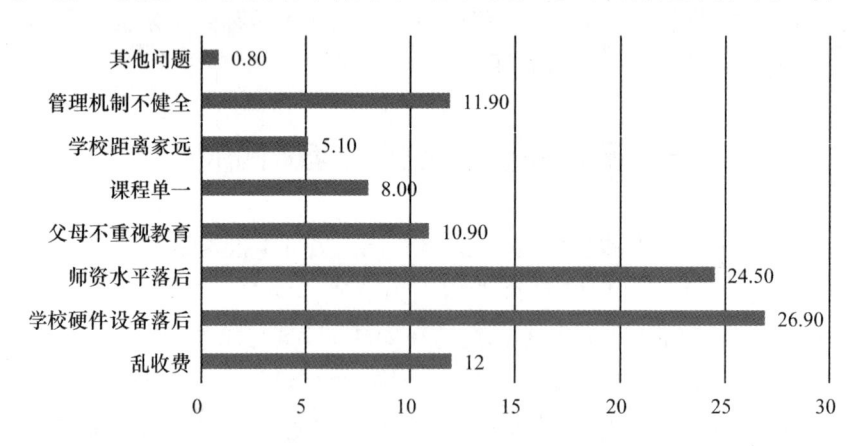

图 3-6 我国农村教育存在的主要问题(单位:%)

数据来源:2016 年 1 月本课题抽样调查数据。

---

[1] 数据来源:《REAP 农村教育行动计划》,2014 年(https://reap.fsi.stanford.edu)。

的提升，再次拉大了城乡之间的收入差距，最终又反过来制约新生代农民工人力资本投资的积极性。可见，政府部门未来应该强化作为此领域重要投资者和主要调节者的身份认同。

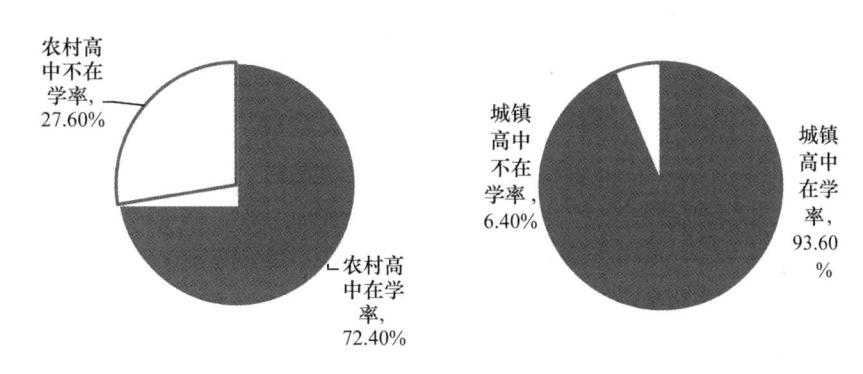

图 3-7　全国城乡高中在学率比较

数据来源：《REAP 农村教育行动计划》，2014 年（https://reap.fsi.stanford.edu）。

农民工的制度保障问题。我国城乡二元制度长期存在并深刻影响着新生代农民工人力资本的提高。一方面，农村地区的薄弱条件客观影响着新生代农民工人力资本的原始积累；另一方面，新生代农民工流入城市以后，已有的制度安排又把一部分新生代农民工屏蔽在制度享有之外，未能充分惠及新生代农民工。例如，在医疗健康方面，据原国家卫计委 2016 年流动人口调查数据显示，在流入地（本地）被调查者建立了居民健康档案的比例上，新生代农民工仅为 55.51%，只略高于老一代农民工（48.39%），但远低于老一代非农劳动力（63.67%），更低于新生代非农劳动力（71.34%）。此外，有研究显示，在新生代农民工子女教育以及新生代农民工的城市住房供应方面，尚未制定相关系统而有效的政策措施。[1] 可见，针对该群体合法权益保护、人力资本提升的相关政策和法律支持相对较少。[2] 总体来讲，新生代农民工人力资本形成和积累过程中的机会不均等（城乡差异）是制约其提升的关键因素。

---

[1]　李少春、姚薇薇：《城市化进程中的打工子弟学校命运》，《光明日报》2009 年 12 月 19 日。

[2]　汪柱旺、古时银：《税费改革后农村义务教育投入体制的现状出路》，《中国财政》2004 年第 10 期；陆远权、邹成诚：《教育公平视野下重庆市城乡教育一体化研究》，《重庆教育学院学报》2011 年第 5 期。

140　第三篇　问题与障碍

各类劳动力:
- 全体流动人口 0.542
- 老一代非农户籍劳动力 0.637
- 新生代非农户籍劳动力 0.713
- 老一代农民工 0.484
- 新生代农民工 0.555

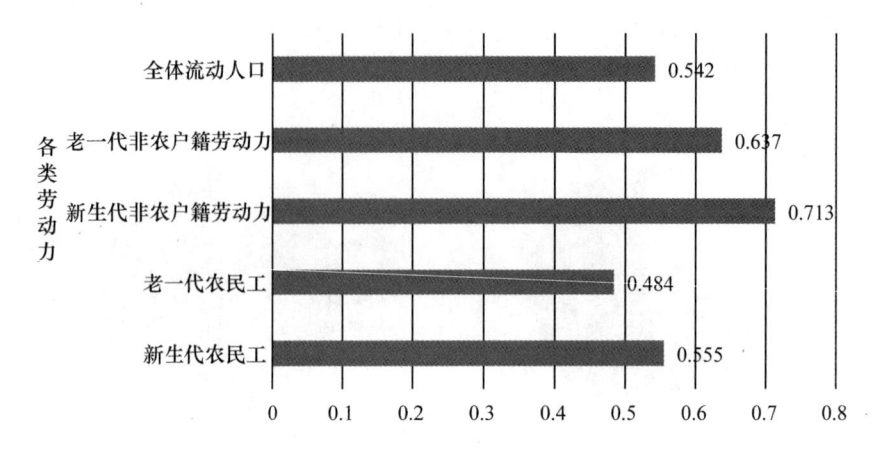

图 3-8　四类劳动力在本地建立居民健康档案与未建立居民健康档案之比
注：1. 数据来源：原国家卫计委（现卫健委）2016 年全国流动人口动态监测数据。
2. 卡方值等于 1397.4，P 值小于 0.001。

二　社会保障机制的"身份化"、"货币化"与"福利化"

社保支出"重城轻乡"。长期以来，我国社会保障制度设计中的"身份化"痕迹明显，只到近些年才得以逐步改善。目前，我国仍有相当一部分的新生代农民工依然游离于社会保障体系之外。国家统计局《2013 年全国农民工监测调查报告》显示，全国农民工养老参保率仅为 15.7%；2016 年原国家卫计委流动人口动态监测数据分析显示，参加养老保险（新农保、养老等）与不参加的就业者之比，新生代农民工为 1.126，此水平基本与老一代农民工持平，明显低于老一代非农户籍劳动力（2.342），更低于新生代非农户籍劳动力（2.709）。2016 年本课题调查数据还显示，作为社会保险重要补充的商业保险，新生代农民工的购买参保比例也不高，仅为 12.4%。通过统计分析发现，购买商业保险者月均收入为 4621 元，而没有购买者的月均收入为 4086 元，前者在统计上显著高于后者，即收入状况是影响新生代农民工是否购买商业保险的重要影响因素。

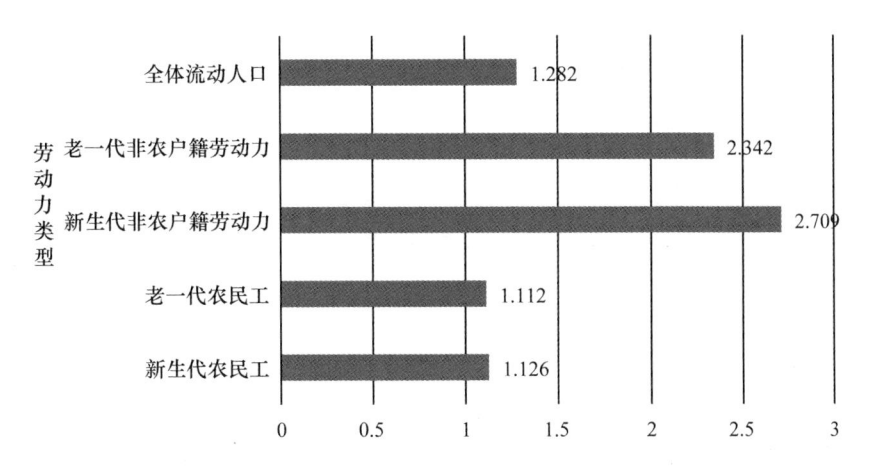

图 3-9　四类劳动力是否参加养老保险（含新农保、养老金等）之比

数据来源：原国家卫计委 2016 年全国流动人口动态监测数据。

注：2. 卡方值等于 3219.2，P 值小于 0.001。

社保责任"重政府、轻社会"。目前，我国社会保障体系中的权责关系依然模糊。政府责任强调过度，社会责任则激发不足，特别是在社会救

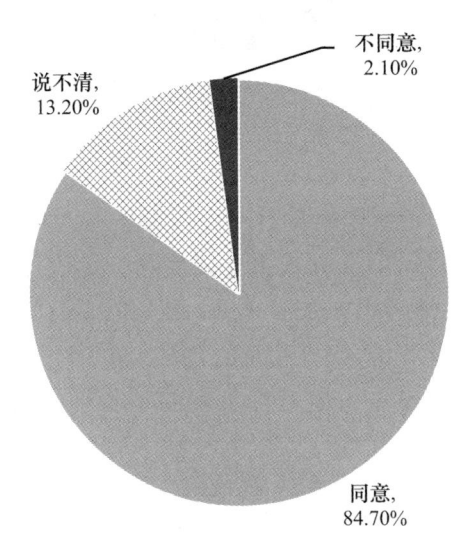

图 3-10　新生代农民工对"社会组织应开展心理咨询服务"的态度

数据来源：2016 年 1 月本课题抽样调查数据。

助、社会服务等领域，社会力量等多元行为主体参与不充分。基于2016年本课题调查数据，绝大部分新生代农民工认为，社会组织可以为其提供一些与其人力资本相关的服务。例如，84.70%的被访者认为，社会组织可以为他们提供心理咨询方面的服务；73.70%的受访者认为，社会组织提供的服务对他们的影响很大。然而，在现实中由于社会组织登记高门槛、资金不充分、管理低效率、服务低水平以及人才极匮乏等束缚，社会组织社会责任的发挥受阻，新生代农民工技能培训、医疗健康、迁移流动也随之受限。

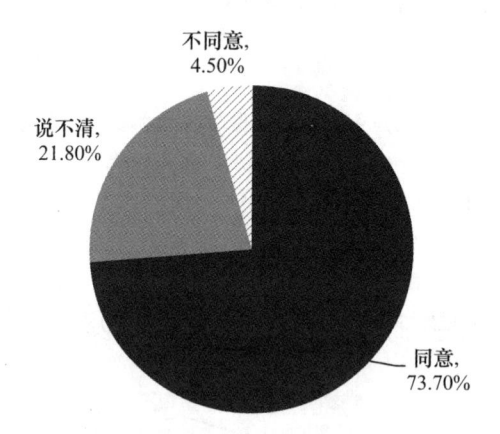

图3-11 新生代农民工对"社会组织开展的活动对我影响很大"的态度

数据来源：2016年1月本课题抽样调查数据。

社保方式"重货币、轻服务"。目前，我国社会保障处于"广覆盖、低水平"的发展阶段，供给方式主要以实物、货币等物质为主。然而，对于广大农村地区的新生代农民工来讲，他们的成长环境更加离不开多方位的社会服务。例如，市场就业信息的获取、健康知识的培训、技能培训渠道的获得等。这些都在一定程度上限制了新生代农民工人力资本的提高。

社保理念"重保轻扶"。发展到现阶段，我国农村地区社会保障工作应进一步转移到塑造帮扶功能和"造血"功能上来。社会保障工作不能为了"公平"而搞成"形式化"、"平均化"或"过度福利化"。例如，有些地方在落实"阳光工程"、"雨露计划"、"农村劳动力技能就业计划"等培训工程时，流于形式，造成培训内容与生产需求、就业需求相脱节；有些地方为了减少矛盾、提高群众的满意度，在社会救助、扶贫开发等工作时，把政策措施当成了一种"福利"发放，浪费了政策资金；有些地方在进行社会保障支出时，没有合理地建立其财政补贴和个人缴费分担机制，社保支出带有"福利化"倾向；有些地方在社会救济时仍忙于"输血"，而被帮扶者的"造血"能力明显不足。这些现象的存在都在一定程度上影响着新生代农民工人力资本的提高。

三 市场机制的"逆淘汰"

新生代农民工人力资本提升受阻的原因是多方面的，其中，客观存在的市场机制"逆淘汰"现象在一定程度上导致了社会各界以及新生代农民工本人对人力资本投资的必要性产生了怀疑。总结起来，主要有两点表现：

第一，社会上依然存在的"唯学历论"倾向。在主观愿意学习的条件下，社会各界、家长乃至新生代农民工个人都更加倾向于高等教育，而中专和技校只是迫不得已的无奈之举。这一问题在近二十年我国教育体制中表现得尤为明显，这是对人力资源配置的一种严重扭曲，导致了人力资本的巨大浪费。各行各业都有各自的价值，每个从业者都有自己的资源禀赋，教育体制的顶层设计理应为各行各业的从业者提供路径清晰的职业上升通道，确保人尽其才、物尽其用，而不是"唯学历"、忽视内在的技能，更不能让低能力者排斥高能力者。此外，市场机制中依然夹杂着投机取巧、急功近利、假冒伪劣之风的存在，进一步影响着人力资本的投资行为。2016年本课题调查数据还显示，某些企业在用工上不在意职业技能证书，不太重视人力资本的价值，进一步强化了这种不正确的"逆淘汰"导向。在近千名新生代农民工被访者中，回答"企业用工不需要职业资格证书"的比例竟高达70.40%，而回答"企业用工需要职业资格证书"的比例仅为22.40%，新生代农民工对此不清楚的比例为7.20%。

第二，近些年劳动力市场上存在的"人力资本滑坡"倾向。随着我国人口年龄结构的变化，我国就业供需关系也在发生着深刻变化。国家统计局统计年鉴和人口普查数据显示，2000年我国0—29岁人口占总人口的比例高达48.26%，而这一比例在2007年下降至39.27%，2017年再降至37.14%，其中，20—29岁年龄组的人口占比由2000年的17.70%下降至2017年的15.18%。因此，对于目前新生代农民工中的"90后"而言，就业形势正在发生微妙变化：他们凭借年龄优势就能在劳动力市场上占有资源禀赋优势，而且跳槽后的工资还不断升高，这既在很大程度上影响了他们本人人力资本投资的愿望，也严重制约了企业对其进行人力资本投资的动力。这种现象在美国、欧洲、日本等地也都先后出现过，有学者把这种现象称之为"人力资本滑坡"（蔡昉，2013）。2016年本课题调查数据也显示，在初中学历的新生代农民工中，月收入5000元以上的人数与以月收入5000元及以下人数之比的比值最高，为0.506，远高于高中（0.267）、大学专科（0.315）和大学本科（0.467），这就是劳动力市场"逆淘汰"的一种表现。此外，在本课题调查的925名新生代农民工中，有51.3%的人表示对自己的学历水平不满意，有12.8%的人持"说不好"的态度，但当问及"停留在当前学历、没有继续再上学的原因"时，超过三成的被访者回答"学不下去了"。可见，新生代农民工继续学习和培训的动力不足，这一方面可能是因个人秉性和家庭环境造成的，但另一方面劳动力市场对年轻人的需求旺盛导致其就业容易，也是其中重要的外部影响因素。

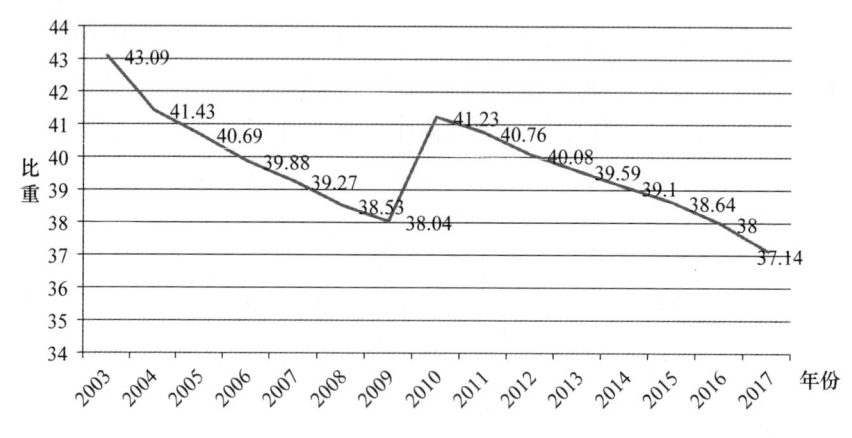

图3-12 我国0—29岁人口占总人口的比重（单位:%）

数据来源：2003—2009年、2011—2017年数据来源于2004—2018年《中国统计年鉴》；2010年数据来源于全国第六次人口普查。

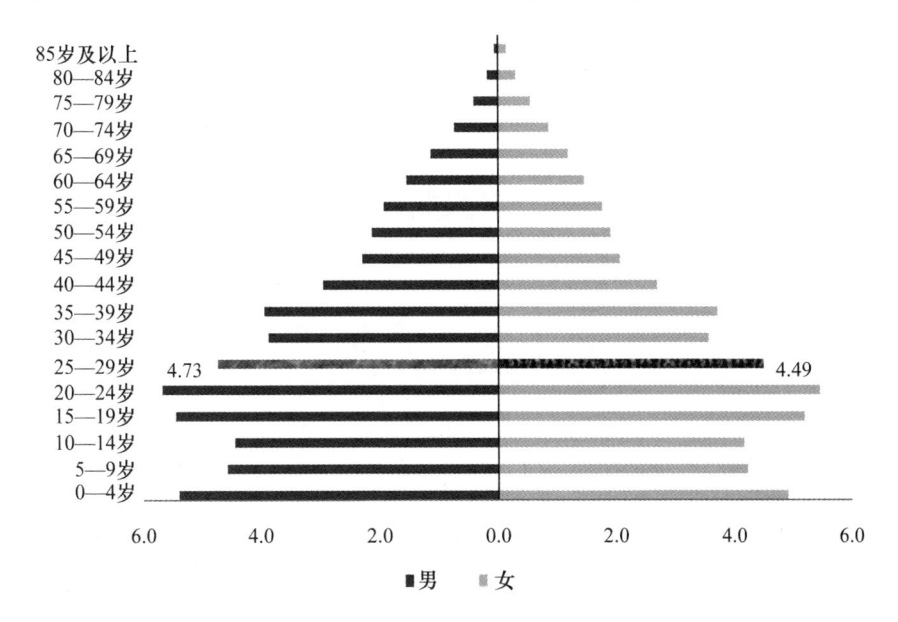

图 3-13　1990 年我国人口年龄金字塔中 25—29 岁人口的占比情况（单位:%）

注：1. 图中数据为该年龄段男/女占总人口数的百分比。

2. 数据来源：1990 年《中国人口普查资料》。

3. 图中标明数值的是 25—29 岁年龄组的占比情况。

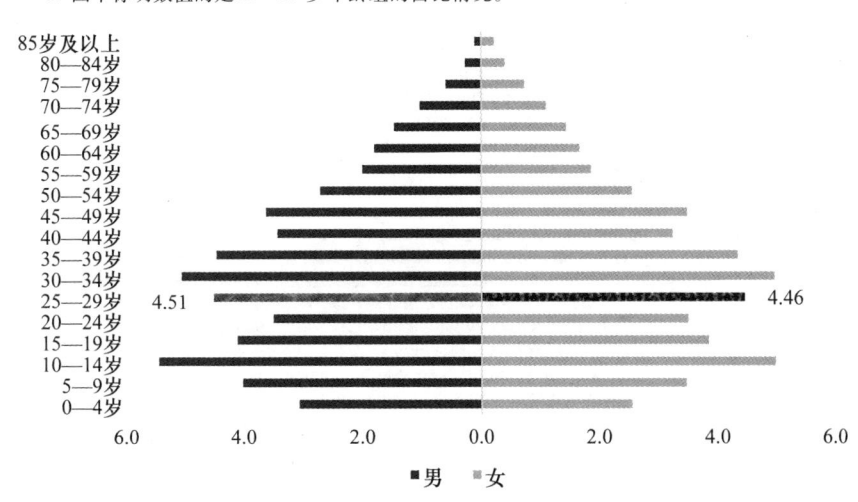

图 3-14　2000 年我国人口年龄金字塔中 25—29 岁人口的占比情况（单位:%）

注：1. 图中数据为该年龄段男/女占总人口数的百分比。

2. 数据来源：2000 年《中国人口普查资料》。

3. 图中标明数值的是 25—29 岁年龄组的占比情况。

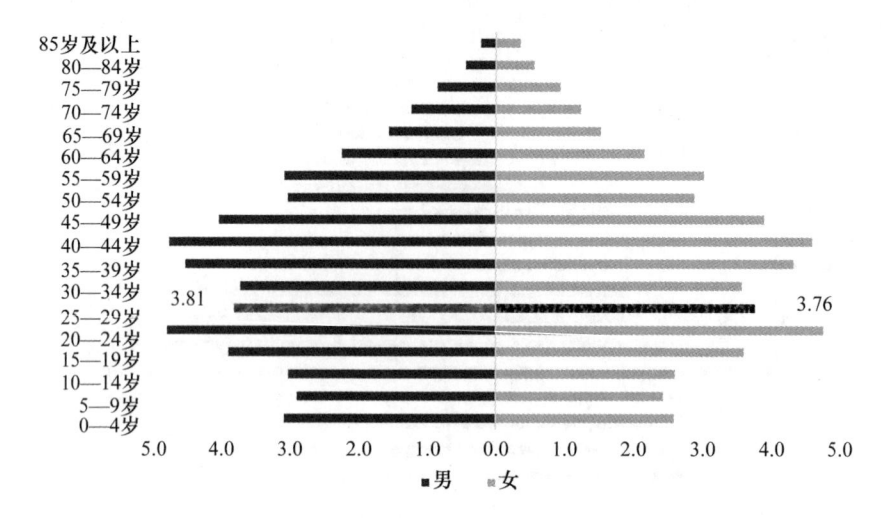

图 3 – 15　2010 年我国人口年龄金字塔中 25—29 岁人口的占比情况（单位:%）

注：1. 图中数据为该年龄段男/女占总人口数的百分比。

2. 数据来源：2010 年《中国人口普查资料》。

3. 图中标明数值的是 25—29 岁年龄组的占比情况。

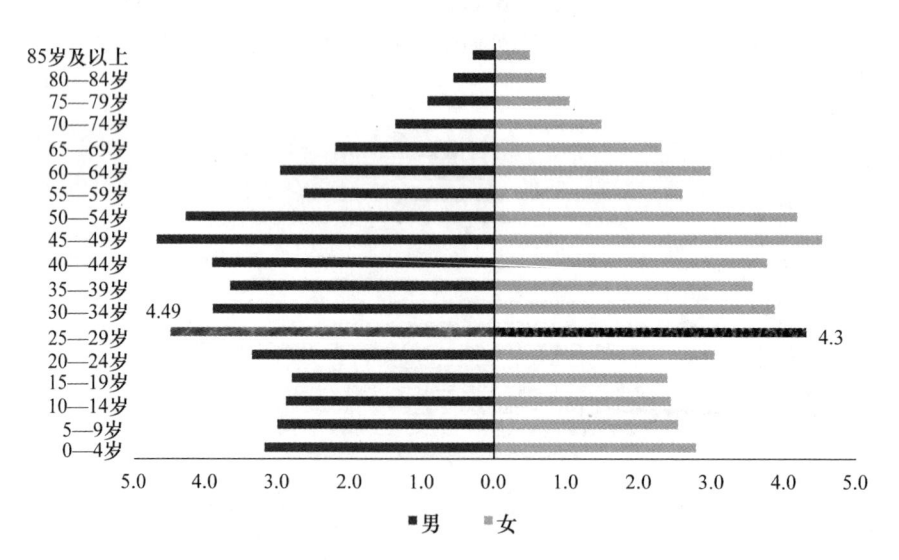

图 3 – 16　2017 年我国人口年龄金字塔中 25—29 岁人口的占比情况（单位:%）

注：1. 图中数据为该年龄段男/女占总人口数的百分比。

2. 数据来源：2017 年《中国统计年鉴》。

3. 图中标明数值的是 25—29 岁年龄组的占比情况。

表 3-7　　　　新生代农民工文化程度与收入二分类的交互表

文化程度	月收入 5000 元及以下①	月收入 5000 元及以上②	②/①
未上学	7	2	0.286
小学	18	6	0.333
初中	344	174	0.506
高中及中专	135	36	0.267
大学专科	54	17	0.315
大学本科及以上	90	42	0.467
总计	648	277	0.427

数据来源：2016 年 1 月本课题抽样调查数据。

注：文化程度与收入二分类的卡方检验结果：卡方值为 11.703，P 值为 0.039。

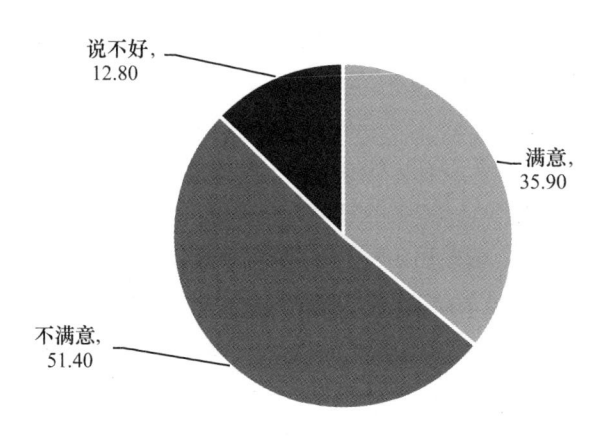

图 3-17　新生代农民工对自己当前学历的满意度（单位:%）

数据来源：2016 年 1 月本课题调查数据。

四　教育培训机制的"应试化"与"精英化"

教育培训机制的"应试化"。随着国际竞争的加剧和我国人口结构的深刻变化，我国的产业发展模式亟待由高资源消耗、高资本投入、低人力成本的初级阶段转向低能耗、低污染、高附加值的高级阶段，这就倒逼着我国必须由人口红利转向人才红利，倒逼我国各类人才的创造力、创新性必须要提高，倒逼我国的教育内容必须由应试教育、填压式和灌输式向

148　第三篇　问题与障碍

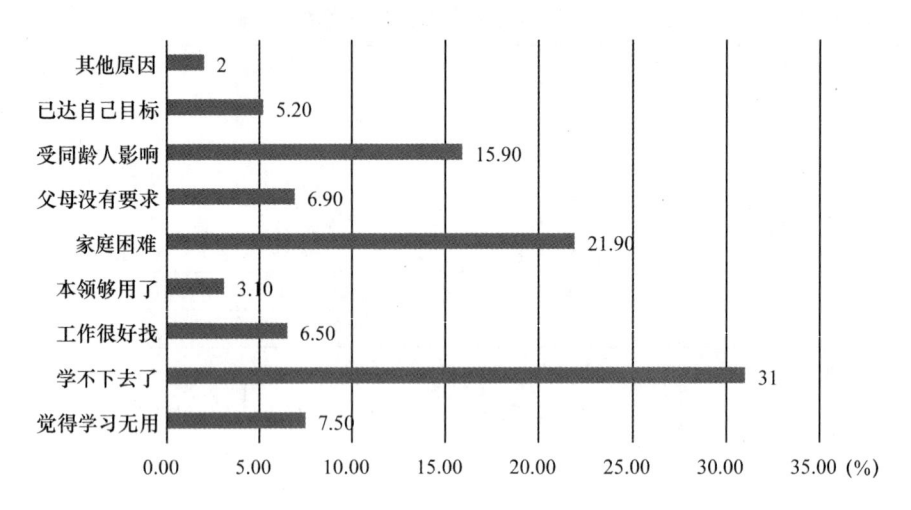

```
其他原因       2
已达自己目标   5.20
受同龄人影响  15.90
父母没有要求   6.90
家庭困难      21.90
本领够用了    3.10
工作很好找    6.50
学不下去了    31
觉得学习无用  7.50
```

图 3 – 18　新生代农民工停留在当前学历、没有继续再上学的原因（单位:%）

数据来源：2016 年 1 月本课题调查数据。

"学历与专业并行"和"学习力与创造力"并行转变。长期以来，我国的学校教育以考分为导向，学生的创造性和实践性相对不足，社会责任感不强，学习的积极性受到影响。2016 年本课题调查数据显示，当问及为何不继续学习时，新生代农民工有四成学生回答"学不下去了"和"觉得学习无用"。在调研中，新生代农民工提到职业教育培训内容与实际生产和就业匹配度不高，培训缺乏针对性和实效性等现实问题。本课题调查数据显示，当问及"目前需要的培训内容是什么"时，36.90% 的新生代农民工反映亟须专业技术方面的培训，23.20% 的被访者反映需要人际沟通能力的培训，22.30% 的被访者反映需要创业知识的培训，这也从一个侧面反映了我国教育培训体系对受训者的吸引力和供需之间的结构性错位。脱离社会需求的人力资本提升活动会让新生代农民工看不到人力资本的预期收益，最终将减缓人力资本提升的进程。①

教育培训机制的"精英化"倾向。我国目前的非义务教育在家庭收入和社会地位上存在一定的选择性，特别是高等教育。2016 年本课题调查数据显示，当新生代农民工被问及"为何停留在当前学历、没有继续

---

① 胡同泽、文莉：《农民工人力资源现状评述及其开发研究》，《经济体制改革》2006 年第 6 期。

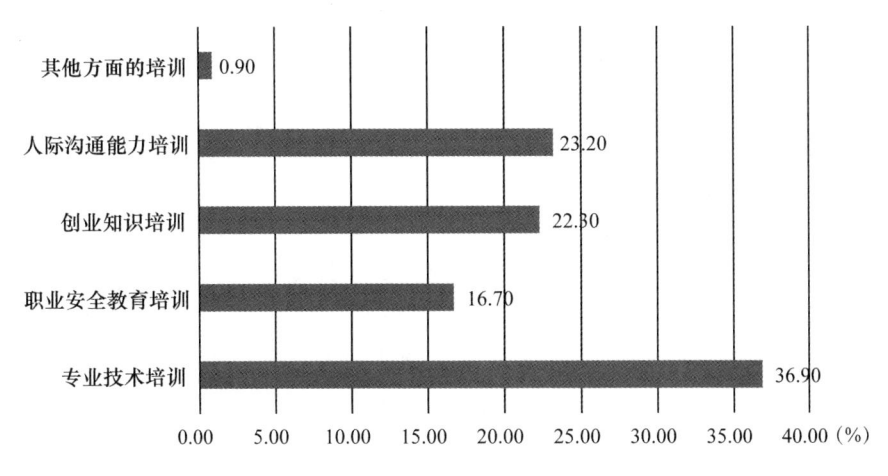

培训类型	百分比
其他方面的培训	0.90
人际沟通能力培训	23.20
创业知识培训	22.30
职业安全教育培训	16.70
专业技术培训	36.90

图 3-19 新生代农民工目前需要的培训内容（单位：%）

数据来源：2016 年 1 月本课题抽样调查数据。

上学"的原因时，居然有两成以上的被访者回答"家庭困难"。由此可见，目前的教育培训机制对底层人群向上流动的帮扶作用是相对有限的。

五 企业投入机制的投机性和应急性

企业人力资本投资的投机性。由于人力资本投资具有一定的流动性和不确定性，而且人力资本积累与本人是不可分割的，因此，这就造成企业进行员工的人力资本投资具有风险。面对这样的情况，现实中的企业经常采用的是投机性的人力资本投资，头痛医头、脚痛医脚，这就进一步加剧了企业内部的核心人力资本既短缺又易流失的窘境。2016 年本课题调查数据显示，当新生代农民工被问及"最后获得的职业技术等级是由谁来培训的"这一问题时，在各类人力资本投资和培训主体中，企业所占的比例仅为 26.4%，还不及社会组织对此的贡献（28.10%）。鉴于人力资本固着于人，而且企业与个人之间的权利和义务很难完全事先通过一纸契约完全约定的特点，因此，对于企业而言，应该珍视新生代农民工的人力资源和人力资本，必须重视和依托激励机制以调动新生代农民工人力资本的价值。正是因为这一激励机制的客观存在，所以对于新生代农民工投资，企业不能也不应以投机心理来对待之。

企业人力资本投资的应急性，批发零售业和建筑业中的企业尤为明显。2016年本课题调查数据显示，在新生代农民工"与企业签订劳动合同的比例"这项指标上，居然依然有18.30%的被调查者没有与企业签订劳动合同，签订一年以下劳动合同的比例也达到10.50%，而且不给就业者签订合同的企业给予新生代农民工的工资最底，月均收入为3490.5元；从行业上看，在批发零售以及建筑业中，不签订合同的企业最多。本课题调查数据显示，在批发零售业中就业的新生代农民工，26.9%的人没有签订劳动合同。在建筑业中就业的新生代农民工，25.3%的人没有签订劳动合同；从学历构成来看，不需要职业技能证书的企业，招收的低学历劳动者更多。本课题调查数据显示，78.7%的初中及以下学历者选择在无职业技能证书需求的企业里就业，而仅有49.8%的大专及以上学历者选择在无职业技能证书需求的企业里就业。这在一定程度上反映了部分企业员工培训缺少长远规划，仅仅对于当前生产线需要的技术进行岗前培训，应景性特征明显。与此同时，劳动合同的签订也同步影响到"五险一金"的参保状况，进而进一步影响健康人力资本。本课题调查数据显示，在没有签订劳动合同的新生代农民工中，参加养老保险和医疗保险的比例分别仅为28.6%和51.8%，而签订了劳动合同的新生代农民工中，参加养老保险和医疗保险的比例分别高达73.9%和89.1%。此外，本课题调查数据还显示，虽约30%的新生代农民工参加了职业技能培训，但不到一半（47.10%）的受训者拿到了培训证书，这也说明企业在这一领域的监督评价机制还有待进一步强化。

表3-8　　　　　不同性质企业里新生代农民工的收入差异

	收入均值（元）	样本量（人）
无固定期限劳动合同	3995.1	122
一年以下劳动合同	3786.7	97
一年及以上劳动合同	4505.0	507
无合同	3490.5	169
不清楚	3433.3	27
合计	4144.6	922

数据来源：2016年1月本课题抽样调查数据。

注：显著性水平P值（Sig.值）为0.000。

表 3-9　　劳动合同签订与否对新生代农民工参保情况的影响

		签订了劳动合同		没有签订劳动合同		不清楚	
		数量（个）	占比（%）	数量（个）	占比（%）	数量（个）	占比（%）
养老保险	是	536	73.9	48	28.6	7	25.0
	否	189	26.1	120	71.4	21	75.0
医疗保险	是	646	89.1	87	51.8	18	64.3
	否	79	10.9	81	48.2	10	35.7

数据来源：2016 年 1 月本课题抽样调查数据。

注：显著性水平 P 值（Sig. 值）为 0.000。

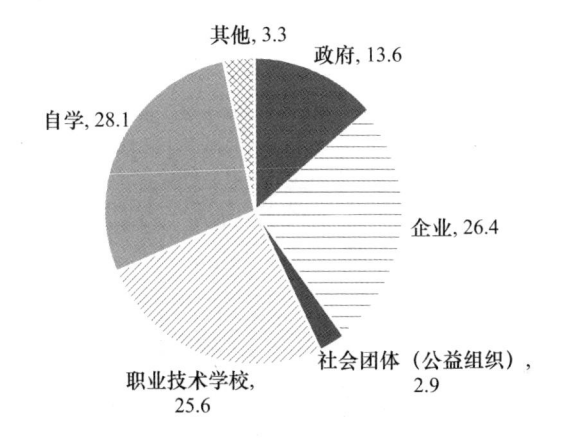

图 3-20　新生代农民工最后获得的职业技术等级是由谁来培训的（单位:%）

数据来源：2016 年 1 月本课题调查数据。

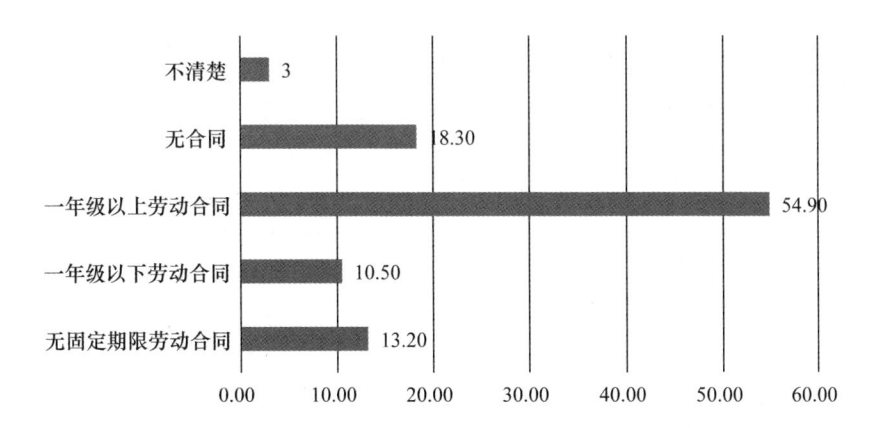

图 3-21　新生代农民工签订劳动合同的百分比分布（单位:%）

数据来源：2016 年 1 月本课题抽样调查数据。

表 3-10　不同行业就业的新生代农民工劳动合同签订情况

		制造业	建筑业	交通运输、仓储和邮政业	批发和零售业	住宿餐饮业	居民服务、修理和其他服务业	其他
无固定期限劳动合同	数量（人）	14	29	12	16	26	22	3
	比例（%）	5.4	16.7	18.5	20.5	19.0	15.6	4.3
一年以下劳动合同	数量（人）	14	21	10	7	19	21	5
	比例（%）	5.4	12.1	15.4	9.0	13.9	14.9	7.1
一年及以上劳动合同	数量（人）	193	72	39	33	56	66	49
	比例（%）	74.5	41.4	60.0	42.3	40.9	46.8	70.0
无合同	数量（人）	32	44	3	21	27	29	13
	比例（%）	12.4	25.3	4.6	26.9	19.7	20.6	18.6
不清楚	数量（人）	6	8	1	1	9	3	0
	比例（%）	2.3	4.6	1.5	1.3	6.6	2.1	.0%
合计	数量（人）	259	174	65	78	137	141	70
	比例（%）	100.0	100.0	100.0	100.0	100.0	100.0	100.0

数据来源：2016 年 1 月本课题抽样调查数据。

注：显著性水平 P 值（Sig. 值）为 0.000。

表 3-11　不同持证需求的企业里新生代农民工学历情况

		初中及以下	高中和中专	大专及以上
需要资格证	数量（人）	69	41	97
	比例（%）	12.6	24.0	47.8
无需资格证	数量（人）	432	117	101
	比例（%）	78.7	68.4	49.8
不清楚	数量（人）	48	13	5
	比例（%）	8.7	7.6%	2.5
合计	数量（人）	549	171	203
	比例（%）	100.0	100.0	100.0

数据来源：2016 年 1 月本课题抽样调查数据。

注：显著性水平 P 值（Sig. 值）为 0.000。

六　自我投资机制的"短视化"

家庭和个人投资意愿不高。自我人力资本投资与家庭收入状况、家庭规模等多种因素密切相关，这也在一定程度上影响了新生代农民工人力资本投资的总量和结构。原国家卫计委进行的 2016 年流动人口动态监测调查数据显示，从教育程度这一指标来看，新生代农民工大学大专以上的比例仅为 14.10%，虽然高于老一代农民工（3.90%），但远低于新生代非农户籍劳动力（59.50%），也低于老一代非农户籍劳动力（30.50%）。此外，学历越低的农民工，愿意涉足新行业从业的可能性就越低。因此，新生代农民工人力资本的提升幅度会因个人的畏缩态度而受限。2016 年本课题调查数据显示，初中及以下学历者明确表示愿意从事紧缺型行业的比例仅为 29.3%，而高中及中专、大专及以上学历此项比例分别达到 43.3% 和 33.8%。由此可见，学历状况在一定程度上限制了一部分新生代农民工职业规划和发展的想象力。

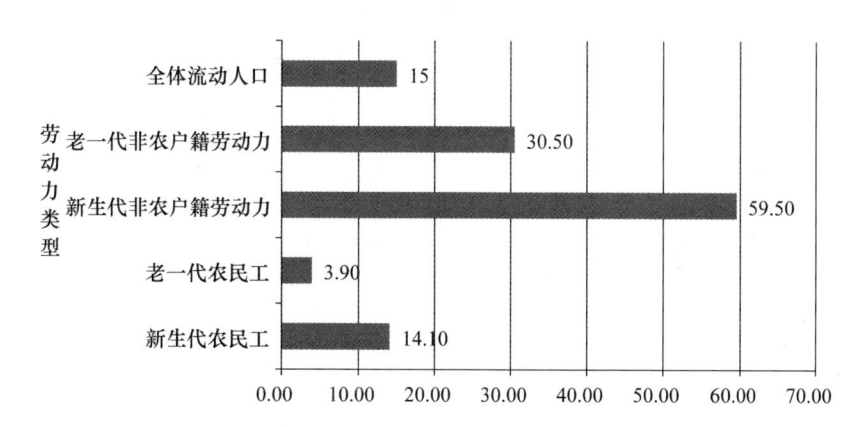

图 3-22　各类劳动力大学专科以上学历占各自总量的比例（单位:%）

注：1. 数据来源：原国家卫计委 2016 年全国流动人口动态监测数据。
2. 卡方值为 3219.2，P 值小于 0.001。

表 3-12　　　　　不同受教育程度下愿意从事紧缺型行业的态度

		初中及以下	高中和中专	大专及以上	合计
愿意从事紧缺型行业	数量（人）	161	74	68	303
	比例（%）	29.3	43.3	33.8	32.9
无所谓	数量（人）	315	70	99	484
	比例（%）	57.4	40.9	49.3	52.6%

续表

		初中及以下	高中和中专	大专及以上	合计
不愿意从事紧缺型行业	数量（人）	73	27	34	134
	比例（%）	13.3	15.8	16.9	14.5
合计	数量（人）	549	171	201	921
	比例（%）	100.0%	100.0%	100.0%	100.0%

数据来源：2016年1月本课题抽样调查数据。

注：显著性水平P值（Sig.值）为0.002。

综上所述，我国新生代农民工人力资本投资之所以会面临如此之多的困难和矛盾，究其原因，可以在一定程度上归结于以上提及的六个方面的机制障碍，这也是未来优化提升新生代农民工人力资本的关键所在。接下来，本书进一步以关键人群和关键行业为典型案例，进行新生代农民工人力资本的深入分析，以期更加精准地把握新生代农民工人力资本的时代特征。

第四篇　关键要素与关键行业

第七章　学历教育会影响技能获得吗？

目前，新生代农民工已占到全部农民工总量的"半壁江山"（2017 年农民工监测调查报告为 50.5%①），在可以预见的未来，随着老一代农民工自然地退出就业行列，这个比例还将持续攀升。新生代农民工势必在将来的经济社会发展中起到更加举足轻重的作用。然而，新生代农民工的人力资本整体不高，如何有效提高其资本积累，就成了现实层面不可回避的重大课题。人力资源和社会保障部印发的《新生代农民工职业技能提升计划（2019—2022 年）》明确提出，要加强新生代农民工职业技能培训。新形势下，促提升、稳就业的挑战更加严峻，任务更加紧迫，责任更加重大。

长期以来，在人力资本积累的认识上，以往的文献都不约而同地强调培训、教育的重要性，并集中地关注培训意愿及其影响因素，似乎表明只要提高培训意愿就能提高新生代农民工的技能水平，筑牢夯实新生代农民工人力资本的地基。然而，在人力资本积累的路径上，培训意愿到技能获得之间还有很长的链条，也并非所有的技能获得都要经过正规的培训途径。事实上，很多的调查表明，新生代农民工的培训意愿都很高涨，与之鲜明对比的是，新生代农民工的技能水平仍然不高，人力资本仍然不够。② 那么，是什么影响了新生代农民工最终的技能获得？培训意愿、学历水平与新生代农民工的技能获得又表现出怎样的关系呢？

---

① 不同的调查结果有异，但都在最近几年得出 50% 左右的结果。
② 这也包括本书的调查。调查结果显示，有培训意愿的比例高达 78.59%，而获得技能证书的比例仅为 26.27%。

一 文献回顾与理论建构

(一) 人力资本理论与新生代农民工

人力资本理论的思想渊源可谓众说纷纭，但有一点则是明确的，即建立现代意义上的"人力资本"（humancapital）理论并将之发扬光大的，应当归功于 Mincer、Schultz 和 Becker 等人在 20 世纪 60 年代前后的研究工作。其后，新经济增长理论代表人物 Lucas 进一步建立了以技术内生化增长模型为中心的人力资本理论，并开辟了人力资本同经济发展关系研究的新境界。然而，即便到今天，有关"何谓人力资本"的争论仍然没有停止。如果给人力资本一个最为宽泛的定义——凝结在人身上的各种体力、健康、知识和技能等，那么一个比较有共识性的认知是，劳动者的基础教育与跟工作直接相关的技能是人力资本的主要构成部分。

随着 20 世纪 80 年代及以后出生的新生代农民工逐渐在新老更替中补充和替代更早出生队列的劳动者，新生代农民工的人力资本（积累）及其将在未来的劳动供给和经济发展中扮演的角色就自然地受到更加广泛和持久的关注。社会的需要总是催生学术研究的最强大甚至是第一位的内在动力。有关新生代农民工人力资本的学术文献自然不在少数——从探讨新生代农民工的人力资本现状到新生代农民工人力资本积累存在的问题与如何实现其人力资本的累积，继而演变出了从现状到问题再到改进策略的一套完整的研究路径。

然而从细处着眼，不难看出，现有文献疏于对技能获得的直接考察，很少有研究详细地探讨过学历教育、培训意愿对技能获得的实证影响。相反，很多文献专注于探讨技能培训（意愿）的影响因素，并认为学历教育是影响培训意愿的重要因素；或者将技能培训与学历教育同时当作自变量以考察二者各自对收入等其他变量的影响差异。不仅如此，目前有关技能培训（意愿）和受教育程度的关系，研究结论并不一致。比如，丁煜等认为，受教育程度与农民工是否参加职业技能培训之间显著正相关；而徐家鹏的研究则显示，受教育程度与接受职业技能培训意愿之间呈负向关系，且其可能的原因在于受教育程度越高的新生代农民工外出务工的收入可能越高，得到工作的机会越大，选择也就越多，所以受教育程度比较高的农民工，其职业技能培训意愿比较低。仅有的几篇着眼于探讨培训效果的文献，其共同点都在于将培训效果的优劣与农民工是否增加了收益联系起来。比如，丁煜等在评估农民工参加职业技能培训的综合效果时，认为农民工参加中高等级的技能培训具有较高的收益率，这些培训对农民工的就业稳定性和城市适应性都有影响。区晶莹等在考察农民工技能培训效果时则直截了当地将"效果"定义为收益与成本的比值。李实、杨秀娜在考察农民工培训效果时，得出参加培训使农民工工资提高了6%，且女性收益率高于男性。毫无疑问，这些文献的培训"效果"同本书所强调的培训"结果"，即培训是否合格或者是否获得技能证书还是有区别的，这就让我们进一步直接检验学历教育、培训意愿与培训结果、技能获得的关系研究显得更具意义。尽管我们承认对技能培训意愿的影响因素研究是格外重要的，但疏于对技能培训结果及其影响因素的考察则不利于我们厘清和建构人力资本的积累路径，毕竟培训意愿的提高到培训合格甚至最终获得技能（证书）还有很长的链条——谁能保证高涨的意愿就能得到预期的结果呢？为此，本书将直接考察培训意愿、学历教育对培训结果、技能（证书）获得的影响，以期为人力资本积累路径的建构寻求理论基础。

（二）分群思维与分段视角

"因材施教"被奉为教育领域的圭臬。这在新生代农民工人力资本积累理论中似乎也同样适用。同样适用的基础在哪里呢？毫无疑问，在所有获得技能（本书把"获得技能"定义为培训合格或者获得了技能资格证书这两种情况）的新生代农民工中，有"接受培训"与"未接受培训"的差别。对于前者，通常以培训合格（即得到培训方认可）为技能获得的标志，而后者通常以拥有技能（资格）证书为标志。在通往技能获得的道路上，前者以正规培训为渠道，后者往往以自学为媒介。因此，二者存在被归为不同群体的基础。

另外，正如引言部分所述，从培训意愿到真正的技能获得还有很长的链条。对于任意接受培训的新生代农民工个体而言，至少存在两阶段的风险：第一阶段"是否接受过培训"，第二阶段"培训是否合格"。

基于以上分群与分段的论述，本章的理论框架可通过图4－1进行展示。首先，对全体样本进行"是否接受过培训"的影响因素检验，以区分出学历教育、培训意愿在控制了其他变量的情况下对"是否接受过培训"的影响是怎样的。其次，将全体样本分为"接受培训"与"未接受培训"两大样本，然后分别对接受培训样本进行"培训是否合格"的影响因素检验，以及对未接受培训样本进行"技能证书获得与否"的检验。显然，对于接受培训组而言，影响因素里面理当包含培训内容的相关变量；而未接受培训组，则不应包含培训内容的相关变量。通过分样本这种既有差异又有共性的回归分析，我们可以检验学历水平、培训意愿分别对二者的效用。

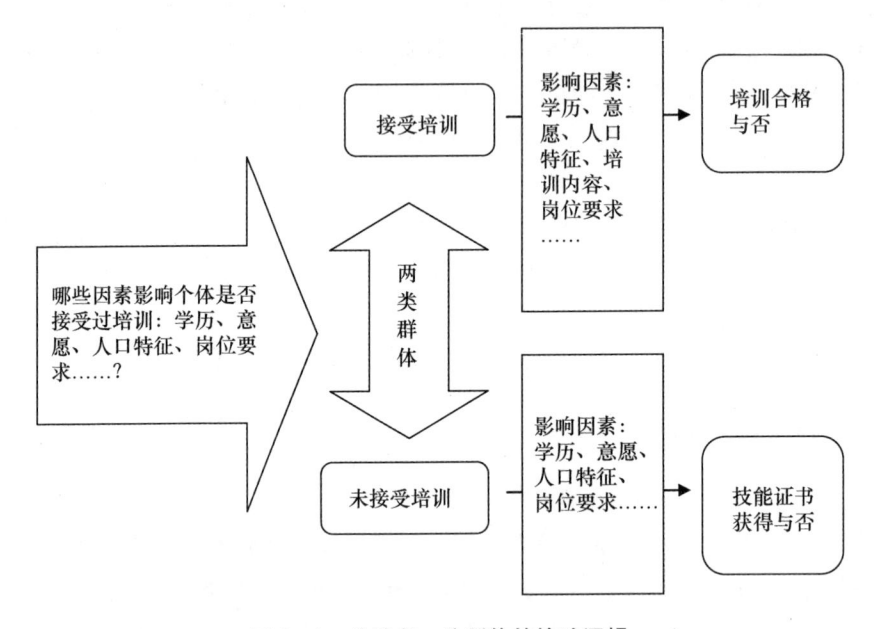

图 4-1 分阶段、分群体的检验逻辑

二 核心概念、数据与实证技术

"技能获得"，如前所述，我们将"获得"当作结果加以考察。下文用"培训是否合格"、"个体是否获得技能资格证书"加以操作化，以衡量个体是否获得（受到认可的）技能[①]，其中，"培训是否合格"用以检验那些接受了培训的个体，考察其培训意愿、学历水平及其他协变量同培

---

① 有研究认为，技能证书只不过是"一纸文凭"，拥有证书并不意味着技能就合格了。本书并不否定这种看法。但我们认为，目前还没有更简洁的指标能够有效测量技能是否合格。总体来说，"一纸文凭"比没有文凭当更具技能水平。

训结果的关系;"个体是否获得技能资格证书"用以检验那些未接受培训的新生代农民工,考察其培训意愿、学历水平及其他协变量同技能证书获得的关系。显然,二者都是二分变量,1代表培训合格或拥有资格证书,0代表培训不合格或未拥有资格证书。

"培训意愿",这里定义为个体对培训所持的态度,样本中分为"有必要培训"和"没必要培训"两类情况。

"学历教育",这里指受教育水平,用1、2、3、4依次分别代表初中及以下、高中及中专、大学专科、大学本科及以上四类受教育水平。

本部分数据来源于课题组对全国层面新生代农民工人力资本状况的抽样调查。方法上,我们首先对全样本的培训与否进行回归,以考察哪些因素会影响个体最终是否参加过培训。其次将全样本分为"接受培训"的样本和"未接受培训"的样本,分别检验"接受培训"的样本培训合格与否的影响因素,以及"未接受培训"的样本获得技能证书与否的影响因素。由于因变量(培训与否/是否拥有技能证书/培训是否合格)均为二分变量,故采用 logistic 回归。其定义式为:

$$logit(\rho_i) = ln\left(\frac{\rho_i}{1-\rho_i}\right) = X'\beta + \varepsilon \cdots\cdots \quad (1)$$

式中 $\frac{\rho_i}{1-\rho_i}$ 表示事件发生的概率与不发生的比,称为"发生比率"(odds),X'、β、ε 分别表示自变量向量、相应自变量的系数向量、残差向量。

由于缺乏培训意愿、技能获得的决定因素方面的权威理论,所以在控制变量选取方面,在参考技能培训意愿研究相关文献的变量选取基础上,我们结合课题组调查的问题设置,将新生代农民工的人口学特征(年龄、年龄的平方、性别、婚姻状况)、岗位要求(岗位对证书是否有要求)、培训内容(品德素质、创业知识、职业安全、实践技能、政策法规)三个层次的变量作为控制变量纳入模型。

三 统计结果

(一)变量描述

表4-1显示了本研究所纳入方程的各变量(包括自变量和因变量)

的分布及统计描述情况。表中显示，新生代农民工样本中，拥有职业技术资格证的比例仅为 26.27%，培训合格的比例仅占所有接受培训者的 47.15%，而接受培训者仅占所有新生代农民工的 28.86%；从受教育水平上看，新生代农民工群体初中及以下学历者成为主体，占比接近 60%。从这两个要素来看，大致可以判断新生代农民工在人力资本存量上确实比较弱势。在其他控制变量上，新生代农民工所在岗位需要技能资格证书的比例为 22.38%，这似乎表明他们所从事的岗位本身就是不需要多少人力资本积累的岗位。不过，与岗位本身的要求有别的是，新生代农民工自身对参加职业技能培训还是抱有很高的期待，其中认为有必要参加技能培训的比例占到了 78.59%。从年龄来看，新生代农民工都是 1980 年以后出生人口，其平均年龄在 27 岁左右。

表 4-1　因变量、主要自变量和控制变量的分布情况（N=925）

变量	分类	频数/均值	比例/最小值	有效比例/最大值	有效累积比例/标准差
证书	无	682 人	73.73%	73.73%	73.73
	有	243 人	26.27%	26.27%	100
培训结果	不合格	139 人	52.85%	52.85%	52.85
	合格	124 人	47.15%	47.15%	100
是否培训	否	658 人	71.14%	71.14%	71.14
	是	267 人	28.86%	28.86%	100
人口学特征	年龄	27.78 岁	17 岁	36 岁	3.90
	年龄的平方	786.68	289	1296	219.54
性别	女	309 人	33.41%	33.41%	33.41
	男	616 人	66.59%	66.59%	100
婚姻[b]	未婚	488 人	52.76%	52.76%	52.76
	曾婚	437 人	47.24%	47.24%	100
受教育程度[a]	初中及以下	551 人	59.57%	59.57%	59.57
	高中及中专	171 人	18.49%	18.49%	78.05
	大专	71 人	7.68%	7.68%	85.73
	本科及以上	132 人	14.27%	14.27%	100
岗位要求[c]	不需要	718 人	77.62%	77.62%	77.62
	需要	207 人	22.38%	22.38%	100
培训意愿	没必要	198 人	21.41%	21.41%	21.41
	有必要	727 人	78.59%	78.59%	100

续表

变量	分类	频数/均值	比例/最小值	有效比例/最大值	有效累积比例/标准差
培训内容					
品德素质[d]	无	184 人	69.7%	69.7%	69.7
	有	80 人	30.3%	30.3%	100
创业知识	无	242 人	91.67%	91.67%	91.67
	有	22 人	8.33%	8.33%	100
职业安全	无	82 人	31.06%	31.06%	31.06
	有	182 人	68.94%	68.94%	100
实践技能	无	116 人	43.94%	43.94%	43.94
	有	148 人	56.06%	56.06%	100
政策法规	无	255 人	96.59%	96.59%	96.59
	有	9 人	3.41%	3.41%	100

注：1. 本表将原始数据中未上过学、小学和初中合并为初中及以下；

2. 本表将原始数据中在婚、离异和丧偶合并为曾婚；

3. 本表将原始数据中"不需要"和"不清楚"合并为"不需要"。

4. 调查问卷中的培训内容包括五个方面，其中，品德素质培训指有关品德纪律、沟通协调、为人处事的培训。

（二）回归结果

1. 是否接受过培训的影响因素

表 4-2 显示了"是否接受过培训"的回归结果。从中可以看出：

第一，个体的基本人口学特征，即性别、婚姻状况和年龄都与是否接受过培训无关。回归结果显示，在控制了其他变量的情况下，男性接受培训的发生比率与女性接受培训的发生比率并无统计上的显著差别；曾婚者相对于未婚者、年长者相对于年弱者，在接受培训的发生比率上，也没有统计上的显著差异。

第二，受教育程度并不影响个体是否接受过培训。在控制了个体的性别、婚姻、年龄、岗位要求、培训意愿变量后，无论是高中及中专组、大学专科组，还是更高层次的大学本科及以上组，其接受培训的发生比率都不会显著地高于初中及以下组，即回归结果显示，所有实验组发生比率都接近 1，且 P 值都大于 0.1，即在 90% 的水平上都不显著。

第三，个体的培训意愿即个体对接受培训是否必要的认识，显著地影响个体是否接受过培训的行为。回归结果显示，在控制了其他变量的情况下，认为有必要接受培训的个体，其最终接受培训的发生比率要远远大于认为没有必要接受培训的个体。在数值上，前者接受培训的发生比率是后者的 3.38 倍，且实验组和对照组在 99% 的水平上统计显著。

第四，个体是否接受过培训受到岗位对职业资格证书要求与否的显著影响。回归结果显示，岗位对职业资格证书有要求的个体，其接受职业技能培训的发生比率是岗位没有要求的 2.88 倍，这个结果在 99% 的水平上统计显著。

表 4-2 是否接受过培训对受教育程度、培训意愿等变量的回归（N = 925）

变量	分类	OR 值（比值比）	标准误差
年龄		1.056	0.238
年龄的平方		1.000	0.004
性别（女性为对照组）	男性	1.204	0.203
婚姻（未婚为对照组）	曾婚	1.363	0.259
受教育程度（初中及以下为对照组）	高中及中专	1.299	0.274
	大学专科	1.191	0.347
	大学本科及以上	1.085	0.266
培训意愿（没必要为对照组）	有必要	3.411***	0.857
岗位要求（不需要为对照组）	需要	2.844***	0.514

注：*：$p<0.1$，**：$p<0.05$，***：$p<0.01$。

2. 培训是否合格的影响因素

如表 4-3 所示，本章进一步检验了培训结果即接受了培训者最终是否培训合格的影响因素。本章设置了 5 个回归模型，以考察人口学特征、教育程度、培训意愿及培训内容对"培训是否合格"的影响。模型（1）中，检验了除培训内容以外的变量对"培训合格与否"的影响；模型（2）在模型（1）的基础上纳入"品德素质"的培训对"培训结果"的影响；模型（3）在模型（1）的基础上纳入"创业知识"的培训对"培训结果"的影响；模型（4）在模型（1）的基础上纳入"职业安全"的培训对"培训结果"的影响；模型（5）在模型（1）的基础上纳入"实践技能"的培训对"培训结果"的影响。本书逐个地将不同培训内容变量纳入模型，而不是采取将所有培训内容变量同时纳入模型，是因为接受各项培训内容的个体并不是互斥的，比如，接受品德素质培训的个体也可能同时接受职业安全的培训，如果同时纳入模型则会使我们无法比较接受职业安全培训的个体与未接受职业安全培训的个体的差异。另外，我们没有将"政策法规"的培训纳入模型，因为参与"政策法规"培训的个体很少，仅有 9 例个案，占比仅为 3.41%（见表 4-1），不太符合变量必须有足够变异的原则。5 个模型的回归结果显示：

第一，基本人口学特征即年龄、性别、婚姻的差异与"培训合格与否"无关。5 个模型中，3 个变量的发生比率都接近于 1，且没有一个模型的 P 值达到了显著性检验的标准。

第二，受教育程度影响培训的合格与否。相对于初中及以下学历的新生代农民工，受过高中及中专教育的新生代农民工，其培训合格的发生比率最高，是前者的 7—8 倍；大学专科、大学本科及以上组的新生代农民工次之，其发生比率是初中及以下组的约 2.6 倍。不仅如此，他们都在 95% 的统计水平上显著（仅模型 4 的大学专科组例外，P 值 = 0.106）。这个结果在 5 个模型中几乎一致。

第三，岗位要求即"岗位对职业技能资格的要求与否"与"培训是否合格"之间高度相关。数据显示，岗位有要求的新生代农民工，其最终培训合格的发生比率是岗位无要求组的约 4.6 倍，且在 99.9% 的水平上统计显著。这个结果在 5 个模型中几乎一致。

第四，"培训是否合格"不依赖于个体的培训意愿。尽管在发生比率方面，有培训意愿的新生代农民工是无意愿者的约 2 倍，但在统计层面，没有一个模型的 P 值小于 0.1，意味着我们无法拒绝零假设，即二者在培训是否合格的结果上并无显著差异。

第五，培训内容对"培训是否合格"具有差异性，职业安全、实践技能的培训对"培训合格"有帮助，而品德素质、创业知识的培训对"培训合格"并无明显裨益。具体来看，在"培训是否合格"的发生比率上，接受职业安全培训组是未接受职业安全培训组的 1.988 倍，且在 95% 的水平上统计显著；接受实践技能培训组，在"培训是否合格"的发生比率上是未接受组的 1.906 倍，同样在 95% 的水平上统计显著，而品德素质、创业知识的培训与否，同"培训是否合格"不具有统计层面的显著性。当然，这并不是说品德素质、创业知识的培训不重要，结果仅表明其同"培训是否合格"的关系，而这些内容的培训可能在其他方面对培训者有帮助作用。

表4-3　培训是否合格对教育程度、培训意愿及培训内容等变量的回归

变量	分类	(1)	(2)	(3)	(4)	(5)
年龄		1.056[a]	1.050	1.051	1.062	1.052
		0.051	0.051	0.051	0.052	0.052
性别	男性	0.824	0.743	0.813	0.786	0.793
（女性为对照组）		0.267	0.248	0.264	0.259	0.261
婚姻	曾婚	0.978	1.002	0.981	0.922	1.039
（未婚为对照组）		0.352	0.362	0.355	0.337	0.377
受教育程度	高中及中专	7.951***	7.925***	8.113***	7.095***	7.769***
		3.250	3.255	3.346	2.939	3.224
	大学专科	2.763**	2.720**	2.861**	2.245	2.637**
（初中及以下为对照组）		1.337	1.316	1.399	1.122	1.277
	大学本科及以上	2.671**	2.634**	2.734**	2.536**	2.810**
		1.157	1.143	1.194	1.097	1.221
岗位要求	需要	4.675***	4.578	4.533***	4.993***	4.833***
（不需要为对照组）		1.429	1.407	1.392	1.573	1.516
培训意愿	有必要	2.172	1.996	2.164	1.924	1.964
（没必要为对照组）		1.373	1.275	1.371	1.241	1.239
培训内容	品德素质		0.660			
			0.216			
	创业知识			1.156		
				0.625		
（无相关培训为对照组）	职业安全				1.988**	
					0.665	
	实践技能					1.906**
						0.566
N^c		263	262	262	262	262

注：1. 每一变量的第一行数值为发生比率比（odds ratio）值，第二行为标准误差（std. err）；

2. *: $p<0.1$，**: $p<0.05$，***: $p<0.01$；

3. 进入模型（1）的案例数为263例，其余模型均为262例。

3. "是否获得技能证书"的影响因素

如前所述,表4-3展示了接受培训者最终"培训是否合格"的影响因素。表4-2的回归结果让我们了解到,培训意愿影响的仅仅是个体是否接受过培训的行为,却并不影响个体"培训是否合格"这个培训结果。这表明,个体的培训意愿并不是那么重要,至少在培训结果层面并未表现出举足轻重的地位。那么,对于没有接受培训者,他们最终获得技能(资格证书)与否,受哪些因素影响?其与培训意愿和学历教育的关系又是怎样的呢?为此,我们在全体样本中筛选出未接受培训的个体,并加以检验,回归结果如表4-4所示。

表4-4 是否拥有证书对受教育程度、培训意愿等变量的回归 (N=658)

变量	分类	odds ratio[a]	std. err
性别(女性为对照组)	男性	0.857	0.242
婚姻(未婚为对照组)	曾婚	1.248	0.422
年龄		0.470**	0.150
年龄的平方		1.014**	0.006
受教育程度(以初中及以下为对照组)	高中及中专	2.442**	0.846
	大学专科	7.599***	3.299
	大学本科及以上	0.962	0.412
培训意愿(没必要为对照组)	有必要	1.118	0.383
岗位要求(不需要为对照组)	需要	10.858***	3.228

注:*: $p<0.1$,**: $p<0.05$,***: $p<0.01$。

第一,就个体的人口学特征而言,新生代农民工是否获得证书与个体的年龄相关,而与性别、婚姻无关。回归结果显示,在获得证书与否方面,已婚者相对于未婚者、男性相对于女性,都未表现出统计层面的差异;而新生代农民工的年龄、年龄的平方都在95%的统计水平上与是否获得证书有关。这符合Mincer(明瑟)等的经典人力资本理论中有关人力资本同年龄呈类似抛物线关系的描述。当然,这个结果和表4-3的回归结果稍显差异——表4-3中培训是否合格与年龄是无关的。该如何解释这种差异呢?这或许就是培训与否的差异了——那些没有经过正规培训的个体,不得不通过自己摸索和时间的沉淀去累积经验,年龄的增长正是累积经验的过程,而接受正规培训的个体则抵消了年龄的效应。

第二,受教育程度对新生代农民工是否获得技能证书的影响存在差异。相对于初中及以下组而言,高中及中专、大学专科组具有明显的优势,而大学本科及以上组则无统计上的显著差异。具体而言,高中及中专组,其获得技能证书的发生比率,是初中及以下组的约 2.4 倍,且在 95% 的水平上统计显著;大学专科组获得技能证书的发生比率更是初中及以下组的约 8 倍,且在 99% 的水平上统计显著;但是,大学本科及以上组在获得证书的发生比率上几乎与初中及以下组相当,甚至略低(发生比率略低于1,仅为 0.962),且统计不显著。这同表 4-3 的结果大相径庭。为什么大学本科及以上组就不显著了呢?这种差异同样应可归于接受培训与否的差异——接受培训个体由于得天独厚的学历优势,培训合格的可能性理所当然地更高;而未接受培训的本科及以上高学历者,更可能在职场上得心应手,他们不需要谋求证书来证明自己胜任工作的能力。事实上,恰恰是这种差异佐证了回归结果在逻辑上的一致性——学历的确不是个体是否选择培训的因素,而更可能决定于岗位的需要。岗位如果需要,高学历者也会参加培训,并更可能培训合格;岗位如果不需要,高学历者凭借自身的学历优势已足以胜任工作,自然无需谋求获得技能证书。这或许是社会上很多岗位只对本科及以上学历开放而导致的学历门槛效应。当然,学历的门槛效应可能不仅仅表现为此,还可能表现为,部分职业资格本身就需要一定的学历水平作为门槛,即不具备相应的学历水平是没有资格报名接受职业资格(证书)考核的。

第三,培训意愿不影响个体"是否获得技能证书"。回归结果显示,认为有必要培训的新生代农民工,其获得技能证书的发生比率仅仅是认为没必要者的约 1.1 倍,且前者与后者也没有统计层面的显著差别。

第四,"岗位对证书的要求与否"仍然同个体"是否获得技能证书"显著相关。数据显示,在需要证书岗位上的新生代农民工,其获得技能证书的发生比率是不需要者的约 11 倍,且在 99.9% 的水平上统计显著。这同前面的回归结果和解释是一致的。

(三)学历教育、培训意愿与技能获得的关系及其人力资本积累

通过以上的实证检验,我们可以看出,学历教育、培训意愿与技能获得的关系展现出了比以往研究更为复杂的图景。为更加清晰地展示这种关

系，我们构建了如图 4-2 所示的人力资本积累关系图。

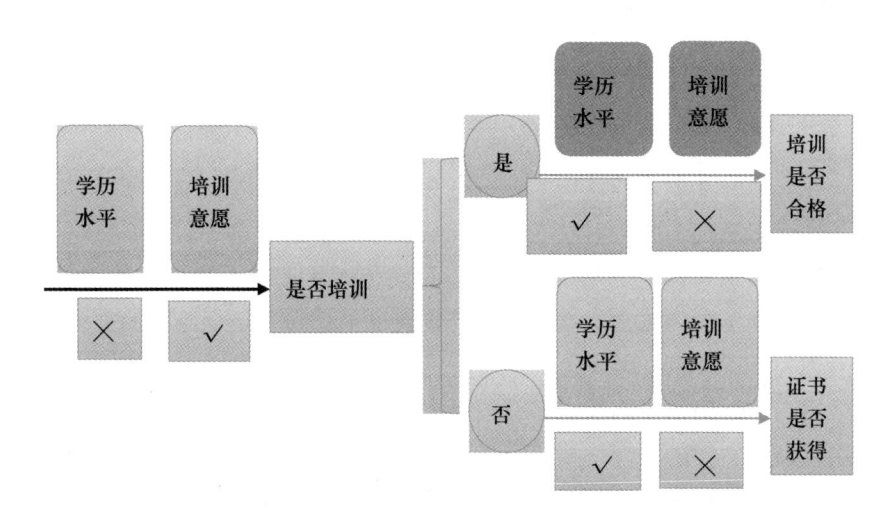

图 4-2　学历教育、培训意愿与技能获得的分段与分群效应

如果用"培训是否合格"和"证书是否获得"作为考察"是否获得技能"的结果指标，那么接受培训仅仅是技能获得的两种途径之一——显然，样本中还有 70% 以上的新生代农民工没有接受过技能培训，这部分新生代农民工通过其他方式（如自学，接受正规的大、中专学历教育）最终有约 14% 的个体获得了技能资格证书。概括起来，学历教育、培训意愿与技能获得三者的关系如下：是否培训不受学历水平的影响而受培训意愿的调节；培训是否合格、证书是否获得在不同学历水平的新生代农民工中出现分野，但与培训意愿无关。换句话说，培训意愿仅仅影响新生代农民工是否参与过培训，而即便有较强的培训意愿也不能提高其培训合格或者获得技能证书的可能——即技能获得与否（培训是否合格、证书是否获得）与培训意愿无关。

尽管我们对"人力资本"的构成要素仍有争论，对学历教育如何影响技能获得仍不明了，然而我们认为学历教育虽然不教授实在的专业内容（大中专教育应该是通识教育和技能培养并重），但整个教育环节实质上是对个人思维方式和能力的培养，这为个人更快更好地掌握某项专业技能打下了坚实基础。另外，岗位有需要更可能激发个体接受培训并努力获得资格证书、技能认可，成为既影响过程又影响结果的重要因素。在接受培训的个体中，培训的具体内容也至关重要，其中"职业安全"和"实践技能"的培训对培训合格大有裨益。

四 讨论

在人力资本积累的认识中，一直存在割裂看待人力资本积累路径的倾向，并突出表现为强调对技能培训及其意愿的影响因素的研究而忽略了对技能培训结果及其决定要素的探讨。为此，本章考察了技能获得的概况，并实证检验了学历水平、培训意愿与技能证书获得、培训结果的关系。主要发现为：

第一，学历水平与是否接受过培训之间统计不显著。在控制了个体的性别、婚姻、年龄、岗位要求、培训意愿变量后，无论是高中及中专组、大学专科组，还是更高层次的大学本科及以上组，其接受培训的发生比率，与初中及以下组相比，都没有统计上的显著差别。

第二，培训意愿即个体对接受培训是否必要的认识，与个体是否接受过培训的行为显著关联。回归结果显示，在控制了其他变量的情况下，平均来说，认为有必要接受培训的个体，其最终接受培训的发生比率要远远大于认为没有必要接受培训的个体——数值上，前者接受培训的发生比率是后者的3.41倍，且实验组和对照组在99%的水平上统计显著。

第三，培训合格与否、技能证书获得与否，受学历水平等因素的影响而不受培训意愿的调节。对于接受培训的个体而言，有培训意愿组与没有培训意愿组，在培训合格与否上，没有统计上的显著差别；相对于初中及以下学历组，高中及中专、大学专科、大学本科及以上组，其培训合格与否的发生比率都显著更高，且统计显著。对于未接受培训者而言，在是否获得技能证书的发生比率上，有培训意愿与无培训意愿组，没有统计上的显著差别；学历层面，高中及中专组、大学专科组，获得技能证书的发生比率要显著高于初中及以下组，且统计显著，但大学本科及以上组与初中及以下组相比，没有显著差异。

第四，培训合格与否、技能证书获得与否，与培训内容、岗位要求相关。对于接受培训的个体，参与职业安全培训、实践技能培训组，均比未参与组的培训合格发生比率要高，且统计显著；岗位有技能证书要求组与岗位无技能证书要求组相比，前者的培训合格发生比率要显著高于后者，且统计显著。对于未接受培训的个体而言，虽然不存在培训内容的差别，但岗位有技能证书要求组与岗位无技能证书要求组相比，其培训合格的发生比率同样显著高于后者，且统计显著。

以往的研究认为，受教育程度与技能培训有可能是正相关关系，也可能是负相关关系。和以往的研究结果有所区别，本章的回归结果表明，新生代农民工是否接受过培训与学历水平统计无关，而更多地受到培训意愿和岗位要求的影响。或许这种结果更符合现实的写照，较好地解释了为什么新生代农民工在比老一代农民工受教育程度大幅度提高的情况下，二者接受培训的比例却仅仅相差不到 4 个百分点。以往的研究鲜有直接探讨培训意愿、学历水平同技能获得这个结果的相互关系。然而，当我们直接考察"结果"时，培训意愿的影响消失了——它既不影响接受培训者最终培训是否合格，也不影响未接受培训者最终是否获得技能证书。这又进一步地解释了为什么当前培训意愿高涨的情况下，新生代农民工依然技能短缺的困境。虽然以往的研究也都呼吁既要提高学历水平又要提升个体培训意愿，但这些研究并未说明培训意愿和学历水平在技能获得的路径中有着明显的分段效应。其现实含义在于，既要通过提升培训意愿鼓励大家接受技能培训，又要下功夫解决怎么把新生代农民工培训合格的问题，还要花大力气促进未接受培训者通过自学等其他方式获得技能。比如，在解决怎么把新生代农民工培训合格的问题上，文章的回归结果显示，职业安全、实践技能的培训有助于培训合格率的提升，因此要把这两个方面的培训贯穿始终。

第八章 新生代农民工公共职业技能培训参与的影响因素

一 新生代农民工职业技能提升困境

改革开放以来,我国流动人口增加的规模之大、速度之快令人惊叹,而其中最突出的表现即为从农村向城市地区的人口流动。大量农村劳动力涌入城市寻找就业机会,成为中国保持近四十年经济高速增长的重要推动力。近年来,随着老龄化和少子化趋势的出现,新增劳动力数量开始减少,人口流动的规模也基本达到顶峰,中国劳动力成本的比较优势开始丧失,出现了短暂的"民工荒"和劳动密集型行业向东南亚等地区转移的问题。无论劳动力供给数量和结构如何变化,农民工的人力资本和技能水平提升问题至关重要。最新调查显示,我国农民工接近2.9亿人,其中外出农民工规模为1.7亿人[1],该群体占我国劳动年龄人口总量的30%以上。但值得注意的是,虽然农民工群体的数量规模庞大,但主要从事制造业、建筑业等劳动密集型行业,普遍存在文化程度较低、专业技能水平较差的问题(张士斌,2009;全国总工会新生代农民工课题组,2010),难以满足新时代的产业发展需求。如果在产业升级之后农民工职业技能水平还保持在较低的程度,有可能造成大范围的结构性失业问题。因此,提升农民工职业技能水平,不仅有助于解决新型城镇化过程中"农民上楼"后的可持续发展问题,同时更加直接关系到产业结构转型与升级顺利与否。

从长期发展能力看,老一代农民工和新生代农民工各方面的差异都

---

[1] 国家统计局:《农民工监测调查报告》(http://www.stats.gov.cn/tjsj/zxfb/201704/t20170428_1489334.html)。

比较大（刘传江、徐建玲，2006；和震、李晨，2013）。老一代农民工存在年龄偏高、文化程度偏低、健康水平偏差等问题，同时随着年龄增长也存在即将退出劳动力市场的问题，在流入地长期居住的意愿相对较弱，未来返乡养老的可能性较高；新生代农民工文化程度普遍在初中及以上，学习能力较强，同时未来劳动供给时间也更长，有的甚至刚刚进入劳动力市场就业，职业技能培训①对未来中国劳动力素质的整体提高影响较大。同时，新生代农民工更加适应城市的生活方式，且具有长期居留的意愿，就业质量的高低直接关系到其生活质量的高低，进而影响城市社会发展与稳定。尽管如此，我国针对农民工就业的培训仍显不足，一方面是缺少高质量的培训服务，存在常态培训机制未建立、财政经费到位困难、培训师资严重不足、培训内容与市场需求不匹配等问题；另一方面是农民工参与培训的意愿、能力和积极性不足，观念中认为培训对其就业岗位和收入变化的作用微弱（杨海芬等，2010；Fan，2010；蒋勋等，2015）。以往研究主要从政策层面分析了政府在开展农民工培训服务的过程中存在的问题，而缺少对农民工参与培训的意愿和能力的分析，对农民工参加培训意愿的影响因素分析较少。因此，本研究计划结合全国流动人口动态监测调查的数据②，对两类农民工接受培训的现状、能力和原因进行了分析，并从机会成本的视角分析家庭环境对新生代农民工职业技能提升的约束作用。

自1995年国务院开始推动小城镇户籍管理制度试点改革以来，国家政策对于人口流动和迁移的包容性不断增加。尤其是在十六大提出"消除不利于城镇化发展的体制和政策障碍"之后，国家一方面开始将取消落户限制的政策范围从小城镇拓展到中小城市和部分大城市，试图

---

① 职业技能培训分为公共和非公共培训（包括自费培训和就业单位岗前培训等）两类。本章主要讨论公共职业技能培训。

② 中国流动人口动态监测调查是目前国内规模较大的年度动态调查之一，该调查由原国家卫生和计划生育委员会组织实施，调查对象为流动人口及少量的户籍人口，每年调查的样本量基本保持在20万左右，涉及的个体样本接近50万。当然，该调查也存在一定的局限性，如问卷主要集中于个体健康水平、计划生育、基本公共卫生服务等领域，针对劳动就业领域的问题较少，只有2013年的调查设置了社会融合调查专题。该专题调查了大量的与劳动就业和社会保障相关的问题。因此，本研究使用2013年的动态调查数据，该调查使用分层多阶段PPS抽样方法，覆盖全国31个省（自治区、直辖市），调查对象为15—59周岁的流动人口，即在流入地居住1个月以上，且户籍不在流入地所在区/县/市的人口，调查总样本量接近20万人，社会融合专题子样本量为13494人。

从户籍改革的角度消除户口迁移的制度阻碍；另一方面开始关注流动人口管理服务政策的建立和完善，试图从公共服务均等化的角度消除人口流动的政策阻碍。由于大城市尤其是特大城市和超大城市的户籍准入政策短期内难以完全放开，因此，国家对于流动人口公共服务改善的关注度越来越高，各级政府从就业和社会保障、教育文化、住房服务、土地财政等多个层面开启了公共服务均等化的改革进程，使得流动人口生存环境、就业收入均得到一定的改善。然而，户籍和公共服务均等化改革在全面推进的同时，也存在显著区域差异和城市差异。我国大城市公共财政投入在不断提高，意味着大城市的公共服务能力和水平也存在相应提升，但当我们考虑到户籍与公共服务之间的高度关联性时，一个显而易见的伴生问题便出现了：在未来一段时期内大城市仍然难以放开落户限制的前提下，新生代农民工的公共服务水平如何？新生代农民工、老一代农民工、城—城流动人口和户籍人口之间接受的公共服务水平差距是在扩大还是缩小？这种差距对新生代农民工接受公共职业技能培训的影响是怎样的？这也是本部分所关注的主要问题。

二　农民工培训参与的微观影响因素

（一）研究方法和分析框架

1. 模型构建

本研究最为关注的问题是农民工是否参加政府提供的公共职业技能培训，该问题可以作为虚拟变量进行分析，因此在方法选择上不考虑使用常用的 OLS 回归方法。之所以不使用线性概率模型的主要原因是，该模型的预测结果可能存在超出正常值域的情况，如参加培训的概率小于 0 或者大于 1，这类结果在分析过程中与经验事实不符且难以解释。因此，可以基于一般线性模型的原理对因变量进行线性转换，最直接的方式是把接受培训的概率值 $P(Y=1)$ 转换为接受培训的概率与不接受培训的概率的比值 odds $(Y=1)$。发生比的值域为 0 至正无穷大，通过对数转换的方式可以将值域转换为负无穷大至正无穷大，预测结果在转换后的值域为 0—1，基本在经验认知范畴之内。

$$\text{Logit}(Y=1) = \alpha + \beta_1 \text{dem} + \beta_2 \text{employ} + \beta_3 \text{eco} + \beta_4 \text{family} + \beta_5 \text{net} \quad (1)$$

$$\text{Odds}(Y=1) = e^{\ln[\text{odds}(Y=1)]} = e^{\text{logit}(Y=1)} \quad (2)$$

$$P(Y=1) = \frac{odds(Y=1)}{1+odds(Y=1)} = \frac{e^{Logit(Y=1)}}{1+e^{Logit(Y=1)}} \quad (3)$$

上述推导公式反映了概率 P 和发生比 Odds 之间的逻辑关系，基于 Logit 模型可以构建农民工公共职业技能培训的影响因素模型。由于农民工培训与其他类型培训不同，前者的公共服务性质更强，主要依赖于财政投入且具有一定的准入性特点，所以农民工是否接受职业技能培训同时受到供给和需求两方面的影响。一方面，应控制培训提供者层面的因素，如顶层制度设计、组织管理、资金支持、政策扶持和宣传推广等。考虑到上述因素的差异主要体现在地区和行业差异上，因此应该首先控制农民工就业的地区变量从而控制不同区域培训投入差异的影响，其次控制农民工就业的行业变量从而控制不同行业培训投入差异的影响。另一方面，应控制培训接受者层面的因素，如基本特征、就业水平、家庭经济、迁移流动方式和社会网络资源等。上述变量通过影响农民工的培训需求、学习能力和信息接触能力影响其接受公共职业技能培训的可能性。

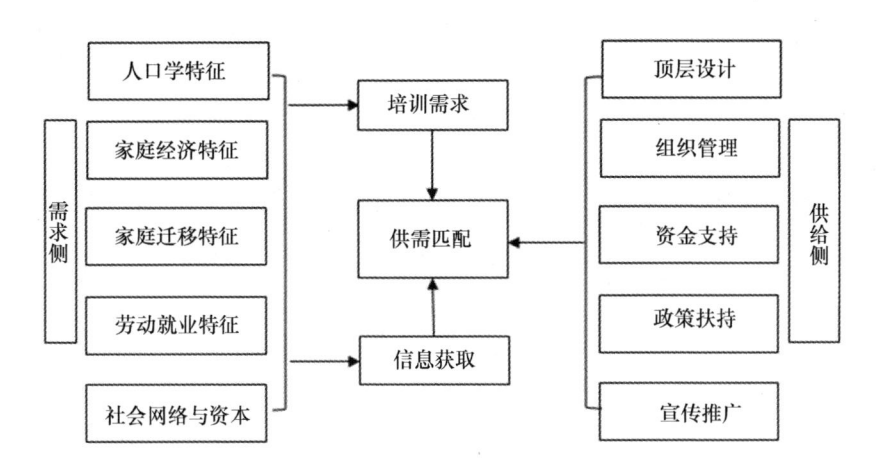

图 4-3 农民工接受公共职业技能培训的影响机制

2. 变量界定与研究假设

结合上述分析框架，可以将影响农民工公共职业技能培训的因素进一步划分为五类。一是人口学特征（β1）对农民工接受培训的影响，如性别、年龄、受教育程度等变量；二是家庭经济特征（β2）对农民工接受培训的影响，如经济状况、住房状况和田产情况等变量；三是家庭迁移特征（β4）对农民工接受培训的影响，如子女、配偶或老人随迁等变量；四是当前就业情况（β3）对农民工接受培训的影响，如所属行业、工作环境等变量；五是社会网络（β5）及社会资本对农民工接受培训的影响，如与当地人或当地公共部门交往的情况。详细的概念定义与研究假设如下。

表4-5　　　　　　　　　　　　主要变量界定与解释

变量分类	变量名称	变量解释
因变量	参加培训	近3年接受过政府免费培训=1；未接受=0
个人基本特征（dem）	性别	男性=1；女性=0
	婚姻状态	在婚=1；不在婚=0
	受教育年限	未上学=0.5年；小学=6年；初中=9年；高中或中专=12年；大学专科=15年；大学本科及以上=16年
	年龄分组	1980年1月1日及以后出生=1；1980年1月1日以前出生=0
家庭经济特征（eco）	家庭总收入	过去一年家庭在流入地和流出地的总收入
	在流入地购房	在流入地有商品房=1；在流入地无商品房=0
	流出地住房面积	—
	流出地耕地面积	—
家庭迁移特征（family）	子女随迁	与农民工共同居住生活的子女数量
	配偶随迁	与配偶共同居住=1；不与配偶共同居住=0
	父母随迁	与父亲或母亲共同居住=1；不与父亲或母亲共同居住=0
	居留时间	在流入地居住的年数
	流动范围	跨省流动=1；省内跨市流动=2；市内跨县流动=3
劳动就业（employ）	正规就业	签订劳动合同=1；未签订劳动合同=0
	每天工作小时数	平均每天工作的小时数
社会交往（net）	流入地交往1	上班时间外与本地户籍人口（不含政府管理服务人员）交往较多=1，否=0
	流入地交往2	上班时间外与政府管理服务人员交往较多=1，否=0

假设1：新生代农民工比老一代农民工更有可能参加政府免费的职业培训。年龄的增长会缩短人力资本投资的回报时间，因此，年轻人更愿意

通过培训获得更高的回报。

假设2：家庭经济状况越好，个体越可能参加公共职业技能培训。经济状况好的家庭贴现率更低，参加培训的机会成本更低，因此，更愿意参加培训，其中，假设2.1：家庭收入水平高的人更有可能参加公共职业技能培训。假设2.2：在就业地拥有住房的人更有可能参加公共职业技能培训。假设2.3：在流出地拥有耕地的人更有可能参加公共职业技能培训。

假设3：家庭随迁成员越多，个体越可能参加公共职业技能培训。随迁成员多的家庭生活成本更高，其提高收入的需求也更高，因此，更愿意参加培训，其中，假设3.1：父母随迁的人更有可能参加公共职业技能培训。假设3.2：配偶随迁的人更有可能参加公共职业技能培训。假设3.3：子女随迁的人更有可能参加公共职业技能培训。

假设4：当前就业环境越好，个体越有可能接受公共职业技能培训。在良好就业环境中工作的个体更了解技能提升对职业发展和收入增长的中长期作用，因此，更愿意参加培训，其中，假设4.1：正规就业（签订劳动合同）的人更有可能参加公共职业技能培训。假设4.2：平均劳动时间较短的人更有可能参加公共职业技能培训。

假设5：社会资本越强，个体越有可能参加公共职业技能培训。社会网络关系资源丰富的人可以更早地接触相关培训信息和了解培训价值，因此，更愿意参加培训，其中，假设5.1：在当地居住时间越长的人更有可能参加公共职业技能培训。假设5.2：流动半径越小的人更有可能参加公共职业技能培训。假设5.3：与当地人交往越多的人更有可能参加公共职业技能培训。假设5.4：与当地公共部门交往越多的人更有可能参加公共职业技能培训。

（二）技能培训的代际差异

1. 自变量：两类农民工个体和家庭特征的差异

第一，基本特征的差异。与老一代农民工相比，新生代农民工的性别比较高，未婚人群的比例更高，高中及以上文化程度的比例更高，跨省和省内跨市的比例更高。分行业看，在制造业中就业的新生代农民工高于老一代农民工。从迁居意愿看，新生代农民工的流动性更强，在就业地打算长期居住的比例低于老一代农民工。基于上述特点，新生代农民工的收入水平，家庭规模、结构和环境与老一代农民工也随之存在较大不同。

表4-6 新生代农民工与老一代农民工样本特征比较

变量分类	具体指标		指标值	
			老一代农民工	新生代农民工
人口学特征	男性比例（%）		57.75	51.38
	平均年龄（岁）		40.59	25.38
	未婚比例（%）		1.30	36.50
	平均受教育年限（年）		8.58	10.33
家庭基本特征	平均子女数量（个）		1.63	1.11
	流入地月总支出（元）		2739.27	2392.29
	流入地月总收入（元）		6452.17	5622.78
	流入地购房（%）		7.52	6.14
	流出地年总支出（元）		10563.85	12956.15
	流出地年总收入（元）		14301.10	22316.29
	流出地耕地面积（亩）		2.99	3.27
	流出地住房面积（平方米）		149.19	151.92
家庭迁移特征	家庭成员随迁（%）	夫妻随迁	89.20	91.50
		子女随迁	61.90	58.80
		老人随迁	0.70	7.80
	流动范围（%）	跨省流动	62.30	66.80
		省内跨市	32.30	28.10
		市内跨县	5.40	5.10
	居留时间（年）		6.47	3.41
	有长期居留意愿（%）		54.67	49.73
劳动就业特征	平均工作年限（年）		12.14	6.08
	本地工作年限（年）		6.92	3.67
	每周工作时间（天）		6.39	6.14
	每天工作时间（小时）		9.63	9.5
	个人月收入（元）		3470.16	3318.03
	劳动合同签订（%）		40.80	58.10
社会交往	流入地交往1（%）		31.90	38.00
	流入地交往2（%）		3.50	2.40
社会保险	养老保险（%）		21.90	30.80
	职工医保（%）		22.50	33.90
	工伤保险（%）		24.20	35.00
	失业保险（%）		16.60	27.10
	生育保险（%）		6.00	12.90
	住房公积金（%）		6.20	13.20

第二，家庭经济特征的代际差异。新生代农民工流出地的家庭经济状况较好，流入地的家庭经济状况较差。调查数据显示，新生代农民工的农村家庭的收入、住房和耕地情况都好于老一代农民工，反而增强了其返乡就业的意愿，外出就业的迫切性也被降低。更严重的问题是，新生代农民工参加职业技能培训的时间成本也较高。新生代农民工的个体经济基础相对较弱，在工作所在地拥有住房的比例远远低于老一代农民工，每月平均工资收入也显著低于老一代农民工。与年龄较低相应的是，尽管新生代农民工的生育子女数低于老一代农民工，但婴幼儿的抚育压力大于老一代农民工，家庭照料问题增加了其时间和经济负担，不利于为其参加公共职业技能培训提供可能。

第三，家庭迁移特征的代际差异。老一代农民工的家庭成员随迁较少，新一代农民工举家迁移的比例更高。早期农民工的迁移流动一般以单独或夫妻流动的形式为主，导致了大量的留守儿童和留守老人的现象出现。随着农民工收入水平和公共服务均等化水平的提升，新一代农民工更倾向于家庭化迁移，与夫妻配偶一起流动和居住的比例不断提高，子女和父母随迁的比例也在不断升高，分离的家庭成员不断随迁至流入地。上述差异恰恰是新生代农民工家庭结构和功能变化的重要反映：一是多数新生代农民工子女年龄较小，但又难以负担高昂的照料成本，因此需要父母随迁照看子女；二是文化程度低的新生代农民工在城市地区定居和就业能力较弱，因此一般通过依托老一代农民工的资源寻找就业机会或居住场所；三是新生代农民工对核心家庭完整性更加重视，尤其难以接受与配偶子女的居住分离。

第四，劳动就业特征的代际差异。与老一代农民工相比，尽管新生代农民工缺乏工作经验，但他们的正规就业水平更高。从行业结构看，老一代农民工从事建筑业、批发零售业等行业的比例更高，新生代农民工在制造业行业工作的比例更高，这种差异并未随着时间推移而消失。从工作经验看，老一代农民工的工作年限更长，在某一地区持续工作的时间也更长，新一代农民工不仅平均工作年限较低，在某一地区持续工作的时间也较低，这反映出新生代农民工较强的职业流动性。从就业水平看，老一代农民工的正规就业水平并不与其工作年限相适应。换言之，工作年限的增加对于老一代农民工的职业发展和社会保障并未起到明显的促进作用，新生代农民工签订劳动合同的比例更高，工作环境和就业保障更好，平均每日工作时数和每周工作天数相对较低,医疗、失业、养老等保险的参保率相对更高。有研究表明,正规就业水平越高,工人参加学习的时间成本越低,提升自身技能的积极性越高,通过提升公共职业技能获取更好的职业发展和收入的预期越明确。因此,相对于老一代农民工,新生代农民工无论是从学习能力还是培训需求上看,参加公共职业技能培训的可能性都更高。

表4-7　　　　　我国两类农民工从业结构状况的主要变化　　　　（单位:%）

	2013年			2016年		
	老一代农民工	新生代农民工	所有农民工	老一代农民工	新生代农民工	所有农民工
制造业	27.94	37.95	33.30	26.50	31.40	29.30
批发零售	23.00	17.47	20.04	22.50	18.40	20.10
住宿餐饮	10.91	11.71	11.33	11.70	10.90	11.30
社会服务	9.28	9.18	9.23	15.20	12.70	13.70
建筑	9.25	4.94	6.94	9.10	5.20	6.90
交通运输、仓储通信	4.03	3.50	3.75	4.20	3.70	3.90
科研和技术服务	0.99	2.20	1.64	0.60	1.30	1.00
农林牧渔	2.29	0.89	1.54	1.90	0.70	1.20
金融/保险/房地产	0.87	1.63	1.28	1.70	3.30	2.60
教育、文化及广播电影电视	0.88	1.58	1.25	0.80	2.00	1.50
卫生、体育和社会福利	1.08	1.09	1.08	1.90	3.00	2.60
采掘业	0.77	0.44	0.59	0.50	0.40	0.40
电煤水生产供应	0.58	0.50	0.54	0.50	0.50	0.50
党政机关和社会团体	0.38	0.46	0.42	0.70	0.80	0.70
其他	7.76	6.46	7.06	2.20	5.70	4.30

注:2013年和2016年数据均来自于全国流动人口动态监测调查的样本,与相应年份的国家统计局农民工监测调查中的外出农民工结果略有差异,特此说明。

2. 因变量:两类农民工接受公共职业技能培训的差异

公共职业技能培训参与度低是新生代农民工和老一代农民工共同面临的重要问题。从参加公共职业技能培训的比例看,两类农民工参与的比例基本都在12%左右,并无显著差异,这一特点值得进一步分析和探讨。在个体、家庭、就业等层面均存在显著差异的情况下,新生代农民工与老一代农民工的培训参与应该也存在差异,但为什么这种差异在描述性分析中没有出现？这可能与公共职业技能培训的制度设计有关。首先，公共职业技能培训的宣传推广可能并不能完全覆盖目标人群，有机会接触培训信息的样本本身具有一定的选择，这就扭曲了培训需求和行为之间的关系。换言之，可能有大量有需求的农民工并不了解职业技能培训政策。其次，在制度设计中，为了体现培训的普惠性和公平性，政府会从各个年龄段、性别或行业中选择一定的报名者进行配额培训，例如对女性控制比例、中年农民工比例或制造业农民工比例的控制。从现有研究看，在培训资源稀缺的情况下，培训对象的筛选机制可能是导致两类农民工培训差异被消除的主要原因。最新的农民工监测调查数据发现，我国农民工接受职业技能培训的比例为33%，其中，接受公共职业技能培训的比例仅为12%。国家公共服务均等化"十三五"规划设定了"十三五"末期实现农民工培训4000万人次的目标，几乎可以覆盖近四分之一的外出农民工。相较而言，加强对新生代农民工的公共职业技能培训的政策效果更好，作为一项重要的社会投资，政府公共职业技能培训应该考虑到不同群体对培训的接受度和参与度问题，新生代农民工既有相应的学习能力又有积极的培训意愿，一旦政策得以推广，将快速提高公共职业技能培训的覆盖率。

（三）技能培训的五类阻碍

描述性统计显示出新生代农民工与老一代农民工在家庭、就业等方面的异同，但难以解释培训参与相近的问题。为进一步分析不同因素对农民工参与公共职业技能培训的影响，比较新生代农民工和老一代农民工参与培训的影响因素差异，本节使用 Logit 模型进行检验，发现年龄和收入并不是影响新生代农民工和老一代农民工参加政府公共职业技能培训的主要因素，如性别、就业环境、流动范围等。社会资本等因素是影响农民工参加政府公共职业技能培训的共同因素，教育、住房等变量对老一代农民工参加培训的影响较大，但对于新生代农民工来说，家庭约束对子女流动的影响更为显著。

1. 政府公共培训参与中的性别转变

性别差异一直是劳动经济学研究关注的重点问题。有研究发现，在职业技能培训中男性参与比例显著高于女性。然而，本研究发现，在公共职业技能培训中，新生代女性农民工接受公共职业技能培训的可能性显著高于男性，但老一代女性农民工接受公共职业技能培训的可能性显著低于男性。这一结果反映出政府就业扶持政策更加关注性别平等问题,培训对象的性别结构逐渐转变甚至逆转,年轻女性参加职业技能培训的积极性更高。

表4-8 新生代农民工与老一代农民工参与公共职业技能培训的主要影响因素比较

	全样本		老一代农民工		新生代农民工	
	回归系数	标准误	回归系数	标准误	回归系数	标准误
男性	-0.198***	0.055	0.238***	0.083	-0.169*	0.074
在婚	0.034	0.124	-0.147	0.267	-0.075	0.178
受教育程度(参照组=未上过学)						
小学	0.280	0.322	0.638	0.411	-0.816	0.565
初中	0.472	0.314	0.905*	0.404	-0.888*	0.535
高中	0.709*	0.319	1.191**	0.415	-0.648	0.538
大学专科	0.787*	0.334	0.788**	0.511	-0.502	0.542
大学本科及以上	1.028**	0.372	2.465***	0.686	-0.466	0.571
新生代农民工	-0.079	0.067				
签订劳动合同	0.842***	0.065	0.778***	0.094	0.925***	0.093
每天工作小时数	-0.048***	0.016	-0.011	0.023	0.087***	0.024
每周工作天数	-0.086*	0.039	-0.127*	0.056	-0.047	0.055
家庭年收入	0.000	0.000	0.000	0.000	0.000	0.000
流入地购房	-0.248*	0.111	-0.344*	0.163	-0.177	0.154
流出地住房	0.001*	0.000	0.000	0.000	0.001*	0.000
流出地耕地	0.001	0.002	-0.004	0.003	-0.004	0.004
子女随迁	0.090*	0.043	0.058	0.054	0.150*	0.073
配偶随迁	0.126	0.115	0.007	0.149	0.258	0.181
老人随迁	-0.081	0.080	-0.200	0.390	-0.062	0.083
来本地的时间	0.022***	0.007	0.022*	0.008	0.018	0.013
流动范围(参照组=跨省流动)						
省内跨市	0.252***	0.067	0.231*	0.101	0.250**	0.091
市内跨县	0.045	0.129	-0.026	0.198	0.098	0.172
本地关系网	0.197***	0.058	0.153*	0.088	0.245**	0.078
与政府人员交往	0.55***	0.130	0.718***	0.176	0.575**	0.195
行业控制变量	Yes		Yes		Yes	
区域控制变重	Yes		Yes		Yes	
常量	-1.527**	0.435	-1.583**	0.611	-0.375**	0.667
样本数	13494		7247		6247	
虚拟R2	0.096		0.096		0.097	

注:1. +:$p<0.10$,*:$p<0.05$,**:$p<0.01$,***:$p<0.001$。

2. 家庭资源禀赋影响的代际差异

家庭经济特征是影响农民工参加公共职业技能培训的影响因素，不同因素对不同群体的影响差异较大。对新生代农民工而言，流出地的住房情况显著提高了其参加培训的可能性；对老一代农民工而言，流入地的住房情况显著降低了其参加培训的可能性。从某种程度上看，流出地住房与其父辈的经济状况密切相关，新生代农民工家庭经济状况越好其参与培训的经济负担越低，因而更可能参加公共培训；流入地住房则反映了自身的经济状况，农民工在流入地购房需要承担较高的经济成本，其短期内增加收入的需求更强，因而参加培训的机会成本上升，导致老一代农民工参加培训的可能性相对较低。

3. 家庭成员随迁影响的代际差异

分析发现，子女随迁对新生代农民工参加公共职业技能培训的可能性影响显著且具有正向影响，配偶和父母随迁对其参加培训的可能性不存在影响，这一结论与假设 3.1 和假设 3.2 相悖，但符合假设 3.3，这一结果需要从培训带来短期损失与中长期收益之间的关系进行讨论。一方面，子女随迁会提高农民工的生活成本，从而使其短期内增加收入的需求更加急迫，因此有可能导致农民工参加公共职业技能培训的意愿降低，因为不愿意承担因培训导致的短期收入损失。另一方面，生活成本的提高也有可能使其中长期增加收入的需求更加急迫，因为个体可能会选择损失短期收益而通过提高技能水平来增加收入。此外，子女随迁会带来多元化的生活和服务需求，增强农民工与当地居民和公共服务部门的接触度，其获得培训信息的渠道进一步增加。与新生代农民工不同的是，老一代农民工的子女年龄更大且已具有较强的独立性，其子女随迁主要表现为进城务工而非接受抚育，因此子女随迁对老一代农民工是否参加培训的可能性并无显著影响。

4. 正规就业的积极作用

劳动力市场的规制水平对农民工参加公共职业技能培训具有正向促进作用，对新生代农民工培训的作用更显著。签订劳动合同的农民工参加公共职业技能培训的概率更高，签订劳动合同的新生代农民工参加培训的概率是未签订合同的 2.5 倍。工作时间相对较短的新生代农民工参加培训的概率也更高，当每日工作小时数增加 1 个小时，新生代农民工参加公共职业技能培训的概率将会减少 8%；每周工作的天数增加 1 天，新生代农民工参加公共职业技能培训的概率将会减少 5%。这反映出就业环境改善对农民工培训的重要作用。一种可能的解释是:正规就业会使农民工的工作生活更加稳定,增强职业技能水平提升对未来发展影响的预期,也可以减少其参与培训的机会成本。

5. 非正式关系的作用与公共宣传的局限

社会资本有助于农民工拓宽信息获取渠道、提高信息收集的速度,对于接受公共职业技能培训信息也具有积极作用。回归结果显示,与当地人和公共服务部门的接触有助于增加其参加公共职业技能培训的可能性,这种影响对于新生代农民工更有效。常常与公共服务部门接触的新生代农民工参加公共职业技能培训的可能性是其他农民工的1.8倍,常常与当地居民交往的新生代农民工参加公共职业技能培训的可能性是其他农民工的1.2倍。非正式关系对培训参与的影响恰恰反映出正式关系功能与作用的发挥不足,政府部门在公共职业技能培训方面的宣传推广工作还存在一定的局限性,导致农民工主要通过非正式关系获取培训信息。

(四) 技能培训的供需矛盾

总体而言,农民工技能培训与一般性的市场培训存在较大差异,准公共产品的性质导致新生代农民工与老一代农民工接受培训的群体差异并不明显。尽管如此,新生代农民工参加职业技能培训的特点和阻力相对而言更应受到重视。

第一,公共职业技能培训的性别差距在新生代农民工中越来越小。

第二,流出地住房改善有助于提高新生代农民工参与培训的可能性。

第三,新生代农民工更重视培训的中长期收益,老一代农民工更重视培训带来的短期损失。

第四,子女随迁有助于提高新生代农民工参与培训的可能性,但对老一代农民工无影响。

第五,正规就业对新生代农民工参加公共职业技能培训的作用更显著。

第六,新生代农民工通过非正式关系获取培训信息的现象较多,反映出政府宣传推广工作的不足。

在未来很长一段时间内,新生代农民工作为目前和未来20年内新增劳动力的主体,其劳动能力将会影响到我国劳动力素质的整体水平,其职业技能的提升关系到我国经济社会的长远发展。因此,农民工职业技能培训制度设计与安排中,应重视新生代农民工的职业技能提升需求,降低其接受培训的经济和机会成本。同时,在推广公共职业技能培训的过程中应注重性别平等、行业平等和地域平等,将技能培训覆盖到全部有培训需求的群体。其次,规范劳动力市场、改善劳动就业环境至关重要。如果职业技能水平提升没有对收入增长和职业发展带来积极作用,农民工参加培训的积极性将迅速降低,因此,应根据市场需求设计培训内容和培训方式,实现政府培训与市场需求之间的良性对接与循环机制。最后,新生代农民工的经济基础和社会资本相对更弱,通过更加完善的配套服务减轻其经济和生活压力,降低参加培训的时间成本,是提高新生代农民工职业技能水平的重要推动力。

三 农民工培训参与的中观影响因素

(一) 如何测量农民工公共服务水平

1. 农民工公共服务水平的测量方法

从公共服务均等化的视角看,城市地区新生代农民工与户籍人口的公共服务差异主要体现在基本民生性和公共事业性服务两类之上,在其他两类公共服务层面并不存在明显差异,因此本节中的"基本公共服务"概念主要包括基本民生性服务和公共事业性服务,公共服务均等化则是指新生代农民工与户籍人口接受上述两项基本公共服务之间的差异逐渐缩小的过程。尽管公共服务的概念较为明确,但城市公共服务的测量却存在不同的方法,而如何进一步测量城市公共服务均等化程度则更加困难。当前关于公共服务均等化的量化研究较少的主要原因是因为数据难以获得和测量体系难以构建。本节一方面计划借鉴前人关于户籍价值和户籍门槛的测量方法,间接地分析城市公共服务均等化程度;另一方面也尝试结合新型城镇化中关于公共服务的定义,通过官方统计数据和微观数据进行公共服务均等化指标体系的构建。当前主要有三种测量方式:一是计算户籍门槛指数;二是计算常住人口与新生代农民工公共服务的绝对差异;三是计算不同城市间新生代农民工公共服务的相对差异,最终根据数据可行性和指标的信度与效度决定选择何种测量方式。

(1) 户籍成本法

使用户籍成本法测量公共服务均等化水平的思路来自于对户籍改革所

造成的城乡、区域二元分割的长期讨论,当大城市户口被视为一种享受公共服务和社会福利资格时,户口便能够反映区域公共资源配置的差异,可以通过衡量户口获得的难易程度和户口改革的财政成本两种途径衡量城市公共服务均等化的水平。有学者认为,户口背后隐含的社会福利一直被视为户籍改革的最大障碍,而推动户籍改革则需要将与户口相关联的教育、卫生、就业和社会保障等社会福利和公共服务与户口剥离开来(黄仁宗,2002、2003;王红茹、王太元、蔡昉等,2005;王共蒙、刘舒婷,2015)。同时,也有研究认为,户籍制度可以被视为城市流动人口的隐痛,因其与社会公共产品的分享体制的紧密关系而成为固化社会分层的隐性力量,社会公共产品分配与户籍改革之间存在着"牵一发而动全身"的关系(余佳、丁金宏,2008),大城市户籍改革成本过高,既需要承担人口承载能力不足的压力,又需要在财政分权模式下解决公共投入的问题,人才引进与人口控制并行的思路下使大城市的户籍改革仍然难以继续推进。当前国内有研究通过资料分析法对城市户籍门槛和户口改革成本等指标进行分析,主要有落户门槛指数(殷志静、郁奇虹,1996;吴开亚、张力,2010)和户籍价值(中国科学院可持续发展战略研究组,2005;国务院发展研究中心课题组,2011;张占斌、冯俏彬、黄锟,2013;屈小博、程杰,2013)两种方法,可以分别从政策覆盖对象和政策制定者两个视角衡量公共服务均等化的程度和困难。

第一,基于落户限制的落户门槛指数。通过分析城市落户条件建立落户门槛指数可以有效地测量流动人口获得城市户口的难易程度,间接反映依托于户籍提供的公共服务均等化的程度。尽管当前只针对户籍人口提供的公共服务范围正在逐渐减少,但仍有部分公共服务内容仅向户籍人口提供,如住房保障、低收入保障、义务教育、失业保障等。在假定城市地区政府通过户籍制度将享受公共服务的资格局限于本地户籍人口,即只有获得当地户口才可以享受城市公共服务的前提下,户籍门槛的高低可以间接地反映城市流动人口和户籍人口在获取服务的难易程度上的差距,也反映了户籍迁移人口和流动人口之间的群体差异。吴开亚等(2010)认为由于城市地区的落户渠道增加、落户决定权下放和准入条件筛选性明显,大城市在户籍准入政策改革过程中建立了一系列落户限制条件或积分落户政策,这些相对透明的落户条件为建立户口门槛指标体系提供了便利。因此他提出使用落户门槛指数来衡量城市户口的准入难度,建立户籍门槛指标需要根据历史和现有的城市落户渠道进行分类梳理,原始资料主要来自于样本城市现行的落户政策的内容分析,基本可以分为投资渠道、就业渠道、家庭投靠、特殊贡献和其他渠道五类作为一级指标,其中通过特殊贡献和其他渠道落户涉及的人群较窄,通过前三类渠道落户最具普遍性。在一级指标之下设二级指标,投资渠道被操作化为实际投资、纳税和购房三方面的落户条件,就业被操作化为高端就业(人才引进)和普通就业的落户条件,家庭投靠被操作化为夫妻投靠、家庭成员投靠和随迁照料等落户条件,特殊贡献或其他落户渠道则被操作化为获奖、立功、村改居、拆迁等落户要求。无论是一级还是二级指标,在城市落户政策文本中基本都有相应规定可循,但在多维度、多指标、多变量的情况下,不同指标之间的权重和评判标准难以确定。针对这一问题,金菊良等(2004)提出了基于投影寻踪的理想点法模型,通过对样本矩阵的一维综合投影解决多指标的权重确定问题。落户门槛指数的计算即采用了此种方法。

第二,基于财政投入视角的户籍价值测算。通过计算城市地区与户口直接关联的基本公共服务与福利计算户籍价值,可以测量每落户一人地方政府所需要支付的财政成本,在此基础上结合户籍改革的覆盖人群规模,即可分析某一城市的户籍改革成本。这里的户籍改革成本不是指个体完成户口迁移所需要的私人成本,而是指流动人口的社会生活及接受服务与户籍人口实现一致所需要付出的基本财政投入(张国胜、谭鑫,2008)。从财政支出的视角看,户籍改革的公共成本主要包含了义务教育、就业和社会保障、医疗卫生、低收入保障等方面的财政投入,可以通过城市层面的核心公共财政投入数据除以户籍人口数进行计算获得。

(2)绝对差异法

从户籍门槛或成本角度出发的方法主要集中于户籍人口享受的与公共服务有关的财政支出,以及流动人口与户籍人口之间的制度阻隔,但难以衡量户籍人口与流动人口之间的公共服务水平的实际差异。较为理想的方法是采用绝对差异法,即同时对某一地区或城市的户籍人口和流动人口在教育、就业、医疗、社会保障和住房等层面的公共服务接受情况进行资料收集,然后计算两类人口在相应层面公共服务接受情况的绝对差距,也可以通过加权汇总的方式将五类公共服务进行整合,从而计算两类人口的公共服务均等化指数。绝对差异法与户籍成本法不同,关键在于需要同时调查流动人口和户籍人口两类群体的公共服务数据,目前此类数据仅能在小范围调查中实现,在全国范围内此类数据难以获得。因此,现有关于公共服务均等化的实证研究主要集中于公共服务的城乡和区域差距,重点关注"城乡之分"和"内外之别"(李树茁、悦中山,2014),关于我国城市公共服务均等化的研究则主要局限于理论层面,以实证方式分析城市公共服务均等化问题的研究较少。

为了在数据资料有限的情况下继续探讨公共服务均等化问题,有学者开始另辟蹊径,借鉴国外关于移民社会融合政策的研究方法,从流动人口自身的公共服务水平出发,讨论其内部差异和动态变化。国外关于移民社会融合政策测量最为典型的是欧盟的公民权益指数,该指数从劳动力市场流动、家庭团聚、教育、健康、政策参与、长期居留、国籍迁入和反歧视八个领域界定了公民权益的具体内涵。2004年,British Council Brussels 和 Migrant Policy Group 提出使用欧盟市民公民融合指数[1],从劳动力市场准入、长期居留、家庭团聚、国籍迁入、反歧视五个领域测量移民社会政策改善水平,其中每个维度均可分为资格限制、条件、政策措施和权利四个方面,共涉及三级指标99个。在指标计算过程中,所有三级指标的权重相同,二级指标和一级指标权重各不相同,研究者采用专家打分法对每项指标进行打分[2],对所有专家在某一指标上的打分情况进行汇总,然后逐步通过算数平均的方式得到二级指标和一级指标的分数,最终以相对标准化的计算方式得到一个百分制的公民政策融合指数。2007年,欧盟公民融合政策指数改版为移民融合政策指数(Migrant Integration Policy Index 2),在原有的五个维度上加入了第六个一级指标——政策参与,三级指标从99个拓展至140多个。同时,指数计算方法变化较大,三级指标被赋予不同权重,二级指标和一级指标的权重相同,使用绝对标准化的计算方式得到一个百分制的指数。2011年,移民融合政策指数加入了第七个一级指标——教育,三级指标拓展至148个,仍然采用三级指标权重相等,一、二级指标赋予不同权重的计算方法(Niessen,2015)。2015年,移民融合政策指数更

---

[1] Geddes, A. et al., *European Civic Citizenship and Inclusion Index*, Belgium: British Council Brussels, 2005.

[2] 研究小组所请专家包括熟悉相应领域的研究者和从业者,对指标进行1至3分的赋值,最低分为1分,最高分为3分,分值越高代表相应政策越有助于融合。

新到第四版，加入了第八个一级指标——健康，三级指标拓展至167个，仍然采用三级指标2011年的权重法。发展至今，移民融合政策指数已经在欧盟成员国、美国、澳大利亚、加拿大等38个国家建立了移民融合政策指标体系，成为评估不同国家对外来移民政策接纳程度的最重要且使用最普遍的指标之一。

与国外许多国家不同但相近的是，移民融合政策指数计算主要分析公民身份转移受到的政策限制，而由于我国采取区域化差异明显的户籍管理政策，国内不同地区之间的市民身份转移也受到政策限制。因此，借鉴MIPEX计算国家公民权益指数的方法计算城市市民指数，成为当前较为可行的测量不同城市对流动人口接纳程度的方法。值得注意的是，国内多采用市民化而非市民权益的概念讨论流动人口在城市地区的政策接纳问题，这也导致对均等化的测量具有一定的局限性。市民化的概念最早于1989年被提出，指从农民到城市居民的身份转换过程（黄祖辉、顾益康、徐加，1989），其中涉及收入、生活方式、居住环境和文化教育等多个领域，2000年以后关于市民化问题的研究迅速增加，但受到概念限制分析对象仍主要局限于乡城流动人口（文军，2004；郑杭生，2005；刘传江，2006），并且以政策分析为主，缺少实证研究。2008年市民化问题开始走向量化，其中以刘传江（2008）提出的"市民化进程"和李树茁等（2014）提出的"流动人口市民化政策指数"最具代表性。前者从生存职业、社会身份、自身素质以及意识行为四个层面测量农民身份转换为市民的过程，后者则借鉴移民融合政策指数的计算方法，从劳动就业、社会保障、子女教育、卫计服务、社区接纳和入籍门槛六个维度测量城市地区流动人口市民化政策的执行情况。

从资料来源和分析方法的视角看，市民化进程和市民化政策指数虽借鉴了移民融合政策指数，但均未采用后者的资料分析模式，从政策实际效果而非政策制定的角度测量了城市公共服务的接纳程度。然而，与市民化相关的两个指标均具有一定的局限性。首先，市民化是伴随城镇化进程而产生的概念，反映了从农村居民向城市居民的身份转换，未能反映城市之间的人口流动带来的地方身份转换问题；其次，市民化的概念涵盖范围更广，不仅仅决定享受公共服务资格的个体身份转换，其过程中还涉及生活习惯、文化、收入等多方面的状态转换；最后，对市民化测量严重依赖于对政策文本的定性评估，权重问题难以确定。

(3) 相对差异法

为了充分利用现有资源对城市公共服务进行测量,我们将五种不同的测量方法进行比较。根据上述的指标体系、测量维度和方法可知,公共服务作为公共政策的一部分,反映了国家和区域福利体制的覆盖范围和内涵,而覆盖范围的界定则取决于入籍门槛的制度设定。在欧盟国家,移民是否享有完全的社会福利取决于是否取得入籍资格;在我国的大城市,流动人口是否享有完全的社会福利则取决于是否取得落户资格。

表4-9 流动人口政策融合程度/公共服务获取难易度测量方法

	落户门槛指数	户籍价值	移民融合政策指数	市民化进程	市民化指数
资料类型	政策文本	公共财政数据	政策文本	调查数据	调查数据
分析方法	因子分析	均权法	均权法	均权法	均权法
指标数量	34个	5个	167个	8个	16个
分析维度	投资落户 就业落户 随迁投靠 特殊渠道 其他渠道	教育 就业 社会保障 医疗卫生 最低生活保障	劳动力市场流动 家庭团聚 教育 健康 政治参与 长期居留 入籍 反歧视	生存职业 社会身份 自身素质 意识行为	劳动就业 社会保障 子女教育 卫计服务 社区接纳 入籍门槛

值得注意的是,无论是欧盟国家之间的移民还是我国城乡之间的人口流动,与入籍或落户资格关联的社会福利均存在弱化的趋势,针对移民和流动人口的公共服务水平在不断提高。这一结果与入籍或落户的限制减弱有关,也与针对常住人口而非户籍人口的公共服务体系不断完善有关。那么,如何有效测量针对流动人口城市公共服务水平?采用以落户门槛和户籍价值为主要指标的户籍成本法,还是以融合政策指数和市民化指数为主的绝对差异法?从流动人口个体及其培训参与决策过程看,户籍人口与流动人口之间的公共服务绝对差距是影响其培训参与的重要因素,但并不是唯一因素。首先,相对于户籍人口,流动人口的培训成本更高,消除两者之间的公共服务差距并不等于消除两者之间的培训参与成本差距;其次,城市作为吸引人口流入的重要聚集地,不同城市之间的公共服务差距对人口流动的影响较大,大城市之间的相对差异产生了不同的培训参与模式。因此,本研究既非采用户籍成本法,也非采用绝对差异法,而是从人口流

动的视角提出测量城市之间流动人口公共服务相对差异的方法,即比较不同城市之间流动人口公共服务接受状况的差异。

2. 新生代农民工公共服务指数的构建

(1) 数据来源

人口流动是在城乡二元和区域二元的双重结构之下发生的现象,既涉及城乡之间的流动迁移,也涵盖不同区域之间的流动迁移。那么新生代农民工基本公共服务的改善既包含了城乡之间公共服务的差距缩小,也包含了区域之间公共服务差距的缩小。在2012年7月印发的《国务院关于印发国家基本公共服务体系"十二五"规划的通知》中,有一段关于流动人口基本公共服务改善的较为完整的阐述。其中最具改革性的政策是提出要"逐步建立城乡一体化的基本公共服务制度,健全促进区域基本公共服务均等化的体制机制,促进公共服务资源在城乡、区域之间均衡配置,缩小基本公共服务水平差距"。因此,新生代农民工的公共服务指数依托于居住地政府的流动人口基本公共服务制度,其数据来源需要采用以居住地为主的流入地法,能够反映基本公共服务由户籍人口向常住人口扩展的变化过程。因此,本书使用国家卫生计生委在2013年开展的全国流动人口动态监测调查数据,该调查的基本情况及特点在前文已介绍,在此不再赘述。总而言之,2013年的全国流动人口动态监测调查数据既可以解决城市样本的代表性问题,又有足够的问题以进行公共服务指标的分析,可以满足公共服务指数构建的基本需要。

(2) 指标体系

新生代农民工城市公共服务指数的设置参照了《国家新型城镇化规划(2014—2020)》中"积极推进城镇基本公共服务由主要对本地户籍人口提供向对常住人口提供转变"的目标,依据规划中提出的保障随迁子女平等享有受教育权利、完善公共就业创业服务体系、扩大社会保障覆盖面、改善基本医疗卫生条件和拓宽住房保障渠道等五项城镇基本公共服务改革要求,结合国务院印发的《"十三五"推进基本公共服务均等化规划》中关于公共服务均等化的要求,可将义务教育、就业服务、社会保障、基本医疗卫生和保障性住房作为大城市公共服务水平的主要测量维度。同时,参照欧盟移民融合政策指数中关于"入籍资格"维度的设置,新生代农民工城市公共服务指数加入了第六个维度——落户门槛维度,用以衡量大城市居住证制度的实施效果。

新生代农民工城市公共服务指数除了吸收中国公共服务均等化的政策要求，也借鉴了欧盟移民融合政策指数的 8 项测量维度，同时参考了国内关于落户门槛指数、户籍改革成本和市民化政策指数中的指标维度设置。值得注意的是，尽管参考了相关指数的构建经验，新生代农民工城市公共服务指数仍然存在其自身特点以适应大城市公共服务水平测量的实际需要。与户籍成本法不同的是，新生代农民工城市公共服务指数的资料来源既非政策文本，也非公共财政数据，而是取自能够反映公共服务实施效果的调查数据。与绝对差异法不同的是，新生代农民工城市公共服务指数以各项政策覆盖水平 100% 为参照依据，而不是与市民化政策指数一样在多个指标上采用与市民水平比较的方法。

表 4-10　　　　　　　　新生代农民工城市公共服务指数

一级指标	二级指标	指标解释	阈值
子女教育	公办幼儿园	新生代农民工子女在流入地公办幼儿园就学的比例	0—100%
	公办小学	新生代农民工子女在流入地公办小学就学的比例	0—100%
	公办初中	新生代农民工子女在流入地公办初中就学的比例	0—100%
	公办高中	新生代农民工子女在流入地公办高中就学的比例	0—100%
就业服务	劳动合同	在业新生代农民工劳动合同签订率	0—100%
	工作时间	每周工作小时数	实际值
	收入水平	新生代农民工月平均收入	实际值
社会保障	养老保险	新生代农民工在流入地参加城镇职工养老保险的比例	0—100%
	医疗保险	新生代农民工在流入地参加城镇职工医疗保险的比例	0—100%
	工伤保险	新生代农民工在流入地参加城镇职工工伤保险的比例	0—100%
	失业保险	新生代农民工在流入地参加失业保险的比例	0—100%
	生育保险	新生代农民工参加生育保险的比例	0—100%
医疗卫生	健康档案	新生代农民工在流入地建立居民健康档案的比例	0—100%
	住院报销	新生代农民工在流入地住院并得到报销的比例	0—100%
	计生服务	新生代农民工在流入地获得计划生育免费服务的比例	0—100%
住房保障	廉租房	新生代农民工在流入地获得廉租房的比例	0—100%
	公租房	新生代农民工在流入地获得公租房的比例	0—100%
	保障性住房	新生代农民工在流入地购买政策性保障房的比例	0—100%
	住房公积金	新生代农民工在流入地拥有住房公积金的比例	0—100%
登记服务	居住证	新生代农民工在流入地办理居住证的比例	0—100%

参考移民融合政策指数的计算方法，本节将子女教育、就业服务、社会保障、医疗卫生、住房保障和落户限制视作同等重要的公共服务内容，

赋予新生代农民工城市公共服务指数6个维度相同的权重。首先，计算各个二级指标的实际值，在此基础上采用Z分数法对实际值进行标准化处理，得到各个二级指标的标准化Z分数；其次，对各个一级指标下的二级指标进行平均即可得到6个一级指标的标准化得分；最后，对6个一级指标进行平均即可得到新生代农民工城市公共服务指数的综合得分。需要指出的是，由于采用Z分数的标准化方法，其统计特性意味着每个指标的值有0值和正负数，其中，0值得分代表该城市在某一维度处于所有大城市的平均水平，正数得分代表该城市在某一维度高于所有大城市的平均水平，负数得分代表该城市在某一维度低于全部大城市的平均水平。

（3）指数评价结果

在对大城市新生代农民工教育、就业、社保、医疗、住房和入籍等六个方面的基本公共服务状况分析的过程中，可以发现大城市各类公共服务均等化水平均存在各类问题与不足，并且不同维度的公共服务水平面临的问题与困难存在差异。

第一，大城市新生代农民工子女在流入地接受教育面临多重困境，在超大城市尤其严重。伴随教育阶段的提升，新生代农民工对学校教育质量的要求越来越高，但同时能承受的教育成本有限，其子女在大城市就学的难度越来越高，因此新生代农民工子女在大城市公办学校就学的比例越来越低。由于城市和教育阶段的教育资源分布存在差异，导致新生代农民工子女在大城市就学呈现出显著的空间和阶段双重差异的现象。首先，当子女处于学前教育和义务教育等较低的教育阶段时，城市规模等级越高新生代农民工子女在本地就学的比例越高。其次，当子女处于高中教育等较高的教育阶段时，城市规模等级越高新生代农民工子女在本地就学的比例越低。相对于其他规模等级的大城市，超大城市新生代农民工的子女在流入地就读高中的难度更大。

第二，大城市的正规就业水平提高与非正规劳动问题共存。超大城市和特大城市的新生代农民工劳动合同签订率远高于平均水平的同时，新生代农民工的每周工作时间也普遍高于50小时，且接近半数的大城市每周工作时间在60小时以上。在企业的制度规避行为大大提高了新生代农民工劳动时间的同时，并未使新生代农民工的就业收入得到相应改善，规模等级不同的大城市新生代农民工就业收入存在显著差距，同行业内超大城市新生代农民工的就业收入远远超过其他类型大城市。由此可见，在制度约束的条件下，尽管非正规就业的水平在下降，但在正规就业中的非正规劳动现象普遍存在，同时市场自发调节引起的人才流动和聚集也进一步扩大了大城市之间的就业服务均等化差距。

第三，大城市社会保险领域的"本地—外来"分割不断弱化，但城市之间的区域分割和城乡之间的户籍分割依然凸显。即使从不同口径的统计数据看，户籍身份导致的社会保险参与差异依然存在，新生代农民工的社会保险参与状况仍然远远低于全人群的水平，同时外出农民工的社会保险参与状况可能比本地农民工更差。值得注意的是，在户籍分割的影响持续存在的同时，城市之间的社会保障服务差异为新生代农民工提供了"用脚投票"的可能。在社会保险区域间转移接续问题得以解决的前提下，可能导致更多的农村人口进入大城市寻求工作机会。

第四，大城市新生代农民工基本医疗卫生服务也存在明显的区域和城乡差异。一方面，不断扩大的新生代农民工规模和有限的公共医疗卫生资源之间形成了紧张矛盾的局面，使得公共医疗卫生服务难以满足新生代农民工的需求；另一方面，公共医疗卫生服务不同于社会保险等与就业相关联的公共服务，其服务水平严重依赖于社区卫生服务和社区居委会等基层组织的工作开展情况，新生代农民工在流入地经济社会状况较其他农民工更好，所居住社区的管理服务水平较其他农民工更好。在区域、城乡和居住环境三重约束下，尽管公共医疗卫生服务在区域、城乡和社区层面存在极大的不平衡，新生代农民工的居民健康档案建档率远高于其他农民工，但老一代农民工患病后在社区卫生服务机构就医的现象较为普遍。

第五，大城市新生代农民工住房保障水平低下，将进一步影响其居留意愿和行为。劳动力市场的规范化不仅有助于提升新生代农民工的正规就业比例和社会保险参与水平，而且对于住房公积金缴纳比例的提升也有一定作用，这对于在流入地具有较强居留意愿的新生代农民工而言具有重要意义。然而，由于政策性住房覆盖范围较窄、门槛高，加之大城市住房价格较高，新生代农民工在大城市购买住房的能力仍然受限，仍然有接近70%的新生代农民工在流入地租住私房。

第六，居住证和暂住证办理比例较高，但与公共服务关联性不足。即使新生代农民工在城市中获得相对平等的就业岗位和经济收入，也会因未获得当地户口而难以享受城市所提供的相符福利待遇。在多数城市中，户籍制度与社保、医疗、就业、教育等公共资源的分配相互关联，限制了

"准市民"共享资源的资格。相对于老一代农民工,新生代农民工尽管处于相对有利地位,但同样受到住房供给、就业渠道、社会保障、子女教育、卫生服务等方面的制度限制。

(4) 区域与城乡差异

尽管与户籍人口相比,大城市新生代农民工公共服务水平在教育、就业、社保等领域面临的问题存在差异,但其形成机制存在一定共同特征,即在新生代农民工面临严重的"本地—外来"分割的情况下,其公共服务均等化过程仍然受到来自于城乡、区域和规模等级的三种约束。从现有研究来看,城市户籍人口与新生代农民工之间的公共服务水平存在较大差异已经是毋庸置疑的经验事实,然而值得注意的是,新生代农民工公共服务水平还存在严重的内部分化。换言之,依据城市规模等级进行不同的公共服务均等化改革设计是否适合中国的人口流动现状与需求?无论从哪个维度看新生代农民工的公共服务水平均高于老一代农民工。因此,城市公共服务均等化过程中应该更重视区域差异还是规模等级差异是需要重点讨论的问题。

从大城市新生代农民工公共服务指数的统计结果看,无锡、珠海、厦门、苏州、深圳等城市的新生代农民工公共服务水平处于前五位,主要是新生代农民工与户籍人口规模相近的大城市。重庆作为户籍改革较早的城市,市域内流动占据新生代农民工的大部分,新生代农民工的公共服务水平也处于较好的状态。此外,北京、上海、南京、杭州等城市的新生代农民工公共服务水平也较高,对新生代农民工的吸引力较大。总体而言,仅从描述性的数据分析中难以判断城市公共服务综合水平与城市所在区域和规模等级的关系,因此需要做进一步的对比检验。

表 4-11 **大城市新生代农民工公共服务指数**

城市名	指数	排序	城市名	指数	排序
上海市	0.42	8	石家庄市	-0.35	43
北京市	0.18	17	福州市	-0.22	34
深圳市	0.63	5	无锡市	0.94	1
广州市	-0.18	30	温州市	-0.24	36
天津市	0.33	9	贵阳市	0.01	22
重庆市	0.61	6	南宁市	-0.06	25
武汉市	-0.11	28	兰州市	-0.07	26
东莞市	0.11	19	汕头市	-1.19	50

续表

城市名	指数	排序	城市名	指数	排序
佛山市	-0.12	29	宁波市	0.07	20
成都市	-0.22	33	包头市	-0.39	45
南京市	0.32	10	中山市	-0.18	31
西安市	-0.24	37	唐山市	-0.28	40
杭州市	0.31	11	常州市	0.26	12
大连市	0.24	13	烟台市	0.14	18
郑州市	-0.23	35	惠州市	-0.09	27
青岛市	0.22	16	呼和浩特市	-0.62	49
济南市	0.51	7	柳州市	0.02	21
长春市	-0.20	32	大同市	-0.43	47
昆明市	-0.41	46	海口市	-0.06	24
合肥市	-0.30	41	江门市	-0.25	38
太原市	0.23	14	南通市	0.01	23
厦门市	0.72	4	珠海市	0.73	2
苏州市	0.73	3	泉州市	-0.36	44
长沙市	-0.33	42	保定市	-0.28	39
乌鲁木齐市	0.23	15	台州市	-0.56	48

由于分组后的城市样本数量较少,因此使用 Tukey 检验 (Keselman, 1976) 这一适合于小样本量比较的方法。从检验结果看,尽管单个城市之间的公共服务指数差别较大,但分规模等级来看,城市人口 300 万以上的大城市之间并不存在显著差异,仅有超大城市和 II 型大城市之间存在显著差异。这也从另一个角度说明,在新型城镇化政策和城市规模等级划分标准出台之前,尽管已经存在一系列依据城市人口规模进行管理调控的政策,但对大城市公共服务均等化水平的影响并不突出。

表 4-12　　分规模等级的大城市公共服务指数两两比较

规模等级	规模等级	均值差值	标准误差	显著性水平	95%置信区间 下限	95%置信区间 上限
超大城市	特大城市	0.34	0.23	0.16	-0.13	0.80
	I 型大城市	0.32	0.20	0.12	-0.08	0.72
	II 型大城市	0.40*	0.17	0.02	0.06	0.75

续表

规模等级	规模等级	均值差值	标准误差	显著性水平	95%置信区间 下限	95%置信区间 上限
特大城市	超大城市	-0.34	0.23	0.16	-0.80	0.13
	Ⅰ型大城市	-0.02	0.21	0.94	-0.44	0.41
	Ⅱ型大城市	0.07	0.19	0.71	-0.31	0.44
Ⅰ型大城市	超大城市	-0.32	0.20	0.12	-0.72	0.08
	特大城市	0.02	0.21	0.94	-0.41	0.44
	Ⅱ型大城市	0.09	0.14	0.55	-0.20	0.37
Ⅱ型大城市	超大城市	-0.40*	0.17	0.02	-0.75	-0.06
	特大城市	-0.07	0.19	0.71	-0.44	0.31
	Ⅰ型大城市	-0.09	0.14	0.55	-0.37	0.20

值得注意的是，当我们使用同样的方法比较东中西部大城市公共服务指数时，可以发现东部地区的大城市公共服务指数显著高于中西部地区，进一步凸显出大城市公共服务水平的区域差距问题。当前，关于新生代农民工和老一代农民工、东中西不同地区的流动人口之间的生活状况及公共服务差异的研究已经大量存在，但是不同规模等级城市的流动人口之间的公共服务差异至今缺乏经验分析与检验，而这一问题恰恰直接关系到我国新型城镇化和公共服务均等化改革的方向与思路。因为无论是从户籍改革过程中提出要按照不同规模等级进行落户限制来看，还是从新型城镇化中重视对不同规模等级的常住人口规模控制来看，抑或是从公共服务均等化改革过程中提供减少户籍与非户籍人口差异来看，如何对待不同规模等级大城市的公共服务改革是当前亟待思考的问题，这也正是本研究选择使用我国城市规模等级划分和新型城镇化改革启动之前的数据分析的主要原因。

表4-13　　　　分区域的大城市公共服务指数两两比较

所在区域	所在区域	均值差值	标准误差	显著性	95%置信区间 下限	95%置信区间 上限
东部地区	中部地区	0.34	0.14	0.06	-0.01	0.69
	西部地区	0.09	0.14	0.08	-0.26	0.44
中部地区	东部地区	-0.34	0.14	0.06	-0.69	0.01
	西部地区	-0.25	0.18	0.36	-0.69	0.19

续表

所在区域	所在区域	均值差值	标准误差	显著性	95%置信区间	
					下限	上限
西部地区	东部地区	-0.09	0.14	0.08	-0.44	0.26
	中部地区	0.25	0.18	0.36	-0.19	0.69

通过本节的分析可以发现，大城市新生代农民工公共服务的6个维度中，不同城市中新生代农民工和老一代农民工的服务水平存在显著差异，规模等级较高的东部城市在与就业相关的公共服务方面（就业服务、社会保险、住房公积金等）效果显著，而规模等级较低的中西部城市则在与非就业相关的公共服务方面（教育、医疗等）取得较好的进展，但其中的关联性仍需进一步检验。由此可见，城乡和区域二元分割的影响将持续存在，并且存在相互影响的特点。因此，以问题为导向的公共服务改革更适合于当前的人口流动现状，在优先缩小区域之间大城市公共服务水平差距的前提下，重点解决不同区域大城市公共服务面临的地方问题，而不是仅仅着眼于参考城市规模等级进行顶层调控和改革，可能是未来大城市公共服务均等化改革需要注意的重要问题。

通过对大城市公共服务指数的比较分析可以发现，除了超大城市具有一定的特殊性外，新生代农民工公共服务水平的区域差异比因城市规模等级不同而产生的差异更加严重。如果说规模等级标准下的城镇化政策反映了由国家层面开展的顶层设计，其终极目标在于保障国家公民的社会福利，那么新生代农民工公共服务水平较大的区域差异则反映出公共服务均等化改革中的地方色彩。换言之，在推进国家层面的公共服务均等化和地方层面的公共服务均等化过程中，地方会采取不同的行动，尤其是在涉及地方财政支出的前提下，公共服务的均等化进程实际上可能并不同步，而是以分领域的方式逐步实现。其中，最为值得关注的即是由国家和市场影响的就业关联服务均等化与由地方政府影响的非就业关联均等化服务之间的不同步性，这一问题尽管在城市公共服务指数的分维度比较中已经现出端倪，但是两者之间的关系以及背后关于劳动就业保障和居民社会保障的冲突逻辑仍未得到充分解释，而这正是本节需要进一步回应的核心问题。

3. 新生代农民工公共服务评价因子的构建

（1）关于市民化问题的讨论

在国外的移民研究中，公民资格和福利问题是不可回避的议题之一，公民资格规定了制度范围内的个体是否享有制度规定的各种服务，也引发了关于双重市民化问题的种种争论，这些争论对于我们重新审视公共服务均等化问题提供借鉴和参考。

关于双重市民化的争论集中在因同时拥有两国国籍引发的公民身份冲突。一个世纪前，大多数国家都将双重公民身份看作是类似于重婚罪的非正当行为，随着时间的推移，越来越多的国家开始允许多重国籍的合法对接。不同国家对双重公民身份有不同的规定，例如惯常于迁出而非迁入的国家可以制定自己的迁出国指标，而非增加双重公民身份给那些住在他们边界的入境移民，这可在波兰的案例中看到（Gorny，2007）。与之相反，一些传统移民国家，对双重公民身份表现出一定的热情，当然他们也不得不同时有所担忧。在欧盟，非欧盟国家的双重公民身份变成了德国公民身份改革的一个中心附着点，这些对多重公民身份的关注认为双重市民身份有可能不利于入境移民的整合（Faist，2007）。由此可见，不同国家对于双重公民身份的政治观点存在较大差异，在交通的可能性之下，流动的权力越来越普遍，而公民身份的获得前景并不一定乐观，这与不同国家对整体利益与个人义务的强调倚重有较大关系。

然而，双重市民化还存在另外一种不同的解释，即工业公民资格和普通公民资格之间的二重性问题。马歇尔提出了"工业公民资格"概念，指通过工会代表工人集体行使民事权利的公民资格，该资格主要用于保障产业工人的最低生活和基本工资（李志明，2012）。工业公民资格以就业作为条件将公共服务划分为两个不同的领域，这一区分为我们分析公共服务均等化改革过程中的问题提供了新视角。尽管我国人口流动过程中不存在双重市民化的问题[①]，但这一思路为我们分析城市新生代农民工公共服务供给提供了参考。城市作为一个资源体并未赋予所有居住在其中的人口分享资源的资格，而是通过户籍制度将一部分人屏蔽在资源分享的行列之

---

① 当然，这一问题在不同区域存在不同的状况，在某些允许农民进城落户但保留农村土地承包权的地方，另一层面的双重市民身份也是存在的，但仅仅是在土地权益的意义上存在，而非双重户籍身份。

外（李强、唐壮，2002）。然而，户籍制度仅仅限制了一部分公共服务资源，新生代农民工在城市中获得相对平等的就业岗位和经济收入，也会因此可以享受城市所提供的部分福利待遇。在某种程度上，在当地长期生活且已经正规就业的新生代农民工可以被认为获得了工业公民资格，即享受了与就业相关的公共服务待遇。在多数大城市中，尽管户籍制度限制了新生代农民工共享公共服务资源的普通公民资格，但相对于非正规就业的新生代农民工而言，正规就业的新生代农民工处于相对更有利的地位，在就业服务、社会保障等方面享有更多的权益。换言之，当前公共服务体系针对不同类型的农民工采取不同的服务策略和标准，这也导致了我国大城市公共服务均等化改革过程中出现不同步和不均衡的问题。

如果说原有的城乡户籍制度通过对农民工公民身份的限制实现了城乡二元结构的分割状况，那么随着户籍制度改革进程加快，城市户籍准入制度成为当前"本地—外来"的区域分割状况产生的基础。在大中型城市，职业、税收、居住时间、住房和学历程度等因素成为农民工进入本地的重要审核标准，在北京、上海、广州等超大城市户籍审核标准更加严格。同时，针对就业人口的公共服务与针对非就业人口的公共服务改革之间存在一定延迟效应。因此，城乡户籍制度和城市户籍准入制度共同形成了以"城市—农村"为基础的公民身份的二重性、以"本地—外来"为基础的市民身份的二重性和以"就业—非就业"为基础的公民身份的二重性。其中，非就业流动人口没有工业公民身份也没有本地市民身份，因此处于社会分层的最底端，在公共服务获取中处于不利的位置。就业流动人口虽然没有本地市民身份，但是与城市本地劳动者参与社会保险的差距在不断缩小，（张展新，2015）在公共服务方面比非就业流动人口处于更高的地位。然而，当前关于新生代农民工公共服务均等化的研究大多缺少定量分析，同时缺少相应的理论视角和维度。因此，本节重点从理论视角重新构建大城市新生代农民工公共服务的评价体系，从而为公共服务均等化改革提供相应的解释和建议。

（2）城市公共服务评价的内在逻辑

大城市新生代农民工公共服务指数使用多维度多指标对大城市新生代农民工公共服务水平进行了指数化评价，尽管在计算过程中对采用了Z分数法对各项指标的实际值进行标准化处理，但是指数的计算结果仍然仅能反映各维度均权前提下的公共服务差距。换言之，在公共服务综合评价方法中，对不同维度进行均权处理的方式进行分析，尽管得到了大量经验研究的支持，在政策效果评价中也具有一定的代表性，但是在理论解释方面仍然难以实现更为清晰的结论，在因果分析时也不能解决各指标之间共线性问题。

据前文可知，大城市新生代农民工公共服务指数的设置参照了《国家新型城镇化规划（2014—2020）》中的目标，结合国务院印发的《"十三五"推进基本公共服务均等化规划》中关于公共服务均等化的要求，同时，参照欧盟移民融合政策指数中关于"入籍资格"维度的设置，衡量大城市居住证制度的实施效果。在指数评价过程中参考了移民融合政策指数的计算方法，将子女教育、就业服务、社会保障、医疗卫生、住房保障和落户限制视作同等重要的公共服务内容，赋予了新生代农民工城市公共服务指数六个维度相同的权重。新生代农民工公共服务指数与移民融合政策指数的共同之处在于，指标的各项维度均基于政策设定的框架和逻辑进行构建，在政策效果评价方面表现出较好的效度，但不能反映其各个指标之间的内在关联性，而在公共服务指数中，内部指标的相关性恰恰是极为紧密的。

总体而言，某一维度的组内关联性越高表明该维度的指标选取效度越高，不同维度的组间关联性越高则需要对不同政策目标之间的内在关系进行更加深入的分析和讨论，如劳动合同签订、社会保险和住房公积金在内的与正规就业相关联的维度和指标。通过对新生代农民工公共服务指数内部指标的相关性分析，可以发现尽管各维度的内部指标选取效度较高（即存在显著的组内关联），反映出国家在公共服务政策目标设计上的合理性，但组间关联的问题仍然值得重视。因此，将因子分析的方法引入指数评价中来极为必要，因子分析方法可以参照指标之间的相关性对指标进行重新分组，最终产生新组别的组内关联性进一步提高，组间关联性进一步下降，最终形成若干个能够集中反映指标信息的公因子。换言之，因子分析的主要功能在于可以将一些关系复杂的指标重组为几个单一的能够集中负载相应信息量的维度，既可以有效避免指标和维度的均权问题，也可以根据各维度和指标之间的内在联系重新构建评价体系。

表4-14　新生代农民工公共服务指数内部指标的相关性

	学前教育	公办小学	公办初中	公办高中	劳动合同	工作时间	平均月收入	养老保险	医疗保险	工伤保险	失业保险	生育保险	健康档案	社区卫生	健康教育	住房公积金	住房保障	登记管理
学前教育	1																	
公办小学	0.262	1																
公办初中	0.204	.916**	1															
公办高中	-0.009	.841**	.897**	1														
劳动合同	0.077	-.493**	-.359*	-.482**	1													
工作时间	-0.121	-0.131	-0.223	-0.244	-0.265	1												
月收入	0.167	-0.145	-0.098	-0.162	.303*	-0.048	1											
养老保险	0.136	-0.187	-0.067	-0.215	.824**	-.342*	.359*	1										
医疗保险	0.143	-0.183	-0.069	-0.215	.817**	-.332*	.398**	.947**	1									
工伤保险	0.004	-.528**	-.397**	-.515**	.973**	-0.204	0.276	.743**	.776**	1								
失业保险	0.065	-0.235	-0.11	-0.252	.832**	-.296*	.320*	.953**	.969**	.805**	1							
生育保险	0.065	-0.245	-0.11	-0.251	.830**	-0.269	.294*	.923**	.950**	.804**	.971**	1						
健康档案	-0.108	.339*	.442**	.505**	-0.147	-0.147	-0.067	-0.001	-0.031	-0.2	-0.022	-0.05	1					
社区卫生	0.246	-.423**	-.314*	-.450**	.575**	-0.056	0.168	.465**	.417**	.551**	.419**	.416**	-0.052	1				
健康教育	0.024	.367**	.495**	.500**	-0.141	-0.17	-0.118	0.047	0.036	-0.142	0.069	0.069	.351*	-.317*	1			
住房公积金	0.252	-0.152	-0.102	-0.168	.651**	-.497**	.442**	.693**	.735**	.594**	.697**	.710**	-0.082	.314*	-0.026	1		
住房保障	0.077	0.245	.287*	.341*	-0.104	-.326*	-0.086	0.046	0.065	-0.148	0.011	-0.019	0.168	-0.143	0.182	0.024	1	
登记管理	.370**	.328**	-.314**	-.388**	.377**	0.035	.352*	.347*	.336*	.354*	.309*	.297*	-0.269	0.222	0.015	0.278	-0.234	1

注：1. **：在0.01水平（双侧）上显著相关。
2. *：在0.05水平（双侧）上显著相关。

(3) 基于因子分析的公共服务评价

①适用性检验

一般情况下,在因子分析之前,需要对分析的指标进行筛选和清理,以便于优化因子载荷矩阵结构。筛选原则主要包含两步:其一,对指标体系中与其他指标完全不相关或相关性极低的指标进行清理,这类指标不利于增加公因子的组内关联度,反而会降低公因子的代表性,由表4—14可知,新生代农民工子女在流入地公办幼儿园就读的比例这一指标与其他16项指标均不存在显著相关,仅与新生代农民工办理居住证或暂住证的指标存在显著相关,因此在因子分析的过程中将该指标删去。其二,按照各个指标因子载荷量的高低进行清理,为了使因子载荷结构更加清晰有效,一般会删除因子载荷量低于0.4的指标,经过因子载荷矩阵的计算,每周工作时间、月平均收入和社区卫生机构利用率3项指标的因子载荷量低于0.4,因此在因子分析过程中予以删除,最终共保留了14个指标。为了了解指标筛选和清理对于因子分析的效果,我们使用了 KMO 和 Bartlett 检验法对指标体系优化前后的分析适用性进行了比较。

表4-15　　　　指标调整前后的 KMO 和 Bartlett 检验结果比较

检验方法		优化前	优化后
KMO 取样适切性量数		0.752	0.781
Bartlett 的球形度检验	近似卡方	948.321	883.201
	91	自由度	136
	0.000	显著性	0.000

KMO 和 Bartlett 检验是分析变量是否适合进行因子分析的常见判定方法。KMO 样本检验法主要被用于检验变量是否适合进行因子分析,而 Bartlett 球形检验则主要用于检验各个变量之间是否存在相互独立。分析结果显示,在指标体系优化前,KMO 的统计量数为0.752,Bartlett 球形检验值为948.321,自由度为136,显著性水平为0.01,表明各个指标之间的相关性较强,比较适合于进行因子分析。当我们删除新生代农民工子女在流入地公办幼儿园就读、每周工作时间、月平均收入和社区卫生机构利用率4个指标之后,尽管因指标减少导致检验的自由度减少至91,但 KMO 的统计量数提升至0.781,Bartlett 球形检验值为883.201,显著性水

平仍然为 0.01，表明各个指标之间的相关性在调整后得到了增强，比调整前更适合于进行因子分析。

②提取公因子

为了进一步确定指标体系调整的必要性，在确定各项指标适合进行因子分析之后，可以通过抽取初始公因子并计算贡献率的方式比较指标体系优化前后的差异。在提取过程中，我们主要使用主成分分析法，计算出指标体系优化前后初始公因子的特征值、方差贡献率和累积方差贡献率。分析结果显示，指标体系优化之前，共有 4 个特征值大于 1 的因子，说明所有指标可以降低至 4 个维度，而这 4 个因子的累积方差贡献率是 74%。尽管优化前的因子负载了原始指标的大部分信息，但维度过于分散，并且第 3 个和第 4 个因子的特征值较低，负载的信息量过于单一。

表 4-16　　　　指标调整前后的 R 特征值和方差贡献率比较

因子数	优化前			优化后		
	特征值	方差贡献率	累积方差贡献率	特征值	方差贡献率	累积方差贡献率
1	7.164	39.8	39.8	6.597	47.121	47.121
2	3.576	19.868	59.668	3.283	23.451	70.572
3	1.475	8.194	67.862	1.002	7.159	77.731
4	1.105	6.138	74			

在指标体系优化之后，可得到 3 个特征值大于 1 的因子，说明所有指标可以降低至 3 个维度。然而，值得注意的是，第 3 个因子的特征值仅为 1.002，相比前两个因子来说作为一个单独的因子进行分析的代表性不足。为了简化分析维度和集中指标特征，提取前两个公因子更为合适，即使在提取前两个公因子的情况下，方差贡献率并未有太大的下降，仍然超过 70%。在因子数减少的同时，两个因子的方差贡献率分别提升了 7 个和 4 个百分点。换言之，优化后的因子负载了原始指标更多的信息，且维度较为集中，比优化前更适合于代表大城市新生代农民工公共服务水平。

此外，从主成分碎石图也可以发现，指标优化前不同因子之间的特征值呈现出下降的趋势，在前 3 个因子上表现得较为陡峭，但是从第 5 个因子开始变得较为平缓，第 3 个和第 4 个因子之间存在一个平缓的过渡，拐

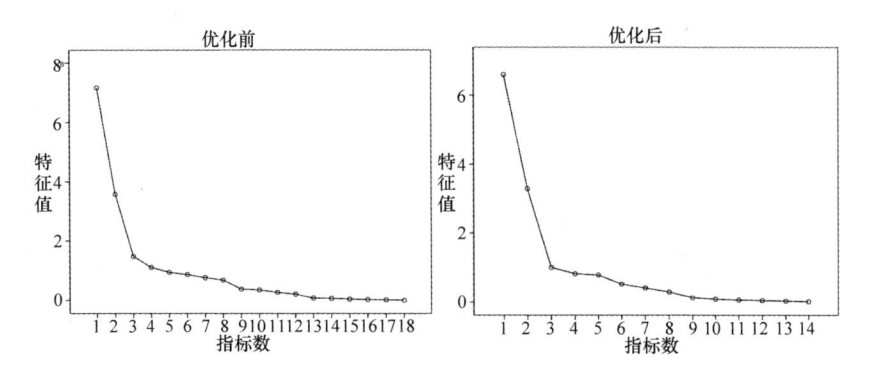

图 4-4 大城市新生代农民工公共服务指数主成分分析碎石

点的模糊性将增加因子提取的困难。然而在指标优化后，前3个因子特征值表现出明显的骤降，而从第3个因子开始即呈现出缓慢下降的态势，这从另一个角度说明了指标优化对于因子提取的必要性和积极效果。因此，使用优化后的指标体系抽取前3个因子可以更好地代表大城市新生代农民工公共服务水平，然而由于指标体系由原来的6个维度降低为两个，维度变化产生的内涵和外延变化需要进一步加以解释。

③建立因子载荷矩阵

基于累积方差贡献率的计算结果，我们按照已经提取的3个公因子建立了初始因子载荷矩阵。从初始因子载荷矩阵可以发现，大城市新生代农民工公共服务指数可以划分为两个维度，因子1包含新生代农民工劳动合同签订率、5类社会保险和住房公积金参与比例、办理居住证或暂住证的比例等8个指标，因子2包括在流入地就读公办小学、初中、高中比例，居民健康档案建档率，免费健康教育接受比例，保障房政策的比例等6个指标。

表 4-17　　　　　　　旋转前后的因子载荷矩阵

指标	旋转前		旋转后	
	因子1	因子2	因子1	因子2
公办小学	-0.542	0.704	-0.239	0.855
公办初中	-0.442	0.827	-0.101	0.932
公办高中	-0.566	0.759	-0.241	0.916

续表

指标	旋转前 因子1	旋转前 因子2	旋转后 因子1	旋转后 因子2
劳动合同签订率	0.942	0.043	0.890	-0.312
养老保险参保率	0.877	0.387	0.958	0.031
医保参保率	0.891	0.391	0.973	0.029
工伤保险	0.921	-0.02	0.847	-0.364
失业保险	0.905	0.363	0.975	-0.002
生育保险	0.901	0.348	0.966	-0.014
居民健康档案	-0.241	0.552	-0.017	0.602
免费健康教育	-0.159	0.607	0.080	0.622
住房公积金	0.727	0.283	0.780	-0.009
保障房比例	-0.136	0.423	0.032	0.443
办证比例	0.476	-0.199	0.367	-0.363

为了进一步提升因子的代表性，简化因子载荷矩阵的结构，我们使用方差最大化正交旋转的方法对初始矩阵进行了再转置，得到旋转成分矩阵。由于已经删除了因子载荷低于0.4和组内关联性低的指标，保留下来的14个指标的阈值均在0—100%之间，单位统一且不需要标准化处理，因此在正交旋转后抽取到的因子并未减少，仍然抽取两个共因子，累积方差贡献仍为70.6%。

表4-18　　　　　　旋转前后三个因子的方差贡献率变化

	旋转前 特征值	旋转前 方差贡献率	旋转前 累积方差贡献率	旋转后 特征值	旋转后 方差贡献率	旋转后 累积方差贡献率
因子1	6.597	47.121	47.121	6.133	43.807	43.807
因子2	3.283	23.451	70.572	3.747	26.765	70.572

尽管旋转前后的累积方差贡献率并未产生明显变化，但因子载荷量得到了一定程度的分散，因子1的方差贡献率下降了3个百分点，因子2的方差贡献率提升了3个百分点。同时，新生代农民工子女在流入地公办学校就读、居民健康档案建档率、健康教育等多个指标的因子载荷量均有明显增加，进一步显示出正交旋转后的因子载荷矩阵对于评价大城市新生代农民工公共服务水平的有效性。

4. 因子分析统计结果

与基于政策设计构建的公共服务指数体系不同,因子分析主要依据指标之间的关联性构建分析维度,并以信息丢失最小化和因子载荷最大化为处理原则,尽可能地将复杂多变的三级指标简化为组内关联度较高的维度。从分析结果看,此次因子分析恰好发挥了这一功能,将原来基于政策目标构建的义务教育、就业服务、社会保障、基本医疗卫生、保障性住房和落户门槛等 6 个维度 18 个指标简化为两个因子 14 个指标。然而,如何根据各因子所包含的指标内容解释每个因子的意义和内涵,是本研究较为重要的问题之一。

表 4-19 大城市新生代农民工公共服务评价的主要维度及指标因子载荷量

指标	因子 1 就业关联服务	因子 2 非就业关联服务
劳动合同签订率	0.890	
养老保险参保率	0.958	
医保参保率	0.973	
工伤保险	0.847	
失业保险	0.975	
生育保险	0.966	
住房公积金	0.780	
办证比例	0.367	
公办小学		0.855
公办初中		0.932
公办高中		0.916
居民健康档案		0.602
免费健康教育		0.622
保障房比例		0.443
指标数量	8	6
方差贡献率	43.81%	26.77%

(1) 与就业相关联的公共服务均等化

因子 1 可以称为与就业相关联的公共服务水平,主要包含与就业相关的公共服务指标。第一个公因子是 3 个因子中影响最为重要的影响因子,解释了全部指标中 44% 的变化和差异。该因子在劳动合同签订率、城镇居民养老保险参与率、城镇职工医疗保险参与率、工伤保险参与率、失业保险参与率、生育保险参与率和住房公积金参与率、办理居住证或暂住证的比例8个指标上拥有较高的因子载荷。这些指标均与劳动就业密切相关，反映了与身在劳动力市场中的就业者相关的公共服务水平，因此可以称之为就业关联服务水平。

表4-20　大城市新生代农民工就业关联公共服务因子得分及排名

城市名	就业关联服务因子得分	排名	城市名	就业关联服务因子得分	排名
上海市	1.515	6	石家庄市	-0.981	40
北京市	0.976	8	福州市	-0.409	30
深圳市	1.916	4	无锡市	1.288	7
广州市	0.601	13	温州市	-0.714	37
天津市	0.127	21	贵阳市	-0.591	34
重庆市	0.769	11	南宁市	-0.079	25
武汉市	-0.925	39	兰州市	-1.044	42
东莞市	1.680	5	汕头市	-1.704	50
佛山市	0.012	23	宁波市	0.086	22
成都市	-0.145	26	包头市	-1.320	49
南京市	0.715	12	中山市	0.312	18
西安市	-1.233	48	唐山市	-0.595	35
杭州市	0.539	15	常州市	0.360	17
大连市	0.554	14	烟台市	-0.066	24
郑州市	-1.231	47	惠州市	0.902	10
青岛市	0.297	19	呼和浩特市	-1.146	44
济南市	0.912	9	柳州市	0.155	20
长春市	-0.697	36	大同市	-1.076	43
昆明市	-1.218	46	海口市	0.510	16
合肥市	-0.425	31	江门市	-0.577	33
太原市	-1.014	41	南通市	-0.235	28
厦门市	1.918	3	珠海市	2.195	1
苏州市	2.077	2	泉州市	-0.803	38
长沙市	-0.546	32	保定市	-0.197	27
乌鲁木齐市	-0.275	29	台州市	-1.170	45

从就业关联公共服务的因子得分看，东部地区大城市高于中西部地区，规模等级高的大城市高于规模等级低的大城市。分区域看，东部沿海

地区新生代农民工规模较高的大城市服务水平较高,如珠海市、苏州市、厦门市、东莞市、无锡市等;中西部地区新生代农民工规模较低的大城市就业关联服务水平较低,如包头市、西安市、昆明市等。分规模等级看,城区人口1000万以上的超大城市公共服务水平位处前列,如北京市、上海市和深圳市,特大城市次之,如南京市、东莞市等,Ⅰ型和Ⅱ型大城市最低。表面看来,规模等级越高的城市就业关联服务水平越高,事实上这与人口流动的规模以及产生的经济效益密切相关,就业关联服务由政府和市场共同负担,市场缓解了政府服务负担的大部分压力,因而在新生代农民工规模效应越高的城市其劳动力市场的规范性越强,正规就业的比例越高,最终形成了城市规模等级与就业关联服务之间的正相关关系。

(2) 非就业关联的公共服务均等化

因子2可以称为非就业关联的公共服务水平,主要包含与居住地有关的教育、医疗卫生和住房保障服务。第2个公因子的方差贡献率为27%,解释了所有指标中近四分之一的变化和差异。该因子在新生代农民工子女在流入地公办小学就读的比例、子女在流入地公办初中就读的比例、子女在流入地公办高中就读的比例、居民健康档案建档率、接受免费健康教育的比例、享受住房保障政策的比例6个指标上拥有较高的因子载荷。这些指标反映了大城市针对新生代农民工一般性的公共服务水平,与新生代农民工是否参与劳动力市场不存在显著关联,因此可以称之为非就业关联的公共服务水平。

表4-21 大城市新生代农民工非就业关联公共服务因子得分及排名

城市名	非就业关联服务因子得分	排名	城市名	非就业关联服务因子得分	排名
上海市	-0.574	37	石家庄市	-0.376	33
北京市	-0.325	31	福州市	-0.377	34
深圳市	-0.276	29	无锡市	0.656	18
广州市	-1.517	47	温州市	-2.071	49
天津市	0.202	23	贵阳市	0.548	19
重庆市	1.286	4	南宁市	0.751	14
武汉市	0.494	20	兰州市	1.038	8
东莞市	-1.045	43	汕头市	-1.536	48
佛山市	-0.949	41	宁波市	-1.004	42

续表

城市名	非就业关联服务因子得分	排名	城市名	非就业关联服务因子得分	排名
成都市	-0.005	26	包头市	1.505	3
南京市	-0.277	30	中山市	-1.481	46
西安市	0.052	25	唐山市	-0.424	35
杭州市	-1.247	44	常州市	-0.243	28
大连市	1.267	6	烟台市	0.836	11
郑州市	0.289	22	惠州市	-0.878	39
青岛市	0.737	15	呼和浩特市	0.860	10
济南市	1.188	7	柳州市	1.528	2
长春市	1.271	5	大同市	1.876	1
昆明市	-0.890	40	海口市	0.835	12
合肥市	0.753	13	江门市	-0.501	36
太原市	0.928	9	南通市	-0.156	27
厦门市	0.443	21	珠海市	0.723	16
苏州市	-0.327	32	泉州市	-1.332	45
长沙市	0.125	24	保定市	-0.792	38
乌鲁木齐市	0.721	17	台州市	-2.310	50

非就业关联公共服务的因子得分与就业关联服务呈现负相关的关系，东部地区大城市低于中西部地区，规模等级高的大城市低于规模等级低的大城市。分区域看，东部地区大城市非就业关联服务的均等化程度反而较低，如台州市、温州市、广州市、东莞市等；中西部地区大城市非就业关联服务的均等化程度更高，如大同市、柳州市、包头市、重庆市等。分规模等级看，超大城市和特大城市非就业关联公共服务的均等化程度最低，得分均值分别为-0.2和-0.35，远远低于大城市平均水平；Ⅰ型和Ⅱ型大城市的均等化程度更高，得分均值分别为0.435和-0.05。这一结果呈现的倒U形曲线反映出规模等级过高和过低的城市面临的不同困境，由于非就业关联的公共服务严重依赖于政府公共财政投入，规模等级过高的城市严格控制公共财政支出的增长，从而享受人口流动带来的经济效益；规模等级过低的城市无力负担针对新生代农民工的财政支出，难以吸引更多的人口进入该城市；Ⅰ型大城市既具有一定的财政负担能力，也有从超大城市和特大城市吸引人口流入的动力，两种因素共同推动了Ⅰ型大城市非就业关联服务的均等化进程。

(3) 大城市新生代农民工公共服务均等化的总体水平

根据选取的就业关联和非就业关联公共服务两个公因子的得分及方差贡献率,可以构建综合评价各城市新生代农民工公共服务水平的综合得分。值得注意的是,尽管大城市新生代农民工公共服务因子综合得分依据与劳动就业的关联类型计算,反映的是公共服务承担者和内在动力的逻辑差异,但是与依据公共服务均等化政策目标设计的大城市新生代农民工公共服务指数存在显著的高度正相关关系。这也表明尽管从就业关联和非就业关联的视角分析城市新生代农民工公共服务水平,但最终得到的结果总体相近,同时也为公共服务均等化改革的内在逻辑分析提供了新的维度和思路。

表4-22 大城市新生代农民工公共服务因子综合得分及排名

城市名	公共服务综合得分	排名	城市名	公共服务综合得分	排名
上海市	0.723	9	石家庄市	-0.752	45
北京市	0.482	13	福州市	-0.397	39
深圳市	1.085	4	无锡市	1.048	5
广州市	-0.202	28	温州市	-1.229	48
天津市	0.155	19	贵阳市	-0.159	27
重庆市	0.965	7	南宁市	0.236	17
武汉市	-0.387	38	兰州市	-0.255	31
东莞市	0.647	11	汕头市	-1.640	50
佛山市	-0.352	35	宁波市	-0.327	34
成都市	-0.092	25	包头市	-0.249	30
南京市	0.339	15	中山市	-0.368	36
西安市	-0.746	44	唐山市	-0.530	41
杭州市	-0.138	26	常州市	0.132	20
大连市	0.825	8	烟台市	0.276	16
郑州市	-0.654	43	惠州市	0.227	18
青岛市	0.464	14	呼和浩特市	-0.385	37
济南市	1.017	6	柳州市	0.676	10
长春市	0.050	22	大同市	0.044	23
昆明市	-1.093	47	海口市	0.633	12
合肥市	0.022	24	江门市	-0.548	42
太原市	-0.277	32	南通市	-0.205	29

续表

城市名	公共服务综合得分	排名	城市名	公共服务综合得分	排名
厦门市	1.358	2	珠海市	1.637	1
苏州市	1.165	3	泉州市	-1.003	46
长沙市	-0.292	33	保定市	-0.423	40
乌鲁木齐市	0.103	21	台州市	-1.602	49

注：使用 Spearman 相关系数对大城市新生代农民工公共服务因子综合得分和大城市新生代农民工公共服务指数的城市排序数据进行分析，相关系数为 0.829，在 0.001 的水平上显著。

总体而言，大城市新生代农民工公共服务的因子综合得分既反映了城市各类公共服务的均等化水平，也反映了城市对新生代农民工的吸引力。东部地区大城市高于中西部地区，规模等级高的大城市高于规模等级低的大城市。分区域看，东部地区大城市公共服务的总体均等化程度更高，如珠海市、厦门市、苏州市、深圳市等；中西部地区大城市公共服务的总体均等化程度更低，综合得分排名前十位的大城市中仅有两个中西部城市。分规模等级看，超大城市和特大城市公共服务的总体均等化程度最高，得分均值分别为 0.54 和 0.03，高于大城市平均水平；Ⅰ型和Ⅱ型大城市的均等化程度更低，得分均值分别为 -0.05 和 -0.10。这一结果对于解释当前中国人口流动仍然持续向超大城市和特大城市聚集的趋势提供了经验证据。

5. 城市公共服务改善的路径与阻碍

在国外相关研究中，人口或户籍登记被视为公民资格的一种形式，而公民资格主要包含法律权益、社会福利和政治权益三部分。公民资格规定了制度范围内的个体是否享有制度规定的各种权益，它既能够反映外在客观的社会分化，因此一般被用于分析社会结构、权力分层与移民不平等问题。在此基础上，马歇尔提出了"工业公民资格"概念，以就业作为标准将公共服务划分为基于工业公民资格获得公共服务和基于普通公民资格获得公共服务两个不同的领域，这两种公共服务被认为是代表了市场制度建设和非市场制度建设（侯慧丽，2016），为分析公共服务均等化改革过程中的问题提供了新视角。我国的户籍制度不仅仅作为一项人口登记制度而存在，而且是受到早期计划经济时代影响的产物，户口被作为公共产品分配的重要资格。换言之，户口不仅规定了个体是否拥有作为国家公民的资格，而且直接关联着个体享有的相关公共服务的资格。然而，户口所提供的公共服务来自于普通公民资格的获得，如当前大城市教育、住房保障等公共服务项目，与就业相关的公共服务则来自于工业公民资格的获得，与是否正规就业（签订劳动合同关系）直接相关。

从劳动力市场和公共服务改革的视角看，我国的公共服务均等化进程主要存在两种推动力：一是来自于户籍制度变革带来的制度建设；二是来自于市场化进程加快带来的劳动力市场的规范化。同时，我国公共服务均等化改革的主要困难和阻力也来自于这两个方面，这一问题直接体现在大城市就业关联服务与非就业关联服务的矛盾与冲突之上。从财政负担的角度看，地方政府向劳动就业者提供保障的动力和积极性更高，事实上这与人口流动带来的经济效益密切相关。农民工规模较大的城市在享受劳动力聚集带来的经济效益的同时，同样具有负担农民工相应公共服务的义务和责任。然而，加强劳动就业保障为地方政府带来的财政压力较小，劳动合同签订、社会保险等与就业相关联的公共服务不仅仅由政府独立承担，市场缓解了政府负担的大部分压力。因而农民工规模效应越高的城市其劳动力市场的规范性越强，正规就业的比例越高，最终形成了城市规模等级与就业关联服务改善之间的良性循环，农民工越集中，地方政府推动就业关联的公共服务均等化的决心和动机越大，反之亦然。与劳动就业保障的改革逻辑不同的是，提高常住人口的基本保障则需要政府付出更大的财政代价，教育、住房保障等公共服务的提供基本完全由政府承担。一旦放开对农民工的公共服务限制，地方政府将面临巨大的财政压力，且相应服务的使用者并非在劳动力市场就业的人群，如教育服务主要面向农民工子女，该类服务的改善并不会带来劳动力效益的增加。正是基于这一逻辑，农民工规模较高的城市更加严格地控制非就业关联公共服务产品的供给，从而实现控制公共财政支出的增长，继续享受人口流动带来的经济效益。同时，农民工规模较小的城市尽管产业集聚优势不明显，难以吸引更多的人口进入该城市，但其户籍人口公共服务水平也较低，推动非就业关联公共服务覆盖农民工的财政压力也相应较小，因此才产生了规模等级较低的城市非就业关联公共服务水平高于规模等级较高的城市的特点。

总体而言，就业关联的公共服务和非就业关联的公共服务作为社会福利和保障的组成部分，在未来很长一段时期内可被视为公共服务均等化改革的两条主线。尽管规模等级高的大城市非就业关联公共服务的均等化水平不足，难以满足农民工子女、医疗、住房等方面的需求，但是其高水平的就业关联公共服务供给的吸引力明显大于其他服务供给不足带来的阻碍与困难。换言之，在中国当前的发展阶段下，人口流动的经济动机仍然优先于其他需求，提高收入仍是人口流动的重要影响因素。在公共服务均等化改革过程中，应该重视就业关联和非就业关联公共服务之间的关系协调与平衡，重点解决规模等级高的大城市公共服务改革动力不足和规模等级低的大城市公共服务改革能力不足的问题。

（二）公共服务如何影响培训参与

关于公共服务如何影响移民教育水平的问题始终受到学界的高度关注，一般而言公共服务水平更高的地区具有更强的技能提升吸引力，但是也有研究认为公共服务水平过高反而会增加地方财政负担从而降低地方收入水平，最终影响个体提升技能水平的积极性。尽管后续有研究验证了公共服务水平越高的地区越能够刺激个体提升职业技能，但公共服务对农民工职业技能水平提升的作用是积极还是消极的争论仍然存在。值得注意的是，上述研究基本都是基于宏观层面对个体技能水平的讨论，缺乏关于公共服务水平差异对个体参加技能培训影响的分析。那么，在大城市流动人口公共服务普遍存在多重差异的前提下，我国新生代农民工参加职业技能培训的情况是否也随之存在不同？城市层面的公共服务改善对新生代农民工参加培训具有积极还是消极的影响？不同类型的公共服务改善对于新生代农民工参加职业培训是否存在不同的影响？这是本节最为关注的核心问题。

1. 理论框架与模型构建

农民工的职业技能培训领域积累了大量的经验和理论成果，总的来说，学界普遍认为我国新生代农民工参加职业技能培训的比例较高，其中既有个人层面的原因，也有社会结构层面的影响。在个人层面，户主的个人特征对于接受技能培训的决策影响较大，同时农民工个人的年龄、受教育程度、婚姻状况、户籍类型都会对培训参与有一定影响，家庭禀赋是影响培训参与的另一个重要维度，家庭规模、家庭人员类型，以及在老家的财产资源拥有状况、先行者的汇款行为都与是否参与职业培训有重要的影响作用。也有研究者从中国的区域发展程度（东、中、西、东北）和片区经济发展程度（珠三角、长三角、京津冀）为结构因素，考量培训参与。中国因为制度的限制性因素相对较强，同时家庭为了整体的最大利益更容易作出参与职业培训的决策，因为年龄本身所附带的社会资本差异，新生代农民工和老一代农民工所面临的选择困境不同，他们的决策结果也存在一定差异。

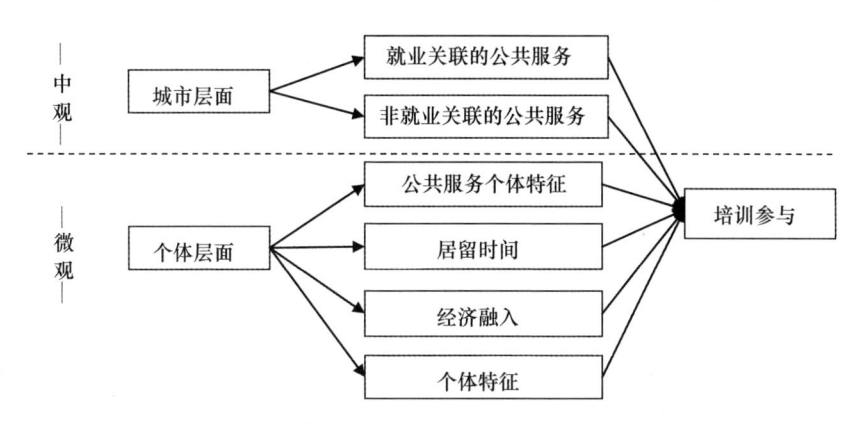

图4-5　大城市新生代农民工培训参与的分层影响机制

由于层次和维度具有多重性，个体参与培训的过程也是分层次、分维度且不同步的过程。培训参与作为家庭决策的最后结果，与各类社会行为一样受到个体人力资本、社会资本、经济社会地位等多重因素的影响，但同时也受到经济融入、制度融入等更高层次融入的影响，而更高层次的融入高低很大程度上取决于流入地环境的改善，其中流入地公共服务均等化的影响极为重要，直接关系到新生代农民工的培训成本。因此，培训参与的多维性质决定了其受到个体层面多种因素的影响，同时更受到来自流入地公共服务等制度环境的影响。基于上述假设，进一步将研究假设操作化，具体假设如下：

假设1：新生代农民工的个体特征对培训参与存在正向影响。

假设1.1：受教育程度高的人比受教育程度低的人更可能实现培训参与。

假设1.2：低龄农民工比高龄农民工更可能实现培训参与。

假设2：新生代农民工的经济融入程度越高，培训参与的可能性越高。

假设2.1：在流入地拥有住房的新生代农民工更可能实现培训参与。

假设2.2：新生代农民工的个人收入水平越高，越可能实现培训参与。

假设3：新生代农民工的居留时间越长，培训参与的可能性越高。

假设3.1：新生代农民工在流入地居留时间越长，越可能实现培训参与。

假设4：新生代农民工获得的公共服务越多，培训参与的可能性越高。

假设4.1：获得居住证的新生代农民工更可能实现培训参与。

假设4.2：拥有社会保险的新生代农民工更可能实现培训参与。

假设4.3：拥有住房公积金的新生代农民工更可能实现培训参与。

假设4.4：建立居民健康档案的新生代农民工更可能实现培训参与。

假设4.5：享受住房保障的新生代农民工更可能实现培训参与。

假设5：大城市的公共服务水平越高，培训参与的可能性越高。

假设5.1：大城市非就业关联的公共服务水平越高，新生代农民工培训参与的可能性越高。

假设5.2：大城市与就业相关联的公共服务水平越高，新生代农民工培训参与的可能性越高。

假设5.3：在新生代农民工培训参与的影响上，大城市非就业关联的公共服务水平提升的影响高于就业相关联的公共服务水平。

2. 分析变量选择及描述

在培训参与的理论框架基础上，我们将相关研究假设操作化为可观测和检验的变量。因变量包含两个值，即新生代农民工培训参与的最终结果，为由0和1组成的虚拟变量。自变量共分为控制变量、经济融入、居留时间、个体公共服务获得和城市公共服务环境五个部分。控制变量主要包括性别、年龄、户口、婚姻状态、受教育程度等人口学变量。

表4-23　　　　　　　　　主要变量界定与描述性统计

		新生代农民工	老一代农民工
人口学特征	男性比例（%）	51.38	57.75
	平均年龄（岁）	25.38	40.59
	未婚比例（%）	36.50	1.30
	平均受教育年限（年）	10.33	8.58

续表

		新生代农民工	老一代农民工
劳动就业	平均工作年限（年）	6.08	12.14
	本地工作年限（年）	3.67	6.92
	每周工作时间（天）	6.14	6.39
	每天工作时间（小时）	9.5	9.63
	个人月收入（元）	3318.03	3470.16
	劳动合同签订（%）	58.10	40.80
家庭禀赋	平均子女数量（个）	1.11	1.63
	流入地月总支出（元）	2392.29	2739.27
	流入地月总收入（元）	5622.78	6452.17
	流入地购房（%）	6.14	7.52
	流出地年总支出（元）	12956.15	10563.85
	流出地年总收入（元）	22316.29	14301.10
	流出地耕地面积（亩）	3.27	2.99
	流出地住房面积（平方米）	151.92	149.19
迁移流动	家庭成员随迁（%）		
	夫妻随迁	91.50	89.20
	子女随迁	58.80	61.90
	老人随迁	7.80	0.70
	流动范围（%）		
	跨省流动	66.80	62.30
	省内跨市	28.10	32.30
	市内跨县	5.10	5.40
	居留时间（年）	3.41	6.47
	有长期居留意愿（%）	49.73	54.67
社会交往	流入地交往1（%）	38.00	31.90
	流入地交往2（%）	2.40	3.50
社会保险	养老保险（%）	30.80	21.90
	职工医保（%）	33.90	22.50
	工伤保险（%）	35.00	24.20
	失业保险（%）	27.10	16.60
	生育保险（%）	12.90	6.00
	住房公积金（%）	13.20	6.20
职业技能	接受免费培训的比例（%）	12.10	12.00
公共服务环境	就业相关的公共服务	—	—
	非就业相关的公共服务	—	—

注：城市公共服务环境中的两个变量为标准化后的因子得分，均值为0。

3. 多层线性模型构建

(1) 基于个体因素的传统 Logit 模型

培训参与作为典型的二分变量,尽管可以利用线性概率模型得出 Y=1 的概率,但 P(Y=1) 的预测值有可能与实际观测值不符,亦即不能保证 P(Y=1) 的预测值大于 0 且小于 1。上述问题的解决方法是对 Y=1 的概率值 P(Y=1) 转换为 Y=1 的发生比 Odds(Y=1),其中 Odds(Y=1) 为 P(Y=1) 与 P(Y1) 之比,即实现培训参与与未实现培训参与的概率之比。发生比 Odds 的取值范围为 0 到正无穷大,为进一步将取值范围转换为直观可视的形式,可以对发生比进行对数转换,ln[odds(Y=1)] 的取值范围由此变为负无穷大至正无穷大,从而避免估计概率超出概率的最高或最低范围的问题。就实际意义而言,概率、发生比和 Logit 所表达的内涵并无差异,得到其中任意一个值便可得到其他两个值的结果,三者之间的转换关系如下。

$$Logit(Y=1) = \alpha + \beta_1 dem + \beta_2 eco + \beta_3 local + \beta_4 service1 + \varepsilon$$

$$Odds(Y=1) = e^{Ln[odds(Y=1)]} = e^{Logit(Y=1)} \quad (1)$$

$$P(Y=1) = \frac{odds(Y=1)}{1 + odds(Y=1)} = \frac{e^{Logit(Y=1)}}{1 + e^{Logit(Y=1)}}$$

因此,在控制性别、婚姻、年龄和教育等基本人口学变量(demography)的基础上,我们在 logistic 回归模型中分别引入经济融入(economic)、居留时间(local)、个体公共服务获得(service1)三个层面的变量,构成嵌套模型以检验各个层面变量的影响大小和有效性。

(2) 加入城市变量的多层 Logit 模型

培训参与作为一项行为决策,受到多个层次自变量的影响,既可以是微观层面的,也可以是宏观层面的。换言之,培训决策既是个体根据家庭经济社会状况和生活需求作出的选择,也受到流出地和流入地环境的影响。当流出地的生活环境难以满足新生代农民工的需求且其足以承担培训成本时,新生代农民工个体将倾向于选择参与职业技能培训,其中流入地的公共服务环境改善直接影响培训成本,从而改变其培训参与决策。因此,将城市层面的公共服务水平纳入培训参与模型非常重要。但是,当出现多层次效应时,我们不能直接使用一般的线性模型进行分析,因为直接使用城市层面的信息推论个体层面的培训行为时不可避免地会犯层次谬误。为解决这一问题,Lindley 等首次提出了多层线性模型(Hierarchical

Linear Model，简称 HLM），可以从低维度的成员信息中获取高层次的群体特征，并使用高层次数据分析其对于低层次的个体行为产生的影响（Davidian，1994）。值得注意的是，本研究分析的因变量为取值 0 和 1 的虚拟变量，可使用广义多层线性分析模型进行分析（李雪燕、辛涛，2006；谢美华等，2013）。为了分析个体层次和城市层次对新生代农民工培训参与结果的影响，我们先后建立多个模型，使用 HLM6.08 和 SPSS22.0 对所定义的模型进行参数估计。

模型 1：零模型。即个体层面和城市层面均没有自变量。建立零模型的主要作用在于检验城市层面不同单位之间的变异是否显著，检验方法为卡方检验。换言之，如果卡方检验的结果显著，则表明城市之间存在显著的差异。当城市之间的公共服务水平存在差异时，传统的线性回归方法并不适用，在此基础上我们可以进行进一步的多层分析。

第一层：$\text{Prob}(Y=1|B) = P$
$\log[P/(1-P)] = B_0 \quad (2)$
第二层：$B_0 = G_{00} + U_0$

由于不存在一层或二层预测变量，零模型中只有一项固定效应 G00 被估计，估计值为 1.12，表明新生代农民工的培训参与结果因为所在城市的不同而存在显著差异，其中零模型的输出结果显示二层方差为 0.58，显著性水平为 0.000，进一步验证了该问题适合进行多层线性分析。

表 4—24 零模型的主要统计结果

固定效应	系数	Odds	标准误	T 值	自由度	P 值
层一截距 B_0						
层二截距 G_{00}	1.11582	3.05205	0.10728	10.401	49	0.000
随机效应	标准差		方差分量	自由度	卡方	P 值
层二方差 U_0	0.76262		0.58159	49	6434.38594	0.000

在确定多层分析的适用性之后，我们依据上述理论框架，构建同时包含个体层面和城市层面的二层 logit 模型。第一层模型与传统模型 5.3 保持一致，仅在第二层加入了就业相关的公共服务水平和非就业相关的公共服务水平两个反映城市公共服务均等化水平的变量，用于解释城市层面的公共服务均等化对于大城市新生代农民工培训参与平均概率的影响。

第一层：Prob $(Y=1 \mid B) = P$

$$\log [P/(1-P)] = \alpha + \beta_1 dem + \beta_2 eco + \beta_3 local + \beta_4 service1 + \varepsilon \quad (5.3)$$

第二层：$B_0 = G_{00} + G_{01}^* (service1\_city) + G_{02}^* (service2\_city) + U_0$

4. 实证结果与主要结论

在大城市新生代农民工培训参与的传统 logit 回归（模型 1）结果中，虚拟判决系数为 0.51。判决系数 R^2 在 OLS 线性回归分析中较为常见，而在 logistic 回归的分析文献中较少被关注且在实际应用中也经常受到各种质疑，但虚拟判决系数 R^2 仍然具有一定不可被取代的优势，因为它可以补充自变量与因变量之间的关系，表示模型中包含的自变量可以降低的方差。在传统模型中，除了个体特征变量的加入对于模型解释力的提升有一定贡献外，社会保险、医疗卫生、住房保障等公共服务变量对新生代农民工的培训参与也存在显著影响，该结果对于进一步探讨新生代农民工培训参与的机制具有一定意义。

表 4-25　大城市新生代农民工培训参与的传统 logit 模型和多层 logit 模型的参数估计

固定效应	模型（1）系数	模型（1）标准误	模型（2）系数	模型（2）标准误
截距	0.405***	-0.075	0.404***	0.026
就业关联性服务			-0.007	0.007
非就业关联性服务			0.020***	0.007
男性	-0.032	-0.024	0.002	0.005
年龄	-0.073***	-0.002	-0.007***	0.000
受教育年限	0.019***	-0.005	0.007***	0.002
在婚	4.532***	-0.036	0.735***	0.017
子女数量	0.274***	-0.020	0.020***	0.002
本地购房	1.190***	-0.045	0.073***	0.005
个人月收入	0.000***	0.000	0.000***	0.000
居留时间	0.129***	-0.003	-0.006	0.000
养老保险	0.084+	-0.047	0.009	0.006
医疗保险	-0.010	-0.048	-0.002	0.010
工伤保险	0.516***	-0.030	0.059***	0.012
失业保险	0.095*	-0.048	0.003	0.006

续表

固定效应	模型（1） 系数	模型（1） 标准误	模型（2） 系数	模型（2） 标准误
生育保险	0.093 +	-0.052	0.019**	0.006
住房公积金	0.043	-0.050	0.005	0.006
居住证	0.092***	-0.014	0.009**	0.003
居民健康档案	0.070*	-0.027	0.070	0.005
住房保障	-1.742***	-0.034	-0.189***	0.015
随机效应（截距）			0.648***	
方差分量			0.420	
层一个案数 N1	104931		104931	
层二个案数 N2			50	
R^2	0.5134		—	

注：1. 模型（2）报告的系数为稳健性估计结果，在考虑可比性的情况下未报告层一和层二的 R^2。

2. +：$p<0.10$，*：$p<0.05$，**：$p<0.01$，***：$p<0.001$。

模型1的回归结果显示，新生代农民工的年龄越高越难以实现培训参与，这反映出大龄新生代农民工参与培训的能力较弱，培训成本也比低龄新生代农民工更高；受教育程度越高的新生代农民工越容易实现培训参与，文化水平间接地影响着新生代农民工个体的经济社会地位，从而提升其实现培训参与的能力；在婚新生代农民工更容易实现培训参与，婚姻关系产生的培训参与需求会因子女抚育和父母赡养需求而更加强烈，这一问题在描述性统计分析中已经得到数据证明；子女数量越多的新生代农民工实现培训参与的需求也相应越高。居留时间是农民工熟悉了解新进入社会的基本前提，有研究发现新生代农民工在流入地生活的时间越长，越容易扩大社会网络规模，越有助于在流入地经济社会地位的提升，在经济社会资本和文化资本不断累积的基础上进而实现培训参与，然而这一结论在放入城市层面变量进行分析时产生了不同结果。除了居留时间的积极作用，社会保险的获得对于新生代农民工的培训参与存在的积极作用有限，这在某种程度上显示出社会保险对于新生代农民工降低培训参与成本的作用强弱。同时，办理居住证的新生代农民工更可能实现培训参与，这也间接证实了当前的居住证改革进程尽管相对缓慢，但与公共服务资源之间的依附性已经开始逐步发挥影响。值得注意的是，在流入地购买住房的新生代农民工实现培训参与的可能性远远高于未购房群体，但是获得公租房和廉租房的新生代农民工实现培训参与的可能性反而更低，这主要与样本选择性有关，即能够获得政策性租房的新生代农民工数量极低，且多数经济社会状况较差，即使在享受公共住房服务的情况下，在流入地的培训参与仍然难以实现。

在加入了城市层面变量之后，除了居留时间的影响变为不显著外，个体层面变量的影响基本没有减弱，这也反映了新生代农民工的个体特征和家庭禀赋对其培训参与影响的稳定性。值得讨论的是，为什么在城市层次分析之后居留时间的作用不再显著？这一状况可能与城市公共服务环境有关，换言之，在那些公共服务水平较高的大城市，居留时间的增加可能会增加新生代农民工实现培训参与的可能性，然而在那些公共服务水平较差的城市，居留时间的增加与新生代农民工实现培训参与之间并无太大影响，反而可能会阻碍其培训参与的实现。因此，在控制了城市之间的公共服务差异之后，居留时间系数的显著性下降，城市层次的公共服务水平变得极为显著。最后，我们需要重新回到问题的原点，在培训参与的过程中新生代农民工的个体特征和公共服务获得持续地在发挥作用，亦即大城市培训参与存在一定的微观推动力；那么城市公共服务改善对于新生代农民工的培训参与存在何种影响？我们在讨论到工业公民资格和普通公民资格之间的矛盾与冲突，当使用可以分别代表两种资格相关公共服务的变量进行多层分析时，我们惊讶地发现，城市劳动力市场规范化带来的就业保障进步可能在某种程度上提升了城市新生代农民工的收入水平和社会保险参与状况，但其影响覆盖了全部的就业者，主要缩小了外来就业者和本地就业者之间的部分差距，对于新生代农民工在大城市实现培训参与并不存在显著影响，反而是不与就业相关联的公共服务水平改善，对于大城市新生代农民工的培训参与发挥着积极的推动作用，在非就业关联公共服务背后的是与户籍紧密相关的公共服务资源，教育、住房等资源实现本地外来共享的阻力较大。正如前文所说，在人口流动带来巨大经济效益的前提下，为继续保证区域经济发展和财政收入增长，地方政府更倾向于继续享受人口流动带来的经济效益，因此保障就业关联公共服务的动力和积极性更高，而对于非就业关联公共服务产品的供给则持谨慎态度。因此，尽管非就业关联公共服务的保障是促进新生代农民工培训参与的重要动力，但是由于地方的政策和制度约束，非就业关联公共服务的均等化过程仍然有待推进。

四 如何打破公共培训的双重困境

（一）新生代农民工面临的发展困境

孟德拉斯在1992年曾写道：20亿农民站在工业文明的入口处，这就是20世纪下半叶，当今世界向社会科学提出的主要问题。事实上，在全球化、市场化和社会转型的大背景下，这"站在工业文明入口处"的20亿农民接近一半来自于中国。近30年的人口流动为社会科学研究提供了一个实验室，一个可以进行多种比较的天然实验室。我国地方状况的多样性和国家政策的统一性使我们可以对人口流动过程中的各类潜在因素进行系统比较，正如自然实验一般，几乎每一个变量都可能被分离出来。正是由于巨大的社会变动带来了丰富的研究资源和大量的社会问题，我国人口迁移流动方面的研究已经汗牛充栋，既包括人口流动的规模、时间、趋势及空间分布等基本特征的研究，也包括流动人口的社会融合、身份认同、生存状况等社会问题的分析，其中关于家庭迁居意愿和行为的研究也不在少数。相较于前人丰富的研究积累，本研究通过引入新的度量方法和分析维度，并试图能够对这一研究领域有所贡献，以一种新的视角讨论我国公共服务均等化改革背景下的农民工职业技能提升问题。

首先，全国50个大城市流动人口调查数据的描述性分析结果显示，大城市公共服务均等化改革面临更为严重的问题和困境，在教育、就业、社保、医疗、住房和入籍等方面尤为凸显。大城市吸纳了全国近70%的新生代农民工，其公共服务改善面临的困难与中小城市相比也存在极大不同，呈现出多元化和异质性特征。第一，由于城市和教育阶段的教育资源分布存在差异，导致新生代农民工子女在大城市就学呈现出显著的空间和阶段双重差异的现象。大城市新生代农民工子女在流入地接受教育面临多重困境，在超大城市尤其严重。伴随教育阶段的提升，新生代农民工子女在大城市就学的难度越来越高。第二，大城市的正规就业水平提高与非正规劳动问题共存。在制度约束的条件下，尽管非正规就业的水平在下降，但在正规就业中的非正规劳动现象普遍存在，同时市场自发调节引起的人才流动和聚集也进一步扩大了大城市之间的就业服务均等化差距。第三，大城市社会保险领域的"本地—外来"分割不断弱化，但城市之间的区域分割和城乡之间的户籍分割依然凸显，农民工的社会保险参与状况仍然远远低于全人群的水平。尽管如此，大城市的社会保险覆盖水平仍然高于中小城市，城市之间的社会保障服务差异可能导致更多的农村人口流入大城市。第四，大城市新生代农民工基本医疗卫生服务也存在明显的区域和城乡差异。在区域、城乡和居住环境三重约束下，尽管公共医疗卫生服务在区域、城乡和社区层面存在极大的不平衡，新生代农民工的居民健康档案建档率远高于老一代农民工，但老一代农民工患病后在社区卫生服务机构就医的现象较为普遍。第五，大城市新生代农民工住房保障水平低下，将进一步影响其居留意愿和行为。由于政策性住房覆盖范围较窄、门槛高，加之大城市住房价格较高，新生代农民工在大城市购买住房的能力仍然受限。第六，居住证制度改革与公共服务关联性仍然不足。在多数城市中，户籍制度与社保、医疗、就业、教育等公共资源的分配相互关联，限制了"准市民"共享资源的机会，居住证制度带来的公共资源再分配效果尚未显现。

其次，在引入了新的公共服务度量方法之后，分析发现仅仅通过城市规模等级简单判定公共服务差异大小的思路存在缺陷，区域差异仍然是城市公共服务体系完善应该考虑的主要因素。因为不同区域面临的现实问题和政策环境不同，其改革动力和进度也可能会有所差异，城市之间的公共服务均等化改革并非是全面推进的，而是存在时间先后、范围大小、程度深浅等不同层次的差异。那么如何衡量城市间公共服务均等化进程的差异？常见的判别标准是基于城市规模等级的高低，因为我国新型城镇化规划中基于不同规模等级的城市提出了差异化的人口调控政策，但本研究认为城市规模等级仅仅是反映城市差异的一个维度，同时存在影响城市公共服务改善的其他因素。因此，本研究依据公共服务均等化的官方定义构建了大城市新生代农民工公共服务指数，通过指数排序结果及方差分析可以发现：关于超大城市、特大城市、Ⅰ型大城市和Ⅱ型大城市的官方划分标准过于单一，不能很好地反映当前大城市之间存在的公共服务差距，反而是东、中、西部的区域差异更为显著，将规模等级作为我国新型城镇化和公共服务均等化改革的主要依据存在缺陷。

再次，在引入了因子分析的方法之后，为传统的公共服务概念引入了新的解释维度，从双重市民化角度重新讨论了我国公共服务均等化改革的内在逻辑。为了进一步探讨城市规模等级和区域划分视角下城市公共服务差异的形成原因，本研究使用因子分析的方法对传统的公共服务指标体系进行了二次降维处理，提取出就业关联的公共服务和非就业关联的公共服务两个极为实用的公因子，两个公因子与就业保障和居民保障的概念相对应。因子分析结果显示，非就业关联公共服务的因子得分与就业关联服务的因子得分之间呈现负相关的关系，东部地区、规模等级较高的大城市就业关联的公共服务因子得分更高，中西部地区、规模等级较低的大城市非就业关联的公共服务因子得分更高，显示出地方在公共服务均等化改革中体现出极强的自主性，也反映出中央与地方、国家与市场在就业保障和居民保障促进问题上的矛盾与冲突。

最后，超出微观视角的研究局限，使用分层 logit 模型加入城市层面的公共服务数据，将微观和宏观两种分析层次统一纳入新生代农民工培训参与模型之中。在我国新型城镇化、户籍制度和公共服务均等化改革取得了积极进展的背景下，城市公共服务改善应该是影响新生代农民工培训参与的重要因素。尽管当前关于人口迁移流动的研究较多，但宏观研究多数集中于新生代农民工规模及结构变动的预测，迁移流动行为的研究基本以微观分析为主，基本上都是讨论职业技能培训行为的微观因素，对宏观视角下制度变革和市场化进程的影响考虑不足，忽视了公共服务体系的建立和完善对于培训参与的重要作用。从逻辑分析的视角看，公共服务均等化有助于改善流入地的环境，缩小新生代农民工和本地户籍人口之间的差距，因此应该有助于培训参与，这是当前已经被普遍接受的观点之一。但更为值得重视的问题是，不同类型的公共服务改善对新生代农民工的培训与否存在不同影响。因此，本研究使用多层 logit 模型讨论了两类城市公共服务改善和个人家庭禀赋对于培训参与的影响，比较了不同城市之间的培训模式差异。研究发现，我国大城市新生代农民工的培训参与面临来自于宏观和微观的双重影响，既有来自于城市层面的公共服务均等化的影响，也有来自于个体和家庭禀赋的重要作用，其中非就业关联的公共服务改善难度最大，但恰恰是影响新生代农民工培训参与极为重要的制度因素。如何通过提高城市非就业关联的公共服务水平改善新生代农民工的经济社会状况，降低新生代农民工家庭迁移成本的同时提升新生代农民工培训参与的能力，将是未来新型城镇化和公共服务均等化改革中亟待解决的问题。

（二）地方约束下技能提升问题的再讨论

正如发现与结论中指出的那样，城市之间的公共服务差异已经成为影响新生代农民工培训的重要因素，并且这一结论已经得到足够的经验数据支持。那么我们未来面临的更为重要的问题是：为什么中小城市与大城市之间、不同类型大城市之间的公共服务水平会存在如此巨大的差异？其中政府和市场、中央和地方、环境与家庭分别扮演了何种角色？这些差异对新生代农民工的培训参与造成了何种影响？如何在不同维度的博弈中寻求问题的解决之道？这些将是需要未来作进一步讨论的重要问题。

从综合服务水平的角度看，我国大城市的公共服务均等化过程仍然有待推进，地方发展约束问题值得重视。区域差异对城市公共服务改善的影响大于因城市规模等级而产生的差异，而这种差异反映了公共服务均等化的地方约束，也蕴含了两种社会权益保障的矛盾与冲突。从就业保障和居民保障的视角看，我国的公共服务均等化进程主要存在两种推动力，一方面来自于户籍制度变革带来的制度建设，另一方面来自于市场化进程加快带来的劳动力市场的规范化。由于两种权益均等化变革的内在动力不同，导致我国公共服务均等化改革的主要困难和阻力也来自于这两个方面，这一问题直接体现在大城市非就业关联服务与就业关联服务的矛盾与冲突之上。非就业关联的公共服务均等化属于国家顶层设计的政策目标，旨在推进居民保障的均等化进程，但需要由地方财政承担均等化的成本；就业关联的公共服务均等化属于市场发育成熟的产物，旨在保障就业者权益的均等化过程，市场分担了大部分的均等化成本。因此，为了能够继续享受人口流入带来的经济效益，地方政府保障就业的动力和积极性更高，导致流动人口规模效应越高的城市其劳动力市场的规范性越强，正规就业的比例越高，最终形成了城市规模等级与就业关联服务改善之间的良性循环。在流动人口规模较小的城市，地方政府推动就业关联的公共服务均等化能力不足，更加难以吸引流动人口的进入，最终陷入高素质劳动力不足的恶性循环。同时，无论是超大城市还是特大城市，均倾向于更加严格地控制非就业关联公共服务产品的供给，从而实现控制公共财政支出的增长，继续享受人口流动带来的经济效益。由于规模等级较低的城市产业集聚优势不明显，户籍人口公共服务水平较低，相对而言推动非就业关联公共服务覆盖流动人口的财政压力较小，反而在居民权利保障方面产生了一定进展。

然而，这种均等化改革是以低成本的公共服务为代价的，对于降低流动人口的生活和培训成本影响甚微。因此，相较于原来与户口捆绑的城乡福利差异，"本地—外来"的福利保障差距不再简单地由户籍政策决定，而是在差异化的户籍准入政策和公共服务改革进程中变得更具地方性色彩。换言之，国家从人口调控的层面对不同规模等级城市的户籍迁移政策进行了顶层设计，而不同城市的公共服务均等化改革则由地方主导推进。户籍准入政策的国家调控和公共服务改革的地方性色彩共同导致了城市公共服务的差异格局，而这种差异将会继续影响我国新生代农民工培训参与行为。

第九章　新生代农民工健康状况的影响因素

在日新月异、飞速发展的今天，农民工特别是新生代农民工已逐渐成为我国产业工人的主体、城市建设的主力军。根据国家统计局发布的《2018年农民工监测调查报告》，我国新生代农民工总量达1.49亿人，占全国农民工总量的51.5%。经济发展离不开丰富的劳动力资源，而劳动力的健康人力资本对于推动经济发展也发挥着基础性的作用。大规模并不断增加的新生代农民工群体，其健康问题不仅关系到国家经济发展的质量和转型，同样也能影响国家社会发展的进步和升级。

随着对保护健康、防治疾病的经验积累，人们对健康的思维日趋全方位和多层次，对疾病的发生和变化的认识也由生物层面逐步深入到心理与社会层面。正如WHO对于健康的定义，健康是指一个人在生理、精神和社会等方面处于良好的状态。文献回顾可以看出，以往研究大多单纯地从一个或两个方面探讨新生代农民工健康问题，因此，本章将以新生代农民工为研究对象，对其健康状况及其影响因素进行相对全面的综合考察，以期更好地推动其健康人力资本的改善和优化。

本部分的研究目的具体有以下三点：

一是采用原国家卫计委调查的全国流动人口动态监测数据，从生理健康、心理健康以及社会健康三个维度，全面地考察和分析我国新生代农民工健康状况，并将新生代农民工与老一代农民工、新生代非农户籍劳动力、老一代非农户籍劳动力四者进行比较，找出其中的显著差异点，以此来为新生代农民工健康人力资本提升提供选择路径。

二是客观且系统地思考和认识我国新生代农民工的生理健康、心理健康和社会健康与人口学特征、流动状况、经济地位和社会文化因素这四个因素之间的有机联系，找出影响新生代农民工这三类健康的影响因素，为有效制定助力于新生代农民工健康人力资本提升的相关政策而服务。

三是从新生代农民工个人、社区、企业、社会、国家五个层面提出相关的建议措施，从而推进新生代农民工健康促进和疾病预防的全国性战略，进而优化新生代农民工的健康人力资本。

本研究具有一定的理论意义和实践意义。其理论意义在于：本研究克服了以往单纯地从一个或两个方面探讨新生代农民工健康的局限性，并恰当地运用统计分析模型，将研究的视角拓展到人口因素、流动因素、经济因素、社会文化因素相结合的层面，丰富了该领域的理论体系，试图理清新生代农民工健康的作用机理。本研究的实践意义在于多维度地提出提升农民工健康人力资本的措施方法。

一　文献回顾和评述

（一）新生代农民工健康研究总体发展状况

新生代农民工健康研究近十年呈现上升的发展势头。采用主题搜索"新生代农民工健康"一词，截至 2019 年 7 月中旬为止，在中国期刊全文数据库（CNKI）中检索到有关我国新生代农民工健康问题研究的文献有 1976 篇，基本涵盖了主要的新生代农民工研究文献。图 4-6 大体展示出了近些年直接与我国新生代农民工健康研究相关的文献状况。从总体的发展历程看，"新生代农民工健康"相关研究的发展趋势与国家的有关政策息息相关，例如，2010 年开始的文献数量的增加可能与全国总工会于 2010 年 3 月成立的新生代农民工问题课题组、国家统计局针对农民工问题开展了连续的专题调研有关。

（二）健康的概念界定及测量方法

随着疾病谱和死因谱的改变以及人们对于保护健康和防治疾病的认识深化，古代朴素的整体医学模式和近代生物医学模式已经不再符合现代医学的要求，取而代之的是 1977 年恩格尔在《科学》杂志上提出了一个新的医学模式，即"生物—心理—社会医学模式"。"生物—心理—社会医学模式"以系统论作为概念框架，认为应该在一个多层次的等级系统中

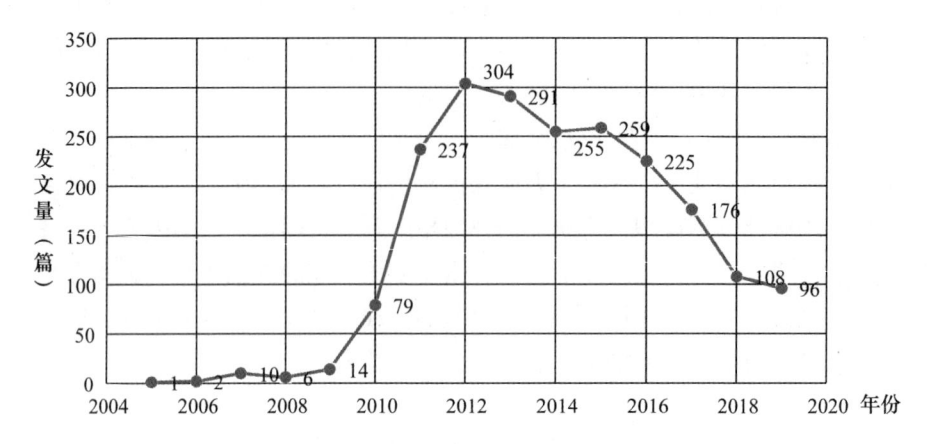

研究人体或人，每一层次由多功能单位组成（孙哲，1987）。①

图 4-6　2004—2019 年新生代农民工健康文献数量的变化（单位：篇）

注：截至 2019 年 7 月中旬为止，2019 年 CNKI（中国知网）文献检索量为 9 篇，图中 96 篇为 CNKI 预测值。

与此同时，对于健康公认的概念为联合国给出的定义，即"健康是一种在生理上、心理上和社会上的完满状态，而不仅仅是没有疾病和虚弱的状态"（WHO，1946）。基于以上观点与定义，我们计划分为三个方面，即生理健康、心理健康、社会健康，测量我国新生代农民工的总体健康状况。

测量生理健康的六类指标方法。基于对文献中关于生理健康的测量方法和维度的研究，我们发现，已有文献对新生代农民工生理健康主要采用了六类指标方法进行测量：自评健康、四周患病率、慢性疾病发生率、日常生活局限性、传染病等疾病发病率和死亡率、BMI 指数等，其中，最为复杂、使用最多的是自评健康。研究者们采用国际公认的有关健康的量表或采用自行编制的量表进行自评健康的测量。在自评健康中，又可分为自评健康评定量表、健康状况变化差异、健康状况受损比例、健康相关生命质量、sf—36 量表（生理健康）等若干测量手段，具体方法和思路如表 4-26 所示。

---

① 孙哲：《介绍"生物、心理、社会医学模式"》，《交通医学》1987 年第 1 期。

表4-26　　文献中新生代农民工生理健康测量方法及维度汇总

一、自评健康	1. 自评健康评定量表	国内通用的《自测健康评定量表》，包括社会健康（SZT）、生理健康（BZT）、心理健康（MZT）三个评定子量表以及量表总分（ZCZT）。计算公式是：得分＝维度实际粗得分/组成某一维度的理论最高得分×100[①]	
	2. 健康状况变化	根据新生代农民工自评健康变化情况（目前健康状况与离开老家时相比）分成3个有序的类别，即"变好"、"一样"和"变差"3类	
	3. 健康状况受损比例	农民工的健康状况用"损害很大"、"损害较小"、"基本合格"和"非常好"4个等级来表示。农民工健康状况受损比例＝（健康损失很大百分比＋健康损害较小百分比）/总体百分比[②]	
	4. 健康相关生命质量	通过被调查者的主观感受来评价自身身体机能状况，主要内容一般包括：疾病状况、疼痛与不适、精力与劳累疲倦、性生活、睡眠与休息、感觉功能、身体灵活性等[③]	
	5. sf-36量表（生理健康）	1. 生理功能	1. 重体力劳动；2. 适度活动；3. 手提日用品；4. 爬几层楼梯；5. 爬一层楼梯；6. 弯腰、屈膝；7. 步行1.5公里；8. 步行1公里；9. 步行100米；10. 洗澡、穿衣
		2. 生理职能	1. 减少工作时间；2. 完不成工作；3. 活动受限；4. 完成工作困难
		3. 身体疼痛	1. 身体疼痛；2. 疼痛影响工作
二、四周患病率			
三、慢性疾病发生率			
四、日常生活局限性			
五、发病率、死亡率			
六、BMI指数、高血压、传染病等			

文献来源：①许军、王斌会、胡敏燕、杨云滨、陈和年、解亚宁：《自测健康评定量表的研制与考评》，《中国行为医学科学》2000年第1期；蔡善荣：《健康相关生命质量的研究概况》，《国外医学》（社会医学分册）1999年第1期。

②李田天：《安徽省新生代农民工体质健康调查与分析》，《黑河学院学报》2017年第4期。

③王欣、孔荣、王雷：《基于弱势群体概念模型的我国农民工健康问题研究》，《西北农林科技大学学报》（社会科学版）2014年第5期。

量表是心理健康测量的主要方法。对于新生代农民工心理健康的测量，现有文献中主要采用各种心理量表来进行测量，包括自评健康评定量表、新生代农民工心理症状量表、scl—90量表、健康相关生命质量、精神健康量表、健康状况变化情况、生活满意度量表、sf—36量表。

表4-27 文献中新生代农民工心理健康相关测量方法及维度汇总

1. 自评亚健康评定量表	包括生理亚健康、心理亚健康和社会亚健康3个子量表，有9个维度（包括身体症状、器官功能、身体运动功能、精力、正向情绪、心理症状、认知功能、社会适应、社会资源与社会支持）
2. 新生代农民工心理症状	1. 您经常心理压抑郁闷 2. 您经常对所有的事情不感兴趣 3. 您经常烦躁易怒 4. 您经常注意力下降 5. 您经常精神紧张 6. 您没有上述现象
3. scl—90	9个因子：躯体化、强迫、人际敏感、抑郁、焦虑、敌意、恐怖、偏执、精神病性[1]
4. 健康相关生命质量	生存质量中的心理健康研究内容包括：对生活前途的自信感、自身思考、学习、记忆、精力集中情况、外貌的自我评价、消极情感（如愤怒、抑郁、焦虑、悲伤）等[2]
5. 精神健康	精神健康用（HSCL）量表的简化版，共9个问题，计算9个问题的总分，得分越高，表明精神健康状况越差
6. 健康状况变化	使用新生代农民工自评健康变化情况（目前健康状况与离开老家时相比）分成3个有序的类别，即变好、一样和变差3类
7. scl—90（5个方面）	5个方面：认知功能发展正常，人格健全；情绪稳定乐观，能够适度表达和控制自己的情绪；工作积极向上；社会适应良好；人际关系和谐[1]
8. 生活满意度	
9. 自评健康 likert五分量表	
10. sf—36（精神健康）	1. 活力：1. 生活充实 2. 精力充沛 3. 筋疲力尽 4. 感到厌烦
	2. 社会功能：1. 社交（程度）2. 社交（时间）
	3. 情感职能：1. 减少工作时间 2. 完不成工作 3. 无法细心工作
	4. 精神健康：1. 敏感 2. 无法高兴 3. 平静 4. 低落 5. 快乐

文献来源：[1]王征宇：《症状自评量表（SCL—90）》，《上海精神医学》1984年第2期。
[2]蔡善荣：《健康相关生命质量的研究概况》，《国外医学》（社会医学分册）1999年第1期。

社会健康的测量主要涉及社会适应、社会参与性，而国内研究相对匮乏。社会健康是测量健康的另一个维度。社会健康又称社会适应性，由美国社会学家Parsons（1951）提出。McDowell & Newell（1987）[1]认为，个

---

[1] Mc Dowell I., Newell C., *Measuring Health: A Guide to Rating Scales and Questionnaires*, New York: Oxford University Press, 1987.

体的社会健康是指人们如何与别人相处,别人又是如何对他作出反应,以及他如何与社会制度和社会习俗相互作用。Larson(1993)[①]从社会适应和社会支持两个方面提出了社会健康的概念框架。Keyes(1998)[②]认为社会健康是指一个人与他人、邻里以及社区之间的关系好坏,是个人与其所处环境之间最优匹配的结果,并且于2006年强调社会健康更多反映了一种公共现象。国内最早引进社会健康测量的学者是刘更新(1994)[③],他认为社会健康是个体健康的一个方面,是有关个体如何与别人相处,别人又是如何对他作出反应以及他与社会制度和社会习俗是如何相互作用的。

表4-28　　　　文献中社会健康相关测量方法及维度汇总

作者	题目	社会健康的维度及条目
王文军	多维视角下的老年人社会健康影响因素分析	社会活动、社会支持、社会网络
刘更新等	社会健康测量	第一,社会关系量表(SAS),包括与工作有关的事件;与金钱和财务有关的事件;家庭事件;与个体健康有关的事件;个体和社会事件;一般的社会事件。第二,社会支持问卷(SSR),主要测试个体在应激事件中能得到帮助的信赖人的数量及他对这种可能得到帮助的满意程度。共27个项目,使用6评分等级量表。第三,社会适应不良调查表(SMS),量表通过调查者对调查对象物质环境和行为的客观评价与调查对象自身满意度的评价结合起来,共涉及6个方面的问题:住房、职业、经济情况、闲暇和社会活动,家庭关系及婚姻。第四,Katz量表R_1型由12个项目组成,用于亲属对病人精神状态的评价。R_2型由16个项目组成,是有关社会期望个体活动的表现,包括社会责任、自我保健、社区活动。第五,社会健康问卷,该问卷主要测量个体社会支持与网络系统,测量个体的社会资源和他与朋友和亲属接触的频率。共有11个项目,主要包括两类客观指标:一类为社会资源,如朋友数;另一类为社会交往,如看望朋友和集体活动参与的频率。第六,社会适应量表(SAS),量表用于测量个体的工作、社会活动、家庭活动、业余活动、婚姻和经济独立性6个角色范围,评价各种角色的人际关系,包括情感、满意度、冲突和行为

---

① Larson J. S., "The Measurement of Social Well-being", *Social Indicators Research*, Vol. 28, No. 3, 1993, pp. 285-296.

② Keyes C. L. M., "Social Well-being", *Social Psychology Quarterly*, Vol. 61, No. 2, 1998, 121-140.

③ 刘更新:《社会健康测量》,《国外医学》(社会医学分册)1994年第4期。

续表

作者	题目	社会健康的维度及条目
高亮等	南京城区老年人生理、心理和社会健康现状及其影响因素研究	采用《社会支持评定量表》来测量社会健康。该量表共有10个条目，包括客观支持（3条）、主观支持（4条）和对社会支持的利用度（3条）三个维度。
宋子良	不同项目的体育锻炼促进大学生社会健康的实验研究	人际交往、竞争、合作、独立生活能力、耐挫力
傅崇辉	社会健康对老年人口死亡风险的影响	社会活动、社会支持、社会网络
阳义南	国民社会健康测度及其影响因素研究——来自MIMIC结构方程模型的经验证据	第一，社会参与，包括：1. 参与选举。2. 参与社交。第二，社会支持，包括：1. 邻居支持。2. 社区互助。第三，社会信任，包括：1. 信任他人。2. 信任邻居
K. Abachizadeh, S. Omidnia, N. Menmaryan	Determining Dimensions of Iranians' individual social health: a qualitative approach	社会支持包括：1. 疾病。2. 残疾。3. 日常生活问题。4. 家庭成员或者朋友的去世。5. 婚姻。6. 情感问题。7. 找工作。8. 收入和社会支持。9. 娱乐设施的途径。10. 安全反对暴力。11. 表达爱。12. 生理和心理的促进。13. 表达友好和鼓励。14. 接受作为社会成员的个体。15. 个人尊重。16. 个体欣赏。17. 法律支持。 社会功能包括：1. 对他人的经济援助。2. 对他人的情感帮助。3. 参加社会团体。4. 在做社会决定时的贡献。5. 与家庭成员打交道。6. 与朋友打交道。7. 对病人的照顾。8. 参与日常琐事。9. 环境保护。10. 尊重社会规范。11. 参与慈善活动。12. 信任他人
Keyes（1998）	Social Well-being	社会融合、社会贡献、社会凝聚、社会实现和社会认可等五个维度
McDowell & Newell（1987）	Measuring health: a guide rating scales questionnaires	社会适应、社会参与、社会角色或社会网络（支持）

目前，并没有有关新生代农民工社会健康的文献，笔者扩大检索范围，将"社会健康"作为检索词，概括出国内外对于社会健康的维度及相应的测量指标。

（三）新生代农民工健康代表性文献

国内研究主要集中在体质健康、心理健康和健康融入等领域。从研究结论来看，综合学者观点，国内对于新生代农民工的主要研究结论为体质健康（李田天，2017；常友善，2011；等等）、心理健康（唐燕儿，

2016；彭如良，2012；等等）和健康融入状况（和红，2014），均低于全国常模，状况不容乐观。国外学者对于类似人群的研究主要体现在第二代移民上。例如，1782 年美国学者克雷夫科尔提出"熔炉论"理论，该理论认为第二代移民与第一代移民相比，第二代移民的心理和行为特征均发生了显著变化；20 世纪 30 年代美国芝加哥学派的学者帕克提出了"社会同化"理论，该理论认为在经过定居、适应与同化这样三个阶段后，移民们会表现出不同的心理特征和心理问题。[①]

全国性数据少，地方性数据多；大样本研究少，小微样本研究多。从研究数据来看，数据来源除和红采用 2010 年中国青年流动人口健康意识调查以外，大多数研究对象均局限于某个区域或某个市，难以推广至全国水平。而且，现如今关于新生代农民工健康数据的处理大多局限于某一种健康（体质健康、心理健康、健康融入状况），并没有针对新生代农民工全貌性健康的数据研究，并且现有数据的研究结果存在相互矛盾的结论。新生代农民工主要文献数据使用情况的汇总结果如表 4-29。

表 4-29　　新生代农民工健康调查研究的主要文献汇总

作者	题目	研究对象（数据来源）	样本量
和红、任迪	新生代农民工健康融入状况及影响因素研究（2014）	依托"2010 年中国青年流动人口健康意识调查"在北京、上海、深圳 3 个城市的数据进行分析	1712
李田天	安徽省新生代农民工体质健康调查与分析（2017）	主要调查了安徽省新生代农民工情况，调查范围为皖中、皖北、皖南、皖西	1630
黄小微	珠江三角洲新生代农民工亚健康状况调查及影响因素研究（2017）	珠江三角洲 7 个地级市抽取新生代农民工	1500
吴伟旋	珠三角不同生活方式新生代农民工的生存质量及影响因素	珠三角	1500
许军	珠江三角洲新生代农民工亚健康评定量表常模研究	采用分层随机抽样的方法在佛山市、广州市、深圳市、珠海市、东莞市、中山市、惠州市调查	1238

[①] 李明欢：《20 世纪西方国际移民理论》，《厦门大学学报》（哲学社会科学版）2000 年第 4 期。

续表

作者	题目	研究对象（数据来源）	样本量
郭星华	新生代农民工的社会交往与精神健康——基于北京和珠三角地区调查数据的实证分析	主要调查了北京和珠三角地区的新生代农民工	967
俞林伟	居住条件、工作环境对新生代农民工健康的影响（2016年）	浙江温州的农民工调查数据	925
常友善	新生代农民工身心健康状况调研（2011）	南京新生代农民工和老一代农民工对比分析，问卷调查	909
王庆华	新生代农民工社会适应和心理需求现况研究	采用便利抽样法进行调查和访谈	779
胡庆林	新生代农民工心理健康的实证研究——以江西赣州为例	选取江西赣州下属的章贡区沙河工业园、信丰县工业园、会昌县工业园、大余县工业园四个地方进行调研	763
周小刚	新生代农民工社会心理健康的影响因素与干预策略	使用2011年"新生代农民工社会心理和社会适应问题研究"课题组调研数据	705
闫凤武	齐齐哈尔市新生代农民工心理健康状况调查	采用分层整群随机抽样	676
苏琦	新生代农民工心理弹性与心理健康的关系及相关的对策研究	方便抽样，在漯河、郑州、东莞、珠海等地发放纸质问卷	630
郝莹	新生代流动人口心理健康现状研究	采用焦虑自评量表对京津冀地区新生代流动人口进行问卷调查	569
宫黎明	新生代农民工心理健康状况及心理健康服务需求调查——以安徽省巢湖市为例	采用随机抽样，对安徽省2017年新春返乡新生代农民工发放问卷	560
张蕾	社会支持与精神健康——基于广东六市新生代农民工的实证调查	在珠海、深圳、佛山、汕头、广州和东莞六个城市进行抽样问卷调查	539
黄文兰	新生代农民工社会支持、心理健康与主观幸福感的关系研究	采用肖水源的社会支持评定量表、症状自评量表和主观幸福感问卷对福建省漳州市新生代农民工进行问卷调查	507

续表

作者	题目	研究对象（数据来源）	样本量
罗竖元	流动经历与新生代农民工的健康水平	对湖南省481名新生代农民工的实证研究	481
彭如良	新生代农民工心理健康状况及应对方式分析——基于长沙市的调查（2012）	主要调查了长沙市五个区的新生代农民工	468
唐燕儿	新生代农民工心理健康影响因素与对策——基于广州市的调查（2016）	在广州进行了抽样调查	304
张圆	新生代农民工社会支持与心理健康研究——以杭州市新生代农民工为例	运用肖水源《社会支持评定量表》以及症状自评量表，对255名杭州市新生代农民工群体社会支持整体水平及该群体所呈现的心理健康状况进行调查	255
倪影	新生代农民工心理健康问题研究——以阜阳市新生代农民工为例（2012）	采用随机抽样的方式，利用Scl-90量表对阜阳市115名新生代农民工进行调查	115
刘玉兰	新生代农民工精神健康状况及影响因素研究	本项研究的资料来源于中山大学蔡禾教授主持的2005年国家哲学社会科学重大招标课题"城市化进程中的农民工问题"的调查数据	1116

（四）新生代农民工健康影响因素的文献回顾

1. 新生代农民工总体健康的影响因素回顾

新生代农民工健康影响因素分析是学术界该领域研究的核心所在。将文献中主要影响农民工健康的因素进行归类分析，可以总结出已有文献中八个方面的因素：第一，性别。男性的健康水平高于女性（钱胜，2008；李田天，2017；和红，2014）。第二，睡眠时间。平均每天睡眠时间>8小时的新生代农民工更倾向于健康状况变好（和红，2014）。第三，经济收入状况。经济收入与新生代农民工健康自测水平正相关（李田天，2017；唐燕儿，2016）。第四，基因健康情况。父母都无疾病的新生代农民工更倾向于健康状况变好（和红，2014）。第五，受教育情况。低学历的新生代农民工比高学历农民工更容易有心理健康问题（唐燕儿，2016）。第六，社交情况（社会关系网络支持）。具有良好的社交的新生代农民工其心理健康更趋于良好（唐燕儿，2016）。第七，迁移流动情况。流动时间为 5—10 年组和 10 年及以上组的新生代农民工更倾向于健康状况变差（和红，2014）。第八，居住条件和工作环境。新生代农民工健康状况受到居住条件和工作环境中不利因素的影响（俞林伟，2016）。

为保证文献的相对全面性，故将检索对象扩大到农民工，则影响农民工健康的总影响因素主要可概括为四个大类（人口因素、流动因素。经济因素、社会文化因素）共 16 个变量：

人口因素主要包括 7 个变量。第一，性别。男性的健康水平高于女性（钱胜，2008；李田天，2017；和红，2014；李珍珍，2010；钱胜，2008；程菲，2017；叶旭君，2003；邢海燕，2008；安雅然，2012；贾乾，2010）。第二，年龄。除 21—25 岁年龄组比较特殊外，健康总分一般随年龄的增大而增加，到了 51 岁组时开始回落（贾乾，2010）。生理健康水平随年龄的增长呈逐年下降趋势（安雅然，2012）。第三，籍贯。不同城市的农民工健康状况存在差异（贾乾，2010；李珍珍，2010）。第四，受教育情况。低学历的新生代农民工比高学历农民工更容易有心理健康问题（唐燕儿，2016；李珍珍，2010；程菲，2017；黄乾，2010；叶旭君，2003；安雅然，2012；贾乾，2010）。第五，睡眠时间：平均每天睡眠时间>8 小时的新生代农民工更倾向于健康状况变好（和红，2014）。第六，基因健康情况：父母都无疾病的新生代农民工更倾向于健康状况变好（和红，2014）。第七，婚姻情况：非在婚组的心理健康总分高于在婚组（叶旭君，2003；蒋善，2007；邢海燕，2008）。

流动因素主要包含两个变量。第一，迁移流动情况：流动时间为 5—10 年组和 10 年及以上组的新生代农民工更倾向于健康状况变差（和红，2014；程菲，2017；苑会娜，2009）。第二，迁入地是否为一线城市（程菲，2017）。

经济因素主要包含两个变量。第一，经济收入：经济收入越高，农民工的体质健康自测水平也就越高（李田天，2017；唐燕儿，2016；叶旭君，2003；王欣，2014；程菲，2017）。第二，家庭负担系数（生存压力）：家庭负担系数越大的农民工健康状况越差（李珍珍，2010；王欣，2014）。

社会文化因素主要包含 6 个变量。第一，社交情况（社会关系网络支持）：具有良好的社交的新生代农民工其心理健康更趋于良好（唐燕儿，2016；钱胜，2008；程菲，2017；贾乾，2010；郝小艳，2012）。第二，社会保障情况（卫生服务需要与利用、妇女保健情况）：与健康呈正相关（邢海燕，2008；王欣，2014；苑会娜，2009）。第三，居住条件、工作环境：不利因素对健康状况有负面影响（俞林伟，2016；苑会娜，2009）。第四，工作时间（劳动时间）：农民工的生理健康和心理健康与每周工作小时呈负相关（邢海燕，2008；叶旭君，2003；李珍珍，2010）。第五，职业：一线工人的健康状况比技术人员要差（李珍珍，2010；邢海燕，2008），农民工的心理和生理健康总分较低，而从事工业生产的农民工相对较高（叶旭君，2003）。第六，是否就业：失业时间越长，其心理健康和心理健康的总分越小，健康状况越差（叶旭君，2003）。

2. 新生代农民工生理健康的影响因素回顾

从学者们对新生代农民工的生理健康研究文献的归纳和总结中我们可以发现，新生代农民工生理健康的影响因素主要涉及人口因素（如性别、年龄、受教育年限、婚姻状况）、流动因素（如流动时间、流入地点是否一线城市）、社会经济因素（如是否就业、职业是否一线工人、家庭月收入）（李田天，2017；俞林伟，2016；常友善，2011；黄晓微，2017；苑会娜，2009；黄乾，2010等）等几个方面。

性别对于生理健康的影响：男性生理健康优于女性。文献中，性别对于新生代农民工的影响研究结论保持一致。男性的生理健康状况优于女性。这可能与女性的生理特征、家庭角色等有关（李田天，2017；和红，2014；俞林伟，2016等）。一是生理特征。文献中普遍认为，女性抵御风险冲击的能力相对较弱（俞林伟，2016），女性新生代农民工的工作强度及压力并不低于男性（许军，2016），容易产生紧张等负面情绪（和红，2014）。二是家庭角色。受到传统文化的影响，女性在家庭健康投资分配，特别是医疗资源分配中处于不利地位，导致其健康状况受损（俞林伟，2016）。

教育对于生理健康的影响：教育对健康有显著的正影响。文献中教育对于新生代农民工生理健康的影响分析结果一致，认为教育水平越高，健康状况越好。其中，俞林伟的研究显示，受教育年限与本人的四周患病率为负相关关系，这与教育对健康的正影响结果恰恰相反，但作者给出的解释为知识储备越多的人，医疗保健意识越强，及时体检能够发现更多的患病情况。因此,总的来讲,文献中教育对健康的影响为正向影响(黄乾,2010;叶旭君,2003;俞林伟,2016)。

婚姻状况对于生理健康的影响:已婚者好于非已婚者。有学者基于温州的调查数据分析后发现,婚姻的保护作用对于新生代农民工的健康自评、四周患病率都具有显著影响(俞林伟,2016)。

经济因素对于生理健康的影响:经济收入与生理健康正相关。有学者根据在安徽的调查数据分析发现,随着工资收入的提高,新生代农民工体质健康自评得分就越高(李田天,2017),这也许与工资收入决定其支出结构,进而影响生活质量或体育锻炼所致有关。

3. 新生代农民工心理健康的影响因素回顾

基于文献,我们可以发现,新生代农民工心理健康的影响因素主要涉及人口因素(如性别、年龄、受教育年限、婚姻状况)、流动因素(如流动时间、流入地点是否一线城市)、社会文化因素(每周工作时间、方言掌握程度、居住条件住房类型、参加社区活动情况)、经济因素(职业、是否就业、是否在体制内、经济月收入)等(郝小艳,2012;唐燕儿,2016;彭如良,2012;常友善,2011;黄小微,2017;倪影,2012;李珍珍,2010;钱胜,2008等)。

性别对心理健康的影响:尚无定论。文献中性别对于新生代农民工心理健康的影响研究结论存在不同观点。第一类认为男性的心理健康状况优于女性。有研究基于京津冀地区的调查数据,得出女性心理健康差于男性部分是因为女性情感细腻,情绪控制能力不如男性(郝莹,2016);还有学者在利用国家卫计委 8 个城市(区)流动人口调查数据分析农民工心理健康时,发现女性因承担更多的就业压力而导致其心理健康偏差(程菲,2017)。另一类截然不同的研究结论则是依据北京和珠三角地区新生代农民工的调查数据,得出男性患抑郁症的比例高于女性的结论(郭星华,2012)。由于这些研究主要是在局部地区进行的抽样调查,所以研究结论还有待进一步观察。

年龄对于心理健康的影响:具有正相关性。根据北京和珠三角地区以及 2011 年"新生代农民工社会心理和社会适应问题研究"课题组等调查数据发现,随着年龄的增加,新生代农民工应对焦虑、抑郁等心理问题的应对能力提高,因此,这一群体表现随着年龄的提高,心理健康水平或指数随之提高的趋势(郭星华,2012;周小刚,2013)。

教育对于心理健康的影响：具有健康促进作用。相关研究表明，教育水平的提高对于维护新生代农民工的心理健康具有明显的改善作用。从抑郁、人际敏感性、焦虑等若干指标来看，此群体较高学历者因其较高人力资本决定的收入状况及医疗水平而间接影响着心理健康状况（郭星华，2012；周小刚，2013）。

婚姻状况对于心理健康的影响：具有保护作用。根据相关学者在温州所做的调查研究发现，已婚新生代农民工的精神健康状况优于未婚、离婚和丧偶者（俞林伟，2016），家庭的责任感、对健康的更为关注以及配偶的照料和陪伴对于缓解其心理压力等健康问题具有显著的改善功能。

流动情况对于心理健康的影响：流动性过强影响心理健康。有学者根据在湖南所进行的调查研究数据显示，工作的稳定性与新生代农民工的心理健康正相关，流动次数过多，劳动强度过大，会影响其心理健康状况（罗竖元，2013）。必要的流动是社会进步的表现，但太过频繁的流动的背后，也在一定程度上反映了其职业发展规划能力和心理调适水平。

收入状况对于心理健康的影响：正向影响。有学者根据在广州的调查研究发现，经济状况越差，经济支持水平越低，出现心理问题的概率越大（唐燕儿，2016）。这是因为月收入较低的新生代农民工主要聚集在劳动密集型行业，劳动强度大，经济压力也大，从而影响其心理健康状况。

居住条件、住房类型对于心理健康的影响：居住改善的正向影响作用明显。有学者根据温州的调查发现，相对于住在平房、工棚和地下室的新生代农民工相比，住楼房者心理健康状况更好，所居住区域的空气质量越好，噪音越少，精神病的发病率越低（俞林伟，2016）。这样的结论与其他群体基本趋同。

参与社区状况对于心理健康的影响：具有明显的促进作用。有学者根据温州的调查发现，经常参与社区活动、与家人同住者，精神健康状况越好（俞林伟，2016）。长期以来，学术界一直在探索社会支持、社会网络和社会资本对于缓解精神压力的作用，由这些社会关系输出的社会支持性功能，比如，精神慰藉、心理沟通等，对于精神健康有着积极影响，这样的研究结论同样适用于新生代农民工。有学者进一步提出要通过改变新生代农民工身份认同的"游民化"和社会认同"内卷化"的趋势（王春光，2001），来改善新生代农民工一系列的心理认同问题。

4. 新生代农民工社会健康的影响因素回顾

新生代农民工社会健康研究相对缺乏,结论不统一。目前,文献中并没有针对农民工社会健康的研究,将检索的范围扩大到社会健康,可以总结出目前影响社会健康的因素包括性别、年龄、文化水平、经济收入水平等。从性别对社会健康的影响来看存在着分歧,有学者认为男性优于女性(阳义南,2017;许文军,2011),而有的学者认为女性优于男性(傅崇辉,2011);从年龄对社会健康的影响来看,有学者认为随着年龄的增加,社会健康增加(阳义南,2017),而有的学者得出相反的结论(许文军,2011);从经济水平对社会健康的影响来看,有学者认为呈现负相关特点(阳义南,2017),而有的学者持相反意见(许文军,2011)。

综上可知,现有新生代农民工健康影响因素的研究文献存在以下三个方面的问题:第一,大多数研究局限于一个地区,难以推广到全国。第二,已有研究局限于一种健康类型(体质健康、心理健康状况等),并没有针对新生代农民工整体健康进行综合研究,甚至很少有研究针对新生代农民工的社会健康而展开。第三,一些研究结果尚存疑,有待在更大样本和更大范围内观察其统计的显著性。因此,开展新生代农民工健康现况及影响因素的研究是非常必要和及时的。

二 理论框架

总体上讲,根据已有文献和所用的量表,新生代农民工健康状况影响因素的作用机理大致可以通过图4-7至图4-9来表示。图4-7表示的是新生代农民工生理健康的影响因素机理,主要有三个因素的影响,其中,人口因素包括"性别"、"年龄"、"学历"、"婚姻"等;流动因素包括"流动时间"和"现工作地点是否为一线城市(北京、上海、广州、深圳等)";社会经济因素包括"职业(是否为一线工人)"、"是否就业"、"工作单位的性质是否在体制内"、"家庭月收入"。图4-8表示的是心理健康影响因素机理,主要受四个因素的影响,其中,人口因素包括"性别"、"年龄"、"学历"、"婚姻"等;流动因素包括"流动时间"和"现工作地点是否为一线城市(北京、上海、广州、深圳等)";经济因素包括"职业(是否为一线工人)"、"是否就业"、"工作单位的性质是否在体制内"、"家庭月收入";社会文化因素包括"每周工作时间"、"方言掌握程度"、

"居住条件的住房类型"、"参加社区活动情况"。图4—9 表示的是社会健康影响因素机理，它主要受到四个因素的影响，其中，人口因素包括"性别"、"年龄"、"学历"、"婚姻"等；流动因素包括"流动时间"和"现工作地点是否为一线城市（北京、上海、广州、深圳等）"；经济因素包括"职业（是否为一线工人）"、"是否就业"、"工作单位的性质是否在体制内"、"家庭月收入"；社会文化因素包括"每周工作时间"、"方言掌握程度"、"居住条件的住房类型"、"参加社区活动情况"等。

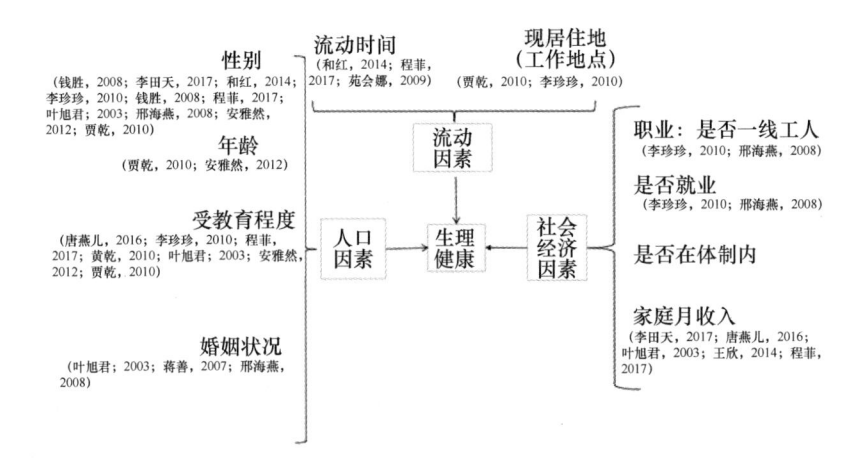

图4-7　新生代农民工生理健康影响因素的作用机理

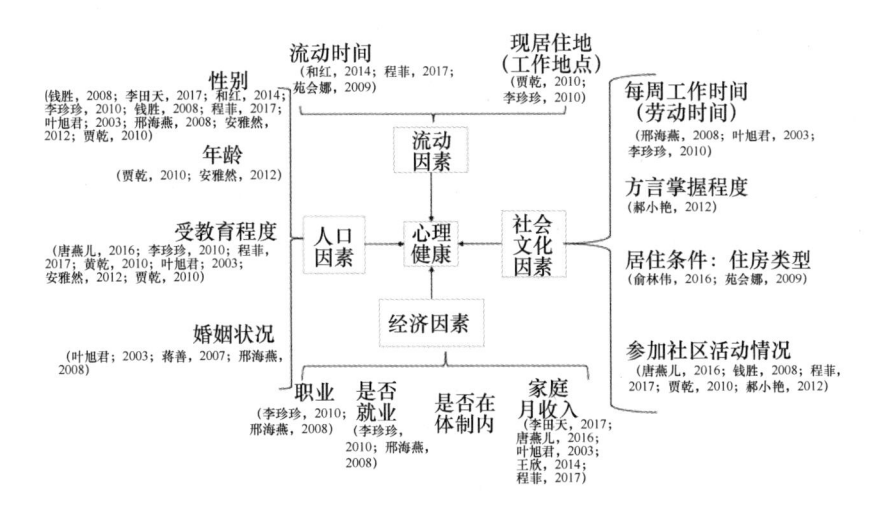

图4-8　新生代农民工心理健康影响因素的作用机理

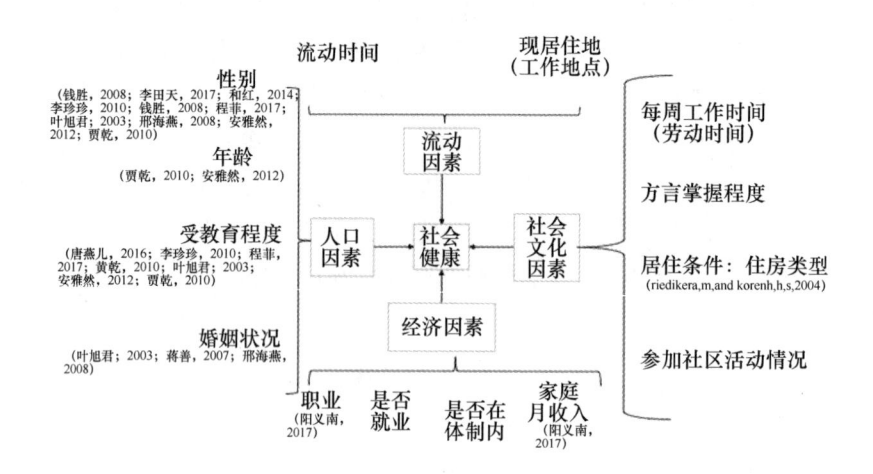

图4-9 新生代农民工社会健康影响因素的作用机理

三 数据测量与研究方法

(一) 数据来源

本章数据来源于原国家卫生计生委办公厅2014年全国流动人口卫生计生动态监测调查数据中的A卷与C卷(在历次卫计委调查中,此年度问卷关于健康的指标最为全面和系统)。问卷的调查都采用分层、多阶段、与规模成比例的PPS方法进行抽样。A卷数据的调查对象为在当地居住一个月及以上,非本区(县、市)户口的15—59岁流动人口。总有效样本量为200937个,其中,新生代农民工有效样本量87163个,占比43.4%,老一代农民工有效样本量85422个,占比42.5%,新生代非农户籍劳动力有效样本量14627个,占比7.3%,老一代非农户籍劳动力有效样本量13726个,占比6.8%。C卷数据的调查对象为流入地居住一个月以上,非本区(县、市)户口的15—59岁流动人口。调查的地点为北京朝阳区、山东青岛、福建厦门、浙江嘉兴、广东深圳和中山、河南郑州、四川成都。总有效样本量为15999个,其中,新生代农民工有效样本量8170个,占比51.1%,老一代农民工有效样本量5757个,占比36.0%,新生代非农户籍劳动力有效样本量925个,占比5.8%,老一代非农户籍劳动力有效样本量1147个,占比7.2%。其中,A卷用来分析全国新生代农民工的生理健康;将缺失的变量剔除后,得到有效C卷用来分析描述全国新生代农民工的心理健康和社会健康。

(二) 变量设置

1. 因变量设置

模型一：生理健康因变量设置。选择"住院与否"（因病伤、分娩）指标时，排除了因分娩导致的住院，采取只因病伤导致的"是否住院"指标。住院率越高，表明其生理健康状况越差。

模型二：心理健康因变量设置。心理健康分为积极心理状态、消极心理状态、压力状况、自评健康水平、生活掌握程度、精神心理健康知识六个维度。积极心理状态通过生活满意度量表（SWLS）测量，计分方式采用likert7点计分法，所得分值越高，表明生活满意度越高（取值范围为5—35），其中，得分20为中立，20以下为不同程度的不满意，20以上为不同程度的满意；消极心理状态基于凯斯勒量表（K6）测量，分值越高，则患心理疾患的危险性越高（取值范围为0—24）。其中，0到12分为患心理疾患危险性低，13分以上为患心理疾患危险性高；压力状况采用知觉压力量表（PSS）预测早期健康问题，评估因个人不良习惯造成的慢性压力，得分方向统一后，得分越高，代表因不良习惯造成的慢性压力越小，健康程度越高；自评健康水平从五个水平（非常好、很好、好、一般、差）进行评价，得分越高者代表自评健康水平越高；生活掌握程度采用自评的方式，从根本无法掌握到完全可以掌握共10个等级来进行评价，等级越高，越能掌握生活。

模型三：社会健康因变量设置。采用自评社会健康这一指标进行测量。自评社会健康从五个水平（1＝很融洽，2＝比较融洽，3＝一般，4＝不融洽，5＝来往很少）来进行测定，得分越高者代表社会健康水平越低。

2. 自变量设置

自变量主要包括基本人口学特征、流动特征、经济状况和社会文化状况等。生理健康影响因素有三个，其中，人口因素包括"性别"、"年龄"、"受教育程度"、"婚姻状况"；流动因素包括"流动时间"和"现工作地点是否为一线城市（北京、上海、广州、深圳）"；社会经济因素包括"职业（是否为一线工人）"、"是否就业"、"工作单位的性质是否在体制内"、"家庭月收入"。心理健康影响因素有四个，其中，人口因素包括"性别"、"年龄"、"受教育程度"、"婚姻状况";流动因素包括"流动时间"和"现工作地点是否为一线城市（北京、上海、广州、深圳）";经济因素包括"职业（是否为一线工人）"、"是否就业"、"工作单位的性质是否在体制内"、"家庭月收入";社会文化因素包括"每周工作时间"、"方言掌握程度"、"居住条件的住房类型"、"参加社区活动情况"。社会健康影响因素有四个，其中，人口因素包括"性别"、"年龄"、"受教育程度"、"婚姻状况";流动因素包括"流动时间"和"现工作地点是否为一线城市（北京、上海、广州、深圳）";经济因素包括"职业（是否为一线工人）"、"是否就业"、"工作单位的性质是否在体制内"、"家庭月收入";社会文化因素包括"每周工作时间"、"方言掌握程度"、"居住条件的住房类型"、"参加社区活动情况"等。

表4-30　　　　　　　　新生代农民工样本信息统计表

A卷新生代农民工（生理健康）			
变量名	变量定义	样本数（人）	变量分布(%)
1. 自变量：人口因素			
（1）性别	0＝男	42424	48.7
	1＝女	44739	51.3
（2）年龄	80后	66919	76.8
	90后	20243	23.2
（3）受教育程度	小学及以下	4498	5.2
	初中	49478	56.8
	高中	22436	25.7
	大专及以上	10751	12.3
（4）婚姻状况	0＝无配偶	31633	36.30
	1＝有配偶	55530	63.70
2. 自变量：流动因素			
（1）流动时间	0＝一年以内	14864	17.1
	1＝1—3年	43214	49.6
	2＝3—5年	17110	19.6
	3＝5年以上	11976	13.7
（2）现居住地	0＝非一线城市	49583	56.9
	1＝一线城市（北上广）	37580	43.1

续表

A 卷新生代农民工（生理健康）			
变量名	变量定义	样本数（人）	变量分布(%)
3. 自变量：社会经济因素			
（1）是否就业	0 = 否	11070	12.70
	1 = 是	76092	87.30
（2）是否是一线工人	0 = 是	66871	76.7
	1 = 否	20292	23.3
（3）单位性质是否在体制内	0 = 是	4049	4.6
	1 = 否	83114	95.4
（4）家庭月收入（均值5985.07元）	0 = 均值以上	34795	39.90
	1 = 均值以下	52367	60.10
4. 因变量			
因病伤原因住过院	0 = 否	86434	99.2
	1 = 是	729	0.8

C 卷新生代农民工（心理健康）			
变量名	变量定义	样本数（人）	变量分布(%)
1. 自变量：人口因素（dem）			
（1）性别	0 = 男	4373	53.5
	1 = 女	3797	46.5
（2）年龄	0 = 80后	5452	66.7
	1 = 90后	2718	33.3
（3）受教育程度	0 = 小学及以下	258	3.2
	1 = 初中	4282	52.4
	2 = 高中	2474	30.3
	3 = 大专及以上	1156	14.1
（4）婚姻状况	0 = 无配偶	3521	43.10
	1 = 有配偶	4649	56.90
2. 自变量：流动因素（flow）			
（1）流动时间	0 = 1年以内	1337	16.4
	1 = 1—3年	4403	53.9
	2 = 3—5年	1424	17.4
	3 = 5年以上	1006	12.3
（2）现居住地	0 = 一线城市	5372	65.8
	1 = 非一线城市	2798	34.2

续表

C卷新生代农民工（心理健康）			
变量名	变量定义	样本数（人）	变量分布(%)
3. 自变量：经济因素（eco）			
（1）是否就业	0＝是	7445	91.10
	1＝否	725	8.90
（2）职业	0＝一线工人	6678	81.70
	1＝非一线工人	1492	18.3
（3）单位性质是否在体制内	0＝是	336	4.1
	1＝否	7834	95.9
（4）家庭月收入（均值5695.73元）	0＝均值以上	5119	62.70
	1＝均值以下	3051	37.30
4. 自变量：社会因素（social）			
（1）每周工作时间（平均值53.93小时）	0＝均值以上	4394	53.8
	1＝均值以下	3775	46.2
（2）方言掌握程度	0＝不懂	3200	39.2
	1＝听得懂	4970	60.8
（3）居住条件住房类型	0＝老城区及棚户区	6259	76.6
	1＝社区	1910	23.4
（4）参加社区活动情况	0＝一次都没参加过	3053	37.4
	1＝参加过一次及以上	5117	62.6
5. 因变量			
（1）生活满意度	0＝不满意	3709	45.4
	1＝满意	4461	54.6
（2）心理疾患水平	0＝心理疾患水平高	103	1.3
	1＝心理疾患水平低	8067	98.7
（3）知觉压力水平	0＝知觉压力水平大	3863	47.3
	1＝知觉压力水平小	4307	52.7
（4）自评健康水平	0＝不健康	2766	33.9
	1＝健康	5404	66.1
（5）社会健康程度	0＝不健康	387	4.7
	1＝健康	7782	95.3

（三）研究方法与研究假设

1. 研究方法

本章首先分别描述统计了新生代农民工生理健康、心理健康和社会健康状况，其中，生理健康从住院率、住院花费两个指标分析；心理健康从自评健康水平、生活满意度、直觉压力水平、心理疾患水平、生活掌握程度五个指标分析；社会健康从自评社会融合程度一个指标分析，并将其与老一代农民工、新生代非农户籍劳动力、老一代非农户籍劳动力进行对比研究。

在分析新生代农民工生理健康的影响因素时，剔除缺失值后，样本量为87163个。模型采用logistic回归的方法，在剔除"因分娩导致的住院"后，用"近12个月内是否因病伤原因住过院"作为因变量，将表中A卷的变量作为自变量。

在分析新生代农民工心理健康的影响因素时，剔除缺失值后，样本量为8170个。以生活满意度总得分（满意度程度低=0，满意度程度高=1）、心理疾患总得分（心理疾患水平高=0，心理疾患水平低=1）、知觉压力总得分（知觉压力水平大=0，知觉压力水平小=1）为因变量，将表4-30中C卷的变量为因变量。分别进行二分类逐步logistic回归分析，其中，变量进入方法为Forward：条件法，Entry=0.05，Removal=0.10。

在分析新生代农民工社会健康的影响因素时，剔除缺失值后，样本量为8170个。以社会融入程度为因变量，将表中C卷的变量为因变量。分别进行二分类逐步logistic回归分析，其中，变量进入方法为Forward：条件法，Entry=0.05，Removal=0.10。

$$\text{Logit}(Y=1) = \alpha + \beta_1 \text{dem} + \beta_2 \text{social} + \beta_3 \text{eco} + \beta_4 \text{flow} \quad ①$$

$$\text{Odds}(Y=1) = e^{\ln[\text{odds}(Y=1)]} = e^{\text{logit}(Y=1)} \quad ②$$

$$P(Y=1) = \frac{\text{odds}(Y=1)}{1+\text{odds}(Y=1)} = \frac{e^{\text{Logit}(Y=1)}}{1+e^{\text{Logit}(Y=1)}} \quad ③$$

上述推导公式反映了概率P和发生比Odds之间的逻辑关系，基于Logit模型可以构建新生代农民工健康影响因素模型。根据上述分析框架，可以将影响新生代农民工健康的因素进一步分为以下四类。第一类是人口学特征（β1）对新生代农民工健康的影响，如性别、年龄、受教育程度等变量；第二类是社会文化因素（β2）对新生代农民工健康状况的影响，如每周工作时间、居住条件、方言掌握程度等变量；第三类是经济因素（β3）对新生代农民工健康状况的影响，如职业、家庭月收入等变量；第四类是流动因素（β4）对新生代农民工健康状况的影响，如流动时间、现居住地这两个变量。因本书从三个方面（生理健康、心理健康、社会健康）来反应健康状况，因此将建立三个Logit模型。

2. 研究假设

假设1：人口因素可能影响新生代农民工的健康状况。假设1.1：疾病的风险会随着年龄的增加而增加。随着年龄的增加，身体会逐渐衰弱、免疫力也会下降，由此年龄越大的新生代农民工健康状况可能越差。假设1.2：女性健康状况可能优于男性。假设1.3：受教育程度越高的新生代农民工健康状况可能越好。假设1.4：婚姻状况良好的新生代农民工健康状况可能优于无婚姻状况者。

假设2：社会文化因素可能影响新生代农民工的健康状况。假设2.1：每周工作时间越长的新生代农民工健康状况越差。假设2.2：迁入地方言掌握程度越好的新生代农民工健康状况越好。假设2.3：居住条件越好的新生代农民工健康状况越好。假设2.4：参与社区活动情况越丰富、融入当地社会状况越好的新生代农民工健康状况越好。

假设3：经济因素可能影响新生代农民工的健康状况。假设3.1：一线工人的新生代农民工健康状况越差。假设3.2：迁入地方言掌握程度越好的新生代农民工健康状况越好。假设3.3：居住条件越好的新生代农民工健康状况越好。假设3.4：参与社区活动情况越丰富、融入当地社会状况越好的新生代农民工健康状况越好。

四 统计结果

（一）描述性统计结果

1. 新生代农民工生理健康现况

住院率较高。从住院率（因病伤）来看，四类劳动力的住院率从高到低依次为：老一代农民工＞新生代农民工＞新生代非农户籍劳动力＞老一代非农户籍劳动力。虽然新生代农民工住院率低于老一代农民工，但却高于新生代非农户籍劳动力和老一代非农户籍劳动力。

住院费用低。从住院医疗费用高于均值所占的比例来看，老一代非农户籍劳动力＞老一代农民工＞新生代非农户籍劳动力＞新生代农民工。从住院医疗费用总报销费用高于均值所占的比例来看，老一代非农户籍劳动力＞新生代非农户籍劳动力＞老一代农民工＞新生代农民工。从住院医疗费用自己支付部分高于均值所占的比例来看，老一代非农户籍劳动力＞老一代农民工＞新生代农民工＞新生代非农户籍劳动力。从医疗费用花费排序可以看出,新生代农民工在总花费和医疗报销费用的比例是相对较低的。从计算出的四类劳动力经医生诊断需住院而未住院情况比例来看,新生代农民工与其他三类劳动力的比例相差不大,大体比例在0.9%左右。

表4-31　　　　　2014年四类劳动力的生理健康状况表　　　（单位:%）

A卷	住院率（因病伤、分娩）	住院率（因病伤）	住院医疗总支出高于均值的比例	住院医疗报销金额高于均值的比例	住院医疗自己支付高于均值的比例
新生代农民工	5.1*	0.4*	13.5*	21.3*	24.8*
老一代农民工	2.4*	0.7*	36.0*	34.1*	33.8*
新生代非农户籍劳动力	7.2*	0.1*	20.8*	39.4*	19.5*
老一代非农户籍劳动力	2.4*	0.1*	50.8*	51.7*	44.1*

注:1. 星号表示为卡方检验中四种分类的劳动力与相应健康指标的显著性检验结果:* 为$P<0.001$。2. 最近一次住院医疗总支出的均值为8279.50元;最近一次住院医疗报销金额的均值为2518元;最近一次住院医疗自己支付的均值为4936元。

表4-32　四类劳动力近12个月内经医生诊断需住院而未住院情况的比例

	样本数	近12个月内经医生诊断需住院而未住院情况的比例（%）
老一代农民工	5757人	0.9
新生代农民工	8170人	0.6
老一代非农户籍劳动力	925人	0.5
新生代非农户籍劳动力	1147人	0.6

注:卡方检验pearson卡方=57.293,显著性检验结果:$P<0.001$。

2. 新生代农民工心理健康的现状

生活满意度低、压力大、生活掌控度低,自评健康状况良好。从积极心理状态指标看,新生代农民工的平均生活满意度为21.28,生活满意度量表（SWLS）测试为少许满意。相比其他三类劳动力而言,新生代农民工生活满意度最低,进一步说明其积极心理状态欠佳。从消极心理状态上看,新生代农民工的平均心理疾患得分为3.5,高于老一代民工,低于新生代非农户籍劳动力0.25个单位。心理疾患水平四类劳动力由高到低排序为:新生代非农户籍劳动力>新生代农民工>老一代非农户籍劳动力>老一代农民工。从知觉压力均值得分来看,新生代农民工的知觉压力均值最低,因此,由个人不良习惯造成的慢性压力值最大。[①]

从对于掌握自己的生活水平来看,新生代农民工的得分最低。从自评健康的得分来看,新生代农民工的自评健康得分最高,优于其他三类劳动力。总的来讲,新生代农民工相比于其他三类劳动力,自评健康的水平最高,但生活满意度、掌控自己生活的水平却最低。心理疾患优于新生代非农户籍劳动力,但差于老一代非农户籍劳动力和老一代农民工。

表4-33　　　　　四类劳动力心理健康状况表

	样本数	生活满意度		心理疾患	
		均值	标准差	均值	标准差
老一代农民工	5757	22.46	6.23	3.25	2.98
新生代农民工	8170	21.28	6.19	3.5	3.05
老一代非农户籍劳动力	925	23.05	6.42	3.37	3.31
新生代非农户籍劳动力	1147	21.78	6.23	3.75	3.37

注:表中四类劳动力与相应心理健康指标卡方检验的P值均小于0.01。

表4-34　　　　四类劳动力压力与自评健康状况表

	知觉压力		自评健康		生活掌控程度	
	均值	标准差	均值	标准差	均值	标准差
老一代农民工	14.836	2.67	22.835	3.96	6.795	1.789
新生代农民工	14.596	2.59	23.583	3.75	6.680	1.752
老一代非农户籍劳动力	14.920	2.72	22.744	4.03	7.008	1.837
新生代非农户籍劳动力	14.623	2.68	22.899	3.84	6.725	1.727

注:表中四类劳动力与相应健康指标卡方检验的P值均小于0.01。

3. 新生代农民工社会健康现况

社会健康状况堪忧,社会融合差。从新生代农民工社会健康测量结果来看,社会健康均值最高,但1代表很融洽,5代表来往很少,因此,相比其他三类劳动力而言,新生代农民工社会健康程度最差。

[①] 知觉压力量表,对于预测早期健康问题更为有效,还可评估个人不良习惯造成的慢性压力。问卷中共有四个条目:1.感觉无法控制自己生活中重要的事情。2.对于有能力处理自己私人的问题感到很有信心。3.感到事情顺心如意。4.常感到困难的事情堆积如山,而自己无法克服自己。对于条目1和4进行反向赋值,再对得分进行合并。均值得分越高,知觉压力越小;均值得分越低,知觉压力越大。

表 4-35　　　　　　　　　四类劳动力的社会健康状况表

	样本数	社会健康（社会融合）	
		均值	标准差
老一代农民工	5757	2.024	0.902
新生代农民工	8170	2.141	0.957
老一代非农户籍劳动力	925	1.945	0.928
新生代非农户籍劳动力	1147	2.009	0.969

注：表中四类劳动力与相应社会健康指标卡方检验的 P 值均小于 0.01。

4. 新生代农民工健康的影响因素分析

生理健康单因素分析。"性别"、"受教育程度"、"婚姻状况"、"四分类流动时间"、"工作地点是否一线城市"、"是否就业"、"职业是否是一线工人"、"是否在体制内"的比较采用秩和检验；"年龄"、"家庭月收入"采用 t 检验。以 $\alpha<0.01$ 为界值点，经单因素分析，影响新生代农民工身体健康的因素有："年龄"、"学历"、"婚姻"、"流动时间"、"工作地点"、"是否就业"、"是否在体制内"、"是否是一线工人"、"家庭月收入"，P 值均 <0.01。

表 4-36　　　　　　　　新生代农民工身体健康单因素分析

	卡方或 t 值		卡方或 t 值
性别	0.692	工作地点	21.895*
年龄	4.957*	是否就业	23.515*
受教育程度	25.421*	是否在体制内	4.558*
婚姻状况	78.53*	是否是一线工人	10.618*
流动时间	27.86*	家庭月收入	148.651*

注：星号表示为生理健康单因素分析的显著性检验结果：* 为 $P<0.001$，** 为 $P=0.413$。

心理健康单因素分析。"性别"、"受教育程度"、"婚姻状况"、"四分类流动时间"、"工作地点是否为一线城市"、"是否就业"、"职业是否是一线工人"、"是否在体制内"、"方言掌握程度"、"住房类型"、"参加活动情况"的比较采用秩和检验；"年龄"、"家庭月收入"、"每周工作时间"采用相关检验；以 $\alpha<0.05$ 为界值点，经单因素分析，影响新生

代农民工生活满意度的因素有:"性别"、"年龄"、"受教育程度"、"婚姻状况"、"流动时间"、"工作地点"、"家庭月收入"、"每周工作时间"、"方言掌握程度"、"参加社区活动情况"。影响新生代农民工心理疾患的因素有:"受教育程度"、"婚姻状况"、"流动时间"、"工作地点"、"家庭月收入"、"每周工作时间"、"住房类型"、"参加社区活动情况"。影响新生代农民工知觉压力的因素有:"年龄"、"受教育程度"、"婚姻状况"、"流动时间"、"工作地点"、"家庭月收入"、"参加社区活动情况"。影响新生代农民工自评健康的因素有:"性别"、"年龄"、"受教育程度"、"婚姻状况"、"流动时间"、"工作地点"、"是否就业"、"方言掌握程度"、"参加社区活动情况"。P值均小于0.05。

表4-37　　　　　新生代农民工心理健康单因素分析

	卡方/t 值			
	自评健康四分类	生活满意度	心理疾患	知觉压力
性别	-2.869***	1.018	-1.488	77.17**
年龄	0.07**	15.841	-0.033**	144.195**
受教育程度	126.465**	100.135**	-0.027*	20.353*
婚姻状况	191.798**	72.794**	-0.044**	56.998**
流动时间	119.087*	91.954*	-0.041**	29.746**
工作地点	101.127**	73.553**	0.068**	22.5**
是否就业	24.993	31.791	-0.011	18.966**
是否在体制内	32.181	12.205	0.008	1.691
是否是一线工人	32.274	29.916	-0.012	7.473
家庭月收入	0.11**	-0.027*	-0.052**	672.729
每周工作时间	-0.025*	-0.026*	0	151.669
方言掌握程度	76.76**	23.225	-0.022	34.084**
住房类型	43.628	39.817*	-0.014	7.481
参加社区活动情况	51.177**	104.8**	0.033**	21.526**

注:星号表示心理健康单因素分析的显著性检验结果:* 为 P<0.05,** 为 P<0.01,*** 为 P<0.001。

社会健康单因素分析。"性别"、"受教育程度"、"婚姻状况"、"流动时间"、"工作地点是否一线城市"、"是否就业"、"职业是否是一线工人"、"是否在体制内"、"方言掌握程度"、"住房类型"、"参加活动情况"的比较采用秩和检验。"年龄"、"家庭月收入"、"每周工作时间"采用相关检验。以 α<0.05 为临界点，经单因素分析影响新生代农民工社会健康的因素有"婚姻状况"、"工作地点"、"是否就业"、"家庭月收入"、"方言掌握程度"以及"参加活动情况"。

表4-38　　　　　　　新生代农民工社会健康单因素分析

	卡方值		卡方值
性别	0.86	职业	6.56
年龄	13.58	是否在体制内	17.84
婚姻状况	12.19**	经济月收入	271.48**
受教育程度	3.15	方言掌握程度	81.51**
流动时间	17.77	每周工作时间	58.39
工作地点	24.18**	参加活动情况	5.52**
是否就业	3.13*	住房类型	10.05

注：星号表示社会健康单因素分析的显著性检验结果：* 为 P<0.05，** 为 P<0.01，*** 为 P<0.001。

（二）模型分析

生理健康多因素分析：总体来看，从影响程度来分析，工作的稳定程度、城市的生活压力节奏对身体健康影响最大。稳定的工作、较高的文化程度、相对较小的生活压力将会对新生代农民工身体健康起到保护作用。具体来看，模型结果分析可得到，综合影响新生代农民工身体健康的因素有"性别"、"受教育程度"、"工作地点是否在一线城市"、"是否就业"、"是否在体制内"。在人口因素中，女性优于男性的身体健康状况，原因分析可能为因变量采用的是因病伤导致的住院，男性相比女性更多地接触高危作业，并且从现有的医学研究发现，女性的免疫力要好于男性（林丽艳，2009）；受教育程度高的新生代农民工身体健康状况更好；有配偶的身体健康状况差于无配偶。在流动因素中，工作在一线城市（北京、上海、广东）的新生代农民工身体健康状况优于非一线城市新生代农民工。分析原因，一线城市的社会经济发展水平较高、医疗卫生服务水平优于非一线城市。在社会经济因素中，有工作的新生代农民工健康状况优于无工作的新生代农民工；工作单位性质在体制外的优于体制内的新生代农民工，可能的原因是在体制外的新生代农民工相对更加自由。

表4-39　　　　　　新生代农民工身体健康多因素分析结果

入选因素	B	S.E.	Waldχ^2值	P值	OR	OR 95% CI. 下限	OR 95% CI. 上限
性别（男性为对照组）	-0.223	0.08	7.844	0.005	0.8	0.685	0.935
年龄	-0.01	0.012	0.74	0.39	0.99	0.968	1.013
受教育程度（小学及以上）							
初中	-0.451	0.135	11.082	0.001	0.637	0.489	0.831
高中	-0.53	0.15	12.45	<0.01	0.589	0.439	0.79
大专及以上	-0.335	0.169	3.932	0.047	0.715	0.514	0.996
婚姻状况（对照组为无配偶组）	0.763	0.114	44.604	<0.01	2.145	1.715	2.683
流动时间（1年以内）							
1—3年	0.165	0.118	1.95	0.163	1.18	0.935	1.488
3—5年	0.206	0.134	2.379	0.123	1.229	0.946	1.598
5年以上	0.444	0.137	10.435	0.001	1.559	1.191	2.04
工作地点（非一线城市为对照组）	-0.327	0.079	17.059	<0.01	0.581	0.425	0.796
是否就业（以无就业为对照组）	-0.542	0.16	11.464	0.001	0.581	0.425	0.796
是否在体制内（在体制内为对照）	-0.423	0.16	7.018	0.008	0.655	0.479	0.896
是否是一线工人（一线工人为对照组）	-0.083	0.134	0.385	0.535	0.92	0.707	1.197
家庭月收入	0	0	0.332	0.564	1	1	1

注：身体健康状况差=1，社会健康状况良好=0。

　　心理健康多因素分析：稳定的婚姻和就业、较小的生活压力有利于心理健康的维护。总体来看，从影响程度来分析，稳定的婚姻和工作、城市的生活压力节奏对心理健康影响最大。稳定的婚姻和工作、较高的文化程度、良好的居住环境、相对较小的生活压力和节奏将会对新生代农民工心理健康起到保护作用。具体来看，模型结果分析可以得到，综合影响新生代农民工生活满意度的因素有"婚姻状况"、"流动时间"、"工作地点"、

"是否就业"、"每周工作时间"、"方言掌握程度"。影响新生代农民工心理疾患的因素有"工作地点"和"居住条件"。影响新生代农民工知觉压力的有"性别"、"年龄"、"受教育程度"、"流动时间"、"工作地点"、"参加社区活动情况"。在人口因素中，有配偶的新生代农民工的生活满意度高于无配偶；男性的知觉压力小于女性；"80后"的新生代农民工知觉压力大于"90后"；受教育程度高的新生代农民工知觉压力小。在流动因素中，流动时间越长，新生代农民工的生活满意度越高，但知觉压力水平增加；工作地点为一线城市的新生代农民工相比非一线城市的农民工而言，生活满意度更低，心理疾患和知觉压力水平更高，这与一线城市的生活节奏快、生活压力大是分不开的。在经济因素中，有工作的新生代农民工相比没有工作的新生代农民工而言，生活满意度高。在社会因素中，每周工作时间越长，生活满意度越低；居住在社区比居住在棚户区及老城区的新生代农民工心理疾患率更高；经常参与社区活动的新生代农民工相比一次都没参加过的新生代农民工而言，知觉压力水平高。

表4-40　　　　新生代农民工心理健康多因素分析结果汇总

	入选因素	B	S. E.	Waldχ2值	P值	OR	OR 95% CI. 下限	OR 95% CI. 上限
生活满意度	婚姻状况（对照组为无配偶）	0.428	0.065	43.571	<0.01	1.534	1.351	1.742
	流动时间（1年以内）							
	1—3年	-0.203	0.065	9.88	0.002	0.816	0.719	0.926
	3—5年	-0.022	0.081	0.071	0.79	0.979	0.835	1.147
	5年以上	-0.249	0.09	7.669	0.006	0.78	0.654	0.93
	工作地点（非一线城市为对照组）	-0.205	0.05	16.966	<0.01	0.815	0.739	0.898
	是否就业（以无就业为对照组）	0.258	0.121	4.52	0.033	1.294	1.02	1.642
	家庭月收入	0	0	32.192	<0.01	1	1	1
	每周工作时间	-0.004	0.001	9.438	0.002	0.996	0.993	0.998
	方言掌握程度	0.159	0.048	11.266	0.001	1.173	1.069	1.287
心理疾患	工作地点（非一线城市为对照组）	-0.714	0.209	11.629	0.001	0.49	0.325	0.738
	居住条件	-0.449	0.226	3.93	0.047	0.638	0.41	0.995

续表

	入选因素	B	S.E.	Waldχ2 值	P 值	OR	OR 95% CI. 下限	OR 95% CI. 上限
知觉压力	性别（男性为对照组）	-0.079	0.046	2.921	0.087	0.924	0.844	1.012
	年龄	-0.013	0.007	3.539	0.06	0.987	0.973	1.001
	受教育程度（小学及以上）							
	初中	0.186	0.13	2.056	0.152	1.205	0.934	1.554
	高中	0.145	0.134	1.178	0.278	1.156	0.89	1.503
	大专及以上	0.378	0.143	6.968	0.008	1.459	1.102	1.931
	流动时间（1 年以内）							
	1—3 年	-0.089	0.064	1.942	0.163	0.915	0.807	1.037
	3—5 年	0.169	0.08	4.44	0.035	1.184	1.012	1.385
	5 年以上	0.153	0.089	2.955	0.086	1.166	0.617	0.748
	工作地点（非一线城市为对照组）	-0.387	0.049	61.456	<0.01	0.679	0.617	0.748
	家庭月收入	0	0	6.751	0.009	1	1	1
	参加活动情况	-0.091	0.048	3.539	0.06	0.913	0.831	1.004

注：不满意=0，满意=1；心理疾患水平高=1，心理疾患水平低=0；知觉压力大=0，知觉压力小=1。

社会健康多因素分析：稳定的婚姻、非一线城市的生活以及良好的方言掌握状况有利于社会健康的构建。总体来看，从影响程度来分析，婚姻的稳定程度、掌握迁入地的方言程度、城市的生活压力节奏对社会健康影响最大。稳定的婚姻、熟练掌握迁入地的方言从而更好地融入迁入地、相对较小的生活压力和节奏将会对新生代农民工社会健康起到保护作用。具体来看，模型结果分析可以得到，综合影响新生代农民工社会健康的因素有"婚姻状况"、"工作地点"和"方言掌握程度"。在人口因素中，有配偶的新生代农民工比无配偶的社会健康程度更好。在流动因素中，工作在非一线城市比一线城市（北京、上海、广东）的新生代农民工社会健康程度更好。熟练掌握方言的新生代农民工比不能熟练掌握方言的新生代农民工社会健康程度更好。

表4-41　　　　　新生代农民工社会健康多因素分析结果表

入选因素	B	S.E.	Waldχ2 值	P 值	OR	OR 95% CI. 下限	OR 95% CI. 上限
婚姻状况（对照组为无配偶）	0.631	0.137	21.184	<0.01	1.879	1.437	2.459
工作地点（非一线城市为对照组）	-1.023	0.112	83.194	<0.01	0.359	0.288	0.448
方言掌握程度	0.69	0.109	39.817	<0.01	1.994	1.609	2.471

注：社会健康状况差=0，社会健康状况良好=1。

五　讨论

《"健康中国2030"规划纲要》中指出，健康是促进人的全面发展的必然要求，是经济社会发展的基础条件。实现国民健康长寿，是国家富强、民族振兴的重要标志，也是全国各族人民的共同愿望。

从影响新生代农民工健康的四类因素来讲，在人口因素方面，重视男性的身体健康，对于处于高危行业的人员进行有针对性的健康教育；提高全民教育水平，大力倡导九年义务教育，推广高等教育，提高新生代农民工综合素质水平；倡导积极的婚育观。在流动因素方面，综合提高非一线城市劳动力的医疗健康水平。在社会经济因素方面，积极倡导就业；积极提倡高效的工作方式，缩短工作时间；农民工自身应努力掌握方言，积极融入到流入的城市。

第一，在个人层面，重视家庭和社交功能，平衡好工作与生活压力之间的关系。新生代农民工应树立积极的婚恋观，注重家庭交流对个人健康的重要影响。在就业领域，新生代农民工应加强学习意识，有意识地增强自身修养和健康素养，不断学习增加知识技能，制定适当的职业目标，选择最适合自己的城市和工作岗位。注重提高工作效率，劳逸结合，对于企业可能存在的加班情况做到量力而行。对于个人健康，要有一定的预防意识，做到早发现、早诊断、早治疗。早期发现并早期诊治对各种生理、心理疾病的病程转归及预后都起到良好作用。此外，根据美国社会学家查尔斯·霍顿·库利的"镜中我"理论，新生代农民工在社会交往过程中所获得的他人对于其的评价和态度也会不断促使新生代农民工调整自己的行为和态度。因此，新生代农民工应积极地走出去，发展个人兴趣，拓展社会交际，获得充分的社会网络支持，促进自身的精神心理健康。

第二，在社区层面，重视健康宣传工作，平衡好治疗与预防之间的关系。社区应加强精神卫生知识的普及宣传教育工作，有计划地向新生代农民工宣传生理、心理各种疾病的防治知识，使新生代农民工重视精神卫生，提高新生代农民工处理各种精神刺激性生活事件的能力，减少疾病、心理障碍的发生，以保证人群的生理和心理健康。社区工作人员应营造良好的社区氛围，让远走他乡的新生代农民工感受到信任感，促进新生代农民工社会融合。

第三，在社会层面，重视社会融合的重要性，平衡好发展与共享之间的关系。社会各界应以一种积极关心包容的态度来对待新生代农民工，肯定其对城市的现代化建设所作出的贡献。社会媒体也应当为新生代农民工积极发声，及时地报道新生代农民工关心的就业问题、国家政策宣传和投诉平台，为新生代农民工提供多元的信息，逐步满足其多样化的健康需求。

第四，在国家层面，重视健康投资的价值，平衡好管理与服务之间的关系。国家层面首先要增加新生代农民工的健康投资。健康投资是指通过对医疗、卫生、营养、保健等服务进行投资来恢复维持或改善人的健康水平，进而提高人的生产能力。健康投资是其他各种人力资本投资的重要前提和基础。其次，要进一步增加农村市场的吸引性，从根本上扩大农村的劳动力市场，吸引新生代农民工返乡，降低生活压力对新生代农民工健康的影响。正如《中国农村发展报告（2017）》总报告所指出的，占农民工总量49.7%的新生代农民工基本没有参加过农业生产且早已习惯城镇生活，不会种地也不愿种地。再加上务农收益较低和耕地细碎化，一些地方开始出现抛荒，在河南南部、湖南西部的山区耕地抛荒比例接近四分之一。[①] 农村有巨大的发展潜力，对此，政府应加强大规模机器种植，吸引新生代农民工返乡创业。此外，政府应发挥好管理和服务职能，进一步完善农民工劳动权益保护、促进收入和生活水平提高的相关政策，加强对诸如劳动时间、生产安全、劳动保护、职业病防治等方面的法律保护，规范新生代农民工的劳动合同管理。劳动保障部门应逐步将新生代农民工的劳动合同纳入管理范围，并严格审核合同内容。

---

① 魏后凯等主编：《中国农村发展报告（2017）——以全面深化改革激发农村发展新动能》，中国社会科学出版社2017年版。

第十章　制造业领域新生代农民工的人力资本

国家统计局农民工监测调查数据显示，在农民工所从事的行业中，制造业从业者占农民工总量的比例一直居高不下，2009年所占比例为39.1%[1]，2013年数据显示为31.4%[2]，2017年为29.9%[3]，比重一直稳定在三成至四成之间。对于新生代农民工而言，他们在制造业中的比重也非常高，并远高于其他行业的从业比例。国家统计局2013年农民工监测调查数据显示该比例居然高达39%。[4] 从《中国制造2025》可以看出制造业在我国产业发展中的重要性及其战略目标——2025年迈入制造强国行列，这就对相关从业者的素质和能力提出了更高的要求，倒逼着劳动力人力资本的提升，特别是对于可塑性极强的新生代农民工来讲，既是机遇，更是挑战。本章的逻辑起点来自于以下三个问题：

第一，何谓制造业强国？我们以"制造业强国"为主题词在知网上进行检索，大约能检索到2500篇文章。然而，进一步以"概念"、"定义"或"内涵"为主题词进行二次检索，我们却几乎未发现以制造业强国的含义为题的文献，且很少有官方文件明确定义何为"制造业强国"。不过，我们从《中国制造2025》可以窥见一些更具体的内容。该文件认为，我国制造业大而不强，表现为：自主创新能力弱、缺乏世界知名品牌、资源能

---

[1] 国家统计局农村司：《2009年农民工监测调查报告》（http://www.stats.gov.cn/ztjc/ztfx/fxbg/201003/t20100319_16135.html）。

[2] 国家统计局：《2013年全国农民工监测调查报告》（http://www.stats.gov.cn/tjsj/zxfb/201405/t20140512_551585.html）。

[3] 国家统计局：《2017年农民工监测调查报告》（http://www.stats.gov.cn/tjsj/zxfb/201804/t20180427_1596389.html）。

[4] 国家统计局：《2013年全国农民工监测调查报告》（http://www.stats.gov.cn/tjsj/zxfb/201405/t20140512_551585.html）。

源利用效率低、产业结构不合理、信息化水平不高、产业国际化程度不高等,因此,"推进制造强国建设,必须着力解决以上问题"。

第二,制造业强国有哪些人力资本目标?事实上,《中国制造2025》中只是将人才培养作为实现2025年目标的方法而列出的。因此,与其说制造业强国有哪些人力资本目标,毋宁说实现制造业强国需要怎样的人力资本。《中国制造2025》提到,经营管理人才、专业技术人才和技能人才是我们要着力培养的。这三类人才依次对应管理、研发和生产三大领域。

第三,制造业强国有怎样的人力资本需求?这是一个更为核心、事实上也更难以回答的问题。因为很大程度上我们还不能精准地预测需求。这主要是由于需求端往往是数量和结构相互交织而呈现的复杂问题。特别是体现结构的参数往往很多,一旦超出个位数,其排列组合的结果往往难以估计,而结构上的变动又会对规模产生影响,进而导致整个需求发生显著变动。

一系列的疑问引导着我们对制造业中的从业人员产生了强烈的好奇:在制造业的从业者中,新生代农民工人力资本是怎样的状况?与其他发达国家对比,我国新生代农民工在人力资本领域又是怎样的差距?未来我们努力的方向又是什么?本章将围绕这些问题而展开研究。

一 文献回顾

从已有文献来看,有关新生代农民工人力资本的研究主要从现状(葛莹玉、李春平,2016[1])、问题与改善策略(刘洪银,2017[2];彭焕才,2012[3];陆远权、邹成诚,2011[4];王迅,2008[5])等方面而展开。然而,目前的研究也存在有待进一步推进的地方。一是缺少权威的有关新生

---

[1] 葛莹玉、李春平:《基于潜变量的新生代农民工人力资本测度研究》,《统计与信息论坛》2016年第10期。

[2] 刘洪银:《新生代农民工人力资本动能生成和释放机制》,《贵州社会科学》2017年第5期。

[3] 彭焕才:《从"民工荒"看新生代农民工人力资本投资》,《湖南师范大学社会科学学报》2012年第5期。

[4] 陆远权、邹成诚:《新生代农民工人力资本投资的政府责任分析》,《职教论坛》2011年第15期。

[5] 王迅:《从人力资本理论视角看我国农村人力资本投资》,《农业经济问题》2008年第4期。

代农民工的调查数据。国家统计局历年发布的农民工监测调查报告是权威数据，但原始数据并不对公众开放，而历次报告中仅有2013年专门报告了新生代农民工的情况（国家统计局，2014），在其他年份，我们甚至不知道新生代农民工的规模有多少。其他有关新生代农民工的研究要么依赖于从综合调查中分离出的新生代农民工数据（李培林、田丰，2011[①]、2012[②]），要么借助于研究项目所做的专门调查（何微微、胡小平，2017）[③]，其共同点就是调查问卷没有专门针对新生代农民工的人力资本而设计，相关研究只能从已有数据之中做一些力所能及的分析而得出结论。二是现有文献对制造业这个举足轻重的行业中新生代农民工从业者的研究也少有涉及，符合主题的几篇文章也多采用案例研究、定性研究等范式，研究该行业中新生代农民工的心理和主观态度，诸如离职心态（唐茂林，2015）[④]、幸福感（张庆吉等，2016）[⑤]、心理资本（焦永纪等，2014）[⑥] 等。总结起来，与制造业中新生代农民工研究的重大意义形成鲜明对比的是，国内的相关研究不仅少，而且还数据匮乏。因此，基于国家统计局、原国家卫计委的宏观数据[⑦]，结合本书新生代农民工人力资本的专项调查数据共同描述出制造业中新生代农民工从业者人力资本的全貌性特征，显得尤为必要。

二 核心概念与研究数据

（一）核心概念

制造业的认定均按照统计局制定的国家标准进行，故不存在口径上的

[①] 李培林、田丰：《中国新生代农民工：社会态度和行为选择》，《社会》2011年第3期。

[②] 李培林、田丰：《中国农民工社会融入的代际比较》，《社会》2012年第5期。

[③] 何微微、胡小平：《认同、归属与发展：新生代农民工留城意愿的影响研究——基于重庆市的调研数据》，《农村经济》2017年第8期。

[④] 唐茂林：《为承认而斗争：制造业新生代农民工离职心态研究》，浙江工商大学，博士学位论文，2015年。

[⑤] 张庆吉、涂叶满、郭小美：《制造业新生代农民工幸福感现状及影响因素的质性研究》，《保健医学研究与实践》2016年第6期。

[⑥] 焦永纪等：《新生代农民工心理资本现状及差异——以制造业为例》，《人口与社会》2014年第4期。

[⑦] 由于每期数据的侧重点不一，并非每一期都能知道被调查对象的行业属性，加之考虑到数据的可得性和时效性，本书最终选择了2013年的数据。

差异。新生代农民工由于数据来源不一,所以本章中制造业新生代农民工的口径包括的基本属性有:第一,行业属性或非农就业属性,即被调查者于调查时点在制造业行业中就业;第二,年龄属性,即被调查者均为1980年及以后出生;第三,户籍属性,即被调查者于调查时点都是农业户口。按照共识性的看法,本章将对制造业新生代农民工的教育程度、职业技能、健康状况、迁移流动状况等人力资本指标进行分析。

(二) 数据来源

如未特别说明,本章数据主要来自于2016年本课题调查研究数据。为了进行更为深入的分析,本章教育程度的一部分研究我们利用的是原国家卫生和计划生育委员会实施的2013年流动人口动态监测调查数据。[①]根据前面定义的基本属性,这一点对原始数据的分离方法如下:针对2013年流动人口动态监测调查数据,首先从101题中分离"与被访者关系为本人"的数据,得到被调查者本人而不是其亲属的情况;其次,从出生年月中分离出1980年及以后出生的数据;再次,从户口性质中分离出拥有农业户口的数据;最后,从就业单位的所属行业中分离出制造业从业者数据。

三 制造业新生代农民工人力资本的特点

(一) 教育程度

制造业初中以下学历者少于六成,低于新生代农民工的平均水平。2016年本课题调查数据显示,制造业从业者初中及以下学历者的占比低于平均水平,为57.3%,在几个行业中属于较低水平,这对于未来制造业的转型提供了一个较好的人力资本基础。

表4-42 制造业与不同行业新生代农民工的受教育程度分布

		初中及以下	高中和中专	大专及以上	合计
制造业	数量(人)	149	45	66	260
	比例(%)	57.3	17.3	25.4	100.0

---

① 有关详细的数据说明,请参看网页http://www.chinaldrk.org.cn/wjw/。

续表

		初中及以下	高中和中专	大专及以上	合计
建筑业	数量（人）	94	34	46	174
	比例（%）	54.0	19.5	26.4	100.0
交通运输、仓储和邮政业	数量（人）	44	10	11	65
	比例（%）	67.7	15.4	16.9	100.0
批发和零售业	数量（人）	49	16	13	78
	比例（%）	62.8	20.5	16.7	100.0
住宿餐饮业	数量（人）	101	30	6	137
	比例（%）	73.7	21.9	4.4	100.0
居民服务、修理和其他服务业	数量（人）	66	30	45	141
	比例（%）	46.8	21.3	31.9	100.0
其他	数量（人）	48	6	16	70
	比例（%）	68.6	8.6	22.9	100.0
合计	数量（人）	551	171	203	925
	比例（%）	59.6	18.5	21.9	100.0

制造业新生代农民工初中及以下学历者的占比随年龄的降低而减少。2016年本课题调查数据显示，在24岁及以下组，初中及以下学历者所占的比例为27.5%，而33—36岁组此比例显著提升至78.9%，提升幅度非常明显。这说明新补充进来的新生代农民工，其受教育程度明显好于年龄偏长一点的新生代农民工，有利于未来制造业的转型升级。

表4-43　制造业新生代农民工不同年龄组的受教育程度分布

		四组年龄				小计	全部样本合计
		24岁及以下	25—28岁	29—32岁	33—36岁		
初中及以下	数量（人）	11	69	39	30	149	551
	比例（%）	27.5	56.1	66.1	78.9	57.3	59.6
高中和中专	数量（人）	13	15	10	7	45	171
	比例（%）	32.5	12.2	16.9	18.4	17.3	18.5
大专及以上	数量（人）	16	39	10	1	66	203
	比例（%）	40.0	31.7	16.9	2.6	25.4	21.9
合计	数量（人）	40	123	59	38	260	925
	比例（%）	100.0	100.0	100.0	100.0	100.0	100.0

数据来源：2016年1月本课题抽样调查数据。

注：显著性水平P值（Sig.值）为0.000。

表 4-44　制造业新生代农民工不同受教育程度的性别分布

		男	女	合计
初中及以下	数量（人）	93	56	149
	比例（%）	51.1	71.8	57.3
高中和中专	数量（人）	37	8	45
	比例（%）	20.3	10.3	17.3
大专及以上	数量（人）	52	14	66
	比例（%）	28.6	17.9	25.4
合计	数量（人）	182	78	260
	比例（%）	100.0	100.0	100.0

数据来源：2016 年 1 月本课题抽样调查数据。

注：显著性水平 P 值（Sig. 值）=0.003。

制造业新生代农民工中，女性、已婚者学历偏低。2016 年本课题调查数据显示，从制造业从业者学历的性别构成来看，71.8% 的女性和 51.1% 的男性为初中及以下学历，女性低学历者显著高于男性，性别差异明显。从制造业从业者学历的婚姻构成来看，65.3% 的已婚者和 50.0% 的非已婚者（主要是指非婚者）为初中及以下学历，已婚低学历者显著高于非已婚者，婚姻状况差异明显。从家庭耕地来看，在家里有耕地者中，初中及以下学历的比例为 60.0%，而家里无耕地者中，初中及以下学历的比例降为 40.5%，这说明家庭的资源禀赋状况会显著影响制造业新生代农民工的受教育程度。

表 4-45　制造业新生代农民工不同受教育程度的婚姻分布

		非已婚	已婚	合计
初中及以下	数量（人）	68	81	149
	比例（%）	50.0	65.3	57.3
高中和中专	数量（人）	21	24	45
	比例（%）	15.4	19.4	17.3
大专及以上	数量（人）	47	19	66
	比例（%）	34.6	15.3	25.4
合计	数量（人）	136	124	260
	比例（%）	100.0	100.0	100.0

数据来源：2016 年 1 月本课题抽样调查数据。

注：1. 显著性水平 P 值（Sig. 值）为 0.002。

2. 非已婚以未婚为主，离婚、丧偶的样本很少，所以合并为"非已婚"。

表4-46　制造业新生代农民工不同受教育程度的家庭耕地拥有情况

		您在老家是否有耕地			合计
		有	没有	不清楚	
初中及以下	数量（人）	132	15	2	149
	比例（%）	60.0	40.5	66.7	57.3
高中和中专	数量（人）	38	7	0	45
	比例（%）	17.3	18.9	0.0	17.3
大专及以上	数量（人）	50	15	1	66
	比例（%）	22.7	40.5	33.3	25.4
合计	数量（人）	220	37	3	260
	比例（%）	100.0	100.0	100.0	100.0

数据来源：2016年1月本课题抽样调查数据。

注：显著性水平P值（Sig.值）为0.033。

制造业新生代农民工收入状况高于平均水平，且学历高者收入更高。2016年本课题调查数据显示，制造业新生代农民工月均收入为4354.3元，高于全部样本收入平均值4151.0元，而且制造业大专及以上学历者月均收入达到了4739.1元，高于全部样本大专及以上者收入平均值4294.8元，这在一定程度上说明了制造业具有行业吸引潜力，能够吸引更多更高学历的新生代农民工加入其中。

表4-47　制造业新生代农民工不同受教育程度的月均收入对比　　（单位：元）

	初中及以下	高中和中专	大专及以上	平均值
制造业	4335.4	3840.9	4739.1	4354.3
全部样本	4192.8	3843.8	4294.8	4151.0

数据来源：2016年1月本课题抽样调查数据。

注：制造业显著性水平P值（Sig.值）为0.029；全部样本显著性水平P值（Sig.值）为0.022。

制造业新生代农民工居留大中城市的意愿更为强烈。2016年本书课题组调查数据显示，在制造业新生代农民工被调查者中，47.7%的初中及以下学历者期待未来自己能够在大城市稳定就业，而全部样本该比例仅为40.8%。从大专及以上学历者来看，54.5%的被访者期待在中等城市形成稳定就业，这在一定程度上显示了不同学历者在居留意愿上的差异。

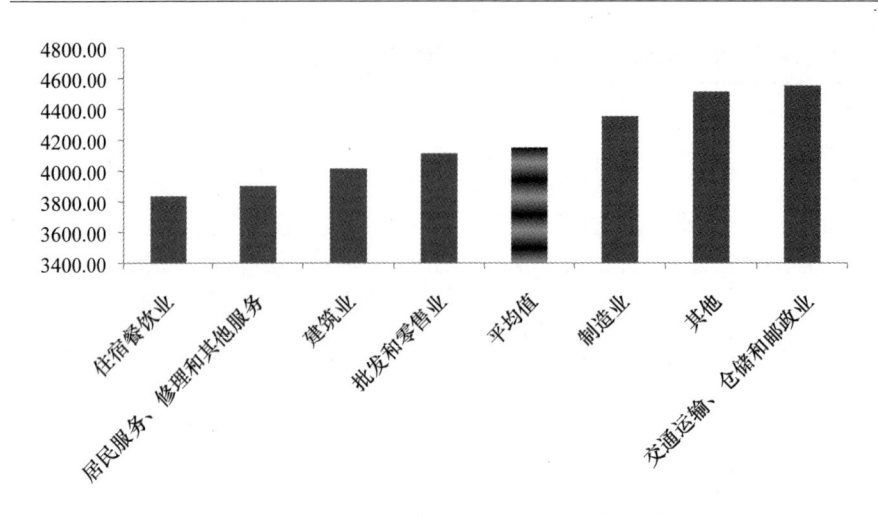

图 4-10　不同行业新生代农民工月均收入排序（单位：元）

数据来源：2016 年 1 月本课题抽样调查数据。

注：显著性水平 P 值（Sig. 值）为 0.003。

表 4-48　制造业新生代农民工不同受教育程度的居留意愿

			初中及以下	高中和中专	大专及以上	合计
制造业	大城市	数量（人）	71	20	15	106
		比例（%）	47.7	44.4	22.7	40.8
	中等城市	数量（人）	45	16	36	97
		比例（%）	30.2	35.6	54.5	37.3
	小城市及其他	数量（人）	33	9	15	57
		比例（%）	22.1	20.0	22.7	21.9
	小计	数量（人）	149	45	66	260
		比例（%）	100.0	100.0	100.0	100.0
全部样本	大城市	数量（人）	225	65	47	337
		比例（%）	40.9	38.0	23.3	36.5
	中等城市	数量（人）	206	66	117	389
		比例（%）	37.5	38.6	57.9	42.1
	小城市及其他	数量（人）	119	40	38	197
		比例（%）	21.6	23.4	18.8	21.3
	小计	数量（人）	550	171	202	923
		比例（%）	100.0	100.0	100.0	100.0

数据来源：2016 年 1 月本课题抽样调查数据。

注：制造业显著性水平 P 值（Sig. 值）为 0.019；全部样本显著性水平 P 值（Sig. 值）为 0.007。

制造业中,从事专业技术岗位工作的高学历人员是生产岗位的 7 倍。为了更进一步分析,我们利用原国家卫计委 2013 年流动人口调查数据对制造业里新生代农民工的职业岗位和受教育程度做了交互分析,以更准确地观察制造业中两类非常重要的岗位——专业技术人员和生产人员的受教育情况。从表 4-49 中可以看到:制造业新生代农民工从业者中,有 71.6% 属于生产人员,仅有 9.3% 属于专业技术人员;结合上文,138 名未上过学的从业者中 80.4% 集中在生产岗位。不仅如此,在生产岗位上,几乎聚集的都是受教育程度较低的从业者,初中及以下学历占到整个生产岗位的 77.5%,大专及以上学历的从业者占比甚至不到 3%,而象征有一技之长的中专生仅有 6.4%;在专业技术人员中,高受教育程度者(大专及以上学历)占比接近 20%,这大约是生产领域的 7 倍;不过,专业技术人员的主体受教育程度仍然不高,排在第一位的仍然是初中学历者(占比为 44.2%),这比高中和中专学历者合计(33.4%)还高出约 10 个百分点。

表 4-49　制造业新生代农民工的职业和受教育程度的联合分布

	专业技术人员		生产	
	教育占比(%)	职业占比(%)	教育占比(%)	职业占比(%)
未上过学	0.0	0.7	0.6	80.4
小学	2.7	3.7	8.0	83.7
初中	44.2	6.3	69.5	75.9
高中	17.2	11.4	12.8	65.4
中专	16.2	18.6	6.4	56.7
大学专科	14.5	31.6	2.3	39.4
大学本科	4.9	45.2	0.5	32.6
研究生	0.2	85.7	0.0	14.3

数据来源:根据原国家卫生和计划生育委员会 2013 年流动人口动态监测调查数据整理。

注:制造业样本总数为 27584 人,其中,专业技术人员 2557 人,生产人员 19738 人。其他岗位的样本未纳入分析。

在本地制造业就业的新生代农民工,其受教育状况更为严峻。以上是对外出就业的新生代农民工受教育程度的分析。除此之外,对于 2467 万在本地从业的新生代农民工(国家统计局,2014)来说,尽管我们不知道他们之中从事制造业的比例和具体的学历状况,但我们有理由相信,和外出流动的农民工相比,他们的受教育程度至少不会比前者更高——很多的研究表明,流动人口更具有选择性,即他们本身具有更高的人力资本存量。① 因此,在本地制造业就业的新生代农民工的受教育程度更为堪忧。

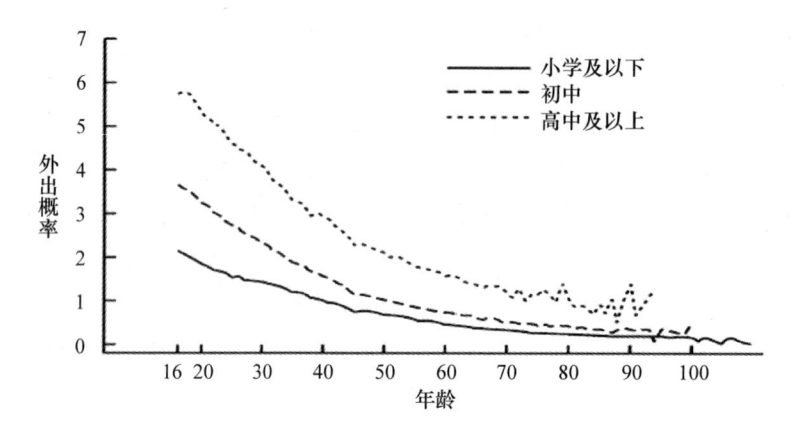

图 4-11　不同受教育程度和年龄下的外出概率

资料来源:都阳、王美艳:《农村剩余劳动力的新估计及其含义》,《广州大学学报》(社会科学版)2010 年第 4 期。

表 4-50　　　　1978—2015 年中日美三国大专毛入学率比较表　　　　(单位:%)

年份	中国	日本	美国	年份	中国	日本	美国
2015	43.39	—	85.80	1996	5.00	—	77.78
2014	39.39	63.36	86.66	1995	4.46	39.88	78.31
2013	30.16	62.41	88.81	1994	3.67	38.66	78.31
2012	27.18	61.46	94.84	1993	2.93	—	78.68
2011	24.87	59.92	96.32	1992	2.84	29.96	77.09
2010	23.95	58.08	94.23	1991	2.93	29.77	72.55
2009	22.52	57.68	88.58	1990	3.01	29.75	70.75
2008	20.94	57.64	85.01	1989	3.03	29.51	67.17
2007	20.84	57.82	83.03	1988	3.12	29.25	64.47
2006	20.50	57.11	82.05	1987	3.16	28.49	61.80

---

① 都阳、王美艳:《农村剩余劳动力的新估计及其含义》,《广州大学学报》(社会科学版)2010 年第 4 期。

续表

年份	中国	日本	美国	年份	中国	日本	美国
2005	19.34	54.97	82.08	1986	3.02	28.01	59.16
2004	17.91	53.58	81.46	1985	2.48	29.03	57.99
2003	15.64	51.84	81.31	1984	2.05	29.49	58.13
2002	12.79	50.71	79.33	1983	—	29.67	57.32
2001	9.95	49.91	68.98	1982	—	30.30	56.77
2000	7.72	48.74	68.14	1981	1.82	30.93	55.52
1999	6.51	46.63	72.16	1980	1.16	31.20	53.45
1998	5.98	45.11	70.63	1979	0.99	31.09	52.50
1997	5.45	—	—	1978	0.72	30.62	53.29

数据来源：中国知网中国经济社会大数据研究平台（http://data.cnki.net/InternationalData/Report/4f0f0c3450c4617c）。

（二）职业技能

从职业技能来看，制造行业里的新生代农民工，其职业技能状况可谓喜忧参半。

忧：制造业持有职业资格证书者的比例低，学历低者持证比例更低。2016年本课题调查数据显示，在制造业行业中的新生代农民工持有职业技术资格证书的比例低于所有行业里新生代农民工的平均值。在制造业中，持有职业技能证书的比例为25.8%，而所有被调查的新生代农民工持证的比例为26.3%，居民服务、修理和其他服务业的持证比例最高，达到了38.3%。在制造业持证的新生代农民工中，持有初级、中级和高级证书的比例为58∶34∶7。2016年，上海市政府发布上海高技能人才总数超100万，高技能人才占技能劳动者比重从2010年的25.01%提高到了2016年的31.1%；技能劳动者中，初、中、高等级比例达32∶37∶31。[1] 与这样的技能人才构成相比，制造业中的中高技能人才的比例有待大幅度提高。在2016年本课题调查中，当被问及"您目前从事的工作岗位是否需要职业资格证书"时，制造业中的被访者23.6%的人明确回答需要，这在所有行业中是相对偏低的，即行业进入门槛较低。在对"是否持有职业技术资格证书"与"受教育程度"进行交互时还发现，制造业中，

---

[1] http://news.163.com/17/1109/14/D2QCM66S000187VG.html.

学历越低者，持有职业技术资格证书的比例就越低，这对行业发展和个人发展都埋下了不利的隐患。

表4-51　不同行业新生代农民工持有职业技术资格证书的比例

		"您有职业技术资格证吗"		合计
		有	没有	
制造业	数量（人）	67	193	260
	比例（%）	25.8	74.2	100.0
建筑业	数量（人）	56	118	174
	比例（%）	32.2	67.8	100.0
交通运输、仓储和邮政业	数量（人）	14	51	65
	比例（%）	21.5	78.5	100.0
批发和零售业	数量（人）	12	66	78
	比例（%）	15.4	84.6	100.0
住宿餐饮业	数量（人）	29	108	137
	比例（%）	21.2	78.8	100.0
居民服务、修理和其他服务业	数量（人）	54	87	141
	比例（%）	38.3	61.7	100.0
其他	数量（人）	11	59	70
	比例（%）	15.7	84.3	100.0
合计	数量（人）	243	682	925
	比例（%）	26.3	73.7	100.0

数据来源：2016年1月本课题抽样调查数据。

注：Sig值均为0.000。

表4-52　制造业中具有不同等级证书者的比例

	人数（人）	比例（%）
初级证	39	15.0
中级证	23	8.8
高级证	5	1.9
合计	67	25.8

数据来源：2016年1月本课题抽样调查数据。

注：制造业被访者总计260人。

表4-53　不同行业需要新生代农民工持有职业资格证书的比例

		"您目前从事的工作岗位是否需要职业资格证书"			合计
		需要	不需要	不清楚	
制造业	数量（人）	61	177	21	259
	比例（%）	23.6	68.3	8.1	100.0
建筑业	数量（人）	51	105	18	174
	比例（%）	29.3	60.3	10.3	100.0
交通运输、仓储和邮政业	数量（人）	13	49	3	65
	比例（%）	20.0	75.4	4.6	100.0
批发和零售业	数量（人）	9	68	1	78
	比例（%）	11.5	87.2	1.3	100.0
住宿餐饮业	数量（人）	14	111	12	137
	比例（%）	10.2	81.0	8.8	100.0
居民服务、修理和其他服务业	数量（人）	41	89	10	140
	比例（%）	29.3	63.6	7.1	100.0
其他	数量（人）	18	51	1	70
	比例（%）	25.7	72.9	1.4	100.0
合计	数量（人）	207	650	66	923
	比例（%）	22.4	70.4	7.2	100.0

数据来源：2016年1月本课题抽样调查数据。

注：Sig值均为0.000。

表4-54　制造业中不同学历者拥有职业技术证书的比例

		"您有职业技术资格证吗"		合计
		有	没有	
初中及以下	数量（人）	17	132	149
	比例（%）	11.4	88.6	100.0
高中和中专	数量（人）	18	27	45
	比例（%）	40.0	60.0	100.0
大专及以上	数量（人）	32	34	66
	比例（%）	48.5	51.5	100.0
合计	数量（人）	67	193	260
	比例（%）	25.8	74.2	100.0

数据来源：2016年1月本课题抽样调查数据。

注：显著性水平P值（Sig.值）均为0.000。

喜：愿意投身紧缺型行业的比例高，专业技术提升诉求强烈。2016年本课题调查数据显示，当被问及"您愿意从事紧缺型行业吗"时，在所有行业中，制造业从业人员明确回答"愿意"的比例是最高的，即42.2%的制造业被访者表示"愿意"，而从事住宿餐饮业的被访者，回答"愿意"的比例仅为20.6%，这表明制造业中的新生代农民工约四成以上的比例愿意从事国家产业转型需要的行业，有利于此类行业劳动力和技术员工的补给。当被问及"您觉得自己这辈子职业达到什么样的状态会满意"时，制造业中选择"专业技术达到顶级"的比例在所有行业中是最高的，达到了23.5%，而批发和零售业、住宿餐饮业此项的比例分别仅为6.4%和6.6%，这说明在制造业中的新生代农民工对于专业技术的要求要强于其他行业，这对于中国制造业的发展来讲，也是一种良好职业期望下的行业助推。

表4-55　　不同行业从业者愿意从事紧缺型行业的比例

		"您愿意从事紧缺型行业吗"			合计
		愿意	无所谓	不愿意	
制造业	数量（人）	109	115	34	258
	比例（%）	42.2	44.6	13.2	100.0
建筑业	数量（人）	56	83	34	173
	比例（%）	32.4	48.0	19.7	100.0
交通运输、仓储和邮政业	数量（人）	17	43	5	65
	比例（%）	26.2	66.2	7.7	100.0
批发和零售业	数量（人）	18	52	8	78
	比例（%）	23.1	66.7	10.3	100.0
住宿餐饮业	数量（人）	28	86	22	136
	比例（%）	20.6	63.2	16.2	100.0
居民服务、修理和其他服务业	数量（人）	57	65	19	141
	比例（%）	40.4	46.1	13.5	100.0
其他	数量（人）	18	40	12	70
	比例（%）	25.7	57.1	17.1	100.0
合计	数量（人）	303	484	134	921
	比例（%）	32.9	52.6	14.5	100.0

数据来源：2016年1月本课题抽样调查数据。

注：显著性水平P值（Sig.值）均为0.000。

表4-56　不同行业对于专业技术达到顶级水平的职业诉求比例

		"您觉得自己这辈子职业达到什么样的状态会满意"					合计
		自己创业当老板	专业技术达到顶级	继续打工维持家用	差不多就行	其他	
制造业	数量（人）	149	61	10	40	0	260
	比例（%）	57.3	23.5	3.8	15.4	0.0	100.0
建筑业	数量（人）	110	18	9	35	1	173
	比例（%）	63.6	10.4	5.2	20.2	0.6	100.0
交通运输、仓储和邮政业	数量（人）	40	6	7	11	1	65
	比例（%）	61.5	9.2	10.8	16.9	1.5	100.0
批发和零售业	数量（人）	47	5	10	14	2	78
	比例（%）	60.3	6.4	12.8	17.9	2.6	100.0
住宿餐饮业	数量（人）	92	9	10	26	0	137
	比例（%）	67.2	6.6	7.3	19.0	0.0	100.0
居民服务、修理和其他服务业	数量（人）	82	27	9	23	0	141
	比例（%）	58.2	19.1	6.4	16.3	0.0	100.0
其他	数量（人）	43	9	4	13	1	70
	比例（%）	61.4	12.9	5.7	18.6	1.4	100.0
合计	数量（人）	563	135	59	162	5	924
	比例（%）	60.9	14.6	6.4	17.5	0.5	100.0

数据来源：2016年1月本课题抽样调查数据。

注：显著性水平P值（Sig.值）均为0.000。

（三）健康状况

制造业中，新生代农民工自评健康良好。基于2016年本课题调查数据显示，可以看出，制造业中新生代农民工从业者自评健康状况都相当良好，自评健康状况为一般及以上的比例合计占到了97.0%。进一步，我们将制造业和非制造业中新生代农民工的健康状况加以对比，结果发现，健康自评状况在行业上也几乎没有差异，即都呈现出良好的自评健康状态。

表 4-57　　　　制造业新生代农民工的自评健康状况分布　　　（单位:%）

	百分比	累计百分比
非常健康	22.7	22.7
比较健康	60.8	83.5
一般	13.5	97.0
不健康	2.7	99.7
非常不健康	0.3	100.0
合计	100.0	100.0

注：N=260。

资料来源：根据本课题抽样调查数据整理。

表 4-58　　　　不同行业新生代农民工的自评健康状况分布　　　（单位:%）

	健康	不健康	合计
制造业	96.9	3.1	100.0
建筑业	93.7	6.3	100.0
交通运输、仓储和邮政业	95.4	4.6	100.0
批发和零售业	100.0	0.0	100.0
住宿餐饮业	99.3	0.7	100.0
居民服务、修理和其他服务业	97.9	2.1	100.0
其他	98.6	1.4	100.0
合计	97.1	2.9	100.0

注：N=925。

资料来源：根据2016年1月本课题调查数据整理。本表中，我们将原始数据中自评健康状况为"非常健康"、"比较健康"和"一般"合并为"健康"，其余的为"不健康"。

制造业新生代农民工的健康状况与受教育程度相关性不显著。一些研究表明，健康状况和受教育程度存在正相关关系（毛毅、冯根福，2011；李春青、王骏，2017），那么，制造业新生代农民工从业者是否存在相似的状况呢？为此，我们将制造业新生代农民工的健康状况和受教育程度进行了交互分析。数据显示，除了小学文化程度中健康与不健康的比例各占一半之外，我们并未看到自评健康的从业者比例随着受教育程度的提高而上升；同样地，我们也没有看到自评不健康的从业者比例随着受教育程度的提升而降低。这进一步表明，在新生代农民工中，其自评健康状况并不随行业和教育程度的不同而表现出差异。表现出这种结果的原因可能在于，新生代农民工都是20世纪80年代以后出生的人口，在2016年的被调查时点，均不超过36岁。而一般的研究表明，至少在低年龄组人口上，健康状况和受教育年限并没有统计上的相关性（梁宏、熊美娟，2015）。基于此，我们有理由相信，制造业新生代农民工的自评健康状况良好。

表4-59 制造业新生代农民工的健康状况与受教育程度的联合分布　（单位:%）

	健康	不健康	合计
初中及以下	96.6	3.4	100.0
高中及中专	97.8	2.2	100.0
大学专科及以上	97.0	3.0	100.0

注：N=260。显著性水平P值（Sig.值）为0.207，表明组间差异在统计上不显著。

资料来源：根据2016年1月本课题调查数据整理。本表中，我们将原始数据中自评健康状况为"非常健康"、"比较健康"和"一般"合并为"健康"，其余的为"不健康"。

（四）迁移流动状况

制造业中的新生代农民工迁移流动次数相对较少。2016年本课题调查数据，在各行各业的新生代农民工之中，制造业中的从业者流动性处于中等偏少的水平，即制造业中的新生代农民工曾经工作过的平均城市数量为1.56个，低于总样本的平均值1.62个。其中，在制造业中，新生代农民工在两个城市工作的比例约为33.8%，即三分之一左右，在三个及以上城市工作过的比例约为10.0%，即十分之一。

表4-60 不同行业中的新生代农民工曾经工作的平均城市数量对比

	均值（个）	样本量（个）	标准差
制造业	1.56	260	0.730
建筑业	1.80	174	1.277
交通运输、仓储和邮政业	1.66	64	0.859
批发和零售业	1.39	77	0.517

续表

	均值（个）	样本量（个）	标准差
住宿餐饮业	1.55	137	0.813
居民服务、修理和其他服务业	1.64	138	0.854
其他	1.74	70	0.912
总计	1.62	920	0.901

注：显著性水平 P 值（Sig. 值）为 0.016。

资料来源：根据 2016 年 1 月本课题调查数据整理。

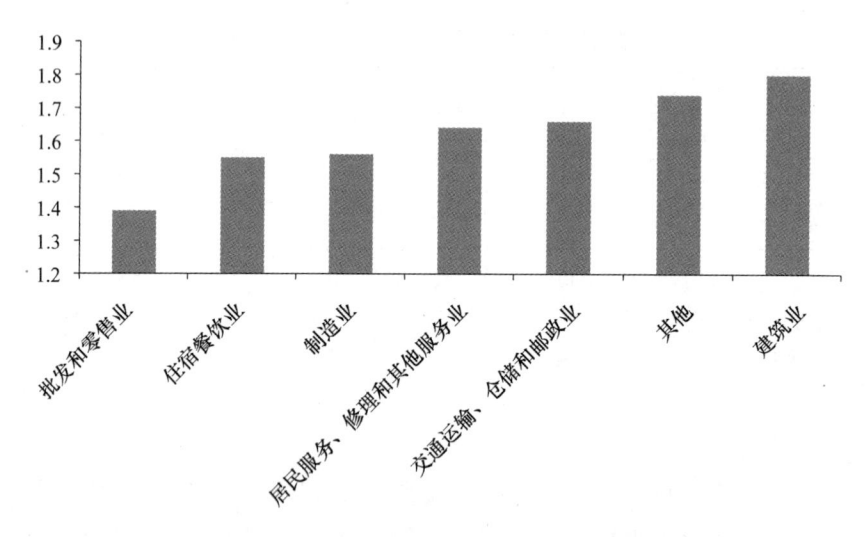

图 4-12　不同行业新生代农民工曾经工作的平均城市数量排序（单位：个）

表 4-61　各行业新生代农民工曾经待过几个城市的频数分布

		您曾经在几个城市待过			合计
		1 个	2 个	3 个及以上	
制造业	数量（人）	146	88	26	260
	比例（%）	56.2	33.8	10.0	100.0
建筑业	数量（人）	100	39	35	174
	比例（%）	57.5	22.4	20.1	100.0
交通运输、仓储和邮政业	数量（人）	34	22	8	64
	比例（%）	53.1	34.4	12.5	100.0
批发和零售业	数量（人）	48	28	1	77
	比例（%）	62.3	36.4	1.3	100.0

续表

		您曾经在几个城市待过			合计
		1个	2个	3个及以上	
住宿餐饮业	数量（人）	82	41	14	137
	比例（%）	59.9	29.9	10.2	100.0
居民服务、修理和其他服务业	数量（人）	79	35	24	138
	比例（%）	57.2	25.4	17.4	100.0
其他	数量（人）	32	30	8	70
	比例（%）	45.7	42.9	11.4	100.0
合计	数量（人）	521	283	116	920
	比例（%）	56.6	30.8	12.6	100.0

注：显著性水平 P 值（Sig. 值）为 0.004。

资料来源：根据 2016 年 1 月本课题调查数据整理。

（五）中美等国人力资本的比较

受教育程度上差距明显，制造业中的新生代农民工差距更甚。由于各国之间巨大的国情差异，在同其他国家的比较时，往往由于所比指标存在口径上的差异，导致可比性受到巨大挑战，甚至完全不具有可比性。本书所比内容大体也受到这样的限制。比如，由于中国独有的户籍制度，我们无法将本章研究的中国农民工同其他各国进行比较。然而，即便如此，我们认为比较也是有意义的——即使不需要在那么严格的口径上，就能使我们明确其中的差距。表 4-62 显示了中美两国就业人口受教育程度状况。很明显，我们的就业人口受过高等（专科及以上）教育的比例仅占 10.1%，而美国则占到了 63.6%，是中国的 6 倍多。当然，美国统计的是 25 岁以上就业人口，在这个年龄一般完成了本科甚至更高的学历教育。但没有任何数据表明，我们的 25 岁以上就业人口接受过高等教育的比例超过了美国。事实上，根据《国家中长期教育改革和发展规划纲要（2010—2020）》，我们计划到 2020 年高等教育的毛入学率达到 40%，换句话说，在就业人口的受教育程度方面，我国至少落后美国 15—20 年。此外，从表 4-63 可以看出，制造业新生代农民工接受过高等教育的比例不仅少于我国全部制造业从业者中接受过高等教育的比例，而且远远低于美国制造业 2006 年的水平，这三者接受高等教育人员比重的比例约为 1∶2∶6。

表4-62　　　　　　中美两国就业人口受教育程度分布　　　　　（单位:%）

中国（2010）		美国（2006）	
初中及以下	76.1	初中及以下	8.2
高中	13.9	高中	28.2
大专	6	未获取大学学士与副学士	27.4
本科及以上	4.1	本科及以上	36.2

注：中国的样本为16岁及以上就业人口，美国为25—64岁非集体户就业人口。
资料来源：根据张海水《中美劳动人口受教育的现状比较与启示》（《复旦教育论坛》2014年第1期）资料整理。

表4-63　　　　　中美两国制造业从业者与我国制造业
　　　　　　新生代农民工受教育程度分布　　　　　（单位:%）

	新生代农民工2013	中国制造业2010	美国制造业2006
初中及以下	72.8	69.1	13.6
高中	21.9	20.6	54.4
大专及以上	5.3	10.3	32

注：1. 新生代农民工一列，将高中和中专合并为高中；美国高中毕业与未获取大学学位学历人员归为高中一类。
2. 此处我们没有深究美国的制造业细类同中国制造业细类的区分。二者可能存在细微的差别。
资料来源：根据原国家卫生和计划生育委员会2013年流动人口动态监测调查数据和张海水《中美劳动人口受教育的现状比较与启示》（《复旦教育论坛》2014年第1期）资料整理。

职业教育尚存差距，制造业新生代农民工的中高技能人才匮乏。劳动者的技能状况决定着一个国家的经济发展水平。有研究显示，我国高级技工仅占工人总数的5%左右，而发达国家高级技工在40%[1]左右；我国初级技工占工人总数的60%左右，而发达国家这一比例仅为15%左右。这些都在很大程度上限制了我国制造业的转型和升级。

四　讨论

在我国，新生代农民工愈来愈成为劳动力市场中一支重要的生力军，

---

[1] 刘晓：《适应工业4.0，职教应如何转型》，《光明日报》2016年11月1日。

而制造业更是他们的首选。制造业在国民经济之中承担着支柱性产业的重任，其未来发展与新生代农民工的人力资本存量息息相关。本书利用原国家卫计委2013年流动人口动态监测调查数据，并辅以本课题调查数据，相对细致地分析了我国制造业中新生代农民工从业者的人力资本状况，并发现了一些非常有意思的结果。具体表现为：

第一，制造业新生代农民工的自评健康状况良好。课题组数据显示，制造业新生代农民工自评健康状况为"非常健康"、"比较健康"和"一般"的比例合计达到96.9%。更进一步，我们发现新生代农民工的自评健康状况不受行业的不同而相异，也不受教育程度的变化而显示出统计上的差异。这同以往的研究结果相一致——即在低年龄组劳动力上，健康状况在社会经济地位上没有统计上的显著差异。在很大程度上来说，这是一个积极的信号。

第二，制造业新生代农民工普遍接受过初中及以上正规教育，但接受专科及以上教育的比例偏低。在"生产人员"和"专业技术人员"两个最为重要的职业上，教育结构明显不匹配。2013年流动人口动态监测调查数据显示，制造业新生代农民工中65.4%接受过初中教育，然而接受高中及以上教育的比例则急剧下降，其中中专教育占比为8%、大学专科及以上教育占比仅为5.2%。在生产岗位上，约70%接受过初中教育，而象征技术能手的中专教育接受者比例只有6.4%，大学专科及以上不到3%；而在象征研发核心的专业技术人员岗位上，虽然教育结构明显优于生产岗位，但仍然有超过50%的人只接受过初中或高中教育，而接受大学专科及以上教育的人则不到20%，相比于更应该在生产岗位上发挥巨大作用的中专受教育者，他们却不成比例地集中到了研发岗位上。

第三，制造业新生代农民工工作技能偏低，并且低技能者和低学历者高度重合，呈现"双低"困境。课题组数据显示，制造业新生代农民工中拥有职业资格证书的从业者占比仅约四分之一。更进一步，我们发现拥有职业资格证书的比例在不同学历者之间表现出较大的差异，即呈现出学历越高，拥有证书的比例也越高。

第四，制造业新生代农民工愿意从事紧缺型行业转型的比例更高，且在城际间的流动性要小于其他行业从业者。这说明制造业中的新生代农民工工作的稳定性较好，如果加以合理引导，使其技能状况与我国紧缺型的制造业需求紧密结合起来，这一群体将可能发挥更大的作用。

上文呈现了制造业新生代农民工的人力资本状况，并对中美两国劳动人口、制造业从业人口人力资本（受教育程度）差异进行了粗略对比。显然，我们在就业人口的教育培养方面还有很长的路要走。尽管我国葆有其他发达国家不具备的劳动力规模优势，但我们更应具有忧患意识。更宏观地来看，我们还应当认真思考以下问题，防范其中的潜在风险。

第一，工资上涨有可能导致人力资本积累长期停滞。蔡昉（2012[①]）认为，我国目前工资上涨，劳动力特别是新生代农民工，很容易找到一份薪酬不低的工作，这会形成一种对教育的负向激励，导致很多劳动力放弃获得更高的教育；且根据发达国家的经验，在教育发展的后期，存在很难进一步提高人们受教育水平的现象，甚至出现人力资本滑坡的危险。目前来看，尽管没有任何数据表明人力资本滑坡的现象确实存在（至少从总体上来说，没有数据表明我国的劳动年龄人口受教育水平下降了）。不过，我们有理由认为，这种总体水平的提高，更大程度上是原本接受更高教育人口的水平的上涨。这部分人口受教育水平的提升，掩盖了农民工特别是新生代农民工的受教育水平停滞甚至下降的事实。毕竟在我们调查期间的访谈中，确实存在如蔡昉所说的新生代农民工的案例。

第二，低学历、低技能者难以适应产业升级的变化需求，可能导致政府在"保就业"和"促升级"的权衡中左右为难。我国劳动力成本低廉的比较优势正在丧失，大批劳动密集型产业正在向内陆甚至成本更低廉的越南、印度等地区和国家转移（人民网，2014[②]）。自动化、智能化技术和设备席卷劳动力市场，出现机器人代替人力的趋势（翼飞，2016[③]）。一方面，我国提出制造业等产业升级的强国目标，一些低科技水平的劳动密集型产业首当其冲；另一方面，劳动密集型产业的淘汰势必会对大量的就业人口产生挤压，保就业难度增加。保证就业率、维护社会稳定与产业结构升级的矛盾可能进一步突显，这也是摆在政府面前必须破解的一道难题。

[①] 蔡昉：《目前还不能通过延长退休来增加劳动供给》，人民网（http://finance.people.com.cn/n/2012/1229/c1004-20054029.html）。

[②] 海关总署：《"转回弱摩"成下半年外贸增长制约因素》，人民网（http://xj.people.com.cn/n/2014/0710/c188522-21630865.html）。

[③] 翼飞：《机器人已经开始在一些大公司取代工人》，腾讯网（http://tech.qq.com/a/20160610/004286.htm）。

第五篇　发展与未来

第十一章　新生代农民工人力资本提升的理论与实践

一　理论思考

（一）新生代农民工的"画像"

通过本书研究，我们发现，我国新生代农民工的个人属性和家庭属性特征主要表现为以下几个方面：

我国新生代农民工是一个这样的群体，他们以初中学历为主体，平均年龄为28岁左右，半数以上为未婚者，约三分之一的就业者集中在制造业行业之中，月均收入在4100左右，每月结余2000元左右，约七分之一的劳动者从未从事过农业生产，约三分之二的劳动者为独生子女，职业期望高，融入城市愿望强烈。

（二）新生代农民工人力资本的"画像"

通过本书研究，我们总结提炼出新生代农民工人力资本的五大特征：

第一，教育程度："稳步提升" + "催化剂功能明显"。

新生代农民工受教育程度虽依然以初中学历为主体，但大专以上学历者占比不断提高。受教育程度的提高对于职业技能的提升具有显著的催化和推动作用。学历较高的新生代农民工，其工作更为稳定，工作岗位更偏管理，收入也相对较高。

第二，职业技能："高培训意愿" + "低持证率"。

新生代农民工培训意愿强烈，但持证率低，特别是学历较高且持有职业技能证书的高竞争力人才占比不超过总数的10%。高频受训者（接受过四次以上技能培训者）占比不超过总数的6%。不过，子女随迁、正规就业、流出地家庭住房状况好、企业明确的持证要求等因素能够显著促进新生代农民工参加培训的可能性,而且新生代农民工更看重培训的中长期收益。

第三,健康状况:"参保改善"+"心理短板突出"。

近几年新生代农民工"五险"参保率显著提升,社会保障逐步加强,不过,身体健康、心理健康以及社会健康状况依次递减,生活满意度不高,社会融合弱,而较小的生活压力以及稳定就业是三类健康提升的共同助推因素。

第四,迁移流动:"高流动性"+"低度发展陷阱"。

新生代农民工流动性相对较高,有些人群甚至跌入低度发展陷阱难以脱身。流动过程中,新生代农民工就业渠道和信息的获得主要依靠其自身的社会资本,而其他投资主体在其中发挥作用的空间依然相当巨大。不过,新生代农民工流动过程中的职业诉求显著提升,"求发展"、"谋体验"的诉求特征已经整体显现。

第五,制造业:"双低特征显著"+"转型态度积极"。

制造业中的新生代农民工"低技能"、"低学历"高度重合,持有职业技能证书的比例仅占四分之一,低于新生代农民工总样本的平均水平。不过,制造业中的新生代农民工愿意转型从事紧缺型行业的比例较高,高于新生代农民工总样本的平均水平,且留居大中城市的意愿更为强烈,这对于国家产业升级以及城市化进程推进是一个利好消息。

(三)新生代农民工人力资本提升主体的功能定位

新生代农民工人力资本的提升是多元行为主体共同努力的结果,缺一不可。因此,首先需要明确五类行为主体(包括政府、企业、社会组织、家庭和个人等)在提升新生代农民工人力资本过程中的功能定位,然后在明确了不同功能定位之后,我们还需要进一步明晰不同行为主体发挥功能的参与路径,并确保各路径之间实现良性循环,这对于指导现实之中新生代农民工人力资本的提升具有重要的理论意义。

1. "政府"的功能定位:向基础性作用转变

新生代农民工具有自己独特的群体特点。例如,他们是游走在农村社会认同与城市社会认同之间的复杂群体:他们既不完全认同自己是农村人,因为其行为习惯、思维方式、就业特征已经与农民产生了实质性差别,同时又不被城市人完全接纳,因为他们受到户籍制度、城乡二元结构、城市文化等主客观条件的约束，新生代农民工人力资本表现出明显的"内卷化"特征。因此，政府在提升新生代农民工人力资本的过程中，既要避免市场失灵和外部性，还要避免政府失灵，甚至是新生代农民工个人失灵的多重难题。总体来说，政府部门的功能定位应该由"全盘包揽型"投资主体向"基础型"投资主体转变。这种"基础性"体现在四个方面：

一是基本公共服务功能。涉及义务教育、公共卫生、迁移流动等由政府必须承担的基本公共服务内容。

二是兜底功能。由于新生代农民工人力资本具有市场失灵和外部性特征，因此，在部分人力资本投资领域里或某个经济发展节点上，可能会出现市场主体不愿对新生代农民工人力资本进行投资的情形，这就需要政府部门在此时承担兜底功能，弥补市场失灵可能带来的个人损失风险和社会损失风险。

三是维护公平和市场激励功能。政府部门应充分发挥政策引导、补贴奖励等多种杠杆手段，营造人力资本投资和流动的公平竞争环境，激活市场主体的投资热情，引导市场主体投资的投量与投向。

四是规划与监督功能。因为政府部门在把握国家战略、产业结构调整方面具有主动权，因此，规划人力资本投资方向和结构，监督市场主体合理投资，调节人力资本市场变动等都应是政府部门的重要职能之一。

2. "企业"的功能定位：向决定性作用转变

非人力资本和人力资本都是企业资本的重要组成部分，所以在新生代农民工人力资本投资过程之中，企业理应在配置市场资源时更大程度地发挥决定性作用。在此过程中，企业应更多地关注并建立适合于本企业的人力资本激励和约束机制：既要考虑到人力资本投资的专业性，确保新生代农民工人力资本投资与宏观经济形势、本行业发展转型的专业需求密切结合起来；又要考虑到人力资本投资的适用性，确保新生代农民工自身资源禀赋与人力资本投资的内容和形式匹配起来；还要考虑到人力资本投资的专用性，确保新生代农民工稳定就业与企业投资的稳定收益关联起来，尽量减少因新生代农民工频繁跳槽而增加企业不必要的投资成本与风险。因此，投资的专业性、专用性和适用性应成为企业人力资本投资市场资源配置中需要重点考量的三个维度。

3. "社会组织"的功能定位：向行为引导性作用转变

新生代农民工人力资本投资同样要处理好政府和社会组织两大主体之

间的合作关系。随着"小政府、大社会"观念的推进,政府部门作为唯一的人力资本投资主体的时代已经逐步退去,而多元共治的社会治理模式正得以更为广泛地推广。其中,社会组织作为人力资本投资的重要主体之一,未来可以发挥更大的作用。总体来说,社会组织在新生代农民工人力资本投资之中可以更多、更好地发挥整合共享、协商调节、组织管理、桥梁纽带的作用:通过整合共享,助推政策效能;通过协商调节,优化资源配置;通过组织管理,引导行业自律;通过桥梁纽带,维护各方利益,最终实现公共服务供给效率的提高和行业投资行为的引导。

4. "家庭"的功能定位:向支撑性作用转变

家庭是社会的细胞。因此,在新生代农民工人力资本投资过程中,家庭发挥的作用是最为本原性的、前置性的。在人力资本投资过程中,家庭可以在观念引领、氛围营造、初始投资、全面支撑等方面发挥重要作用:通过观念引领,培育投资热情;通过初始投资,启动资本积累;通过氛围营造,确保投资持续;通过全面支撑,实现资本叠加。在新生代农民工各人力资本领域、全生命周期里,家庭提供着初始的、叠加的、柔性的、无偿的投资,对新生代农民工人力资本投资发挥着强烈的支撑功能。

5. "个人"的功能定位:向主观能动性转变

新生代农民工人力资本投资有效性的关键在于新生代农民工个人。从功能定位来看,新生代农民工既是人力资本投资的主要决策者,也是人力资本投资的自我投资者,还是外部人力资本投资的接受者,更是人力资本投资的受益者。政府、企业、社会组织、家庭等所有行为主体的投资行为和投资效益最终都要通过新生代农民工个人这一行为主体发挥作用。因此,新生代农民工人力资本投资离不开个人主观的能动性和眼光的前瞻性。

(四)新生代农民工人力资本提升循环模式

以上是对五类人力资本投资行为主体功能定位的一种理论阐述。然而,理论研究的最终目的是解释现实和影响实践。基于行动者系统动力理论的视角,我们课题组初步提出了新生代农民工人力资本提升循环路径图(见图5-1),以期更加简洁明了地呈现过去、表述未来。

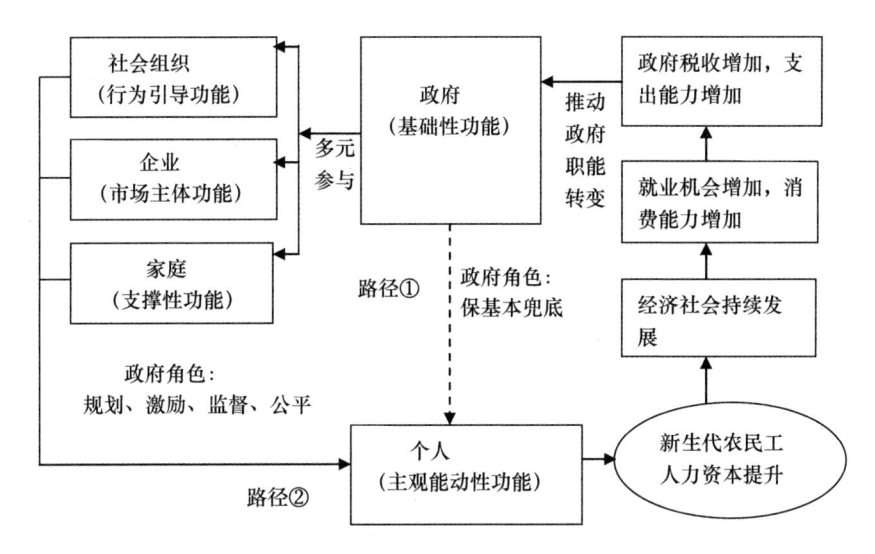

图 5-1 新生代农民工人力资本提升循环框架图

注：图中的虚线箭头代表"抄近路式"的自循环，即路径①；实线箭头代表良性循环，即路径②。

由图 5-1 所示可知，长期以来，我国新生代农民工人力资本提升更多依靠的是路径①"抄近路式"发展模式。这种发展模式主要特征是政府部门大包大揽各类公共服务功能，直接对义务教育、基础教育、高等教育、公共卫生、医疗健康、职业培训、迁移流动进行全方位的投入，并在公共行政的思路上更多采用的是管控思维。这种发展模式的直接后果就是既可能存在局部领域总量不足的尴尬，也可能面临全局性的结构性失衡，更严重的问题则是人力资本投资效率的低下，在结果上直接导致了目前新生代农民工人力资本存量不足的客观现实。从整个循环上来看，似乎路径最短，最为直接，但投资效率不高，新生代农民工人力资本提升受阻，人力资本存量和增量基本处于低水平徘徊的状况。

在未来发展中，我国新生代农民工人力资本提升应该更多依赖路径②"多元参与式"发展模式。这种发展模式主要特征是在维持路径①基础功能的同时，更加强调企业、社会、家庭及个人的多元主体参与，政府通过规划监督、塑造公平竞争环境、引导激励等多种杠杆手段，调动多元主体人力资本投资积极性，弥补市场失灵、政府失灵和个人失灵，并在公共行政的思路上更多坚持的是多元共治思维。这种发展模式的最终效果是让市场在资源配置中发挥决定性作用，多元主体各司其职，各自提供专业化服务，从而提升人力资本投资的效率。从整个循环上来看，似乎路径复杂，更为间接，但投资渠道多元化了，投资主体被激活了，投资服务更加专业了，供需对接更加明确了，新生代农民工人力资本提升路径自然就更加顺畅了。

在与市场对接后，新生代农民工人力资本存量与增量的提升必然会推动经济社会的可持续发展和经济发展方式的调整，调整转型后的经济体自然会焕发出新的经济活力，并创造出新的就业机会，再由经税收等手段作用于政府收入的增长，在政府职能转变的同时，推动政府对新生代农民工人力资本投资的支出分配更为合理和有效，这就形成了整个多元共治闭环系统的右侧回路，体现了这种人力资本投资良性循环模式的价值和优势。

二 提升路径与政策思路

从以上的理论总结来看，不同的行为主体应逐步形成合力，共同探索和推进新生代农民工人力资本提升的最优路径，以更好地助力国家经济发展方式的转型。通过本书前面的研究发现，我国新生代农民工因职业技能不高、迁移流动性较强、组织能力和关系网络相对匮乏等原因导致其人力资本相对不足，并长期处于低技能的"低度发展陷阱"之中，如何突破？如何在政府、企业、社会组织、家庭和个人合力之下促成其跨越式发展？这些问题都需要全社会给予足够的关注并加以解决。

（一）构建投资于人的政策体系，更多释放鼓励人力资本投资的政策信号

长期以来，政府在提升新生代农民工人力资本上发挥着基础性的作用。放眼未来，政府部门可考虑在"公办公营"的政策执行中抽身而出。除了一些必须由政府亲力亲为的基本公共服务以外，尝试着把更多的社会事务和社会服务让渡给市场和社会组织，把目光更多地放在"抓好规划、孵化政策、制定标准、营造环境"上来，积极释放政策信号，充分激发市场活力。

第一，政府投资应重点转向于对人的投资。随着国际竞争的日益白热化，我国政府部门在财政投入的宏观理念和基本原则上，应进一步促成"三个转向"，即更多地从物质资本投资向人力资本投资的转向，从化解债务存量到增加人力资本存量的转向，从劳动密集型经济增长方式向人力资本密集型发展方式的转向。新生代农民工是当前及未来我国劳动力的主体人群，具有极强的可塑性。因此，政府部门未来应进一步围绕"三个转向"形成更为完善的"投资于人"的政策体系，以加速提升新生代农民工的人力资本。例如，稳步推进户籍制度改革，在城市融合和收入提升之中激发人力资本投资热情。由于城乡二元分割体制存在，惠及新生代农民工的社会保障与服务体系还有待完善。当生存目标同现有体制发生冲突时，新生代农民工出现的身份认知困境[1]，不但会损害新生代农民工的身份认同，而且还影响其向市民化的转变。当前，新生代农民工对政治不关心，缺乏参与积极性。[2] 若无法触及结构性问题，那么一系列帮扶措施只能流于表面。人力资本积累对提高中小城市新生代农民工城市融入具有显著正影响[3]，应逐步落实中小城市及城镇落户，明晰新生代农民工市民身份的融合路径，为他们以市民身份进行社会参与创造政策条件。

第二，加强对新生代农民工人力资本提升要素的作用评估，提高政府投资效率，优化政府投资结构。一方面，需要进一步加大对政府、企业、社会组织、企业和个人等不同行为主体人力资本投资效率的综合评估。以国外的研究经验来看，企业微观培训和课程研发对于人力资本的直接提升效应较为明显。然而，鉴于新生代农民工流动性较强的特点，究竟哪一类行为主体对其投资效率最高，还有待进一步深入研究。另一方面，在政府投资内部，进一步明晰教育医疗支出（补贴）与其他财政支出（补贴）之间、基础教育、职业技术教育、高等教育之间哪类投资行为对新生代农民工人力资本提升效率更高。通过科学统筹及各行业部门的分工合作，致力于形成政府培训、企业培训、社会培训、中高职院校培训互为补充，共同作用的培训体系，形成良好合作关系。随着技术进步对经济发展影响的加剧，各国对高技能人才的需求不断攀升。若处理不好投资效率和投资结构性问题，不仅会造成大量投资资金的浪费，而且还会因新生代农民工融入社会能力不足而造成社会不平等的加剧，这是经济领域之外的叠加性社

---

[1] 李蕾：《新生代农民工身份认同困境分析》，《陕西行政学院学报》2010年第3期。
[2] 熊光清：《新生代农民工政治效能感分析——基于五省市的实地调查》，《社会科学研究》2013年第4期。
[3] 周密、张广胜、杨肖丽等：《城市规模、人力资本积累与新生代农民工城市融入决定》，《农业技术经济》2015年第1期。

会效应。

第三,大力营造人力资本投资激励型的政策环境。整体来讲,政府部门应该打造"抓两头、带中间"的激励型政策环境,由过去亲自充当人力资本投资主体的阶段逐步让渡到让企业充当人力资本投资主体的阶段。"抓两头"是指抓"一高一低",即一是政府部门亲自主抓基础教育和低技能劳动力培训;二是构建高学历、高技能劳动力自我积累和企业投资的利益导向政策。例如,可以通过税收、技能等级认定等政策设计,引导个人和企业加强培训并相互形成稳定的雇佣合作关系。"带中间"是指在"抓两头"的影响下,依托市场的带动作用,激活中等学历和中等技能劳动力的人力资本投资活力。

具体来讲,针对企业而言,政府部门应积极构建有利于企业参与新生代农民工培训的政策环境,用制度创新激活企业投资动力。政府部门可以以培养技能型人才为根本遵循,针对市场紧缺的高技能劳动岗位进行政策引导。建立市场紧缺型技能的指导目录,凡是投资于这一领域的新生代农民工培训的企业,给予政策优惠或培训补贴,实现产业链、教育链、人才链与价值链的衔接与融合。对于一个国家来讲,技术的引入并不是越高端越好,而是与本国国情和发展阶段越适应、越匹配越好。因此,这就需要国家相关部门根据发展需要,明晰技术引进方向并形成市场紧缺型技能的指导目录,这对于国家经济发展十分重要。在资金投入政策优惠等方面,还可以进一步对向农村及中小城市用工培训倾斜的企业给予更大政策优惠力度,从而减少城乡教育水平差距。

针对新生代农民工个体而言,政府部门应致力于消除就业歧视,营造良好用工环境。"农民工"一词自诞生起便被贴上"低文化水平、低素质"等标签,被污名化的农民工在就业市场便处于弱势地位。在这一领域,政府不但应出台保护性政策,同时要加强对社会舆论的引导与监督,重构社会信任网络。政府部门还应积极构建农民工就业信息服务平台,并以此为依托,提供就业和培训信息,规范就业市场,加大对违法违规行为的行政执法力度,保证农民工合法权益。此外,长期以来,我国一直在探索研究高学历、高技能劳动力人力资本投资与其回报的政策机制,但个人人力资本投资动力不足、人力资本行业内堆积、行业间竞争与流动性不强则是当前我国不可回避的人力资本提升难题。因此,我国政府部门未来应着力释放缓解这一问题的政策信号。可以考虑增设对高技能、市场紧缺型人力资本投资的个人进行个人补贴，积极探索人力资本行业溢出的倒逼机制，着重解决新生代农民工因就业容易而不愿自我投资的"人力资本滑坡"现象。

（二）明确人力资本价值取向，开创企业经营新境界

企业是经济领域中重要的微观行为主体，经济形势的变化及国家政策的调整都会对企业发展产生深刻影响。在当前国家经济发展方式转变的战略机遇期，我国企业应高点定位、把握机遇，珍视新生代农民工这一重要的人力资源，培育新一代人力资源转变为可贵的人力资本，早规划、早投资、早受益。本书认为，当前我国企业可以尝试抓好以下"三大规划"的建设：

第一，人力资本投资的战略规划。人力资本价值取向应及早地在企业中达成共识并形成生动实践。这种战略思维应把握"三个取向"：

一是人力资本价值的动态性与阶段性。物质资本在静态的状态下能用货币进行测量，而人力资本则不同于物质资本，它最大的特点在于其动态性，它只有在使用中才能体现其价值。因此，企业要勇于成为人力资本投资风险的承担者。人力资本的阶段性体现在功能作用的阶段性和参与利润分配的阶段性。人力资本功能作用的发挥有一个过程，不仅个人人力资本的培养要经历不同的阶段，而且人力资本更需要与企业的核心竞争力和企业文化深度融合起来。此外，长期以来，更多的企业在企业发展的成熟阶段甚至在衰落阶段才开始更加重视人力资本的利润分配机制构建，但对于各类企业来讲，更应该将端口前移，在企业起步阶段和爬坡阶段就应该注重人力资本投资及其分配问题，这恰恰是新生代农民工在企业发挥主观能动性的切入点和契合点。

二是人力资本价值的匹配性。人力资本价值的发挥必须有赖于与物质资本的匹配。新生代农民工人力资本有其特殊性，所以企业要思考针对这一年轻的群体，探索怎样的物质资本及企业管理制度能够与其人力资本匹配起来，以实现其效益的最大化。

三是企业要主动实施变"行政管控型人力资源战略"为"深度融合型人力资本战略"。老一代农民工打工的主要目的是养家糊口，而新生代农民工由于其年龄较轻，所以不可避免地在从业过程中带有"体验生活"的成分和心理，因此，激活新生代农民工的人力资本不能用管控的思维，而应战略调整为融合。这是激发人力资本价值的重要路径。

第二，人力资本投资的激励规划。对于新生代农民工人力资本培育，企业可以考虑三个层次的激励规划。

第一个层次是经济利益激励，如奖金、绩效、持股、分红等。这也是很多企业普遍运用的一种激励手段，着力解决新生代农民工出工与出力、用心的结合。

第二个层次是社会地位激励。随着新生代农民工年龄的增长，这类激励会对他们产生吸引力。通过职务晋升、股票期权、分期行权等制度安排，长期激发新生代农民工人力资本的效果。

第三个层次是企业文化同化激励。通过职工参与管理、职代会等多种企业文化建设，引导新生代农民工主动融入企业，强化其企业归属感，降低其流动性，这也就同步降低了企业对其人力资本投资的流动性风险。

此外，企业还应致力于扭转就业歧视，从思想根源上树立公平公正理念，强化劳动合同的签订、履行和管理，加强劳动合同的签订、履行、变更及终止等各个环节的宣传指导和督查，推行劳动诚信评价机制等，以实现对新生代农民工人力资本提升后企业与个人双方基本权益的保护。

第三，人力资本投资的学习规划。随着产业的升级和时代的发展，企业理应成为新生代农民工人力资本投资的主体。学习规划要做好"两个面向"：

一是面向增值。通过"干中学"实现新生代农民工人力资本的保值增值。企业可以尝试建立企业自身技术人才积累基地与科技创新基地，探寻多元化的人力资本培训方式和机制。例如，大型企业可自行组织资格培训、证书培训、上岗培训、创办企业大学或农民工夜校等，而中小型企业可采用委托职业院校成立产办学三位一体的农民工培训基地等。就全国情况来看，目前企业对员工人力资本的投资表现出明显的不均衡性特征，不同行业之间、不同职业之间、不同企业规模之间、不同员工技能等级之间，企业进行的技能培训是差异显著的。新生代农民工较大比例地聚集在劳动密集型产业之中，大量新生代农民工跌入"低技能陷阱"，特别是前面我们谈到的制造业行业和企业。然而，企业有针对性的技能培训恰恰在解决企业内部技能分布不均的问题，能够促进更多的新生代农民工由低技能向高技能转变，因为新生代农民工的学习能力极强。

二是面向未来。对于新生代农民工的人力资本投资，企业应面向于国家战略性调整后的未来技能需求，面向于企业可持续发展的未来核心竞争力，面向于新生代农民工的内心中对个人职业规划的未来期望。这些都会形成人力资本投资的综合影响，也是公司治理能力和治理机制的重要体现。

（三）打造社会组织整合协调功能，强化市场需求导向型的行业自治

对于新生代农民工人力资本提升而言，具有重要影响力的社会组织主要涉及两大类，其功能也主要体现在整合与协调上。

第一，发挥行业协会等社会组织的整合功能。从优化行业人力资本配置的角度来看，未来我国的行业协会应该也能够在"整合"上发挥更多作用。行业协会应进一步强化市场需求导向的行业自律，规范行业标准，提供行为指引。从调查数据来看，我国新生代农民工的就业信息已经由地缘、血缘的社会关系逐步过渡到了市场化、网络化供给的阶段。因此，行业协会在整合并公布就业信息、提供行业指导、明确技能培训方向、职工健康维权等领域都应该发挥更重要的作用，这对于优化配置新生代农民工人力资本的价值很大。

第二，发挥工会组织的协调功能。从优化行业人力资本配置的角度来看，未来我国工会应在"协调"上发挥更多的作用。工会组织作为代表和维护新生代农民工合法权益的正式组织，对落实政府监管工作，促进新生代农民工市民权利的获得、人力资本的提升以及劳动权益的保障具有重要意义。在优化人力资本配置领域，未来工会可以进一步强化"协商"、"纽带"、"调节"、"发声"的作用：在职业技能培训、维护职工健康等领域，工会对外要联络政府部门和各种社会力量，协调各类资源推进新生代农民工人力资本的提升；工会对内可在企事业和新生代农民工之间形成桥梁纽带，使企事业单位的市场需求与新生代农民工的个人需求对接起来，调节好职业技能培训等领域的供需矛盾。具体来讲，通过签订劳动合同，明确企业培训责任；通过共同协商，形成规范的培训协议等。因此，工会应调整成员构成，发展吸纳新生代农民工进入工会，听取新生代农民工群体声音，积极发挥工会职能，指导新生代农民工签订劳动合同，争取群体的合法权益，构建和谐劳动关系。另外，还可以通过工会的协商活动，形成有利于新生代农民工人力资本提升的制度安排和文化活动，树立新生代农民工的个人职业发展规划，以提高农民工就业的安全感，培育其对企业的归属感，减少新生代农民工的不合理流动，从而降低合同期内新生代农民工"跳槽"的盲目性,并减少企业人力资本投资的风险性。

(四)树立科学的家庭人力资本投资观,优化家庭投资策略

新生代农民工人力资本的提升不仅仅要依靠正式社会支持网络,也需要私领域同步发挥支撑作用。家庭是小的社会单元,是最基本的社会结构。家庭综合影响着新生代农民工个人的婚姻、经济、生活和心理负担,塑造出其基本就业能力并维持其稳定性。因此,家庭应该在新生代农民工人力资本投资的全过程起到更为重要的支撑作用。总体来看,家庭的支撑作用主要表现在以下两个方面:

第一,家庭需要树立科学的人力资本投资观,特别是在我国的农村地区。本书认为,未来家庭人力资本投资观需要做好"三个树立":一是树立"家庭人力资本投资是一种投资,不仅仅是消费"的观念,注重家庭消费眼光和消费方式的转变。在新时代里,城乡家庭的消费方式迫切需要从物质资料消费向人力资本消费转变,由生存型消费向发展型消费转变。新生代农民工早期形成的人力资本,例如,技能、健康、视野、品格等人力资本要素都与家庭消费密切相关,这是新生代农民工人力资本存量的基础。二是树立"家庭人力资本投资需要情感,不仅仅是资金"的观念,注重由单纯的物质投入向物质投入与情感投入并存的转变。新生代农民工人力资本的形成不仅需要物质投入,而且同时需要伴随时间的投入。对于新生代农民工而言,这种时间投入不仅投入产出效率高,而且对其未来的心理状况产生重要影响。良好的家庭氛围对新生代农民工的自尊自信状况、成就感等均有正面影响。三是树立"家庭人力资本投资强调的是质量,而不仅仅是数量"的观念,注重由投资数量向投资质量的转变。其实,家庭禀赋(家庭规模、家庭结构、家庭经济水平)的不同,最终都会影响新生代农民工个人接受到的人力资本总量及其结构。例如,本书研究发现,与有兄弟姐妹的家庭相比,无兄弟姐妹的新生代农民工,其受教育程度要高。也有研究表明,家庭子女数越多,子女受教育年数就越少;[①] 在出生顺序中,出生顺序越晚的子女,其受教育程度越高;[②] 父母

---

① 罗凯等:《子女出生顺序和性别差异对教育人力资本的影响——一个基于家庭经济学视角的分析》,《经济科学》2010年第3期。

② 罗凯等:《子女出生顺序和性别差异对教育人力资本的影响——一个基于家庭经济学视角的分析》,《经济科学》2010年第3期。

受教育程度越高，子女接受到的教育投资越高；① 父代经济贫困对子辈教育、健康和社会网络变量均有显著的影响。② 因此，家庭在进行新生代农民工人力资本投资时要强调质量，而且也具有代际传递性。

第二，家庭需要强调"因地制宜"、"因人而异"的人力资本投资策略，特别是在低收入家庭。很多研究显示，家庭收入状况对于家庭人力资本投资具有显著的约束作用，低收入家庭对其子女的人力资本投资就少。这是一种正常现象。然而，即使是在预算约束的条件下，家庭人力资本投资是可以优化的，不同家庭的策略也是不一样的。新生代农民工家庭如何在高等教育和中等职业教育之间进行取和舍，从而找到最适合自己家庭里新生代农民工的人力资本提升路径，这并不完全受到家庭收入的制约，需要根据新生代农民工个人的资源禀赋来抉择。

（五）激活个人能动作用，赋予人力资本鲜明的个人属性和时代特征

同老一代农民工相比，新生代农民工受城市文化影响更大，消费意愿更强，群体性存在过度追求攀比、依赖虚拟网络、缺乏自我反思与批判等问题。新生代农民工人力资本的提升最终还是要落实到个体上。个体应注重提高个人主观能动性，积极参与人力资本提升活动，逐渐从"要我学"转向"我要学"；将自身人力资本投资与个人职业发展规划起来，实现从低技能劳动者身份向高技能劳动者的转变。促进新生代农民工人力资本的投资，在个人层面应该把握好"四性"：

第一，把握人力资本投资内容的多元性。新生代农民工进行人力资本投资之时，个人层面更多追求的是私人回报，追求人力资本投资收益的最大化，这是无可厚非的事情。然而，新生代农民工由于年龄较轻，所以容易出现资源错配或扭曲的问题。人力资本投资内容丰富，既包括教育投资，也包括技能培训投资，还包括健康投资等若干方面。因此，个人人力资本投资要与宏观形势、个人特性集合起来综合考虑。例如，不能因为社会认可所谓的文凭，就盲目加大个人不太擅长的教育投资力度，而忽视产业升级急需的技能培训；不能过度追求教育投资和技能培训带来的经济效

---

① 祁翔：《父母受教育程度与子女人力资本投资——来自中国农村家庭的调查研究》，《教育学术月刊》2013年第9期。

② 刘欢等：《家庭人力资本投入、社会网络与农村代际贫困》，《教育与经济》2017年第5期。

益，而忽视对人的全周期都会产生影响的健康投资等。

第二，把握人力资本投资的阶段性。通常来讲，人力资本投资大体会经过三个阶段：初期以教育投资为主，中期以技能培训为主，后期以健康投资为主。随着时代的发展，新生代农民工可以在把握这一特点的基础之上，在生命全周期之中更加全面地考虑健康投资，进一步优化个人人力资本的投资效率。

第三，把握人力资本投资与价值观、个人禀赋的契合性。新生代农民工人力资本投资理应具有鲜明的时代特征。人力资本投资的内容、形式都应与个人禀赋（品质、喜好、性格、职业追求等）、企业价值观（企业定位、企业文化等）、国家战略和组织需求融合起来，综合决策和考虑，这样能够更好地放大个人人力资本投资的效益和回报，起到事半功倍的效果。

第四，把握人力资本投资的持续性。人力资本投资不同于物质资本投资，它具有投资周期长、收益慢、需要不断反复追加投资等特性。因此，新生代农民工在选择教育投资、技能培训和健康投资的具体内容时，应做好长期投资的准备，要考虑到后期追加投资与前期投资的延续性，并将人力资本投资贯穿于一生之中。此外，人力资本投资效益还能在代际之间进行传递和放大，这也是新生代农民工在计算自我人力资本投资效益时，应提前知晓并计算在内的重要内容。

（六）新生代农民工"技能化"战略势在必行，真正做到"进得来、坐得下、听得进、用得上"

综上所述，未来我国应以新生代农民工"技能化"战略，应对经济体系现代化建设中的人才资源挑战。习近平总书记强调，人才是第一资源，创新是第一动力。在努力建设现代化经济体系的征途中，人才资源更是发挥着至关重要的作用。几十年来，我国在人才培养方面取得了举世瞩目的成绩，极大地促进了经济发展。随着新时代的到来，我国人才领域的主要矛盾，已经从数量规模上的绝对短缺转变为行业性、类型性人才的不充分、不平衡的结构性矛盾，特别是实体经济领域，高素质技能型人才缺乏现象尤为严重。培养高素质技能型人才，应对经济体系现代化建设中的人才资源挑战需要多管齐下，既要不断加强高等高职教育中的技能教育短板，又要完善终身教育与技能培训体系，其中尤为重要的是加强对农民工特别是新生代农民工的技能培训,实施新生代农民工"技能化"战略。

"新生代农民工"是指20世纪80年代以后出生的从事非农业生产,具有农村户籍的从业人员。高度重视这一群体的"技能化",实施新生代农民工的技能化战略,一方面是我国实体经济的就业格局的必然要求;另一方面也是保障该群体成员自由发展权,满足其美好生活向往的必由之路。

第一,以农民工为"主力军"的实体经济就业格局是实施新生代农民工"技能化"战略的结构性压力。十九大报告指出,建设现代化经济体系,必须把发展经济的着力点放在实体经济上。大力发展实体经济关键在"人",目前我国实体经济尤其是制造业的"主力军"依然是农民工,这是无可讳言的事实。第三次经济普查报告显示,2013年末我国制造业从业人员1.25亿人,同时期有8444.7万农民工从事制造业,占总数的67.5%,超过三分之二。而在农民工总体中,新生代农民工已经占到一半以上,未来比例还会进一步增加。在一定意义上,新生代农民工的技能素质高低决定着"中国制造"的总体水平。这沉甸甸的结构性压力是制造业转型升级的巨大挑战,也应作为推动新生代农民工"技能化"战略实施的动力源泉。

第二,农民工群体突破"低技能陷阱"的迫切希望是实施新生代农民工"技能化"战略的主体性因素。农民工群体普遍面临着学历、技能"双低"问题,尤其是"低技能陷阱"成为困扰这一群体发展的一大难题。有报告指出,仅5.9%的农民工拥有职业技术证书,经过培训部门安排上岗的农民工比例仅为0.3%。新生代农民工方面,本课题调查显示,42.6%的新生代农民工认为找工作中的最大困难在于"缺乏技能和技术",高居各项因素之首,78.6%的新生代农民迫切希望参加职业技能培训,提升职业能力。可见,实施新生代农民工"技能化"战略不仅基于结构性压力,还是农民工主体性的内在要求,是助其克服职业晋升中的主要瓶颈,寻求自我实现的重要机制。

第三,新生代农民工相较于其他群体的优势是实施新生代农民工"技能化"战略的重要条件。与老一代农民工相比,新生代农民工在技能学习能力和学习意愿上都更高。新生代农民工受教育年限达到10.33年,比老一代农民工高1.75年,相对较高的学历水平带来了基本学习能力。另外,新生代农民工更喜欢城市生活,同时因为缺乏农业生产经验,失业后返回农村的阻力更大，因而比老一代农民工的自我提升意愿更强烈。与刚刚走出校园的大学生群体相比，新生代农民工已经有一定职业经验，对未来前景认识更加清晰，也少一些条条框框的包袱，对他们展开专业技能、技工培训可能更容易上手，见效更快。

实施新生代农民工"技能化"战略不能做表面文章，必须立足我国经济社会需要与新生代农民工实际，坚持政府保障、企业联动，以"进得来、坐得下、听得进、用得上"为基本遵循加以展开。

第一，"进得来"。即以普惠、便利为遵循，构建系统的农民工技能培训网络。让潜在培训对象找得到且愿意进入技能培训空间是一切问题的前提和基础。一是在政府的指导统筹下，整合既有资源，形成全国性或区域性的培训组织网络，并将信息资源嵌入务工群体的居住、工作场所，确保培训信息的可得性。二是降低参训门槛，不仅要降低收费等方面的门槛，还要针对不同文化层次的受众做好培训设计，使绝大多数新生代农民工都能找到适合自己的培训课程。三是用好线上线下两个渠道，帮助务工人员以最便利的方式获得培训资源。四是将培训因素纳入农民工薪酬激励体系中，让农民工群体积极主动寻求培训机会。

第二，"坐得下"。即确保培训不对当下工作生活产生负面影响，完善"以训代工"、"以工代训"相关机制。技能化培训尽管是提升职业技能的重要渠道，但客观上占据了农民工工作时间，让其失去赖以为生的工资，得不偿失。因此，必须处理好工作与培训之间的关系。一方面要完善"以训代工"的制度设计，建立系统的培训—工时转换体系，保障培训期间的基本工资收入，维系其日常生活；另一方面要探索"以工代训"的体制机制，即将技能化课程嵌入工作之中，务工人员可实现在工作过程中完成训练要求。

第三，"听得进"。即确保培训内容让潜在受众愿意听、有收获，形成比较系统的培训内容生产和呈现机制。技能化培训究竟培训什么，怎么培训，这是最核心的问题，应该围绕"内容生产"和"内容呈现"两个维度做文章。在内容生产上，要以中国制造业发展的相关规划为蓝图，突出战略性需求和农民工自身发展需要两个基本点，将其融汇于培训框架体系之中；在内容呈现上，要深入研究农民工群体的身心特点和教育规律，探索其喜闻乐见的培训教育形式，帮助他们以最符合其特点的方式接受相应培训内容。

第四,"用得上"。即通过以相应的制度化衔接机制,促进培训成果尽快反映为生产效果。新生代农民工的技能化培训必须落实为具体的生产效果,只有这样培训工作才能得到用人单位的支持,得到农民工群体的信任。这一方面需要在培训设计中考虑好即时应用型技能与发展型技能的协调整合,另一方面要完善好培训与实际生产之间的衔接环节,促使参训人员培训时能带着新问题学,学完后能带着新知识、新技术干,用好所学内容。

实施新生代农民工的"技能化"战略是应对当前人才资源挑战的重要机制,是实现经济体系现代化,尤其是先进制造业大力发展的必由之路。目前实施这一战略的主客观条件已经具备,有关部门应整合资源、凝聚力量,以经济体系现代化大局和农民工群体美好生活向往为导向,以"进得来、坐得下、听得进、用得上"为基本遵循,积极谋划、有的放矢,将新生代农民工技能化战略落到实处。

附件一 2016年本课题组人力资本调查问卷

新生代农民工人力资本状况调查问卷

问卷编号：_____

您的手机号码：_____

亲爱的被访者：

您好，感谢您能在百忙之中抽出时间配合我们的调查。本问卷是由"北京市人口研究所"组织的一项调查研究，目的是为了了解进城工作的新生代农民工人力资本状况及未来需求。此外，本问卷涉及的所有信息我们承诺严格保密，不会对您和您的家人产生其他影响，望您能根据实际情况作出反馈，感谢您的协助。

"经济发展方式转变背景下新生代农民工人力资本提升路径研究"课题组

问卷填答说明：关于选择题，请您直接在括号内填写选项对应的数字（如1、2、3）即可；关于填空题，请您直接在横线上作答。

A. 个人基本情况

序号	问题	答案或选项
A1	您的性别是？（ ）	①男②女
A2	您的年龄是？（ ）	_____年_____月
A3	您的文化程度是？	①未上学②小学③初中④高中及中专 ⑤大学专科⑥大学本科及以上
A4	您的婚姻状况是？（ ）	①未婚②已婚③离异④丧偶
A5	您每月大概收入多少？	_____元/月（请填写具体金额）
A6	您每月大概结余多少？	_____元/月（请填写具体金额）

续表

序号	问题	答案或选项
A7	您的出生地是哪里？	_____省_____市（地区）
A8	您当前工作的城市是？	_____省_____市（地区）
A9	您在老家是否有耕地？（　）	①有②没有③不清楚
A10	您是否从事过农业生产？（　）	①从事过②没从事过③很少

请继续填答 B 部分：

B. 受教育情况

B1. 您对自己的学历满意吗？（　）

①满意　　　　　②不满意　　　　　③说不好

B2. 您没有继续再上学的原因有哪些？（最多选三项）（　）

①学习无用　　　②学不下去了　　　③工作很好找

④本领够用了　　⑤家庭困难　　　　⑥父母没要求

⑦受同龄人影响　⑧已达自己目标　　⑨其他（请说明）____

B3. 您认为农村教育主要存在哪些问题？（最多选三项）（　）

①乱收费　　　　②学校硬件设备落后　③师资水平落后

④父母不重视教育　⑤课程单一　　　　⑥学校距离家远

⑦管理机制不健全　⑧其他（请说明）_____

C. 就业技能培训状况

C1. 您当前从事的工作属于哪一行业？（　）

①制造业　　　　　　　　　②建筑业

③交通运输、仓储和邮政业　④批发和零售业

⑤住宿餐饮业　　　　　　　⑥居民服务、修理和其他服务业

⑦其他（请说明）_____

C2. 您目前与用人单位签订劳动合同的情况是？（　）

①无固定期限劳动合同　　　②一年以下劳动合同

③一年及以上劳动合同　　　④无合同　　　⑤不清楚

C3. 您目前从事的工作岗位是否需要职业资格证书？（　）

①需要　　　　　　②不需要　　　　　③不清楚

C4. 您有职业技术资格证吗？（　）

①有（请回答 C4—1 至 C4—4）

C4—1. 您的职业技术等级是？（　）
　　1. 初级　　　　2. 中级　　　　3. 高级
C4—2. 您最后获得的职业技术等级是由谁来培训的？（　）
　　1. 政府　　　　2. 企业　　　　3. 社会团体（公益组织）
　　4. 职业技术学校　5. 自学　　　　6. 其他
→ C4—3. 您这次培训费用的主要付费方是谁？（　）
　　1. 政府　　　　2. 工作单位　　3. 民间社团（社会公益组织）
　　4. 家庭或个人　5. 职业技术学校　6. 其他（请说明）_____
C4—4. 您的职业技术等级证书是由谁颁发的？（　）
　　1. 政府　　　　2. 企业　　　　3. 社会团体（社会公益组织）
　　4. 职业技术学校　　　　　　　　5. 其他

②没有

C5. 您是否参加过职业技能培训？（　）

①是

C5—1. 迄今为止，您共参加过多少次职业技能培训？（　）
　　1. 一次　　　　　　　　2. 两次
　　3. 三次　　　　　　　　4. 四次及以上
C5—2. 您觉得在自己职业生涯发展中最满意的一次培训是_____
C5—3. 这次培训的主要主办方是谁？（　）
　　1. 政府　　　　　　　　2. 工作单位
　　3. 民间社团（社会公益组织）　4. 职业技术学校
→ 5. 其他（请说明）_____
C5—4. 这次培训的时长是？（　）
　　1. 1个月以内　　　　　2. 1—3个月
　　3. 4—6个月　　　　　　4. 6个月以上
C5—5. 这次培训费用的主要付费方是谁？（　）
　　1. 政府　　　　　　　　2. 工作单位
　　3. 民间社团（社会公益组织）　4. 家庭
　　5. 个人　　　　　　　　6. 职业技术学校

7. 其他（请说明）_____

C5—6. 这次培训的主要内容是？（ ）
1. 素质培训（开设品德纪律课，提高做人、做事、沟通的能力）
2. 创业培训（教授创业知识） 3. 职业安全知识培训
4. 技能培训（学习一技之长，如装饰装潢、建筑施工、电子商务等）
5. 国家政策和法律法规培训 6. 其他（请说明）_____

C5—7. 您获得这次培训信息的主要渠道是？（ ）
1. 用工单位提供   2. 网上广告
3. 政府部门宣传   4. 熟人介绍
5. 家人朋友告知   6. 微信圈信息
7. 学校提供   8. 其他

C5—8 培训后是否颁发职业培训合格证书？（ ）
1. 有   2. 没有

②否

C6—1. 您现在需要什么方面的培训？（最多选三选）（ ）
1. 专业技术提升   2. 职业安全教育   3. 创业知识培训
4. 人际沟通能力培训 5. 其他（请说明）_____

C6. 您认为参加职业技能培训是否必要？（ ）
①有必要
②没必要

C6—2. 您觉得没有必要参加职业技能培训的原因有哪些？（最多选三项）（ ）
1. 用不着   2. 费用高   3. 不感兴趣
4. 没时间   5. 距离远   6. 家庭负担重
7. 得不到培训信息 8. 企业不愿做培训
9. 更换工作频繁 10. 其他（请说明）_____

C7. 当前我国对芯片研发、电子信息技术、汽车服务、物流管理等行业的人才需求量很大，您愿意从事这些行业吗？（   ）

①愿意

> C7—1. 那么您需要哪些方面的帮助？
> ①政府出面牵头　　　　　②企业免费提供培训
> ③社会团体免费提供培训　④职业培训学校和企业合作
> ⑤家庭给予支持　　　　　⑥培训后推荐专业对口就业
> ⑦加班时间减少　　　　　⑧职业未来有上升空间
> ⑨其他（请说明）_____

②无所谓

③不愿意

> C7—2. 您为什么不愿意从事这些行业？（   ）
> ①专业不对口　　　　　　②收入不高
> ③学历跟不上　　　　　　④家庭负担重
> ⑤没时间参加技能培训　　⑥满意现在从事的工作
> ⑦其他（请说明）_____
>
> C7—3. 在什么条件下，您愿意从事这些行业？（最多选三项）（   ）
> ①给什么条件也不愿意　　②收入提高
> ③未来有发展前途　　　　④专业对口
> ⑤政府提供培训并颁发技术资格证书
> ⑥行业之间的专业技术容易转换
> ⑦企业提供带薪培训　　　⑧加班时间减少
> ⑨企业提供完善的社保
> ⑩家庭给予支持　　　　　其他（请说明）_____

C8. 您觉得自己这辈子职业达到什么样的状态会满意？（   ）
①自己创业当老板　　　　②专业技术达到最顶级
③继续打工维持家用　　　④差不多就行
⑤其他（请说明）_____

C9. 您期待自己未来能在哪里稳定就业？（   ）

①大城市　　　　②中等城市　　　　③小城市　　　　④县城

⑤乡镇　　　　　⑥农村　　　　　　⑦其他

C10. 您对自己未来的收入期望是？_____万/每年

D. 迁移状况

D1. 您第一次离开老家到外地务工的时间是_____年_____月

D2. 您第一次来您目前所在城市务工的时间是_____年_____月

D3. 您曾经在_____个城市工作过（包括您目前所在城市）？它们分别是（请按时间顺序填写，超过 5 个城市请在表旁补充）：

城市名	_____	_____	_____	_____	_____
起始年月	___年___月	___年___月	___年___月	___年___月	___年___月
终止年月	___年___月	___年___月	___年___月	___年___月	___年___月

D4. 您最近一次就业是否有人介绍？（　）

①有他人介绍→

> D4—1. 他与您的具体关系是？（　）
> 1. 家人　　2. 亲戚　　3. 老乡
> 4. 朋友　　5. 同事　　6. 邻居
> 7. 老师　　8. 其他（请说明）_____

②没人介绍，自己找的　　　　　③用工单位上门来招工的

④当地集体组织来的　　　　　　⑤当地政府

⑥职业教育学校分配　　　　　　⑦其他，请说明_____

D5. 您通过什么渠道获得当前就业信息的？（单选）（　）

①就业广告　　　　　　　　　　②招聘信息网

③职业介绍机构　　　　　　　　④政府劳动部门

⑤自己的人际关系（如朋友推荐）⑥招工单位招聘

⑦学校推荐　　　　　　　　　　⑧其他（请注明）_____

D6. 吸引您到当前城市工作的原因有哪些？（最多选三项）（　）

①挣钱多　　　　　　　　　　　②发展机会多

③能学技术　　　　　　　　　　④可以开眼界

⑤亲朋好友多　　　　　　　　　⑥孩子可以接受良好的教育

⑦学习资源丰富（比如大学、图书馆、书店等比较多）

⑧这有许多优秀人才　　　　　　⑨其他（请注明）＿＿＿＿＿

D7. 整个迁移经历中，谁对您的迁移决定影响更大？（　）

①政府的政策　　　　　　　　　②用人单位

③收入　　　　　　　　　　　　④社会组织开展的一次培训

⑤家庭　　　　　　　　　　　　⑥我个人职业发展的需要

⑦其他（请说明）＿＿＿＿＿

D8. 您在当前城市工作和生活遇到的最大障碍有哪些？（最多选三项）（　）

①工资收入低　　　　　　　　　②生活成本高

③居住条件差　　　　　　　　　④工作环境安全性差

⑤竞争激烈，工作难找　　　　　⑥亲人朋友少

⑦有很多针对外地人的限制　　　⑧子女在城市上学困难

⑨医疗费用高　　　　　　　　　⑩其他（请注明）＿＿＿＿＿

D9. 城市生活经历给您带来的收获有哪些？（最多选三项）（　）

①收入增加　　　　　　　　　　②开阔了眼界

③丰富了人生阅历　　　　　　　④思想更加成熟

⑤职业定位更清晰　　　　　　　⑥职业技能提升

⑦结识了志同道合的朋友　　　　⑧其他，请说明＿＿＿＿＿

E. 健康状况

E1. 您觉得自己的身体健康吗？（　）

①非常健康　　　　②比较健康　　　　③一般

④不健康　　　　　⑤非常不健康

E2. 您平时关注自己的健康状况吗（如不抽烟、少喝酒、按时吃饭、定期锻炼等）？（　）

①非常关注　　　　②比较关注　　　　③一般

④不关注　　　　　⑤非常不关注

E3. 您觉得现在的工作环境对您的身体是否有危害？（　）

①有危害　　　　　②没有危害　　　　③不清楚

E4. 您每年会去定期体检吗？（　）

①会→
> E4—1. 每年的体检费用主要由谁出？（　）
> 1. 个人　　2. 工作单位　　3. 个人和单位各出一半
> 4. 政府　　5. 其他（请说明）_____

②不会

E5. 请选择您目前参加的社会保险类型？（可多选）（　）

①养老保险　　　　　②医疗保险　　　　　③工伤保险

④失业保险　　　　　⑤生育保险　　　　　⑥住房公积金

⑦企业年金　　　　　⑧其他（请说明）_____

E6. 您目前是否参加了商业保险？（　）

①是　　　　　　　　②否

E7. 您所在的企业是否有心理健康教育课程？（　）

①有　　　　　　　　②没有　　　　　　　③不知道

E8. 您平日里生病了，通常会怎么办？（最多选三项）（　）

①及时去医院就医　　②自己去药店买点药　③扛一扛就好了

④找家人帮助　　　　⑤找亲人、朋友帮助　⑥找工作单位帮忙

⑦找政府部门帮忙　　⑧其他（请说明）_____

E9. 当遇到心理问题时，您通常会怎么做？（最多选三项）（　）

①放在心里忍住　　　　②运用学到的心理健康知识自己治愈

③找家人、朋友倾诉　　④找企业里的心理咨询机构帮助

⑤找政府部门开设的心理咨询机构

⑥找公益组织开设的心理咨询机构

⑦自己花钱去咨询心理医生

⑧其他（请说明）_____

E10. 您对以下说法的看法是？（请您直接填写选项代表的数字即可）

	1 同意	2 说不清	3 不同意
个人对自己的身心健康进行投资是很重要的			
个人身体或心理不舒服的时候应早点就医			
家庭环境对自己的身心健康有很大影响			
和家人在一起身心很愉悦			
企业应为员工提供安全的工作环境			

续表

	1 同意	2 说不清	3 不同意
企业对职工的工作安全负有责任			
社会公益组织应开展更多的心理咨询服务			
社会公益组织开展的活动对我影响很大			
政府必须建立一个保基本的社会保障网			
政府应在社会中宣传普及心理健康知识，提供心理健康服务			

F. 家庭成员情况

F1. 目前您家里的父母、兄弟姐妹、配偶、您的子女是什么情况？请您仔细填写下表（每一栏填写选项前的数字即可）

编号	与您的关系	性别	出生年份	文化程度	户籍	就业状况	工作单位性质	是否与您一起居住？	婚姻状况
	1 配偶 2 儿女 3 自己的父母 4 自己的兄弟姐妹 5 其他	1 男 2 女	___年	1 未上学 2 小学 3 初中 4 高中及中专 5 大学专科 6 大学本科及以上 7 不清楚	1 农业 2 非农业	1 有工作 2 无业失业 3 离退休 4 在校学生 5 不适用	1 党政机关 2 国有企业 3 国有事业 4 集体企事业 5 个体经营 6 私营、民营企业 7 三资企业 8 其他类型 9 不适用	1 是 2 否	1 未婚 2 已婚 3 离异 4 丧偶
举例	以下填写数字即可，如：1（代表配偶）	1（男）	1983	4（高中及中专）	1（农业）	1（有工作）	2（国有企业）	1（是）	2（已婚）
1									
2									
3									
4									
5									
6									
7									
8									

F2. 在当前城市您与几人一起居住？＿＿＿＿＿人。
F3. 在当前城市与您一起居住的是谁？（可多选）（ ）
①配偶　　　　　　　②女儿　　　　　　　③儿子
④自己父母或配偶父母　⑤自己及配偶的同胞兄弟姐妹
⑥朋友　　　　　　　⑦同事　　　　　　　⑧陌生人
⑨其他

附件二 2013年流动人口动态监测调查问卷（A）

"统计调查中获得的能够识别或者推断单个统计调查对象身份的资料，任何单位和个人不得对外提供、泄露，不得用于统计以外的目的。"
《统计法》第三章第二十五条
表号：国卫生计生流管调 [2013] 1-1号
制定机关：国家卫生和计划生育委员会

流动人口动态监测调查问卷（A）
（2013年）

调查对象：在本地居住一个月及以上，非本区（县、市）户口的男性和女性流动人口

（2013年5月年龄为15—59周岁，即1953年6月至1998年5月间出生）

尊敬的先生/女士：

您好！我们是国家卫生和计划生育委员会的调查员。为了解流动人口生存发展状况，向政府相关部门提供决策依据，帮助流动人口解决一些实际问题，我们组织此次调查，需要耽误您一些时间，希望得到您的支持和协助。对每个问题的回答没有对错之分，只要您把真实情况和想法告诉我们即可。调查结果仅供研究使用，我们绝不会泄露您的任何个人信息。对您的配合和支持我们表示衷心感谢！

国家卫生和计划生育委员会
2013年5月

现居住地址_____省（区、市）_____市（地区）
_____区（市、县）_____街道（镇、乡）
_____居（村）委会

样本点编码　　　　　　　　　　　　　　　　□□□□
样本点类型　　　　1 居委会　　　　2 村委会　　□
个人编码　　　　　　　　　　　　　　　　　　□□
调查完成日期：____月____日调查员签名____调查员编码　□□

一　基本情况

101 请谈谈您<u>本人</u>、<u>配偶和子女</u>（包括在本地、老家和其他地方的）以及与您在本地<u>同住</u>的家庭其他成员的情况

附件二 2013年流动人口动态监测调查问卷（A）

ID	A	B	C	D	E	F	G	H	I	J	K	L
成员序号	与被访者关系 1 本人 2 配偶 3 子女 4 媳婿 5 父母/岳父母/公婆 6 兄弟姐妹 7 孙辈 8（外）祖父母 9 其他	性别 1 男 2 女	出生年月（阴历）	民族 01 汉 （其他民族代码见表下选项）	教育程度 1 未上过学 2 小学 3 初中 4 高中 5 中专 6 大学专科 7 大学本科 8 研究生	户口性质 1 农业 2 非农业 3 其他	婚姻状况 1 未婚 2 初婚 3 再婚 4 离婚 5 丧偶	户籍地（各地代码见表下选项）	现居住地 1 本地 2 户籍地 3 其他（选择2、3的跳问下一位家庭成员情况）	本次流动范围 1 跨省流动 2 省内跨市 3 市内跨县	本次流入本地时间	本次流入原因 1 务工经商 2 随迁 3 婚嫁 4 拆迁 5 投亲 6 学习 7 出生 8 其他
1	①	□	□□□□年□□月	□□	□	□	□	□	①	□	□□□□年□□月	□
2	□	□	□□□□年□□月	□□	□	□	□	□	□	□	□□□□年□□月	□
3	□	□	□□□□年□□月	□□	□	□	□	□	□	□	□□□□年□□月	□
4	□	□	□□□□年□□月	□□	□	□	□	□	□	□	□□□□年□□月	□
5	□	□	□□□□年□□月	□□	□	□	□	□	□	□	□□□□年□□月	□

续表

ID	A	B	C	D	E	F	G	H	I	J	K	L
6	□	□	□□□□年□□月	□□□	□	□	□	□	□	□	□□□□年□□月	□
7	□	□	□□□□年□□月	□□□	□	□	□	□	□	□	□□□□年□□月	□
8	□	□	□□□□年□□月	□□□	□	□	□	□	□	□	□□□□年□□月	□
9	□	□	□□□□年□□月	□□□	□	□	□	□	□	□	□□□□年□□月	□
10	□	□	□□□□年□□月	□□□	□	□	□	□	□	□	□□□□年□□月	□

D: 02 蒙 03 满 04 回 05 藏 06 壮 07 维吾尔 08 苗 09 彝 10 土家 11 布依 12 侗 13 瑶 14 朝鲜 15 白 16 哈尼 17 黎 18 哈萨克 19 傣 20 其他

H: 11 北京 12 天津 13 河北 14 山西 15 内蒙古 21 辽宁 22 吉林 23 黑龙江 31 上海 32 江苏 33 浙江 34 安徽 35 福建 36 江西 37 山东 41 河南 42 湖北 43 湖南 44 广东 45 广西 46 海南 50 重庆 51 四川 52 贵州 53 云南 54 西藏 61 陕西 62 甘肃 63 青海 64 宁夏 65 新疆 66 兵团 71 台湾 81 香港 82 澳门

二　就业与收入支出

201 您第一次离开老家（县）外出找工作是在什么时候？□□□□年□□月

202 目前您是否持以下有效证件？　□
1 居住证或工作居住证　　2 暂住证　　3 两种证件都没有

203 您今年"五一"节前一周是否做过一小时以上有收入的工作？（包括家庭或个体经营）　□
　1 是（跳问 206）　　　　2 否

204 未工作的主要原因是什么？　□
1 丧失劳动能力　　　2 退休　　　　3 料理家务/带孩子
4 没找到工作　　　　5 因单位原因失去原工作
6 因本人原因失去原工作　　7 怀孕或哺乳
8 其他（请注明）_____

205 您上个月是否找过工作？　□
　1 是　　　　　　　　2 否
（回答 205 后跳问 214）

206 您现在的主要职业是什么？　□□
10 国家机关、党群组织、企事业单位负责人
20 专业技术人员　　　30 公务员、办事人员和有关人员
41 经商　　42 商贩　　43 餐饮　　44 家政
45 保洁　　46 保安　　47 装修　　48 其他商业、服务业人员
50 农、林、牧、渔、水利业生产人员
61 生产　　62 运输　　63 建筑
64 其他生产、运输设备操作人员及有关人员
70 无固定职业　　　　80 其他（请注明）_____

207 您现在就业的单位属于哪个行业？　□□
01 制造业　　　　　02 采掘　　　　　　03 农林牧渔
04 建筑　　　　　　05 电煤水生产供应　　06 批发零售
07 住宿餐饮　　　　08 社会服务　　　　09 金融/保险/房地产
10 交通运输、仓储通信　　　　11 卫生、体育和社会福利

12 教育、文化及广播电影电视　　　13 科研和技术服务

14 党政机关和社会团体　　　15 其他

208 您现在就业的单位性质属于哪一类？　　　□□

01 土地承包者　　　02 机关、事业单位

03 国有及国有控股企业　　　04 集体企业

05 个体工商户　　　06 私营企业

07 港澳台企业　　　08 日/韩企业

09 欧美企业　　　10 中外合资企业

11 其他（请注明）＿＿＿＿　　　12 无单位

209 您现在的就业身份属于哪一种？　　　□

1 雇员　　　2 雇主　　　3 自营劳动者　　　4 家庭帮工

210 您在本地已经连续工作了多少年？　　　□□年

211 您是何时开始从事目前工作的？　　　□□□□年□□月

212 您上个月（或上次就业）平均每周工作几天？　　　□□天

213 您上个月（或上次就业）平均每天工作几小时？□□□小时

（填写以下各题时请右对齐）

214 您个人上个月（或上次就业）的收入是多少钱？（家庭帮工不填）　　　□□□□□□元

215 您家在本地的每月食品支出是多少钱？　　　□□□□元

216 您家在本地每月交纳的住房房租是多少钱？（包括分期付款）

　　　□□□□元

217 您家在本地的每月总支出是多少钱？　　　□□□□□□元

218 您家在本地的每月总收入是多少钱？　　　□□□□□□元

（包括工资收入、经营收入、财产收入、转移收入等）

三　公共服务与社会保障

301 您现住房属于下列何种性质？　　　□□

01 租住单位/雇主房　　　02 租住私房

03 政府提供廉租房　　　04 政府提供公租房

05 单位/雇主提供免费住房（不包括就业场所）

06 已购政策性保障房　　　07 已购商品房

08 借住房　　　　　　　　　09 就业场所
10 自建房　　　　　　　　　11 其他非正规居所

302 您在<u>老家（户籍地）</u>有何种社会保障？（多选，提示。1 有 2 无 3 不清楚）

A 新农合　　　　　B 城镇职工医保　　　　C 城镇居民医保
D 商业医保　　　　E 工伤保险　　　　　　F 失业保险
G 生育保险　　　　H 住房公积金　　　　　I 城镇低保
J 农村低保　　　　K 城镇养老保险　　　　L 农村养老保险
M 其他（请注明）_____

303 您在<u>本地</u>有下列何种社会保障？（多选，提示。1 有 2 无 3 不清楚）

A 城镇养老保险　　B 城镇职工医保　　　　C 城镇居民医保
D 商业医保　　　　E 工伤保险　　　　　　F 失业保险
G 生育保险　　　　H 住房公积金
I 其他（请注明）_____

304 最近一年您本人是否有患病（负伤）或身体不适的情况？□
1 是，最近一次发生在两周内　　　2 是，最近一次发生在两周前
3 否（跳问 308）

305 最近一次患病（负伤）或身体不适时，您去何种医疗机构看的病/伤？□
1 本地社区卫生站（中心/街道卫生院）
2 本地个体诊所
3 本地综合/专科医院　　　　　　　4 本地药店（跳问 308）
5 在老家治疗　　　　　　　　　　6 本地和老家以外的其他地方
7 哪也没去，没治疗（跳问 308）

306 最近一次患病（负伤）或身体不适时，您是如何就诊的？□
1 门诊　　　　2 急诊　　　　3 诊断后住院

307 您最近一次看病的医疗费用是如何报销的？□
1 在医院看病时当场减免
2 城镇职工医疗保险中心（或基层社保所）
3 商业医疗保险公司　　　　　　4 看病后由就业单位报销
5 新型农村合作医疗办公室　　　　6 其他机构

7 没有报销

308 您在流入地居住的社区建立居民健康档案了吗？ □

1 没建，没听说过　　　　　　　2 没建，但听说过

3 已经建立　　　　　　　　　　4 不清楚

四　婚育情况与计划生育服务

（请检查表101G，被访者为"未婚"者填报个人信息后结束调查）

401 您是什么时候初婚的？□□□□年□□月

402 您一共亲生了几个孩子？（如亲生子女数答0，跳至403题后的阴影注解）□

403 请您逐一回答这些子女的相关情况（按年龄排序，从大到小）

子女编号		1	2	3	4	5
A 性别	1 男 2 女	□□	□□	□□	□□	□□
B 出生年月		□□□□年□□月	□□□□年□□月	□□□□年□□月	□□□□年□□月	□□□□年□□月
C 孕期	1 主要在外地，临分娩返乡 2 一直在外地 3 主要在老家，临分娩外出 4 一直在老家	□□	□□	□□	□□	□□
D 本次怀孕前有无外出流动经历	1 有 2 没有	□□	□□	□□	□□	□□
E 出生地	1 本地 2 户籍地 3 其他地方	□□	□□	□□	□□	□□
F 分娩场所	1 医院 2 在家 3 其他地方	□□	□□	□□	□□	□□
G 孩子现居住地	1 本地 2 户籍地 3 其他地方 4 死亡（选填4者跳问下个孩次）	□□	□□	□□	□□	□□
H 在学情况	1 在学（跳问J）2 不在学	□□	□□	□□	□□	□□

续表

子女编号		1	2	3	4	5
I 曾经接受过几年教育（回答此题后跳问下个孩次或403题后阴影注解）		□□□□	□□□□	□□□□	□□□	□□□□
J 学校类型	1 幼儿园 2 小学 3 初中 4 高中 5 中专/职高 6 大专及以上	□□	□□	□□	□□	□□
K 学校性质	1 公立 2 私立 3 打工子弟	□□	□□	□□	□□	□□

[仅有一个子女（含抱养）者续问404，无现存子女或有两个及以上子女者跳至405后阴影注解]

404 您是否领取了独生子女证？　　　　　　　　　　　□
1 是　　　　　　　　2 否（跳至405题后阴影注解）

405 您是否领取过独生子女保健费/父母奖励费？　　　□
1 是　　　　　　　　2 否

（以下问题由1963年6月到1998年5月间出生的已婚有偶育龄妇女回答，其他调查对象填报个人信息后结束调查）

406 您夫妇目前是否使用避孕方法？
1 使用避孕方法　　　2 未避孕（跳问411）　　　　　□

407 您夫妇目前主要使用哪种避孕方法？　　　　　　　□
1 男性绝育　　　　　2 女性绝育　　　　　3 宫内节育器
4 皮下埋植　　　　　5 口服及注射用避孕药　6 避孕套
7 外用避孕药　　　　8 其他（请注明）_____

408 您夫妇目前的避孕方法是何时开始使用的？　□□□□年□□月

409 您夫妇目前使用的避孕方法/药具是在何地获得的？　□
1 户籍地　　　　　　2 流入地　　　　　　3 两地都获得

410 您夫妇目前使用的避孕方法/药具主要是在何处获得的？　□
1 计生服务机构/计生专干　2 医疗服务机构　3 自动售套机
4 私人诊所　　　　　5 药店　　　　　　　6 超市
7 社区　　　　　　　8 单位　　　　　　　9 其他（请注明）____

411 您最近一年内（2012年6月至2013年5月）做过几次人工流产？ □

412 您对户籍地的计划生育服务管理是否满意？ □
1 满意（跳问414）　　　　2 比较满意（跳问414）
3 一般（跳问414）　　　　4 不太满意
5 不满意　　　　　　　　　6 说不好（跳问414）

413 您对户籍地计划生育服务管理哪些方面不够满意？（多选，不提示。1 有 2 否）
　A 社会抚养费　　　　B 服务态度不好　　　C 要求不合理
　D 办事效率不高　　　E 奖励不落实　　　　F 没人服务
　G 其他（请注明）_____

414 您从户籍地出来之前是否交纳了计划生育押金/保证金/违约金等？ □
1 是　　　　　　　　2 否　　　　　　　　3 记不清

415 您的避孕节育情况信息是如何向户籍地报告的？ □
1 本人/亲朋寄送　　　2 本地政府负责报告　　3 没报
4 不要求报告

416 您是否持有《流动人口婚育证明》？ □
1 是　　　　　　　　2 否（跳问418）

417 您到本地后，《流动人口婚育证明》是否被查验过？ □
1 是　　　　　　　　2 否　　　　　　　　3 不清楚

418 最近一年（2012年6月至2013年5月），您在本地享有的计划生育服务/奖励优待情况如何？（多选，提示。1 有 2 否 3 不需要）
　A 免费健康教育　　　B 晚婚晚育休假　　　C 计生手术后休假
　D 享受优先优惠　　　E 告知服务地址电话

419 最近一年（2012年6月至2013年5月），本地服务站或医院等机构向您提供的计划生育服务情况如何？

（注：自己去服务站或医院作检查、手术以及自己在商店、药店购买避孕药具不算）

服务项目	收费项目是否自选 1 是 2 否	本地是否向您提供过该项服务 1 是 2 否 3 不需要 （选填2和3者跳问下一行）	服务机构属于 1 服务站 2 医院 3 服务站和医院	获得该项服务单程路途所用时间 1 半小时以内 2 半小时至一小时 3 一小时以上	该项服务是否收费 1 全部直接免费 2 个人垫付全报销 （选填1和2者跳问下一行） 3 部分直接免费 4 个人垫付部分报销 5 全部个人付费
A 孕/环情检查	□□	□□	□□	□□	□□
B 避孕套/避孕药	□□	□□	□□	□□	□□
C 上/取环手术	□□	□□	□□	□□	□□
D 人工流产	□□	□□	□□	□□	□□
E 结扎	□□	□□	□□	□□	□□
F 皮埋放置/取出	□	□□	□□	□□	□□
G 孕前优生检查	□□	□□	□□	□□	□□

谢谢您的合作！请留下个人信息：

姓名

电话号码：本人（区号）

非本人（区号）

身份证号码：

□□□□□□□□□□□□□□□□□□

访问结束。祝您幸福！

附件三 2013年流动人口动态监测调查问卷（C）

"统计调查中获得的能够识别或者推断单个统计调查对象身份的资料，任何单位和个人不得对外提供、泄露，不得用于统计以外的目的。"
《统计法》第三章第二十五条
表号：国卫生计生流管调〔2013〕1-3号
制定机关：国家卫生和计划生育委员会

流动人口动态监测调查问卷（C）
（2013年）

调查对象：参加流动人口动态监测——社会融合专题调查的上海市松江区，江苏省苏州市、无锡市，福建省泉州市，湖北省武汉市，湖南省长沙市，陕西省西安市、咸阳市的调查对象在回答完流动人口动态监测调查问卷（A）卷后，继续回答本卷问题。

尊敬的先生/女士：
我们在本地还在开展促进流动人口社会融合的专题调查，还要耽误您一些时间，请您继续回答下面一些问题，再次感谢您的配合和支持！

国家卫生和计划生育委员会
2013年5月

五　社会融合

501 您为什么选择现居住地？（多选，提示。1 是 2 否）
A 有工作机会、挣钱多□　　　　B 能学技术、开眼界□
C 照顾家庭成员/家庭团聚□　　　D 亲朋好友多，可相互照应□
E 孩子可以接受更好的教育□　　 F 对外地人比较友善□
G 家人/朋友介绍□　　　　　　　H 离老家近，比较方便□
I 其他（请注明）□_____

502 您目前的工作是通过何种途径找到的?　　　　　□□
01 政府相关部门　　02 社会中介　　　03 本地熟人
04 外地熟人　　　　05 家人/亲戚　　 06 同乡/朋友/同学
07 网络　　　　　　08 传媒广告　　　09 招聘会
10 自主创业　　　　11 自己找到　　　12 其他（请注明）_____

（请检查 A 卷 209 题，若选 1，询问 503，否则，跳问 504）

503 您当前与工作单位签订了何种劳动合同?　　　　□
1 无固定期限　　　　　2 有固定期限
3 完成一次性工作任务或试用期
4 未签订劳动合同　　　5 不清楚
6 其他（请注明）_____

504 近三年中，您在本地接受过政府提供的免费培训吗？　□
1 是　　　　　　　　　2 否

（请检查 A 卷 303 题 B 项，若选填 1 者跳问 506）

505 您没有参加本地城镇职工医疗保险的最主要原因是什么？□
1 不了解　　　　　　　2 在老家参加了其他医疗保险
3 缴费标准高　　　　　4 单位不给缴
5 对自己身体有信心　　6 转移接续麻烦
7 不适用

（填写以下各题时请右对齐）

506 您家在本地每月用于学习、培训、教育的支出	A 本人及配偶□□□□元 B 子女□□□□元
507 您家在本地每月的交通、通信费	□□□□元
508 去年您家在本地的医疗相关支出（自己负担部分）	A 本人□□□□□元 B 其他成员□□□□□元
509 去年您家在本地用于请客送礼的支出	□□□□□元
510 去年您家寄回或带回老家的钱（物）合计多少钱？（包括给夫妻双方老家的钱和物）	□□□□□元
511 去年您家其他成员给您（或您家）多少钱	□□□□□元
512 去年您老家的总收入	□□□□□元
513 去年您老家的总支出	□□□□□元

514 除上班时间外，您在本地平时与谁来往比较多？（多选，提示。1 是 2 否 3 不适用）

A 一起出来打工的亲戚□　　　　B 一起出来打工的同乡□

C 本地户籍亲戚□　　　　　　　D 其他一起打工的朋友□

E 本地户籍同事□　　　　　　　F 政府管理服务人员□

G 本地同学/朋友（不包括同事）□ H 跟人来往不多□

I 其他人（请注明）□_____

515 在本地遇到困难时，您一般向谁求助？（多选，提示。1 是 2 否 3 不适用）

A 一起出来打工的亲戚□　　　　B 一起出来打工的同乡□

C 本地户籍亲戚□　　　　　　　D 其他一起打工的朋友□

E 本地户籍同事□　　　　　　　F 行政执法部门人员□

G 本地同学/朋友（不包括同事）□

H 村/居委会、物业人员、房东□

I 很少找人□　　　　　　　　　J 其他人（请注明）□_____

516 您目前居住在什么样的社区中？　　　　　　　　　　　　□

1 别墅区或商品房社区　　　　　2 经济适用房社区

3 机关事业单位社区　　　　　　4 工矿企业社区

5 未经改造的老城区　　　　　　6 城中村或棚户区

7 城乡接合部　　　　　　　　　8 农村社区

9 其他（请注明）_____

517 您的邻居主要是谁？　　　　　　　　　　　　　　□

1 外地人　　　　　　　　　2 本地市民

3 前两类人口差不多　　　　4 不清楚（不读）

518 您休闲的时候主要干什么？（根据参与的频繁程度由多到少依次选择三项）□□□

1 看电视/电影/录像　　　　2 下棋/打牌/打麻将

3 逛街/逛公园　　　　　　4 读书/看报/学习/锻炼

5 上网/玩电脑游戏　　　　6 与家人朋友聊天

7 闲呆/睡觉　　　　　　　8 做家务

9 其他（请注明）_____

519 您目前在本地是否是以下组织的成员？（多选，提示。1 是 2 否）

A 工会□　　　　　　　　　B 志愿者支部□

C 流动党（团）支部□　　　D 本地党（团）支部□

E 家乡商会组织□　　　　　F 同学会□

G 老乡会□　　　　　　　　H 其他（请注明）□_____

520 去年您在本地参加过以下哪些活动？（多选，提示。1 参加过 2 没参加过）

（若今年刚来，问今年情况）

A 社区文体活动□　　　　　B 社会公益活动□

C 选举活动（村/居委会、工会选举）□

D 评优活动□　　　　　　　E 业主委员会活动□

F 居委会管理活动□　　　　G 其他（请注明）□_____

521 您在本地经常去哪些场所购物（除购买食物外）？　　□□□

（根据去的频繁程度由多到少依次选择三项）

1 大型商场　　　　2 专卖店　　　　3 超市

4 批发市场　　　　5 网络购物　　　6 小商店

7 地摊　　　　　　8 其他（请注明）_____

522 未来三年您的最主要消费愿望有哪些？（多选，选择三项）

□□□

1 改善食品结构　　　　　　2 购置服装首饰

3 增加孩子教育花费　　　　4 个人教育与兴趣培养

5 增加娱乐消费（旅游休闲、购买新款数码产品等）

6 家居装修或装饰、购置家具或家电

7 美容健身　　　　　　　　　8 购车/买房

9 其他（请注明）_____

523 您平常是否陪孩子学习、玩游戏、带孩子去公园、看展览等？□

1 经常　　　　　　　　　　　2 偶尔

3 几乎没陪过（请注明原因:）

4 不适用（孩子太小、孩子已经大了或没有孩子）

524 您对本地话的掌握程度如何？□

1 听得懂且会讲　　　　　　　2 听得懂，也会讲一些

3 听得懂一些但不会讲　　　　4 不懂本地话

525 在与本地人交流时，您一般说哪个地方的话？□

1 普通话　　　　　　　　　　2 家乡话

3 本地话　　　　　　　　　　4 视情况而定

526 您是怎么看待"传宗接代"这个问题的？□

1 只有儿子才能传宗接代　　　2 儿子和女儿都能传宗接代

3 不存在传宗接代的问题

527 对您自己未来的养老，您有什么考虑？（根据依靠程度由大到小依次选择三项）□□□

1 靠自己　　　　　2 靠政府　　　　　3 靠儿子

4 靠女儿　　　　　5 还没考虑（不读）

528 您自己或外来的同乡与本地市民在以下方面有无较大差别？（多选，提示。1 有 2 无）

A 饮食习惯□　　　B 服饰着装□　　　C 卫生习惯□

D 节庆习俗□　　　E 人情交往□　　　F 观念看法□

G 其他（请注明）□_____

（若全部选"2 无"，请跳答 530 题）

529 对于存在的差别，您或您的老乡通常采取什么样的态度或行动？□

1 想缩小差别，但没有时间和精力　　2 想缩小差别，但不知怎么做

3 努力缩小差别　　　　　　　　　　4 似乎无所谓

530 您是否同意以下一些说法？

A 我愿意与本地人做邻居	1 完全不同意 2 不同意 3 基本同意 4 完全同意
B 我愿意与我周围的本地人交朋友	1 完全不同意 2 不同意 3 基本同意 4 完全同意
C 我愿意融入社区/单位,成为其中的一员	1 完全不同意 2 不同意 3 基本同意 4 完全同意
D 我对目前居住的城市有归属感	1 完全不同意 2 不同意 3 基本同意 4 完全同意
E 我愿意自己或亲人与本地人通婚	1 完全不同意 2 不同意 3 基本同意 4 完全同意
F 我觉得本地人愿意接受我成为其中一员	1 完全不同意 2 不同意 3 基本同意 4 完全同意
G 我感觉本地人不愿与我做邻居	1 完全不同意 2 不同意 3 基本同意 4 完全同意
H 我感觉本地人不喜欢/看不起外地人	1 完全不同意 2 不同意 3 基本同意 4 完全同意

531 您觉得自己或家人与本地人相处得好不好? □

1 很融洽　　　　　　　2 比较融洽　　　　　　3 一般

4 不融洽　　　　　　　5 来往很少

532 您是否打算在本地长期居住? □

1 是　　　　　　　　　2 否

533 您未来打算在哪里购房、建房? □

1 回户籍地的村或乡镇建房

2 回户籍地的县(市、区)或乡镇购房

3 回户籍地所属的地级市购房(非现流入地)

4 回户籍地所在省的省会城市购房(非现流入地)

5 在本地购房　　　　　6 没有打算

7 其他(请注明)_____

534 您将来打算在哪里养老? □

1 回户籍地的村或乡镇养老

2 回户籍地的县(市、区)或乡镇养老

3 回户籍地所属的地级市养老(非现流入地)

4 回户籍地所在省的省会城市养老(非现流入地)

5 在本地养老　　　　　6 没有打算

7 其他(请注明)_____

535 您认为自己现在已经是哪里的人? □

1 是本地人　　　　　　2 是新本地人

3 是流出地(老家)人　　4 不知道自己是哪里人

536 若没有任何限制,您是否愿意把户口迁入本地? □

1 是　　　　　　　　　2 否

537 在未来 3 年内，您是否打算把家庭成员（配偶、未婚子女、未婚者父母）带到本地？　□

1 已都在本地　　　　　2 是，全部都带来

3 是，带一部分来　　　4 否

5 视情况而定（请注明）_____

538 您家在户籍地有多少亩田地？　　　□□□□□亩

539 您家在户籍地的住房面积有多少平方米？　□□□平方米

540 目前在您老家，主要有哪些事情让您操心？（多选，提示。1 是 2 否 3 不适用）

A 老人赡养□　　　　　B 子女照看□

C 子女教育费用□　　　D 配偶生活孤独□

E 干活缺人手□　　　　F 家人有病缺钱治□

G 其他（请注明）□_____

谢谢您的合作！个人信息：
姓名
电话号码：
本人（区号）_____
非本人（区号）_____
身份证号码：
访问结束。祝您幸福！

附件四　2014年流动人口动态监测调查问卷（A）

"统计调查中获得的能够识别或者推断单个统计调查对象身份的资料，任何单位和个人不得对外提供、泄露。不得用于统计以外的目的。"

《统计法》第三章第二十五条

表号：
制定机关：
批准单位：
批准文号：
有效期至：

2014年全国流动人口卫生计生动态监测调查个人问卷（A）

调查对象：在本地居住一个月及以上，非本区（县、市）户口的男性和女性流动人口

（2014年5月年龄为15—59周岁，即1954年6月至1999年5月间出生）

尊敬的先生/女士：

您好！我们是国家卫生和计划生育委员会的调查员。为了解流动人口生存发展状况，为相关部门提供决策依据，我们特组织此次调查。本次调查需要耽误您一些时间，希望得到您的理解和支持。对每个问题的回答没有对错之分，只要您把真实情况和想法告诉我们即可。调查结果仅供研究使用，我们绝不会泄露您的任何个人信息。衷心感谢您的支持与配合！

国家卫生和计划生育委员会
2014年5月

现居住地址_____省（区、市）_____市（地区）_____区（市、县）_____街道（镇、乡）_____居（村）委会

样本点编码　　　　　　　　　　　　　　　　□□□□□

样本点类型　　　1 居委会　　　　2 村委会　　　　　□

个人编码　　　　　　　　　　　　　　　　　　　　□□

调查完成日期：____月____日调查员签名____调查员编码□□□

一　基本情况

101 请谈谈您本人、配偶和子女（包括在本地、老家和其他地方的）以及与您在本地<u>同住</u>的家庭其他成员的情况

ID	A	B	C	D	E	F	G	H	I	J	K	L
成员序号	与被访者关系 1本人 2配偶 3子女 4媳婿 5父母/岳父母/公婆 6兄弟姐妹 7孙辈 8（外）祖父母 9其他	性别 1男 2女	出生年月（阳历）	民族 01汉 （其他民族代码见代表选项）	教育程度 1未上过学 2小学 3初中 4高中 5中专 6大学专科 7大学本科 8研究生	户口性质 1农业 2非农业 3其他	婚姻状况 1未婚 2初婚 3再婚 4离婚 5丧偶	户籍地（各地代码见代表选项）	现居住地 1本地 2户籍地 3其他（选择2、3的跳同下一位家庭成员情况）	本次流动范围 1跨省流动 2省内跨市 3市内跨县	本次流入本地时间	本次流入原因 1务工经商 2随迁 3婚嫁 4拆迁 5投亲 6学习 7出生 8其他
1	☐1	☐	☐☐☐☐年☐☐月	☐☐☐	☐	☐	☐	☐☐	☐1	☐	☐☐☐☐年☐☐月	☐
2	☐	☐	☐☐☐☐年☐☐月	☐☐☐	☐	☐	☐	☐☐	☐	☐	☐☐☐☐年☐☐月	☐
3	☐	☐	☐☐☐☐年☐☐月	☐☐☐	☐	☐	☐	☐☐	☐	☐	☐☐☐☐年☐☐月	☐
4	☐	☐	☐☐☐☐年☐☐月	☐☐☐	☐	☐	☐	☐☐1	☐	☐	☐☐☐☐年☐☐月	☐
5	☐	☐	☐☐☐☐年☐☐月	☐☐☐	☐	☐	☐	☐☐	☐	☐	☐☐☐☐年☐☐月	☐

续表

ID	A	B	C	D	E	F	G	H	I	J	K	L
6	☐	☐	☐☐☐☐年☐☐月	☐☐	☐	☐	☐	☐	☐	☐	☐☐☐☐年☐☐月	☐
7	☐	☐	☐☐☐☐年☐☐月	☐☐	☐	☐	☐	☐	☐	☐	☐☐☐☐年☐☐月	☐
8	☐	☐	☐☐☐☐年☐☐月	☐☐	☐	☐	☐	☐	☐	☐	☐☐☐☐年☐☐月	☐
9	☐	☐	☐☐☐☐年☐☐月	☐☐	☐	☐	☐	☐	☐	☐	☐☐☐☐年☐☐月	☐
10	☐	☐	☐☐☐☐年☐☐月	☐☐	☐	☐	☐	☐	☐	☐	☐☐☐☐年☐☐月	☐

D: 02 蒙 03 满 04 回 05 藏 06 壮 07 维吾尔 08 苗 09 彝 10 土家 11 布依 12 侗 13 瑶 14 朝鲜 15 白 16 哈尼 17 黎 18 哈萨克 19 傣 20 其他

H: 11 北京 12 天津 13 河北 14 山西 15 内蒙古 21 辽宁 22 吉林 23 黑龙江 31 上海 32 江苏 33 浙江 34 安徽 35 福建 36 江西 37 山东 41 河南 42 湖北 43 湖南 44 广东 45 广西 46 海南 50 重庆 51 四川 52 贵州 53 云南 54 西藏 61 陕西 62 甘肃 63 青海 64 宁夏 65 新疆 66 兵团 71 台湾 81 香港 82 澳门

二　就业与收入支出

201 您第一次离开户籍地（县级）是什么时候？□□□□年□□月

202 您第一次离开户籍地（县级）的原因是什么？　　　□

1 务工经商　　　　2 随同流动　　　　3 婚嫁

4 拆迁　　　　　　5 投亲　　　　　　6 学习

7 参军　　　　　　8 出生　　　　　　9 其他（请注明）____

203 您今年"五一"节前一周是否做过一小时以上有收入的工作？
（包括家庭或个体经营）　　　□

1 是（跳问206）　　2 否

204 您未工作的主要原因是什么？　　　□

1 丧失劳动能力（跳问212）

2 退休　　　　　　3 料理家务/带孩子

4 没找到工作　　　5 因单位原因失去原工作

6 因本人原因失去原工作

7 怀孕或哺乳　　　8 其他（请注明）____

205 您4月份是否找过工作？　　　□

1 是（跳问211）　　2 否（跳问212）

206 您现在的主要职业是什么？　　　□□

10 国家机关、党群组织、企事业单位负责人

20 专业技术人员　　　30 公务员、办事人员和有关人员

41 经商　　42 商贩　　43 餐饮　　44 家政

45 保洁　　46 保安　　47 装修　　48 其他商业、服务业人员

50 农、林、牧、渔、水利业生产人员

61 生产　　62 运输　　63 建筑

64 其他生产、运输设备操作人员及有关人员

70 无固定职业　　　　　80 其他（请注明）____

207 您现在从事的职业属于哪个行业？　　　□□

01 农林牧渔　　02 采矿　　03 制造　　04 电煤水热生产供应

05 建筑　　　　06 批发零售　　07 交通运输、仓储和邮政

08 住宿餐饮　　09 信息传输、软件和信息技术服务

10 金融　　　　11 房地产　　　12 租赁和商务服务
13 科研和技术服务　　　　　　14 水利、环境和公共设施管理
15 居民服务、修理和其他服务业　　16 教育
17 卫生和社会工作　　　　　　18 文体和娱乐
19 公共管理、社会保障和社会组织　20 国际组织

208 您现在就业的单位性质属于哪一类？　　　　□□

01 土地承包者　02 机关、事业单位　03 国有及国有控股企业
04 集体企业　　05 个体工商户　　　06 私营企业
07 港澳台企业　08 日/韩企业　　　　09 欧美企业
10 中外合资企业　11 其他（请注明）_____
12 无单位

209 您现在的就业身份属于哪一种？　　　　　□

1 雇员　　　　　2 雇主　　　　　3 自营劳动者
4 其他

210 您现在工作地点在以下何种区域？　　　　□

1 市区　　　　　2 城乡接合部　　　3 县城
4 乡镇　　　　　5 农村　　　　　　6 其他（请注明）_____

211 您个人上个月（或上次就业）收入多少？（不含包吃包住费）
　　　　　　　　　　　　　　　　　□□□□□元

212 您/家人在本地是否由就业单位包吃包住？　　□

1 是　　　　　　2 否（跳问 215）

213 单位每月包吃大概折算为多少？　　　　□□□元
214 单位每月包住大概折算为多少？　　　　□□□□元

（212 题选填 1 者，215—218 题不含包吃包住费）

215 您家在本地平均每月食品支出为多少？　　□□□□元
216 您家在本地每月交多少住房房租？（含房贷分期付款）
　　　　　　　　　　　　　　　　　□□□□元
217 您家在本地平均每月总支出为多少？　　□□□□□元
218 您家在本地平均每月总收入为多少？　　□□□□□元

219 您现住房属于下列何种性质？　　　　　　□□

01 租住单位/雇主房　　　　02 租住私房
03 政府提供廉租房　　　　　04 政府提供公租房

05 单位/雇主提供免费住房（不包括就业场所）
06 已购政策性保障房　　　07 已购商品房
08 借住房　　　　　　　　09 就业场所
10 自建房　　　　　　　　11 其他非正规居所
220 您是否打算在本地长期居住（5年以上）？□
1 打算　　　　　　2 不打算　　　　　3 没想好
221 您有下列何种社会保障？（多选，提示。1 有 2 无 3 不清楚）
I 失业保险□　　　　　　J 城镇职工养老保险□
K 城镇居民养老保险□　　L 住房公积金□
M 新农保□

三　基本公共卫生和医疗服务

301 您在本地居住的社区建立居民健康档案了吗？□
1 没建，没听说过　　2 没建，但听说过　　3 已经建立
4 不清楚
302 您是否接受过以下方面的健康教育？（多选，提示。1 是 2 否）
A 职业病防治□　　B 艾滋病防治□　　C 生殖与避孕□
D 结核病防治□　　E 性病防治□　　　F 精神障碍防治□
G 慢性病防治□　　H 营养健康知识□　I 其他传染病防治□
（如果 302 所有选项都填 2，跳问 305）
303 您是在哪里接受上述健康教育的？（多选，提示。1 是 2 否）
A 户籍地村/居委会□　B 户籍地计生机构□　C 户籍地卫生机构□
D 本地村/居委会□　　E 本地计生机构□　　F 本地卫生机构□
G 现工作场所□　　　H 本地住所□
304 您是以何种方式接受上述健康教育的？（多选，提示。1 是 2 否）
A 健康知识讲座□　　B 书/刊/光盘等□　　C 广播/电视节目□
D 面对面咨询□　　　E 网上咨询□　　　　F 公众健康咨询活动□
G 宣传栏□　　　　　H 手机短信/微信□
305 您目前是否有以下医疗保险？（多选，提示。1 是 2 否 3 不清楚）
A 新型农村合作医疗□　　　　B 城镇职工基本医疗保险□
C 城镇居民基本医疗保险□　　D 城乡居民合作医疗□

E 工伤保险□　　　　　　　　　F 生育保险□

G 公费医疗□　　　　　　　　　H 商业医疗保险□

306 近 12 个月内，您是否有经医生诊断需住院而未住院的情况？□

1 是　　　　　　　　　　　2 否（跳问 309）

307 共有几次？（同一种疾病医生多次诊断，记为一次）　　　□

308 您最近一次没住院的原因是什么？　　　　　　　　　　　□

1 经济困难　　　　2 无人照料　　　　3 无时间

4 无床位　　　　　5 个人认为没必要　6 无有效治疗手段

7 其他（请注明）_____

309 近 12 个月内，您是否因病伤、分娩等原因住过院？　　　□

1 是　　　　　　　　　　　2 否（跳问第四部分）

310 近 12 个月内，您住过几次医院？　　　　　　　　　　　□

311 其中，您最近一次是在哪里住院的？　　　　　　　　　　□

1 本地　　　　　　2 户籍地　　　　　3 其他地方

312 您是在哪一级医院住院的？　　　　　　　　　　　　　　□

1 乡镇卫生院　　　　　　　2 社区卫生服务中心

3 县、区级公立医院　　　　4 民营医院

5 地市（直辖市区）级公立医院

6 省（自治区、直辖市）级及以上公立医院

313 您最近一次住院的原因是什么？　　　　　　　　　　　　□

1 疾病　　　　　　2 损伤中毒　　　　3 康复

4 计划生育手术　　5 分娩

6 其他（请注明）_____

314 您最近一次住院的医疗费用是在哪里报销的？（多选，提示。1 是 2 否）

A 新农合出院减免□　　B 城镇职工出院减免□　　C 就业单位□

D 新农合办公室□　　　E 本地医保中心□　　　　F 商业保险公司□

G 计生手术出院减免□　H 计生办□　　　　　　　I 其他□

（314 题 A—I 项有选填 1 者跳问 316）

315 您没有报销住院医疗费的主要原因是什么？　　　　　　　□

1 没有参加保险　　2 需要回老家，不方便　3 不知道报销流程

4 报销手续繁琐　　5 政策不允许报

6（打算）下次回乡办理报销

7 其他（请注明）_____

316 您最近一次住院医疗花费情况如何？（不知道的填写—9）

	十万万千百十元
A 医疗费一共花了多少？	□□□□□□
其中 B 报销了多少？	□□□□□□
B1 基本医疗保险（新农合、城镇职工/居民医保、工伤保险、生育保险）报销多少？	□□□□□□
B2 农村妇女住院分娩补助多少？	□□□□
B3 商业医疗保险报销多少？	□□□□□□
B4 民政医疗救助多少？	□□□□□□
B5 其他来源支付多少？	□□□□□□
其中 C 自己支付多少？	□□□□□□

317 您最近一次住院交通、食宿、陪护等费用总计为多少？□□□□□元

四 婚育情况与计划生育服务

（请检查表101G1，被访者为"未婚"者填报个人信息后结束调查）

401 您是什么时候初婚的？□□□□年□□月

402 您一共生了几个孩子？（如本题回答0，跳至403题后阴影注解）□

403 请您回答子女的相关情况（按年龄排序，从大到小、从左至右依次填写）

子女编号		1	2	3	4	5
A 性别	1男2女	□□	□□	□□	□□	□□
B 出生年月		□□□□年□□月	□□□□年□□月	□□□□年□□月	□□□□年□□月	□□□□年□□月
C 是否有出生医学证明	1是2否3不清楚	□□	□□	□□	□□	□□

续表

子女编号		1	2	3	4	5
D 出生地	1 本地 2 户籍地 3 其他地方	□□	□□	□□	□□	□□
E 母亲本次怀孕前有无外出流动经历	1 有 2 没有	□□	□□	□□	□□	□□
F 母亲孕期所在地	主要在外地，临分娩返乡一直在外地 / 主要在老家，临分娩外出一直在老家	□□	□□	□□	□□	□□
G 分娩场所	1 医院 2 私人诊所 3 在家 4 其他地方	□□	□□	□□	□□	□□
H 是否符合政策生育	1 是 2 否	□□	□□	□□	□□	□□
I 孩子现居住地	1 本地 2 户籍地 3 其他地方 4 去世（选填4者跳问下个孩子）	□□	□□	□□	□□	□□

（以下 J—R 项填写 2007 年 6 月及以后出生子女的有关信息；
之前出生子女填完 I 项后跳问下个孩子）

		1	2	3	4	5
J 是否在孕 12 周内建立孕产妇保健手册	1 是 2 否 3 记不清	□□	□□	□□	□□	□□
K 接受了几次产前检查（记不清的填写 -9）		□□次	□□次	□□次	□□次	□□次
L 产后 28 天内母婴是否接受入户产后访视	1 是 2 否 3 记不清	□□	□□	□□	□□	□□
M 产后 42 天内母亲是否接受健康检查	1 是 2 否 3 记不清	□□	□□	□□	□□	□□
N 是否建立《0—6 岁儿童保健手册》	1 是 2 否 3 记不清	□□	□□	□□	□□	□□
O 近 12 月内，孩子是否接受了免费健康检查	1 是 2 否（跳问 Q）3 记不清（跳问 Q）	□□	□□	□□	□□	□□

续表

P 接受了几次免费健康检查（记不清的填写-9）		□□次	□□次	□□次	□□次	□□次
Q 是否有预防接种证	1 是 2 否 3 记不清	□□	□□	□□	□□	□□
R 是否接种了所有的国家免费疫苗	1 是 2 否 3 记不清	□□	□□	□□	□□	□□

（404—417 题由 1964 年 6 月到 1999 年 5 月间出生的 15—49 周岁已婚有偶育龄妇女回答，其他调查对象跳至 417 题后阴影注解）

404 您夫妇目前是否使用避孕方法？ □

1 使用避孕方法　　　　2 未避孕（跳问 409）

405 您夫妇目前主要使用哪种避孕方法？ □

1 男性绝育　　2 女性绝育	5 避孕针　　　6 口服避孕药
3 宫内节育器　4 皮下埋植	7 避孕套　　　8 外用避孕药
	9 其他（请注明）＿＿＿＿

⇩　　　　　　　　　　⇩

406 您夫妇目前使用的避孕方法/药具是在何地获得的？ □

| 1 户籍地　　2 流入地 | 1 户籍地　2 流入地　3 两地都获得 |

⇩　　　　　　　　　　⇩

407 您夫妇目前使用的避孕方法/药具主要是在何处获得的？ □

1 计生服务机构	1 计生服务机构　2 医疗机构
2 医疗机构	3 私人诊所　　　4 社区
8 其他（请注明）＿＿	5 工作单位　　　6 药店/超市/售套机
	7 自动取套机　　8 其他（请注明）＿＿

⇩　　　　　　　　　　⇩

408 您夫妇目前的避孕方法是何时开始使用的？□□□□年□□月

409 近 12 个月内，您在本地获得计划生育服务情况如何？

服务项目	1. 是否获得该项服务 1 是 2 否 3 不需要 (选填 2 或 3 者跳问下一行)	2. 获得地点 1 计生服务机构 2 医疗机构 3 私人诊所 4 社区 5 工作单位 6 药店/超市 7 自动取套机 8 其他 (选填 5—8 者跳问 4. 所用时间)	3. 服务机构级别 1 社区(村/居 2 乡镇/街道 3 区县级及以上	4. 获得该项服务单程路途所用时间 1 半小时以内 2 半小时至一小时 3 一小时以上	5. 该项服务是否收费 1 全部直接免费 2 个人垫付全报(选填 1 或 2 者跳问下一行) 3 部分直接免费 4 个人垫付部分报销 5 全部个人付费	6. 付费原因 1 被动(无免费项目可选) 2 主动(有免费项目,自选付费)
A 孕/环情检查	□□	□□	□□	□□	□□	□□
B 避孕套/药	□□	□□	□□	□□	□□	□□
C 上环手术	□□	✕	□□	□□	□□	□□
D 取环手术	□□					
E 皮埋放置	□□	✕	□□	□□	□□	□□
F 皮埋取出	□□					
G 结扎	□□	✕	□□	□□	□□	□□
H 人工流产	□□	□□	□□	□□	□□	□□
I 免费孕优	□□	□□	□□	□□	✕	✕

(如最近一年未怀孕,第一列"是否获得该项服务"的 H 和 I 选 3 "不需要")

410 您目前的避孕节育情况信息是如何向户籍地报告的? □

1 本人/亲朋寄送　　2 本地政府负责报告　　3 没报告

4 不要求报告

411 您对户籍地近五年的计划生育服务管理满意程度如何?

(多选,提示。1 满意 2 一般 3 不满意 4 不适用)

A 政策规定□　　　B 宣传咨询□　　　C 服务态度□

D 办事效率□　　　E 管理方式□　　　F 技术水平□

412 您从老家出来时,是否办理过《流动人口婚育证明》? □

1 是　　　　　　2 否(跳问 414)

413 您到本地后,因何原因使用过《流动人口婚育证明》?(多选,不提示。1 使用过 2 未使用过)

A 租房□　　　　　　　B 找工作□

C 看病□　　　　　　　D 接受计生服务□

E 享受计生奖励□　　　F 一孩生育服务登记□

G 办理暂住证□　　　　H 办理社保□

I 其他(请注明)□_____

414 您到本地后是否办理了居住证/暂住证? □

1 是　　　　　　　　　2 否

415 2012 年以来,您是否办理过一孩生育服务登记(证)? □

1 是　　　　　　　　　2 否(跳至 417 题后阴影注解)

3 不适用(跳至 417 题后阴影注解)

416 该一孩生育服务登记(证)是在哪里办理的? □

1 本地　　　　　　2 户籍地　　　　　3 其他地方

417 该一孩生育服务登记(证)是否通过"承诺制"办理的? □

1 是　　　　　　　　　2 否

(以下问题由 1964 年 6 月到 1999 年 5 月间出生的已婚有偶男性和女性回答,其他调查对象跳填被访者姓名)

418 您知道国家已启动实施"单独二孩"政策吗? 　　　　□

1 知道　　　　　　　　2 不知道

419 您或您配偶是否为独生子女? □

1 男方是　　　　　　　2 女方是

3 两人都是　　　　　　4 两人都不是

420 您家目前有几个孩子?(包括同父同母、同父异母、同母异父及抱养的孩子)　　　　　　　　　　　　　　　　　　□

1.0 孩　　2.1 孩　　3.2 孩及以上→ (跳填被访者姓名)
　　　　　　　　　　　　　　　　(跳填被访者姓名)

421 您是否打算再生育一个孩子? 　　　　　　　　　　□

1 是　 2 否　3 没想好　4 现孕→(跳填被访者姓名)

422 您打算什么时候再生育一个孩子? 　　　　　　　　□

1 明年　　　　　　　　2 后年

3 其他时间　　　　　4 没想好

谢谢您的合作！请留以下信息：
被访者姓名：
被访者联系电话：
手机：
座机：区号号码
访问结束。祝您幸福！

参考文献

一 著作类

李宝元：《人力资本论——基于中国实践问题的理论阐释》，北京师范大学出版社 2009 年版。

李海峥：《中国人力资本报告 2014》，社会科学文献出版社 2015 年版。

唐启明：《量化数据分析：通过社会研究检验想法》，任强译，社会科学文献出版社 2012 年版。

谢宇：《回归分析》（修订本），社会科学文献出版社 2013 年版。

张凤林：《人力资本理论及其应用研究》，商务印书馆 2011 年版。

［美］加里·斯坦利·贝克尔：《人力资本》，北京大学出版社 1986 年版。

［美］西奥多·W. 舒尔茨：《论人力资本投资》，北京经济学院出版社 1990 年版。

［英］H. 孟德拉斯、《农民的终结》，李培林译，社会科学文献出版社 2010 年版。

［英］卡尔·波兰尼、冯钢、刘阳：《大转型：我们时代的政治与经济起源》，浙江人民出版社 2007 年版。

［英］马歇尔：《经济学原理》，人民日报出版社 1980 年版。

二 期刊类

安雅然、杨玉晨、王强、朱英伟、杨惠娟、张慧：《辽宁农民工身体健康调查分析》，《沈阳体育学院学报》2012 年第 2 期。

安志银：《我们的粮户关系为何得不到解决》，《中国农垦》1989 年第 3 期。

蔡昉：《"人口转变、人口红利与刘易斯转折点"》，《经济研究》2010 年第 4 期。

蔡昉:《城市化与农民工的贡献后危机时期中国经济增长潜力的思考》,《中国人口科学》2010 年第 1 期。

蔡昉:《发展阶段转折点与劳动力市场演变》,《经济学动态》2007 年第 12 期。

蔡昉:《劳动力迁移的两个过程及其制度障碍》,《社会学研究》2001 年第 4 期。

蔡昉:《劳动力市场变化趋势与农民工培训的迫切性》,《中国职业教育》2005 年第 32 期。

蔡昉:《迁移决策中的家庭角色和性别特征》,《人口研究》1997 年第 2 期。

蔡昉:《人口转变、人口红利与经济增长可持续性——兼论充分就业如何促进经济增长》,《人口研究》2004 年第 2 期。

蔡昉:《人口转变、人口红利与刘易斯转折点》,《经济研究》2010 年第 4 期

曹浩文、杜育红:《人力资本视角下的技能:定义、分类与测量》,《现代教育管理》2015 年第 3 期。

常修泽:《中国现阶段基本公共服务均等化研究》,《中共天津市委党校学报》2007 年第 2 期。

褚杭:《新生代农民工人力资本投资的 SWOT 分析》,《当代社科视野》2011 年第 3 期。

单大圣:《我国迈向制造强国的人力资本因素分析》,《经济研究参考》2016 年第 51 期。

丁煜、徐延辉、李金星:《农民工参加职业技能培训的影响因素分析》,《人口学刊》2011 年第 3 期。

丁煜、徐延辉、李金星:《农民工参加职业技能培训的综合效果评估》,《华南农业大学学报》(社会科学版) 2011 年第 2 期。

杜旻:《流动人口社会阶层结构及地区差异》,《西北人口》2013 年第 3 期。

段成荣、杨舸:《我国流动人口的流入地分布变动趋势研究》,《人口研究》2009 年第 6 期。

高宗华:《高职院校"校企互助"模式探索与实践》,《职教论坛》2014 年第 26 期。

葛莹玉、李春平：《基于潜变量的新生代农民工人力资本测度研究》，《统计与信息论坛》2016年第10期。

郭菲、张展新：《流动人口在城市劳动力市场中的地位：三群体研究》，《人口研究》2012年第1期。

郭小聪、刘述良：《中国基本公共服务均等化：困境与出路》，《中山大学学报》（社会科学版）2010年第5期。

国家卫生和计划生育委员会流动人口司：《流动人口社会融合：理论与实践》，中国人口出版社2014年版。

和红、任迪：《新生代农民工健康融入状况及影响因素研究》，《人口研究》2014年第6期。

和红、智欣：《新生代农民工健康知识与健康行为调查》，《中国健康教育》2011年第10期。

和震、李晨：《破解新生代农民工高培训意愿与低培训率的困局——从人力资本特征与企业培训角度分析》，《教育研究》2013年第2期。

洪小良：《城市农民工的家庭迁移行为及影响因素研究——以北京市为例》，《中国人口科学》2007年第6期。

侯慧丽：《城市公共服务的供给差异及其对人口流动的影响》，《中国人口科学》2016年第1期。

侯慧丽、李春华：《北京市流动人口住房状况的非制度影响因素分析》，《北京社会科学》2010年第5期。

侯慧丽、李春华：《梯度城市化：不同社区类型下的流动人口居住模式和住房状况》，《人口研究》2013年第2期。

侯佳伟：《人口流动家庭化过程和个体影响因素研究》，《人口研究》2009年第1期。

侯佳伟、黄四林、辛自强、孙铃、张红川、窦东徽：《中国人口生育意愿变迁：1980—2011》，《中国社会科学》2014年第4期。

胡鞍钢、杨韵新：《就业模式转变：从正规化到非正规化——我国城镇非正规就业状况分析》，《管理世界》2001年第2期。

胡同泽、文莉：《农民工人力资源现状评析及开发研究》，《经济体制改革》2006年第6期。

黄乾：《教育与社会资本对城市农民工健康的影响研究》，《人口与经济》2010年第2期。

黄乾：《农民工培训需求影响因素的实证研究》，《财贸研究》2008 年第 4 期。

黄仁宗：《城镇化抑或迁徙自由——反思我国户籍制度改革的价值取向》，《求实》2002 年第 5 期。

黄仁宗：《对我国户籍制度改革价值取向的反思》，《中国行政管理》2003 年第 1 期。

黄小微、许军、吴伟璇等：《珠江三角洲新生代农民工亚健康状况调查及影响因素研究》，《中国全科医学》2017 年第 1 期。

黄祖辉、顾益康、徐加：《农村工业化、城市化和农民市民化》，《经济研究》1989 年第 3 期。

蒋耒文、庞丽华、张志明：《中国城镇流动人口的住房状况研究》，《人口研究》2005 年第 4 期。

蒋善、张璐、王卫红：《重庆市农民工心理健康状况调查》，《心理科学》2007 年第 1 期。

蒋勋、孙文建、徐霞：《农民工职业技能培训现状及影响因素分析——以建筑业为例》，《调研世界》2015 年第 7 期。

金菊良、汪淑娟、魏一鸣：《动态多指标决策问题的投影寻踪模型》，《中国管理科学》2004 年第 1 期。

李建民：《人力资本通论》，上海三联书店 1999 年版。

李俊奎：《新生代农民工身份认同与影响因素分析》，《西北农林科技大学学报》（社会科学版）2016 年第 1 期。

李丽清等：《新生代农民工职业技能培训意愿影响因素分析》，《职教论坛》2015 年第 31 期。

李强：《关于"农民工"家庭模式问题的研究》，《浙江学刊》1996 年第 1 期。

李强、唐壮：《城市农民工与城市中的非正规就业》，《社会学研究》2002 年第 6 期。

李少春、姚薇薇：《城市化进程中的打工子弟学校命运》，《光明日报》2009 年 12 月 19 日。

李实、杨修娜：《我国农民工培训效果分析》，《北京师范大学学报》（社会科学版）2015 年第 6 期。

李晓霞：《融合与发展：流动人口基本公共服务均等化的思考》，《华东理工大学学报》（社会科学版）2014 年第 2 期。

李雪燕、辛涛：《二分数据的多层线性模型：原理与应用》，《心理发展与教育》2006 年第 4 期。

李珍珍、陈琳：《农民工健康状况影响因素分析》，《南方人口》2010 年第 4 期。

李志明：《社会保险权的历史发展：从工业公民资格到社会公民资格》，《社会学研究》2012 年第 4 期。

林丽艳、谷海瀛：《女性的免疫系统比男性强大》，《中国继续医学教育》2009 年第 3 期。

林燕：《二元结构下的劳动力非家庭化转移研究》，浙江大学，博士学位论文，2009 年。

刘传江：《新生代农民工的特点、挑战与市民化》，《人口研究》2010 年第 2 期。

刘传江、程建林：《农民工社会保障的路径选择与制度创新》，《求是学刊》2008 年第 1 期。

刘传江、徐建玲：《"民工潮"与"民工荒"——农民工劳动供给行为视角的经济学分析》，《财经问题研究》2006 年第 5 期。

刘洪银：《新生代农民工人力资本动能生成和释放机制》，《贵州社会科学》2017 年第 5 期。

刘建娥：《从农村参与走向城市参与：农民工政治融入实证研究——基于昆明市 2084 份样本的问卷调查》，《人口与发展》2014 年第 1 期。

刘建娥：《乡—城移民（农民工）社会融入的实证研究——基于五大城市的调查》，《人口研究》2010 年第 4 期。

刘建娥、范雅康、罗明辉：《乡—城移民家庭融入趋势及政策研究框架——基于 2014 年国家卫计委流动人口动态监测数据》，《江苏社会科学》2015 年第 4 期。

刘丽：《基于基本公共服务均等化目标的财政管理体制改革》，广西大学，硕士学位论文，2008 年。

刘武俊：《变法——户籍改革的制度化路径》，《小城镇建设》2001 年第 11 期。

刘雨龙：《生命历程视角下的农民工社会融入研究》，《中国社会科学院研究生院》，2012 年。

陆远权、邹成诚：《教育公平视野下重庆市城乡教育一体化研究》，《重庆教育学院学报》2011年第5期。

陆远权、邹成诚：《新生代农民工人力资本投资的政府责任分析》，《职教论坛》2011年第15期。

吕莉敏、马建富：《基于人力资本理论的新生代农民工培训》，《中国职业技术教育》2012年第24期。

马侠：《中国城镇人口迁移模式及其转变》，《中国人口科学》1990年第3期。

牟增芬、孙正林：《基于人力资本理论的新生代农民工培训问题研究》，《中国林业经济》2011年第1期。

倪红日、张亮：《基本公共服务均等化与财政管理体制改革研究》，《管理世界》2012年第9期。

聂倩、齐立云：《中国流动家庭类型分析》，《未来与发展》2016年第1期。

潘华：《新生代农民工"回流式"市民化研究》，上海大学，博士学位论文，2012年。

潘锦棠：《中国生育保险制度的历史与现状》，《人口研究》2003年第2期。

彭焕才：《从"民工荒"看新生代农民工人力资本投资》，《湖南师范大学社会科学学报》2012年第5期。

彭如良、杨瑞容：《新生代农民工心理健康状况及应对方式分析——基于长沙市的调查》，《湖北函授大学学报》2012年第12期。

戚伟、刘盛和、金浩然：《中国城市规模划分新标准的适用性研究》，《地理科学进展》2016年第1期。

齐秀强、张雅涛、林子琳：《建构新生代农民工职业规划培训体系的宏观策略研究》，《山东青年政治学院学报》2014年第2期。

区晶莹、俞守华、高雅婧：《农民工技能培训效果分析——以广州市番禺区为例》，《职业技术教育》2014年第25期。

屈小博、程杰：《地区差异、城镇化推进与户籍改革成本的关联度》，《改革》2013年第3期。

全国总工会新生代农民工问题研究课题组：《关于新生代农民工问题的研究报告（摘要）》，《中国职工教育》2010年第17期。

全国总工会新生代农民工问题研究课题组：《关于新生代农民工问题的研究报告》，《江苏纺织》2010 年第 8 期。

任远、邬民乐：《城市流动人口的社会融合：文献述评》，《人口研究》2006 年第 3 期。

邵岑、张翼：《"八零前"与"八零后"流动人口家庭迁移行为比较研究》，《青年研究》2012 年第 4 期。

邵宁宁：《"流动人口"家庭迁移及家庭居留的影响因素探析》，华东师范大学，硕士学位论文，2015 年。

盛亦男：《中国流动人口家庭化迁居》，《人口研究》2013 年第 4 期。

石智雷：《人口流动与中国农村地区的家庭禀赋——基于中部地区农户调查数据的分析》，《湖北经济学院学报》2012 年第 5 期。

石智雷、杨云彦：《家庭禀赋、家庭决策与农村迁移劳动力回流》，《社会学研究》2012 年第 3 期。

史毅：《户籍制度与家庭团聚——流动人口流入地的身份认同》，《青年研究》2016 年第 6 期。

孙战文、杨学成：《市民化进程中农民工家庭迁移决策的静态分析——基于成本—收入的数理模型与实证检验》，《农业技术经济》2014 年第 7 期。

唐燕儿、刘艳丽：《新生代农民工心理健康影响因素与对策——基于广州市的调查》，《广州广播电视大学学报》2016 年第 1 期。

陶伟、燕东升：《基于分析的新生代农民工人力资本投资策略》，《农村经济》2012 年第 4 期。

田雪原等：《老龄化——从人口盈利到人口亏损》，中国经济出版社 2006 年版。

汪柱旺、古时银：《税费改革后农村义务教育投入体制的现状出路》，《中国财政》2004 年第 10 期。

王春光：《对新生代农民工城市融合问题的认识》，《人口研究》2010 年第 2 期。

王春光：《新生代农民工城市融入进程及问题的社会学分析》，《青年探索》2010 年第 3 期。

王德文：《在深化改革中促进就业与劳动力市场一体化》，《开放报》2009 年第 2 期。

王共蒙、刘舒婷：《户籍改革与城乡协同：我国平等现代化的逻辑理路》，《江西行政学院学报》2015 年第 3 期。

王红茹、王太元、蔡昉等：《拆除户籍藩篱：滞后还是超前？》，《中国经济周刊》2005 年第 44 期。

王建：《正规教育与技能培训：何种人力资本更有利于农民工正规就业？》，《中国农村观察》2017 年第 1 期。

王军、王广州：《中国育龄人群的生育意愿及其影响估计》，《中国人口科学》2013 年第 4 期。

王立英：《试论我国城镇暂住人口的管理》，《人口与经济》1996 年第 4 期。

王释云、侯龙真：《新常态下我国成人高等继续教育的困境与对策》，《河北大学成人教育学院学报》2015 年第 4 期。

王欣、孔荣、王雷：《基于弱势群体概念模型的我国农民工健康问题研究》，《西北农林科技大学学报》（社会科学版）2014 年第 5 期。

王迅：《从人力资本理论视角看我国农村人力资本投资》，《农业经济问题》2008 年第 4 期。

王亚飞、夏云慧：《新生代农民工的研究综述》，《社会心理科学》2016 年第 12 期。

吴开亚、张力：《发展主义政府与城市落户门槛：关于户籍制度改革的反思》，《社会学研究》2010 年第 6 期。

吴开亚、张力、陈筱：《户籍改革进程的障碍：基于城市落户门槛的分析》，《中国人口科学》2010 年第 1 期。

吴文藻：《社区研究与社会调查的近今趋势》，《中央日报》（社会调查双周刊）1935 年第 27—28 期。

伍先江：《试论社会经济转型时期的户口迁移制度改革》，《人口研究》1998 年第 4 期。

谢美华、黄友泉、董圣鸿：《多层多项 Logit 模型：原理与应用》，《心理学探新》2013 年第 5 期。

邢海燕、于伟、陈三妹等：《浙江省新生代农民工社会支持状况的调查》，《现代预防医学》2013 年第 7 期。

徐家鹏：《新生代农民工职业技能培训参与意愿调查研究》，《职业技术教育》2013 年第 34 期。

徐玮、杨云彦：《流动人口失业特征、分布及影响因素分析》，《人口与发展》2016 年第 4 期。

徐莺：《新生代农民工相关概念辨析》，《安徽农业科学》2010 年第 31 期。

徐祖辉、谭远发：《健康人力资本、教育人力资本与经济增长》，《贵州财经大学学报》2014 年第 6 期。

许仕廉：《中国人口问题》，商务印书馆 1930 年版，辑入《民国丛书》，第 3 编第 16 册，上海书店 1911 年版。

阳义南、贾洪波：《国民社会健康测度及其影响因素研究——基于 MIMIC 结构方程模型的经验证据》，《中国卫生政策研究》2018 年第 1 期。

杨春华：《关于新生代农民工问题的思考》，《农业经济问题》2010 年第 4 期。

杨帆：《45.1% 新生代农民工需要政府跟进社会保障》，《中国经济导报》2010 年第 B06 期。

杨海芬、赵瑞琴、赵增锋：《新生代农民工职业技能培训存在的约束及对策》，《继续教育研究》2010 年第 8 期。

杨菊华：《流动人口在流入地社会融入的指标体系——基于社会融入理论的进一步研究》，《人口与经济》2010 年第 2 期。

杨菊华：《人口流动与居住分离：经济理性抑或制度制约？》，《人口学刊》2015 年第 1 期。

杨菊华、陈传波：《流动家庭的现状与特征分析》，《人口学刊》2013 年第 5 期。

杨菊华、陈传波：《流动人口家庭化的现状与特点：流动过程特征分析》，《人口与发展》2013 年第 3 期。

杨琦、李玲玲：《新生代农民工的劳动供给与经济增长方式的转变》，《中国人口科学》2011 年第 1 期。

杨晓军：《城市公共服务质量对人口流动的影响》，《中国人口科学》2017 年第 2 期。

杨晓军、陈浩：《城市农民工技能培训意愿的影响因素分析》，《中国农村经济》2008 年第 11 期。

杨义武、林万龙、张莉琴：《地方公共品供给与人口迁移——来自地级及以上城市的经验证据》，《中国人口科学》2017 年第 2 期。

杨玉臣：《女职工劳动保护状况分析报告》，《妇女研究论丛》1996年第2期。

杨中燕、朱宇、林李月等：《核心家庭人口流动模式及其影响因素》，《西北人口》2015年第3期。

殷志静、郁奇虹：《中国户籍制度改革》，中国政法大学出版社1996年版。

余佳、丁金宏：《中国户籍制度：基本价值、异化功能与改革取向》，《人口与发展》2008年第5期。

原新、万能：《流动人口、非正规就业与大城市发展》，《中国地质大学学报》（社会科学版）2007年第5期。

苑会娜：《进城农民工的健康与收入——来自北京市农民工调查的证据》，《管理世界》2009年第5期。

岳经纶、屈恒：《非政府组织与农民工权益的维护——以番禺打工族文书处理服务部为个案》，《中山大学学报》（社会科学版）2007年第3期。

翟振武、段成荣、毕秋灵：《北京市流动人口的最新状况与分析》，《人口研究》2007年第2期。

翟振武、段成荣、毕秋灵：《首都流动人口最新状况》，《首都人口与发展论坛》，2006年。

翟振武等：《"民工荒：是刘易斯拐点还是伊斯特林人口波谷》，《经济理论与经济管理》2011年第8期。

展进涛、黄宏伟：《农村劳动力外出务工及其工资水平的决定：正规教育还是技能培训？——基于江苏金湖农户微观数据的实证分析》，《中国农村观察》2016年第2期。

张广济：《生活方式与社会融入关系的社会学解读》，《长春工业大学学报》（社会科学版）2010年第3期。

张国胜、谭鑫：《第二代农民工市民化的社会成本、总体思路与政策组合》，《改革》2008年第9期。

张航空、李双全：《流动人口家庭化状况分析》，《南方人口》2010年第6期。

张洪纲：《人口流动家庭化过程及其影响因素研究》，南京大学，硕士学位论文，2014年。

张士斌：《民工荒、大学生失业与低技能陷阱》，《青年研究》2009年第

1 期。

张文宏、雷开春：《城市新移民社会融合的结构、现状与影响因素分析》，《社会学研究》2008 年第 5 期。

张文娟：《流动人口的家庭结构——以北京市为例》，《北京行政学院学报》2009 年第 6 期。

张扬群：《非政府组织对职业教育发展的促进作用探析》，《中国职业教育》2010 年第 21 期。

张展新：《双重转型、均等化改革与农民工地位提升》，《劳动经济研究》2015 年第 6 期。

张展新、侯亚非：《流动家庭的团聚：以北京为例》，《北京行政学院学报》2010 年第 6 期。

张占斌、冯俏彬、黄锟：《我国农村转移人口市民化的财政支出测算与时空分布研究》，《中央财经大学学报》2013 年第 10 期。

赵正洲、韩成英、吕建兴：《返乡农民工参与职业技能培训的影响因素分析——基于河南、湖北、湖南 3 省 35 个市（县）的调查》，《教育与经济》2012 年第 4 期。

中国科学院可持续发展战略研究组：《可持续发展战略报告 2005》，2005 年。

中国农村劳动力流动百村追踪调查课题组：《中国农村劳动力流动趋势分析》，《经济研究参考》，1998 年第 6 期。

中华人民共和国国务院发展研究中心课题组：《农民工市民化：制度创新与顶层政策设计》，中国发展出版社 2011 年版。

周皓：《中国人口迁移的家庭化趋势及影响因素分析》，《人口研究》2004 年第 6 期。

朱宝树：《农村人口城市化新态势和新问题——上海郊区农民进镇落户调查》，《中国人口科学》1989 年第 6 期。

朱琳：《城市流动人口基本公共卫生计生服务研究》，《卫生经济研究》2016 年第 5 期。

朱明芬：《农民工家庭人口迁移模式及影响因素分析》，《中国农村经济》2009 年第 2 期。

庄亚儿、姜玉等：《当前我国城乡居民的生育意愿——基于 2013 年全国生育意愿调查》，《人口研究》2014 年第 3 期。

左珂、何绍辉：《论新生代农民工政治参与：现实困境与路径选择》，《中国青年研究》2011年第10期。

Chiswick, B. R., "The effect of Americanization on earnings of foreign-born men", *Journal of Political Economy*, 86, 1978.

Dahlberg M., Fredriksson P. et al., Estimating preferences for local public services using migration data., *Urban Studies*, Vol. 49, No. 2, 2012.

Davidian M., Hierarchical Linear Models: Applications and Data Analysis Methods, *American Journal of Sociology*, 1994, 16 (Volume 99, Number 5).

Dustmann C., Okatenko A. Out-migration, wealth constraints, and the quality of local amenities, *Journal of Development Economics*, 2014, 110 (C).

Faist, Thomas, ed. Dual citizenship in Europe: From nationhood to societal integration. Ashgate Publishing, Ltd., 2007.

Fan C. S., Wei X. Training and worker effort: a signalling perspective, *Canadian Journal of Economics/revue Canadienne Déconomique*, Vol. 43, No. 2, 2010.

Gary S. Becker, *Human Capital: A Theoretical and Empirical Analysis, with Special Reference to Education*, University of Chicago Press, 1964.

Gary S. Becker. Investment in Human Capital: A Theoretical Analysis, *Journal of Political Economy*, Vol. 70, No. 5, 1962.

Gary, S. B., "Investment in Human Capital: A Theoretical Analysis", *Journal of Political Economy*, Vol. 70, No. 5, 1962.

Gorny, Agata, et al. "Selective tolerance? Regulations, practice and discussions regarding dual citizenship in Poland." Dual citizenship in Europe: from nationhood to societal integration, 2007.

Irene, Bloemraad, Anna Korteweg, Yurdakul. "Citizenship and immigration: multiculturalism, assimilation, and challenges to the nation-state." *Sociology* 34. 1, 2008.

Jacob Mincer. Investment in Human Capital and Personal Income Distribution, *Journal of Political Economy*, Vol. 66, No. 4, 1958.

Jacob, M., "Investmentin Human Capitaland Personal Income Distribution", *Journal of Political Economy*, Vol. 66, No. 4, 1958.

Keselman H. J., Rogan J. C., "The Tukey Multiple Comparison Test: 1953 – 1976", *Psychological Bulletin*, Vol. 84, No. 5, 1977.

Lucas R., "On the Mechanics of Development Planning", *Journal of Monetary Economics*, 1988, 22.

Lucas, R., "On the Mechanics of Development Planning", *Journal of Monetary Economics*, Vol. 22, 1988.

Massey, Douglas. 1985. "Ethnic Residential Segregation: A Theoretical Synthesis and Empirical Review", *Sociology and Social Research* 69: 315 – 50.

Niessen J., *Migrant Integration Policy Index.*, British Council & Migration Policy Group, No. 41, 2015.

Piore, M. J., "The dual labor market: Theory and implications", In S. H. Beer & R. E. Barringer (Eds.), *The State and the Poor.* Cambridge, MA: Winthrop Publishers, 1970.

Porter, Alejandro, *Economic Sociology and the Sociology of Immigration: A Conceptual Overview*, In *Ethnicity*, *and Entrepreneurship*, edited by Alejandro Porter, New York: Russell Sage Foundation, 1995.

Portes, A., & Zhou, M., "The new second generation: Segmented assimilation and its variants", *Annals of the American Academy of Political and Social Science*, 530, 1993, 74 – 96.

Quigley J. M., "Consumer Choice of Dwelling, Neighborhood and Public Services", *Regional Science & Urban Economics*, Vol. 15, No. 1, 1985.

Schultz T. W., "Investment in Human Capital", *The American Economic Review*, Vol. 51, No. 1, 1961.

Spång, Mikael. "Pragmatism all the way down? The politics of dual citizenship in Sweden", *Dual Citizenship in Europe: From Nationhood to Societal Integration*, 2007.

Tiebout C. M., "A Pure Theory of Local Expenditures", *Journal of Political Economy*, 1956, 64 (Volume 64, Number 5).

三 网站类

蔡昉:《及时挖掘新常态下特有的增长源泉》,新华网,2015 年 3 月 6 日,网站地址: http://news.xinhuanet.com/finance/2015 – 03/06/c_

127549913. htm。

蔡昉:《目前还不能通过延长退休来增加劳动供给》,人民网,2012 年,http：//finance. people. com. cn/n/2012/1229/c1004 - 20054029. html.

蔡昉:《未来的人力资本积累》,2015 年 03 月 12 日,财经新闻,网站地址：http：//www. cenet. org. cn/index. php？siteid = 1&a = show&catid = 123&typeid = &id = 66602.

蔡昉:《目前还不能通过延长退休来增加劳动供给》,人民网（http：//finance. people. com. cn/n/2012/1229/c1004 - 20054029. html）。

国家统计局住户调查办公室：新生代农民工的数量、结构和特点［OL］. 2011, http：//www. stats. gov. cn/ztjc/ztfx/fxbg/201103/t20110310 _ 16148. html。

中共中央国务院文件:《关于加大统筹城乡发展力度 进一步夯实农业农村发展基础的若干意见》,网站地址：www. gov. cn/govweb/gongbao/content/2010/content. 1528900. htm。

中国国家统计局：2016 年农民工监测调查报告,网站地址：www. stats. gov. cn/tjsj/zxfb/201704/t20170428_ 1489334. html。

中华人民共和国国家统计局:《2013 年全国农民工监测调查报告》,2014 年,网站地址：http：//www. stats. gov. cn/tjsj/zxfb/201405/t20140512_ 551585. html。

中华人民共和国国家统计局:《2014 年全国农民工监测调查报告》,2015 年,网站地址：http：//www. stats. gov. cn/tjsj/zxfb/201504/t20150429_ 797821. html。

四 学位论文类

郝小艳:《农民工社会融合与健康——社会支持网的调节作用》,山西师范大学,硕士学位论文,2012 年。

贾乾:《建筑工人职业健康状况研究》,天津大学,硕士学位论文,2010 年。

倪影:《新生代农民工心理健康问题研究》,西南政法大学,硕士学位论文,2012 年。

王姣娜:《普通教育还是职业教育?》,中国社会科学院研究生院,博士学位论文,2015 年。

邢海燕：《农民工健康状况及其卫生政策研究》，浙江大学，博士学位论文，2008年。

叶旭军：《城市外来农民工的健康状况及影响因素研究》，浙江大学，硕士学位论文，2003年。

张翠翠：《新生代农民工市民化对经济增长影响的模拟分析》，湖南科技大学，2012年。